Schöningh

W0380073

Franz Josef Floren

Politik-Wirtschaft 12

Arbeitsbuch für das vierstündige Prüfungsfach

www.schoeningh-schulbuch.de
Schöningh Verlag, Jühenplatz 1–3, 33098 Paderborn

Druck 5 4 3 2 1 / Jahr 2015 14 13 12 11
Die letzte Zahl bezeichnet das Jahr dieses Druckes.

Umschlaggestaltung: Franz-Josef Domke, Hannover
Druck und Bindung: westermann druck GmbH, Braunschweig

ISBN 978-3-14-024414-5

Inhaltsverzeichnis

Vorwort

Das vorliegende Arbeitsbuch ist der zweite von zwei Jahresbänden für das Fach „Politik-Wirtschaft" in der Qualifikationsstufe der gymnasialen Oberstufe des Landes Niedersachsen. Er bezieht sich auf die Jahrgangsstufe 12 und umfasst die beiden Themen „Internationale Sicherheits- und Friedenspolitik" (12/1; Teil A des Bandes) und „Internationale Wirtschaftsbeziehungen" (12/2; Teil B des Bandes). Er berücksichtigt sämtliche diesen Themen zugeordneten Inhalte und politikwissenschaftlichen bzw. ökonomischen Erkenntnisweisen und Analyseinstrumente.

Die *methodisch-didaktische Zielorientierung* des Bandes entspricht den *Kompetenzbereichen „Fachwissen"* (politisch-ökonomisches Orientierungswissen zur Ermöglichung kritisch-rationalen Urteilens), *„Erkenntnisgewinn"* (Analysieren politischer und ökonomischer Phänomene mithilfe fachspezifischer Methoden und Arbeitstechniken) und *„Bewertung"* (Bewerten politischer und ökonomischer Sachverhalte).

Die konzeptionelle Gestaltung des Bandes legt im Übrigen den Akzent auch auf folgende Aspekte:
- ein umfassendes, variables, der Sachstruktur der Gegenstände angemessenes und aktuelles *Materialangebot* als unabdingbare Voraussetzung für die Analyse und kompetente Beurteilung politisch-ökonomischer Sachverhalte und Zusammenhänge;
- die *Auswahl und Aufbereitung der Materialien* (insbesondere der Texte) unter dem Gesichtspunkt, die Lernenden der betr. Altersstufe nicht durch eine zu stark abstrakt-wissenschaftliche Begrifflichkeit und durch unerklärte inhaltliche Lernvoraussetzungen zu überfordern; diesem Gesichtspunkt dient auch das umfangreiche *Glossar*;
- ausdifferenzierte *Arbeitshinweise*, die den Lernenden die zielorientierte und selbstständige Erarbeitung erleichtern und zur Steuerung und Strukturierung der Unterrichtsarbeit genutzt werden können (s. u.);
- ein umfangreiches Angebot zur Anwendung und Reflexion *sozialwissenschaftlicher und unterrichtlicher Methoden*, z. T. im thematischen Zusammenhang auf „Methodenseiten" (s. Hervorhebung im Inhaltsverzeichnis), z. T. (für die generell relevanten Methoden Analyse von Statistiken, Texten, Expertenbefragung, Kurzreferat) im „Methodischen Anhang" (S. 208 ff.).

Die inhaltliche **Strukturierung** der einzelnen Kapitel (römische Ziffern) erfolgt durch (mit arabischen Ziffern gekennzeichnete) *Abschnitte* und ggf. durch Unterabschnitte (Überschriften ohne Nr.) sowie kurze einleitende und verbindende Autorentexte (auch zur Abfolge einzelner *Materialien*).

Das **Materialangebot** soll den Schülerinnen und Schülern eine möglichst selbstständige und kritische Auseinandersetzung mit den Themen und Gegenständen ermöglichen. Es bietet dem Lehrer/der Lehrerin und der Lerngruppe im Hinblick auf die Vorkenntnisse und die zur Verfügung stehende Unterrichtszeit die Möglichkeit der Auswahl, der Schwerpunktsetzung und der Vertiefung. Materialien für das *Fach auf grundlegendem Anforderungsniveau* werden durch vertiefende (als VERTIEFUNG markierte) für das *Fach auf erhöhtem Anforderungsniveau* ergänzt, sodass der Band eine flexible Arbeitsgrundlage für die Unterrichtsarbeit in beiden Ausprägungen des Faches darstellt.

Auf den zentralen Stellenwert der ausdifferenzierten **Arbeitshinweise** als eines wichtigen *Steuerungsinstruments* bei der Erarbeitung der Materialien und im Hinblick auf die *Kompetenzorientierung* der gesamten Unterrichtsarbeit sei besonders hingewiesen. Die Hinweise bestehen aus
- differenzierten, auf das jeweilige Material bezogenen *Erschließungshilfen* (Sach- und Methodenkompetenz),
- Hinweisen zur *Erfassung gedanklicher Zusammenhänge*, zur *Anregung von Argumentation und Diskussion* (Urteilskompetenz) und aus

– Vorschlägen für eine möglichst selbstständige, auf ein bestimmtes Ergebnis bezogene *Untersuchung bestimmter Fragestellungen* (Methodenkompetenz, Urteilskompetenz).

Die *Formulierung* der Arbeitshinweise orientiert sich an den für das Fach vorgesehenen Operatoren (s. die Übersicht im Methodischen Anhang, S. 207).

Verweise auf *Internet-Informationsangebote* zur Ergänzung und Vertiefung werden zu den einzelnen Kapiteln, Abschnitten und Materialien gegeben.

Darüber hinaus sei hier gesondert hingewiesen auf folgende, z. T. auch im Klassensatz leicht beziehbare Veröffentlichungen der *Bundeszentrale für politische Bildung:*

Zu Teil A:
– Informationen zur politischen Bildung Nr. 191/2006: Sicherheitspolitik im 21. Jahrhundert (www.bpb.de/publikationen/JPDP27,0,Sicherheitspolitik_im_21_Jahrhundert)
– Dossier Internationale Politik (u. a. Afghanistan, innerstaatliche Konflikte, UN, Terror und Sicherheit) (http://www.bpb.de/themen/J051N9,0,0,Internationale_Politik.html)

Zu Teil B:
– Informationen zur politischen Bildung Nr. 299/2008: Internationale Wirtschaftsbeziehungen (http://www.bpb.de/publikationen/FVU5U5,0,Internationale_Wirtschaftsbeziehungen.html)
– Zahlen und Fakten: Globalisierung (http://www.bpb.de/wissen/Y6I2DP,0,Globalisierung.html)
– pocket global, Globalisierung in Stichworten (www.bpb.de/publikationen/4PPDIG,0,pocket.html)
– Das Lexikon der Wirtschaft (aktualisierte Auflage 2009)

Zu Teil A und B:
Wichard Woyke (Hrsg.), Handwörterbuch Internationale Politik, 12. Aufl. 2011

Herausgeber und Verlag sind für kritische Hinweise (gerichtet an den Schöningh Verlag, Jühenplatz 1–3, 33098 Paderborn, Fax: 05251/127-860, E-Mail: info@schoeningh-schulbuch.de) jederzeit dankbar.

A Internationale Sicherheits- und Friedenspolitik

November 2008: Massenflucht vor Bürgerkrieg im Kongo – Flüchtlingskinder an einer Ausgabestelle von Notnahrung

Abstimmung im UN-Sicherheitsrat: Billigung von Sanktionen (ggf. eines Militäreinsatzes) gegen Libyen am 17.3.2011

Terroranschlag auf einen Busbahnhof in Bagdad (Irak)

Bundeswehrsoldaten bei einer Patrouille in Kundus (Afghanistan)

I Grundbegriffe, Grundstrukturen und Grundprobleme internationaler Politik

M 1 Was heißt „internationale Politik"?

Internationale Politik ist Politik, die staatliche Grenzen überschreitet. Wenn wir Politik nach einer einflussreichen Definition von David Easton als autoritative (also kraft anerkannter Kompetenz verbindliche) Werteverteilung verstehen, dann umfasst *internationale* Politik die autoritative Verteilung von Werten jenseits staatlicher Grenzen. Staaten führen beispielsweise Krieg, um die Kontrolle über ein Territorium und seine Bodenschätze zu gewinnen oder zu behaupten. Sie geben Entwicklungshilfe, liefern Waffen und eröffnen Kulturinstitute in anderen Ländern. Sie schließen Abrüstungsverträge, Handelsvereinbarungen und Visa-Abkommen. Dadurch werden materielle Werte wie Rohstoffe, Waffen, Güter und Geld grenzüberschreitend zugeteilt – aber auch nicht materielle Werte wie Sprachkompetenzen, die durch Kulturinstitute gefördert werden, oder Freizügigkeitsrechte, die durch Visa-Bestimmungen erleichtert oder eingeschränkt werden. Zur internationalen Politik gehört schließlich auch, dass Parteien, Verbände, Interessengruppen und andere Akteure, die nicht selbst die Kompetenz zur verbindlichen Werteverteilung besitzen, *Einfluss* auf die Höhe und Empfänger der Entwicklungshilfe, das Ausmaß der Zollsenkungen oder die Einreisebestimmungen zu nehmen versuchen. Internationale Politik umfasst also die *Gesamtheit aller Interaktionen, die auf die autoritative Verteilung von Werten jenseits staatlicher Grenzen gerichtet sind.*

(Frank Schimmelfennig, Internationale Politik. In: Hans-Joachim Lauth/Christian Wagner, Politikwissenschaft: Eine Einführung. Verlag Ferdinand Schöningh, Paderborn, 6. Aufl. 2009, S. 135 f.)

EU gegen Produkte aus Arbeitslagern in China

Das Europäische Parlament fordert ein Einfuhrverbot für Produkte, die von Häftlingen in chinesischen Arbeitslagern hergestellt wurden. Am vergangenen Donnerstag sprachen sich die Abgeordneten mit großer Mehrheit dafür aus, ein Importverbot solcher Waren für die EU-Staaten per Resolution zu erwirken. Auch die EU-Kommission denkt über ein solches Importverbot für chinesische Produkte nach.

(Das Parlament v. 27.9.2010; Verf.: Johanna Metz)

Akteure in den internationalen Beziehungen

1. Einzelpersonen
2. Staaten (international anerkannt)
3. Internationale Organisationen und internationale Regime. Internationale Organisationen werden auch als „International Governmental Organisation (IGO)" bezeichnet; Beispiele: UNO, OSZE, NATO, ehem. Warschauer Pakt
4. Transnationale Unternehmen (Business International Non-Governmental Organisation, abgekürzt „BINGO"), manchmal auch als multinationale Unternehmen bzw. Konzerne, „Multis" oder „TransNational Corporation (TNC)" bezeichnet oder auch als Global Player
5. Gesellschaftliche transnationale Akteure und Netzwerke (International Non-Governmental Organisation, INGO oder vereinfacht mit NGO abgekürzt. Im deutschen Sprachraum oftmals auch mit NRO (Nichtregierungsorganisation) bezeichnet; Beispiele: Amnesty International, ATTAC, Greenpeace

(http://de.wikipedia.org/wiki/Internationale_Beziehungen)

1. Politisches Handeln – das ist Ihnen sicherlich aus dem vorausgehenden Unterricht vertraut – richtet sich allgemein auf verbindliche Entscheidungen, die das Zusammenleben von Menschen und Gruppen regeln sollen. Beschreiben Sie anhand von M 1, worin in der Politikwissenschaft die entscheidenden Merkmale für den Charakter „internationaler Politik" gesehen werden? Worin liegen Gemeinsamkeiten, worin spezifische Unterschiede zwischen dem allgemeinen und dem auf die internationale Politik bezogenen Begriff?

2. Um die in M 1 (Z. 3 f.) formulierte Definition internationaler Politik konkreter zu verdeutlichen, können Sie die kurze Zeitungsmeldung (s. Kasten) unter den folgenden (auf die Definitionsmerkmale bezogenen) Fragen analysieren (ggf. in Partnerarbeit):

- Inwiefern geht es um eine staatliche Grenzen überschreitende politische Einflussnahme bzw. Entscheidung? Welche Staaten sind ggf. betroffen?
- Inwiefern geht es um die Verteilung von „Werten“? Welche materiellen oder immateriellen Werte werden angesprochen?
- Inwiefern geht es um zu treffende oder getroffene „autoritative“ Entscheidungen? Wer ist jeweils für die angesprochene verbindliche Entscheidung zuständig?
- Welche Akteure (s. Kasten) sind an dem berichteten Vorgang beteiligt?

3 Untersuchen Sie (ggf. in Hausarbeit) weitere Meldungen Ihrer häuslichen Tageszeitung und besprechen Sie einige Beispiele im Unterricht.

M 2 „Anarchie“ als Grundmerkmal des internationalen Systems

Außen- und Binnenwirkung von Souveränität

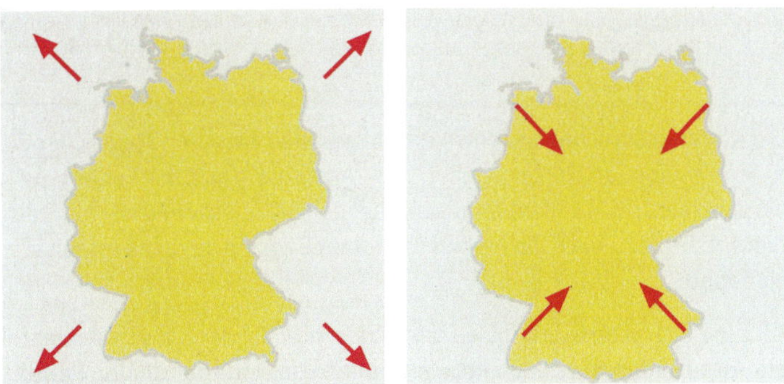

nach außen
- Unabhängigkeit von einer anderen Macht
- Prinzip der Staatengleichheit
- Interventionsverbot (Prinzip der Nichteinmischung)
- Prinzip der Gegenseitigkeit
- territoriale Integrität

nach innen
- keine Machtteilung/Gewaltmonopol
- einheitliches Recht
- einheitliches Geld, Maße, Gewichte
- einheitliche Steuerhoheit

(Andreas Vierecke/Bernd Mayerhofer/Franz Kohout, dtv-Atlas Politik, Deutscher Taschenbuch Verlag, München 2010, S. 166)

Die Definition in M 1 gibt nur eine Teilantwort auf die Frage „Was ist internationale Politik?“. Sie sagt noch nichts darüber aus, ob und wie sich internationale Politik von innerstaatlicher Politik wesentlich unterscheidet, welche Folgen die Überschreitung staatlicher Grenzen für die Probleme, Prozesse und Ergebnisse der Politik hat und warum die Internationalen Beziehungen eine eigenständige Teildisziplin der Politikwissenschaft sein sollten. Die Antwort auf diese Fragen lautet: *Internationale Politik ist Politik unter den Bedingungen der* **Anarchie***.
Das internationale System ist im Kern ein anarchisches System. Anarchie ist ein Ordnungsprinzip sozialer Systeme; sie ist das Gegenteil von Hierarchie. Hierarchie beruht auf einem Verhältnis von Über- und Unterordnung, Befehl und Gehorsam zwischen sozialen Akteuren. In einem anarchischen System stehen die Akteure hingegen in einem formell gleichrangigen Verhältnis zueinander; „keiner von ihnen ist berechtigt zu befehlen; keiner ist verpflichtet zu gehorchen“ (Waltz 1979: 88). Hierarchie besteht im internationalen System innerhalb der Staaten, nicht aber außerhalb. Anders gesagt: Die Staaten besitzen *interne und externe* **Souveränität** (s. Abb.). Zum einen verfügen die Staaten auf ihrem Territorium (also innerhalb ihrer Grenzen) über das Herrschafts- oder Gewaltmonopol: Allein der Staat ist befugt, innerhalb des Staatsgebiets verbindliche Entscheidungen zu treffen, Regeln zu setzen und diese – notfalls mit Gewalt – auch durchzusetzen. Zum anderen gibt es im internationalen System keine Herrschaft außerhalb oder oberhalb der Staaten. Keine andere politische Instanz ist den Staaten übergeordnet und befugt, ihnen vorzuschreiben, wie sie die Herrschaft in ihrem Territorium zu ordnen und auszuüben haben. Ebenso wenig unterliegen die Staaten herrschaftlich (durch)gesetzten Regeln für ihre Beziehungen untereinander. Es liegt allein an den einzelnen Staaten zu entscheiden, wie sie sich gegenüber anderen Staaten verhalten und welche internationalen Regeln sie vereinbaren und anerkennen. Ihre anarchische Grundkonstitution unterscheidet die internationale Politik wesentlich von den weitgehend hierarchischen Verhältnissen im Innern der Staaten und bringt besondere politische Herausforderungen und Probleme hervor. Diese Besonderheiten rechtfertigen es, dass wir uns mit der internationalen Politik in einer eigenständigen politikwissenschaftlichen Teildisziplin beschäftigen. Die Außenpolitikanalyse ist ein Teilbereich der Internationalen Beziehungen. Sie untersucht das Handeln und Verhalten in der internationalen Politik.

(Frank Schimmelfennig [= M 1], S. 139 f.)

Die Charakterisierung des internationalen Systems als „anarchisch“ bedeutet in der Sprache der Politikwissenschaft *nicht* wie in derjenigen der Juristen, dass das internationale System nicht in weiten Bereichen *regelgebunden* wäre. Zahlreiche Verträge zwischen Staaten, unzählige zwischenstaatliche Organisationen, ein breiter Kodex des immer weiter entwickelten *„Völkerrechts“* (s. M 44 a) legen Gebote und Verbote für das Handeln international tätiger Akteure fest, die folglich nicht einfach tun und lassen dürfen, was sie möchten. Der uns hier interessierende Punkt ist bloß, dass es *keine internationale Exekutive* gibt, die gegenüber den Staaten die Einhaltung der von ihnen selbst übernommenen oder ihnen kraft Völkerrecht zukommenden Verpflichtungen erzwingen könnte (mit der gelegentlichen Ausnahme von Beschlüssen des Sicherheitsrates der Vereinten Nationen). Bringen zwei Staaten einen Grenzkonflikt vor den *Internationalen Gerichtshof* (s. M 36, S. 67) im Haag und fällt dieser ein für eine der beiden Seiten ungünstiges Urteil, kann diese immer noch das Urteil missachten und sich schlicht nicht daran halten. Der unterlegenen Partei in einem Zivilprozess innerhalb eines Staates, die ein Gleiches versuchte, würde – notfalls durch den Gerichtsvollzieher – sehr rasch klargemacht werden, dass rechtskräftige Urteile zu beachten sind.

(Jürgen H. Wolff, Entwicklungsländer und Entwicklungspolitik im Rahmen globaler politischer Strukturen und Prozesse, Schöningh Verlag, Paderborn 2003, S. 10)

1. In M 2 geht es um einen in M 1 nicht angesprochenen zentralen Unterschied zwischen staatlicher und internationaler Politik. Geben Sie mit eigenen Worten wieder, was „Anarchie“ (griech.: Fehlen von Herrschaft, nicht: „Chaos“) als zentrales (in M 1 nicht angesprochenes) spezifisches Merkmal internationaler Politik bedeutet. Erläutern Sie dazu auch die beiden wichtigen Begriffe der „Souveränität“ (vgl. Abb.) und des „Gewaltmonopols“.

2. Erklären Sie (Z. 42 ff.), inwiefern die Charakterisierung des internationalen Systems als „anarchisch“ nicht der Tatsache widerspricht, dass es durchaus auch Regelsysteme in der internationalen Politik gibt (auf die Bedeutung des „Völkerrechts“, der Vereinten Nationen und der internationalen Gerichtsbarkeit werden wir in Kap. IV (M 44 a) noch näher eingehen).

VERTIEFUNG **M 3**

Weltordnungsmodelle von Anarchie bis Weltstaat

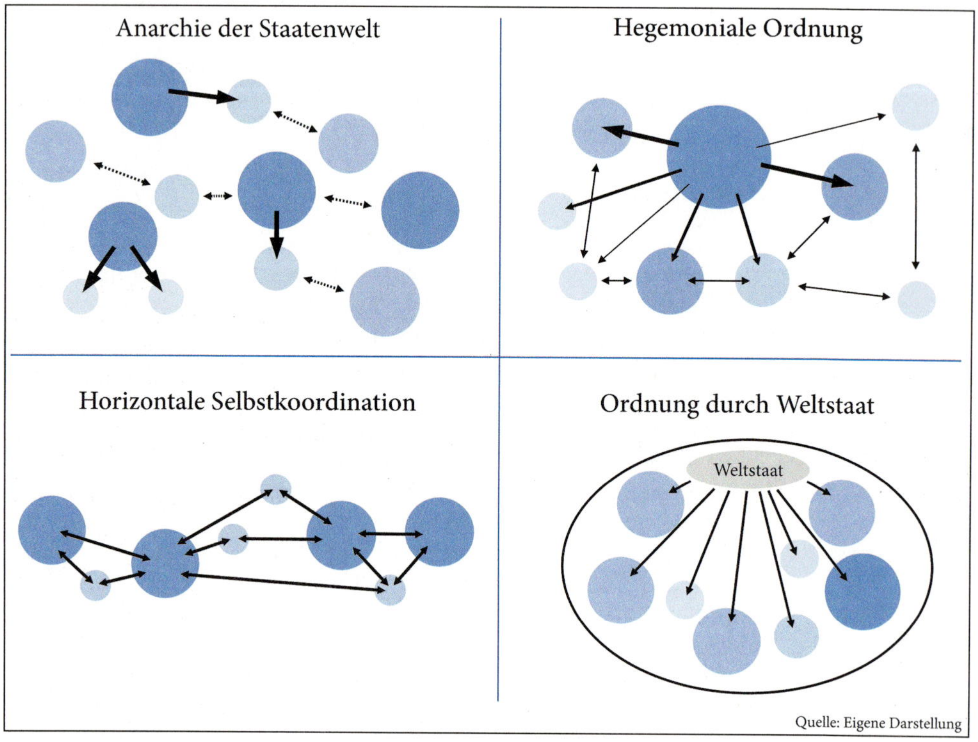

(Stiftung Entwicklung und Frieden/Institut für Entwicklung und Frieden [Hrsg.], Globale Trends 2010. Bundeszentrale für politische Bildung, Bonn 2010, S. 52; Verf.: Franz Nuscheler, Dirk Messner)

M 3 vergleicht in modellhafter grafischer Darstellung die anarchische Ordnung des internationalen Systems mit drei anderen „Weltordnungsmodellen". Versuchen Sie, auf dem Hintergrund Ihres Vorwissens – auch aus dem Geschichtsunterricht – die drei Darstellungen zu beschreiben und zu erläutern. Sie können sich dabei an folgenden Fragen orientieren:

- Welche „hegemonialen" Ordnungen hat es in der jüngeren und älteren Geschichte gegeben? („Hegemonie": auf größere Teile der Welt bezogene „Vorherrschaft"; von griech.: Hegemon – Führer, Anführer)
- Welche auf geografische Teilbereiche („Regionen") bezogene „horizontale", d. h. nicht „hierarchische" (also nicht durch das Prinzip von Über- und Unterordnung gekennzeichnete) „Selbstkoordinationen" kennen Sie?
- Was kennzeichnet einen „Weltstaat"? Warum halten die meisten Beobachter ein solches Ordnungsmodell für utopisch? Wurde es jemals angestrebt?

M 4 Macht und Machtfaktoren im internationalen System

M 4 a Faktoren der Macht

● Zwischen den Staaten [gibt es] extreme Unterschiede, wie schon ein oberflächlicher Blick auf die Weltkarte (s. S. 206) zeigt. Wir sprechen von Supermächten, von großen, mittleren und kleinen Mächten. Der Unterschied zwischen den USA und Panama, zwischen Russland und Finnland, zwischen Rotchina und Taiwan scheint unermesslich zu sein. Es gibt unter dem Aspekt der Stärke offenkundig eine Schichtung in der Staatengesellschaft. Die Bündnissysteme, die während des Kalten Krieges* den beiden Supermächten zugeordnet waren, konnten den Eindruck erwecken, die internationale Politik werde von den „Großen" schlechthin beherrscht. Aber so einfach liegen die Machtverhältnisse nicht zutage. Politische Macht ist nicht einfach Ergebnis von Größe oder Militärpotenzial eines Landes, und Machtungleichgewicht bedeutet nicht schlechthin einseitige Abhängigkeit der Schwächeren. [...]

● Es gibt viele Versuche, die Macht von Staaten möglichst objektiv zu erfassen durch die **Kombination messbarer Größen**, etwa: Territorium, Bevölkerung, Rohstoffe, Sozialprodukt, Militärpotenzial (vgl. Abb.). Ohne Zweifel können alle diese Faktoren auf die zwischenstaatlichen Beziehungen einwirken und das Verhalten von Staaten beeinflussen; sie können also zu Faktoren politischer Macht werden. Dennoch lässt sich diese nicht objektiv, gleichsam mithilfe mathematisch-physikalischer Formeln berechnen. Politik ist nicht Mechanik natürlicher Kräfte, sondern aus Interessendefinition entspringendes internationales Handeln von Personen, die Großgruppen repräsentieren. Wo dieses Handeln klug kalkuliert ist, wird es die objektiv gegebenen Faktoren beachten und zu nutzen versuchen. Aber in die Definition und in die Wahrnehmung der Interessen eines Staates fließen immer die subjektiv-intentionalen Perspektiven der Handelnden ein. Die Repräsentanten eines Staates handeln zudem außenpolitisch nicht in einem Freiraum; sie stehen vielmehr in einem Kontext, der durch vielfältige innergesellschaftliche Kräfte, durch geschichtlich-politische Vorgegebenheiten und Institutionen mitbestimmt ist. Die oben genannten Faktoren objektiver Stärke müssen also immer erst durch politisches Wollen und durch die entsprechende politische Ordnung in Macht umgesetzt werden, und das kann mehr oder weniger gut gelingen, auch mehr oder weniger zielstrebig versucht werden.

● Man wird also unterscheiden müssen zwischen *physischer Stärke* und *politischer Macht.*

Abb.: Komposition des Machtindex des *International Futures Model*

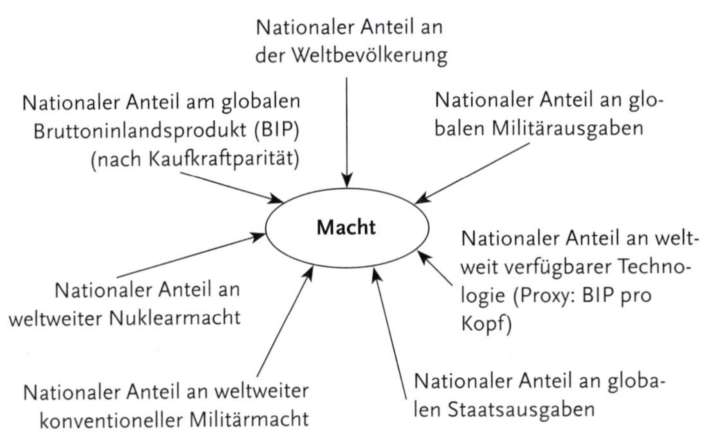

(Globale Trends 2010 [= M 3], S. 49)

Das International Futures Model (www.ifs.du.edu/introduction/ifs.aspx) ist ein Projekt der Universität Denver, das versucht, den Gewinn und Verlust von Macht in den internationalen Beziehungen zu quantifizieren.

Nach dem Ende des Ost-West-Konflikts* hat sich ein dramatischer **Wechsel der Inhalte und Dimensionen von Macht** vollzogen. In der OECD*-Welt, d. h. den Industriestaaten – nicht so sehr in den Staaten der Dritten Welt – hat das Militär einen Bedeutungswechsel erfahren. Es hat als klassisches Zeichen der Macht und der Souveränität eines Staates viel von seinem Stellenwert verloren. In nahezu allen OECD-Staaten wurde enorm abgerüstet; Militär hat zunehmend die Funktion, als Interventionsstreitkräfte, meist weit außerhalb des eigenen Territoriums, eingesetzt zu werden. Andere Aspekte wie technologisch-wissenschaftliche Grundlagen, industrielle und finanzielle Leistungskraft einer Volkswirtschaft, Wahrung, Humankapital*, Garantie der sozialen Sicherheit und staatliche Daseinsvorsorge bestimmen nun immer stärker den Stellenwert, den Rang und die Macht von Staaten.

(Wichard Woyke [Hg.], Handwörterbuch Internationale Politik, VS Verlag für Sozialwissenschaften, UTB, Wiesbaden, 12. Aufl. 2011, S. XVIII)

Die Sozialphilosophin *Hannah Arendt* (1906–1974) hat diese Unterscheidung in die politische Theorie eingeführt. *Gottfried-Karl Kindermann* stellt in seinem Text die verschiedenen **Machtfaktoren** der beiden Arten zusammen:

„Die wichtigsten einzelnen, vielfach interdependenten Kodeterminanten [Bestimmungsfaktoren] und Kriterien der außenpolitischen Machtlage von Staaten sind:

a) Quantität, Qualität, Reichweite und Verwundbarkeit ihrer **militärischen Gewaltmittel**; bedeutsam ist hier auch das Maß der Fähigkeit zur autarken [eigenständigen] Produktion zeitgemäßer Waffensysteme. Die erhöhte technische Komplexität der Waffenerzeugung führte zu entsprechenden Abhängigkeiten industriell schwächerer Staaten von der Bereitschaft stärkerer, ihnen komplexere Waffensysteme zu liefern;

b) die **ökonomisch-technologische Produktivkraft**, Verwundbarkeit (bzw. Abhängigkeit) und internationale Reichweite ihres Wirtschaftssystems sowie ihre Fähigkeit, Wirtschaftskraft (notfalls ohne ökonomische Gewinnerwartung) für politische Zwecke einzusetzen;

c) das Maß **innerstaatlicher Zustimmung oder Opposition**, das dem außenpolitischen Kurs der Führungskräfte entgegengebracht wird (innere Kohärenz des Systems);

d) das Maß der **Unterstützung oder Opposition**, das der Außenpolitik eines Staates seitens der **Regierungen anderer Staaten** oder einflussreicher nicht staatlicher Interessengruppen in anderen Staaten entgegengebracht wird; [...]

e) die **Glaubwürdigkeit** der Zusagen und Drohungen eines Staates gegenüber anderen;

f) das Maß des Einflusses, den ein Staat auf andere **auch ohne den Einsatz militärischer oder ökonomischer Druckmittel** auszuüben vermag;

g) die oft sehr unterschiedliche **Geschicklichkeit der außenpolitischen Staatsführungen** und ihrer Exekutivorgane (Auswärtiger Dienst, Institutionen auswärtiger Wirtschaftshilfe, Geheimdienste, Militär usw.) bei der Entwicklung und Verwirklichung außenpolitischer Verhaltensstrategien sowie der Bewertung der realen Motivationen fremdstaatlicher Akteure." (Gottfried-Karl Kindermann [Hrsg.], Grundelemente der Weltpolitik, 3. Aufl. München 1986, S. 62)

(Bernhard Sutor/Joachim Detjen, Politik – Ein Studienbuch zur politischen Bildung, Schöningh Verlag, Paderborn 2001, S. 373 f.; Verf.: Joachim Detjen)

VERTIEFUNG **M 4 b**

„Hard Power" und „Soft Power"

Der von dem amerikanischen Politikwissenschaftler Joseph S. Nye geprägte Begriff **Soft Power** bezeichnet eine Form der Machtausübung, nämlich die Fähigkeit eines Akteurs, andere für sich einzunehmen oder zu einer im eigenen Interesse stehenden Entscheidung zu bewegen, ohne dabei Zwangsmaßnahmen anzuwenden. Soft Power gründet sich auf die Überzeugungs- und Anziehungskraft der Akteure, die ihnen aus Sicht anderer Glaubwürdigkeit verleiht. Dieses Verständnis von Macht steht somit im Gegensatz zu **Hard Power**, d. h. den traditionellen Formen militärischer oder wirtschaftlicher Macht, mit deren Hilfe Druck auf Dritte ausgeübt werden kann.

Das Instrumentarium von Soft Power ist breit gefächert. Dazu gehören zum einen **aktive** Mittel wie ein am Dialog orientierter Einsatz der Diplomatie, das Werben für die eigenen Werte und politischen Strukturen (Public Diplomacy) sowie eine in verschiedenen Politikbereichen mögliche, langfristige Investition in die Stabilität zwischenstaatlicher oder internationaler Beziehungen (z. B. durch Entwicklungshilfe, Menschenrechts-, Kultur- und Wissenschaftspolitik). Zum anderen gibt es eher **passive** Instrumente wie die Strahlkraft politischer, wirtschaftlicher, kultureller, mitunter auch sportlicher Leistungen sowie generell die Vorbildhaftigkeit des eigenen Handelns, die anderen Ländern im Idealfall Orientierung bieten und zum Maßstab gereichen kann. Eine weitere Besonderheit von Soft Power besteht darin, dass sie nicht nur von Staaten und internationalen Organisationen ausgeübt werden kann, sondern auch zivilgesellschaftlichen Organisationen, internationalen Unternehmen sowie Einrichtungen im kulturellen Bereich zur Verfügung steht. In Nyes Worten handelt es sich somit um eine Ressource mit einer Reichweite „von Harvard bis Hollywood".

(http://www.bundestag.de/dokumente/analysen/2006/Soft_Power.pdf)

1 Erläutern Sie, was – ganz formal – unter „Macht" zu verstehen ist und warum in den internationalen Beziehungen die Machtstellung nicht einfach das Ergebnis „messbarer Größen" ist. Inwiefern ist zwischen „physischer" und „politischer" Macht zu unterscheiden (zu verdeutlichen etwa am Beispiel des heutigen Russlands)? (M 4 a, Z. 11 ff.)

2 Machen Sie anhand der aufgeführten Machtfaktoren (Z. 42 ff.) deutlich, inwiefern innenpolitische Faktoren von großer Bedeutung für die außenpolitische Machtstellung eines Staates sein können. (M 4 a)

3 Setzen Sie sich mit dem Hinweis auseinander, dass das Militär für die Machtstellung eines Staates erheblich an Bedeutung verloren hat (Kasten S. 12 o.).

4 Der amerikanische Politikwissenschaftler Nye geht davon aus, dass Machteinflüsse nicht mehr nur auf der militärischen und wirtschaftlichen Ebene wirksam sind. Erläutern Sie, was er unter „weicher Macht" versteht und wie sich in dieser Sicht die gesamte internationale Machtverteilung darstellt. Wie beurteilen Sie das Gewicht der „weichen Macht"? (M 4 b)

M 5 Grundlegende Herausforderungen und Probleme internationaler Politik

Einerseits steht internationale Politik vor den gleichen grundlegenden substanziellen Anforderungen an die Werteverteilung wie jede andere Politik auch: Sicherheit zu gewährleisten, die natürlichen Lebensgrundlagen zu erhalten, Wohlfahrt zu steigern und die individuellen Freiheiten und Menschenrechte zu respektieren und zu fördern. Die internationale Politik steht jedoch vor der besonderen Herausforderung, diese Leistungen unter den Bedingungen der Anarchie erbringen zu müssen (vgl. M 2). Unter diesen Bedingungen sind die Probleme in der Regel nicht nur größer, sondern auch schwerer zu bearbeiten und zu lösen. [...]

- Anders als in einem geordneten Staatswesen existiert im internationalen System kein Gewaltmonopol. Eine verlässliche Weltpolizei, die für **Sicherheit und Ordnung** unter den Staaten sorgen würde, gibt es nicht. Jeder Staat ist selbst für seine Sicherheit verantwortlich und beschafft sich dafür die Waffen und Streitkräfte, die er zu diesem Zweck für nötig erachtet. Würden diese Waffen und Streitkräfte tatsächlich nur zur Abschreckung und Verteidigung eingesetzt, wäre das – abgesehen von den erheblichen Kosten der Rüstung und des Militärs – kein gravierendes Problem. Doch sie lassen sich genauso gut dazu verwenden, andere Staaten zu bedrohen oder zu bekämpfen, um damit staatliche Interessen durchzusetzen. Weil kein Staat wirklich sicher sein kann, dass andere Staaten ihre Waffen und Streitkräfte ausschließlich defensiv verwenden, besteht im internationalen System eine existenzielle Unsicherheit. Krieg – die organisierte Anwendung physischer Gewalt zwischen sozialen Gruppen – ist in einem anarchischen System immer eine Möglichkeit, mit der Staaten rechnen müssen. Unsicherheit abzubauen, Kriege einzuhegen und zu verhindern sowie Rüstung zu begrenzen und zu verringern gehört also zu den zentralen Herausforderungen internationaler Politik. Entsprechend ist die Erforschung der Ursachen des Krieges und von Rüstungswettläufen sowie der Bedingungen eines stabilen Friedens ein erstrangiges Thema der wissenschaftlichen Analyse internationaler Politik.
- Im **wirtschaftlichen Bereich** schafft das anarchische internationale System in erster Linie **Effizienzprobleme**. Zunächst sorgen die zahlreichen staatlichen Grenzen für fragmentierte Märkte, die höhere Kosten und Preise verursachen als ein integrierter Weltmarkt. Um der Wohlfahrtssteigerung willen steht die internationale Politik also vor der Herausforderung, Handelsschranken abzubauen und Märkte zu integrieren. Wenn dies gelingt, stellt sich jedoch das *Problem des „Marktversagens"*. Im nationalen Rahmen springt der Staat ein, um Marktversagen zu korrigieren. Er gibt dem Markt eine rechtliche Ordnung und verfolgt und bestraft Betrug. Er stellt steuerfinanzierte öffentliche Güter (wie Schulen oder die Verkehrsinfrastruktur) bereit, die der Markt nicht oder nur zu unerwünscht hohen Kosten produzieren

würde, und er reguliert die Nutzung gemeinschaftlicher Ressourcen* (wie Wasser oder eine intakte Umwelt). Als Wohlfahrts- oder Sozialstaat sorgt er schließlich durch Gesetze und Umverteilung dafür, Not und Armut zu lindern, die soziale Chancengleichheit zu erhöhen und die Rechte von Arbeitnehmern zu stärken.
Im anarchischen internationalen System sind die *Voraussetzungen für eine solche politische Marktkorrektur ungleich ungünstiger. Erstens* sind die soziale Ungleichheit und die Entwicklungsunterschiede im globalen Rahmen weitaus größer als innerhalb einzelner Staaten. Grenzüberschreitende Ressourcen* wie Meere, der Weltraum oder das Klima sind schwerer zu kontrollieren als die kleinräumigeren Ressourcen innerhalb eines Staates. *Zweitens* können internationale Organisationen keine Steuern oder andere Zwangsabgaben erheben, die es ihnen erlauben würden, in größerem Umfang öffentliche Güter bereitzustellen, die Nutzung von Ressourcen effektiv zu regulieren oder Umverteilung zu finanzieren. Vielmehr sind sie auf freiwillige Beiträge durch die Staaten angewiesen. *Drittens* ist die politische und rechtliche Regulierung der Weltmärkte weit schwächer als die nationaler Märkte. Es ist schwerer, Betrug festzustellen und zu ahnden, und es fehlt ein internationaler Gesetzgeber, der alle am Weltmarkt Beteiligten auf gemeinsame Produkt- und Sozialstandards oder auf eine schonende und nachhaltige Nutzung von Ressourcen verpflichten könnte. Wie es dennoch gelingen kann, dass Staaten sich zu einer stabilen internationalen Zusammenarbeit verpflichten, um internationales Marktversagen zu korrigieren, ist daher ein zweites zentrales Thema der Analyse internationaler Politik.

- In einem System souveräner Staaten hängen **individuelle Freiheiten und Rechte** allein von der Herrschaftsordnung und -ausübung der Staaten ab. Internationale Versuche, darauf Einfluss zu nehmen, werden als unangemessene „Einmischung in die inneren Angelegenheiten" zurückgewiesen. Das Problem der staatlichen Souveränität (vgl. M 2) in einer anarchischen internationalen Ordnung besteht zum einen darin, dass diese Souveränität nicht nur die Freiheiten und Rechte derjenigen Bürgerinnen und Bürger gegenüber externer Einmischung sichert, die in einem liberalen und demokratischen Staatswesen leben, sondern auch die Staaten schützt, die ihren Bürgern grundlegende Freiheiten und Rechte vorenthalten oder sie sogar foltern, vertreiben oder töten, wenn sie sich der Herrschaftsordnung widersetzen oder nicht in das ideologische Programm dieser Ordnung passen. Im Bereich Freiheit besteht die zentrale Herausforderung internationaler Politik also darin, die *Anerkennung und Gewährleistung grundlegender Menschenrechte* durch die Staaten zu fördern. Ein weiteres Problem der internationalen Anarchie ist die Gewährleistung von individuellen Freiheiten und Rechten jenseits der staatlichen Grenzen. Wenn Menschen ihre Freiheiten und Rechte nur als Bürgerinnen und Bürger eines Staates besitzen, was passiert, wenn sie in andere Länder reisen und aus wirtschaftlichen oder politischen Gründen vorübergehend oder dauerhaft aus ihrem Heimatstaat auswandern? Hier geht es unter anderem um Fragen des Einwanderungsrechts, des Asylrechts und der Familienzusammenführung – oder zusammengefasst um das Problem „kosmopolitischer" [weltweit geltender] Rechte und Freiheiten, die Menschen ungeachtet ihrer Staatsangehörigkeit zustehen.

(Frank Schimmelfennig [= M 1], S. 136–139)

Analysieren Sie gründlich die für das Verständnis zahlreicher in den folgenden Abschnitten dieses Buches behandelten Aspekte wichtige Darstellung M 5.
- Gehen Sie dabei abschnittsweise vor und machen Sie – auf dem Hintergrund Ihrer Kenntnisse aus M 2 – jeweils deutlich, inwiefern die Probleme in den drei Politikbereichen in der internationalen Politik „nicht nur größer, sondern auch schwerer zu bearbeiten und zu lösen" sind als in der nationalen Politik.
- Erstellen Sie als Ergebnis Ihrer Erarbeitung des Textes eine dreispaltige Übersicht („Synopse"), in der Sie den drei „Werten" (Sicherheit/Ordnung, wirtschaftlicher Wohlstand, Freiheit/Rechte) stichwortartig die beschriebenen Probleme (2. Spalte) und Herausforderungen (3. Spalte) zuordnen.

VERTIEFUNG **M 6**

Zwischen Idealismus und Realismus – Theorien internationaler Beziehungen

Begriff und Bedeutung von Theorien werden Ihnen aus dem bisherigen Unterricht ein Stück weit vertraut sein (denken Sie z. B. an die „Keynes'sche Theorie" aus dem Bereich der Ökonomie). Näheres und Grundsätzliches dazu haben wir auf einer „Methodenseite" (M 7) beschrieben, die Sie ggf. der Behandlung von M 6 auch voranstellen können.
Zu den internationalen Beziehungen gibt es eine größere Zahl von Theorien, auf die wir hier nicht näher eingehen können. Wir beschränken uns auf ***drei grundlegende Ansätze****, an denen erkennbar wird, aus welchen unterschiedlichen Sichtweisen heraus man die Strukturen des internationalen Beziehungssystems, die Motive und Ziele der an der internationalen Politik beteiligten Akteure betrachten sowie die Chancen der Schaffung einer stabilen internationalen Sicherheits- und Friedensordnung beurteilen kann.*
Nach einer Kurzübersicht dazu (M 6a) gehen wir auf die beiden Theorien des „Realismus" und des „Institutionalismus" etwas näher ein (M 6b und c).

M 6a

Die „Kernfrage der internationalen Beziehungen"

Vor dem Hintergrund dieser Probleme von Politik unter den Bedingungen der Anarchie (s. M 5) versuchen Theorien der internationalen Politik, Antworten auf die folgenden *zentralen Fragen* zu geben: Wie können die Auswirkungen der Anarchie abgeschwächt oder überwunden werden? Unter welchen Bedingungen lässt sich Krieg verhindern und stabiler Frieden herstellen? Wann kooperieren Staaten, vereinbaren gemeinsame Regeln und halten sich auch daran, um die Sicherheits-, Wohlfahrts- und Freiheitsprobleme der Anarchie zu bearbeiten und zu lösen?
Die Theoriediskussion in den Internationalen Beziehungen ist seit Bestehen des Faches durch Debatten zwischen Großtheorien oder Denkschulen gekennzeichnet. Die „erste Debatte" im Fach wurde etwa in der ersten Hälfte des 20. Jahrhunderts zwischen „Realismus" und „Idealismus" (oder „Liberalismus") geführt. Bereits diese Debatte behandelte im Wesentlichen die *Kernfrage der internationalen Beziehungen*: Kann die internationale Anarchie aufgrund von sozialen Entwicklungen oder durch gezieltes politisches Handeln überwunden oder zumindest so weit abgeschwächt werden, dass ihre problematischsten Konsequenzen zu vermeiden sind?

(Frank Schimmelfennig [= M 1], S. 139)

Der **Idealismus** ist vom Glauben an den Fortschritt durchtränkt. Er setzt auf das Gute im Menschen oder zumindest darauf, dass der Mensch vernunftbegabt ist. Vernunftbegabt heißt, dass der Mensch rationalen Argumenten zugänglich und damit lernfähig ist. Langfristig muss demnach die Durchsetzung des Vernunftprinzips zu einer besseren Welt führen, in der alle Konflikte und Interessengegensätze auf kooperative Weise durch Kompromiss und Ausgleich lösbar sind. Der ewige Frieden, der Wohlstand der (aller) Nationen, die weltweite Demokratie, die Wahrung von universalistisch verstandenen Menschenrechten, der Schutz der Umwelt und andere idealistische Ziele sind prinzipiell erreichbar. [...]
Der **Realismus** in seiner klassischen Version geht demgegenüber vom gegenteiligen Menschenbild aus. Der Mensch ist nicht nur gut, sondern auch schlecht, er ist nicht nur vernunftbegabt, sondern auch triebgesteuert. Seiner Lernfähigkeit sind Grenzen gesetzt. Damit sind auch den idealistischen Vorstellungen über die Möglichkeit kooperativen und rationalen Verhaltens enge Grenzen gesetzt. Realistischer ist es deshalb, das *Selbsthilfeprinzip* zu verfolgen. Sicherheit wird durch Aufrüstung bzw. (in der neorealistischen Variante) durch eine Politik des Gleichgewichts und Friedens, hier verstanden als Nichtkrieg, wird durch Abschreckung garantiert.
Der **Institutionalismus** nimmt eine Mittelposition zwischen Idealismus und Realismus ein. Kooperation ist prinzipiell denkbar, nur muss sie realistisch und nicht idealistisch fundiert sein. Eine realistische Begründung für kooperatives Verhalten ist aber der Eigennutz, den die Kooperationspartner aus diesem Verhalten ziehen können. Rüstungskontrollvereinbarungen z. B. haben dann eine Chance, wenn sie nicht nur zur Überwindung des Sicherheitsdilemmas (s. M 6b, Z. 26 ff.) führen, sondern auch helfen, militärisch gebundene Ressourcen* zu sparen, die einer zivilen Nutzung zugeführt werden können und damit den jeweiligen Wohlstand der Partner mehren. Sind solche Institutionen friedensstiftender, wohlstandsmehrender, menschenrechtewahrender oder umweltschonender Art erst einmal etabliert und sind sie auch erfolgreich, entwickeln sie eine Eigendynamik und können somit normative Wirkung entfalten.

(Ulrich Menzel, Zwischen Idealismus und Realismus. Die Lehre von den internationalen Beziehungen, Suhrkamp Verlag, Frankfurt a. M. 2003, S. 20 f.)

M 6 b Unsicherheit und Macht: der Realismus

Der Realismus [bzw. Neorealismus] ist die skeptischste Theorie der internationalen Politik, was die Möglichkeiten angeht, die Auswirkungen der internationalen Anarchie einzudämmen und Frieden und Zusammenarbeit zwischen den Staaten dauerhaft herzustellen. [...]

- Für den Realismus sind die **Staaten** die einzig relevanten Akteure der internationalen Politik. Staaten werden als einheitliche, zweckrationale und egoistische Akteure konzipiert, d. h., sie können wie Personen behandelt werden, die versuchen, für sich selbst einen möglichst hohen Nutzen zu erzielen. Die internationale Anarchie und die von ihr erzeugte fundamentale Unsicherheit zwingen die Staaten dazu, sich in erster Linie um ihr Überleben und ihre Sicherheit zu kümmern. Dazu brauchen sie **Macht**, vor allem militärische oder militärisch nutzbare Machtressourcen, die sie einsetzen können, um mögliche Angriffe anderer Staaten abzuschrecken oder abzuwehren [*Selbsthilfe*]. Macht ist allerdings immer relativ. Sie bemisst sich danach, wie hoch die Machtressourcen der anderen Staaten im Vergleich zu den eigenen sind. Staaten müssen also danach streben, mindestens so mächtig zu sein wie die Staaten, mit denen sie es zu tun haben. Daraus resultiert eine *immerwährende Machtkonkurrenz* zwischen den Staaten. Das Sicherheitsdilemma und das Machtgleichgewicht sorgen dafür, dass sie aus dieser Machtkonkurrenz nicht ausbrechen können.
- Das **„Sicherheitsdilemma“** sorgt dafür, dass selbst rein defensiv eingestellte Staaten in der Machtkonkurrenz gefangen bleiben. Wenn Staat A nur deshalb aufrüstet, um sich gegen eine eventuelle militärische Bedrohung zu schützen, kann Staat B nicht ausschließen, dass es sich um die Vorbereitung eines Angriffs handelt, und rüstet seinerseits auf, was Staat A wiederum zu Gegenmaßnahmen veranlasst usw. So entstehen aus *Misstrauen* selbst unter defensiven Staaten Rüstungswettläufe und Kriege, weil kein Staat das eigene Überleben riskiert und deshalb vom *worst case* ausgeht, dass alle anderen Staaten offensive Absichten hegen. Das gleiche Misstrauen sorgt generell dafür, dass Staaten sich auf internationale Kooperation nur zögerlich einlassen. Sie fürchten sich davor, ihre Unabhängigkeit zu verlieren, betrogen zu werden und weniger von der Zusammenarbeit zu profitieren als ihre Kooperationspartner.
- Das **„Machtgleichgewicht“** sorgt hingegen dafür, dass offensive Staaten daran scheitern, eine dauerhafte Vorrangstellung zu erringen. Wenn ein offensiver Staat einen Machtvorsprung gegenüber anderen Staaten erreicht, so versuchen diese zunächst aus eigener Kraft, den Machtvorsprung auszugleichen. Gelingt das nicht, so schließen sie sich zu einem Bündnis zusammen, bis das Machtgleichgewicht wiederhergestellt ist. Da es höchst unwahrscheinlich ist, dass ein Staat sich auf Dauer gegen den Rest der Welt behaupten kann, bleibt die internationale Anarchie mit ihrer Machtkonkurrenz bestehen.

Wie scharf die internationale Machtkonkurrenz ist, hängt aus realistischer Sicht von zwei strukturellen Bedingungen ab: von der internationalen Machtverteilung und der (militärischen) Technologie. Für die Machtverteilung gilt: *Je höher die Machtkonzentration im internationalen System ist, desto wahrscheinlicher sind Frieden und Kooperation.* Ist ein Staat der Hegemon [„Führer“], verfügt also über höhere Machtressourcen als die übrigen Staaten zusammen, so kann er für Ruhe und Ordnung sorgen: Aggressoren in die Schranken weisen, Regeln setzen und Regelverletzer bestrafen. Allerdings ist *Hegemonie* aufgrund des Gleichgewichtsmechanismus immer nur ein vorübergehender Zustand. In multipolaren Systemen mit mehreren Großmächten sind die Machtverhältnisse instabil und unübersichtlich. Es kommt zu häufigen Bündniswechseln und Kriegen. Bipolare Systeme mit nur zwei Großmächten nehmen eine Mittelposition ein.

(Frank Schimmelfennig [= M 1], S. 140 ff.)

M 6 c Interdependenz und Regime: der Institutionalismus

Der Institutionalismus unterscheidet sich vom Realismus im Wesentlichen dadurch, dass aus seiner Sicht Interdependenz und Regime die Wirkungen der internationalen Anarchie wirksam eindämmen. Sie überwinden die Anarchie zwar nicht, „zivilisieren“ sie aber doch so weit, dass stabiler Frieden und stabile Kooperation auch ohne Hegemonie möglich werden. Die Titel der beiden inzwischen klassischen Texte dieser Denkschule sind Programm: *Power and Interdependence* (1977) von Robert O. Keohane und Joseph S. Nye und *After Hegemony* von Robert Keohane (1984).

- Nach institutionalistischer Auffassung ist das internationale System durch zunehmende **Interdependenz** gekennzeichnet. Das heißt, Staaten können zentralen Funktionen ohne die Zusammenarbeit mit anderen Staaten gar nicht, in hohem Maße unzureichend oder nur zu extrem hohen Kosten erfüllen. Das gilt etwa bei der Energieversorgung oder dem Klimaschutz auch für Großmächte. Interdependenz schafft somit einen hohen Bedarf an *internationaler Kooperation.* Damit dieser Bedarf befriedigt werden kann, müssen die Staaten aber sicher sein können, dass Kooperation ihre Sicherheit nicht einschränkt und dass sie von ihren Kooperationspartnern nicht betrogen und übervorteilt werden.
- Dabei hilft, dass sich der **Wert militärischer Macht und damit auch die Unsicherheit im internationalen System deutlich verringert** haben. Auf der einen Seite schwindet der Nutzen überlegener Machtressourcen. Das liegt zum einen an der nuklearen Abschreckung. Großmächte, die über eine gesicherte nukleare Zweitschlagsfähigkeit* ver-

fügen, lassen sich mit überlegenen Machtressourcen ohnehin nicht wirksam militärisch erpressen. Aber auch in den Partisanen- oder Guerillakriegen, die gegenwärtig die Regel sind, lässt sich die drückende technologische, ökonomische und militärische Überlegenheit der Großmächte oft nicht in dauerhafte militärische Siege ummünzen. Darüber hinaus schwindet die Zweckmäßigkeit militärischer Mittel generell. Atomwaffen sind zur Abschreckung oder Vernichtung eines Gegners, nicht aber zur begrenzten Kriegführung und zur Durchsetzung spezifischer politischer Ziele geeignet. Aber auch konventionelle militärische Mittel taugen nicht dazu, um in vielen der aktuellen Problemlagen internationaler Politik (Umwelt- und Klimaschutz, Regulierung der Weltmärkte) eigene Interessen durchzusetzen. In der Konsequenz müssen die Staaten und zumal die Großmächte sich nicht mehr permanent um ihre Sicherheit sorgen und einen militärischen Machtvorsprung anderer Staaten fürchten. Sie können sich somit ohne großes Risiko auf gewinnbringende internationale Kooperation einlassen. Es bleibt jedoch das Problem, von den Kooperationspartnern betrogen und ausgenutzt zu werden.

- Hier helfen **internationale Regime** – das sind *zwischenstaatliche Regelwerke* für einen spezifischen Problembereich internationaler Politik (wie das Welthandelsregime des GATT, vgl. S. 190). Internationale Regime legen *Regeln für die internationale Kooperation* fest, überwachen die Regeleinhaltung der Regimeteilnehmer und sanktionieren regelverletzendes Verhalten. Dadurch ermöglichen sie es den beteiligten Staaten, verlässliche Informationen über das Verhalten ihrer Kooperationspartner zu erlangen und unkooperatives Verhalten zu entdecken und zu bestrafen. So schaffen internationale Regime das für die internationale Zusammenarbeit nötige Vertrauen.

Zusammen bilden Interdependenz und Regime (auch in Abwesenheit von staatlicher oder hegemonialer Regeldurchsetzung) somit ein stabiles Fundament für Frieden und effiziente internationale Kooperation. Während Interdependenz einen wachsenden Bedarf an Zusammenarbeit und einen abnehmenden Nutzen militärischer Macht hervorbringt, sorgt die Vertrauensbildung durch internationale Regime dafür, dass die Zusammenarbeit auch tatsächlich zustande kommt.

(Frank Schimmelfenning [= M 1], S. 142 f.)

1. Erläutern Sie die zentralen Fragestellungen, auf die sich die Theorien der internationalen Beziehungen richten. Um welche „Kernfrage" geht es ganz allgemein? (M 6 a, Z. 1 – 13; vgl. M 1)
2. Stellen Sie – ggf. in einer stichwortartigen Übersicht – die theoretischen Leitbilder des „Idealismus" und des „Realismus" (ihre „Menschenbilder", die daraus abgeleiteten Handlungsmöglichkeiten, Handlungsziele und Chancen der Schaffung einer internationalen Sicherheitsordnung) gegenüber und vergleichen Sie damit die jeweiligen Sichtweisen und Beurteilungen des „Institutionalismus".
3. Machen Sie sich anhand von M 6 b und c etwas näher mit den charakteristischen Annahmen, Deutungen und Beurteilungen des „Realismus" und des „Institutionalismus" vertraut. Sie können sich dabei an den im Text hervorgehobenen zentralen Begriffen orientieren und sollten versuchen, die Erläuterungen möglichst mit eigenen Worten (und ggf. unter Nennung konkreter Beispiele) zu formulieren.
4. Worin sehen Sie ggf. Stärken und Schwächen der jeweiligen Theorie? Welchem Ansatz neigen Sie selbst auf der Grundlage Ihres derzeitigen Wissensstandes zu? Begründen Sie Ihre Einschätzung – und vergessen Sie nicht, nach Abschluss der Unterrichtsarbeit zu Teil A dieses Buches noch einmal zu dieser Frage zurückzukehren.

METHODE M 7

Charakter und Funktion von Theorien internationaler Beziehungen

Theorie als abstraktes und allgemeines Wissen

Theorie kommt aus dem Griechischen ... und heißt so viel wie „Zuschauen" oder „Betrachten". In diesem Sinn wird es als Gegensatz zur *Praxis* verstanden, dem „Tun" oder „Tätigsein". So verwendet bezeichnen Theorie und Praxis zwei verschiedene Formen der Auseinandersetzung mit der Wirklichkeit: Während die Praktikerin durch ihr aktives Eingreifen in die Wirklichkeit Erfahrungen sammelt, gewinnt der Theoretiker Erkenntnisse über die Wirklichkeit aus der Position des Beobachters. [...]

Die Gegenüberstellung mit der Praxis reicht allerdings nicht aus, um eine Theorie hinreichend zu bestimmen. „Zuschauen" und „Betrachten" – das tut auch der Fernsehzuschauer, der in Nachrichten und Magazinsendungen etwas über die internationale Politik erfährt; die Dokumentarin, die Ereignisse der internationalen Beziehungen wie Kriege oder internationale Konferenzen im Detail festhält; und schließlich der Chronist, der die Ereignisse der internationalen Politik in einen historischen Zusammenhang bringt. Dennoch arbeiten sie nicht theoretisch. Der Fernsehzuschauer informiert sich. Er sammelt *Alltagswissen* über die internationalen Beziehungen, das Hans Morgenthau als „partikular, fragmentarisch und unsystematisch" kennzeichnet. Das kann man von der Dokumentarin nicht behaupten. Wie sie die internationale Politik dokumentiert, hat Methode. Sie strebt Vollständigkeit an, sammelt und ordnet systematisch. So entsteht (systematisches) *Faktenwissen*. Die Dokumentation umfasst jedoch nicht die Interpretation, die Herstellung von Zusammenhängen zwischen den dokumentierten Ereignissen und Tatsachen. Dies leistet wiederum der Chronist. Er bringt die Fakten in eine zeitliche Reihenfolge, stellt Zusammenhänge zwischen ihnen her und produziert auf diese Weise *historisches Wissen* oder „Geschichte" – wie etwa die Geschichte des Zweiten Weltkrieges [...].

Theoretisches Wissen beruht demgegenüber auf einer *abstrahierenden* und *verallgemeinernden* Betrachtung und Auseinandersetzung mit der Wirklichkeit.

Abstrahieren und verallgemeinern heißt zum einen, sich vom konkreten, einzelnen Ereignis oder Phänomen zu entfernen und das Erkenntnisinteresse auf eine *Klasse* von Ereignissen oder Phänomenen zu richten. [...]

Abstrahieren und verallgemeinern heißt zum anderen, Erkenntnisse zu erschließen, die über die beobachtbaren, dokumentierbaren einzelnen Fakten hinausgehen [...]. Die theoretische Beschäftigung mit der Wirklichkeit ist darauf gerichtet, das „Wesentliche" oder „Typische" an den beobachtbaren Tatsachen herauszuarbeiten, nicht das „Eigentümliche" oder „Einzigartige". Sie soll über den Einzelfall hinausgehende Zusammenhänge zwischen den Beobachtungen erkennen und ihre Ursachen und Wirkungen erforschen. [...]

Unterschiedliche Theoriegattungen: deskriptiv, normativ, kausalanalytisch

In einem bereits 1969 erschienenen Aufsatz formulierte Hedley Bull einen Katalog zentraler Fragen für die Theorie der internationalen Politik. Daraus drei Beispiele:

- „Bildet die Gesamtheit der souveränen Staaten eine politische Gesellschaft bzw. ein politisches System oder nicht?"
- „Besitzt ein Mitgliedstaat der internationalen Gesellschaft ein Recht zur Intervention in die inneren Angelegenheiten eines anderen, und wenn ja, unter welchen Umständen?"
- „In welchem Maß wird der Gang der diplomatischen Ereignisse zu jeder beliebigen Zeit durch die allgemeine Form oder Struktur des internationalen Systems bestimmt oder beschränkt; durch die Zahl, das relative Gewicht und die konservative oder radikale Einstellung der es bildenden Staaten und durch die Instrumente der Interessendurchsetzung, die die Militärtechnologie oder die Verteilung des Reichtums in ihre Hände gegeben hat; durch das spezifische System von Spielregeln, das der diplomatischen Praxis dieser Zeit zugrunde liegt?" (Bull 1969: 27; Gliederung und Übersetzung F. S.)

Diese Fragen sind allesamt theoretischer Natur oder verweisen zumindest auf eine Theorie der internationalen Politik; allerdings gehören sie unterschiedlichen Theoriegattungen an: der deskriptiven, normativen und kausalanalytischen Theorie.

- Die Frage, ob die Staaten eine politische Gesellschaft, ein politisches System oder etwas anderes bilden, gehört in den Bereich der **deskriptiven Theorie**. Eine deskriptive (beschreibende) Theorie soll die Wirklichkeit mithilfe abstrakter Konzepte erschließen und „auf den Begriff bringen". Sie gibt Antworten auf die Fragen: „Was ist mein Untersuchungsgegenstand? Was macht ihn in seinem Kern aus? Wie ist er beschaffen?" Die Aufgabe deskriptiver Theorien ist es, das „Wesentliche", „Konstitutive" oder „Typische" an einem Gegenstand herauszuarbeiten. [...]
- Die Frage nach dem Recht eines Staates zur Einmischung in die inneren Angelegenheiten eines anderen ist völkerrechtlicher Natur. Rechtliche Fragen sind stets Fragen von Rechten und Pflichten, Erlaubnissen und Verboten. Sie verweisen damit auf eine **normative Theorie**. Während eine deskriptive Theorie darauf zielt zu bestimmen, was *ist*, begründet eine normative Theorie, was *sein soll*. Sie entwirft wünschenswerte, weil (moralisch) gute oder richtige oder (ästhetisch) schöne Welten, die in der Regel nicht mit der in der Wirklichkeit vorfindbaren Welt übereinstimmen. Normative Theorien der internationalen Politik bestimmen und begründen in erster Linie, wie das Verhältnis der Staaten untereinander beschaffen *sein soll* und wie Staaten sich in der internationalen Politik verhalten sollen. [...]
- Die Frage nach den Bestimmungsfaktoren „diplomatischer Ereignisse" führt schließlich zur **kausalanalytischen Theorie**. Kausalanalytische Theorien stellen *Ursache-Wirkungs-Zusammenhänge her*. Die kausalanalytische Beschäftigung mit der Wirklichkeit unterscheidet sich (ebenso wie die deskriptive) von der normativen durch ihr Interesse an der Erkenntnis dessen, was *ist*. Anders als die deskriptive Theorie beschreibt sie jedoch nicht (nur), was ein bestimmtes Phänomen ist und wie es beschaffen ist, sondern analysiert, *warum* es ist und *wie* es entstanden ist. Während deskriptive Theorien vor allem dazu dienen, die Wirklichkeit systematisch zu beschreiben und zu ordnen, und normative Theorien dazu geeignet sind, die Wirklichkeit zu bewerten und „bessere Welten" zu entwerfen, lassen sich die in kausalanalytischen Theorien enthaltenen kausalen Behauptungen in dreifacher Weise verwenden: erstens, um zu *erklären*, wie etwas entstanden ist oder hervorgebracht wurde (Erklärungsfunktion); zweitens, um *vorherzusagen*, wie es sich entwickeln wird (Prognosefunktion); und drittens, um die Wirklichkeit in einer gewünschten Weise zu *gestalten* (Problemlösungsfunktion).

(Frank Schimmelfennig, Internationale Politik, Verlag Ferdinand Schöningh, Paderborn 2008, S. 40–44)

II Sicherheitsbedrohungen in einer veränderten Welt

1. „Die Welt hat sich verändert“

M 8 Von der Bipolarität zur Multipolarität – die Entwicklung der Machtverteilung auf weltpolitischer Ebene

Abb. 1

TIME Magazine vom 11.12.1989: Der amerikanische Präsident George Bush (1989–1993) und der sowjetische Staatschef Michail Gorbatschow (1985–1991) besiegeln das Ende des Ost-West-Konflikts* und der bipolaren Weltordnung.

- Nach Ende des Ost-West-Konflikts* mit seiner zweipoligen („bipolaren“) Weltordnung (s. Abb. 1 und 2) haben sich die Machtverhältnisse neu geordnet. Die USA, die den „Kalten Krieg“* als einzige Supermacht überstanden hatten, erhoben aufgrund ihrer militärischen und wirtschaftlichen Überlegenheit den Anspruch auf **globale Vorherrschaft** (Hegemonie). Die Terroranschläge am 11. September 2001 auf das World Trade Center in New York, das Symbol wirtschaftlicher Macht, und auf das Pentagon in Washington, das Zeichen militärischer Stärke, sowie die Probleme des 2003 begonnenen Irak-Krieges (s. M 58) haben den Hegemonieanspruch [Führungsanspruch] der USA jedoch ins Wanken gebracht.
- Der wirtschaftliche Aufstieg der *Schwellenländer**, insbesondere Chinas, Indiens, Mexikos, Brasiliens und der südostasiatischen ASEAN*-Staaten (s. Abb. 3) wirkt sich auch politisch aus. Er kündigt eine neue **multipolare Weltordnung** (s. Abb. 4) an. Vor allem *China* hat sich in kurzer Zeit zu einem Giganten der Weltwirtschaft entwickelt. Es will auch politisch und militärisch zu einer Großmacht aufsteigen.
- Seit die Entwicklungsländer nicht mehr an einen der beiden politischen Blöcke (s. Abb. 2) gebunden sind, hat sich ihre **Differenzierung** verstärkt: Die Schwellenländer* und viele Länder mit mittlerem Einkommen konnten ihren Lebensstandard steigern; die Anzahl der ärmsten Länder ist aber gleich geblieben. Auch die politische Entwicklung divergiert: In einer zunehmenden Anzahl von Ländern hat ein Demokratisierungsprozess eingesetzt; in einer Reihe von Ländern aber, insbesondere in Subsahara-Afrika, haben schlechte Regierungsführung, Korruption, ethnische Konflikte, illegaler Handel, Bürgerkriege, organisierte Kriminalität usw. zum Staatszerfall (zu „failed states“; s. M 25) geführt.
- Seit dem 11. September 2001 hat sich der **internationale Terrorismus** zu einer globalen Gefährdung ausgeweitet (s. Kap. V). Er kooperiert mit religiösem Fundamentalismus* oder fußt darauf. Darüber hinaus bedrohen von dem früheren US-Präsidenten George W. Bush so genannte „Schurkenstaaten“ (Iran, Nordkorea, Syrien usw.) den Weltfrieden.

(Karl Engelhard [Hrsg.], Welt im Wandel, Omnia Verlag, Stuttgart, 3. Aufl. 2007, S. 4)

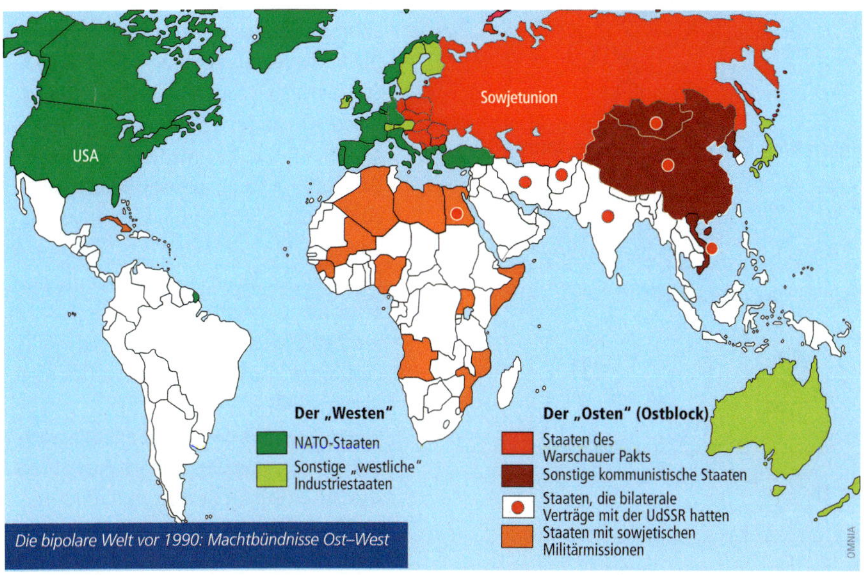

Abb. 2: Die bipolare Welt vor 1990: Machtbündnisse Ost-West

Abb. 3

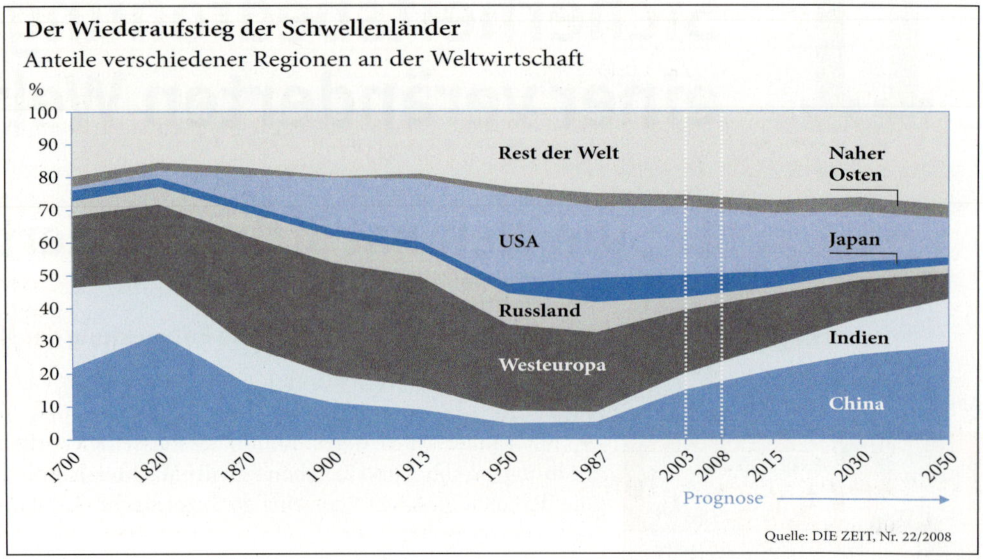

(Globale Trends [= M 3], S. 35)

Abb. 4

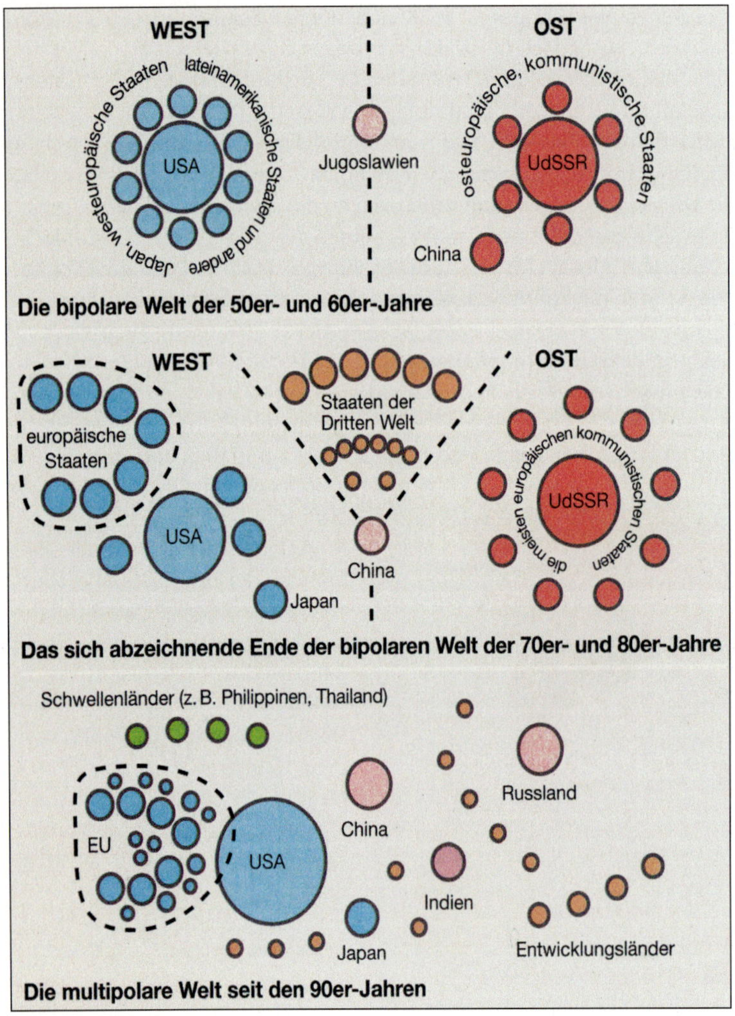

(Andreas Vierecke/Bernd Mayerhofer/Franz Kohout, dtv-Atlas Politik, Deutscher Taschenbuch Verlag, München 2010, S. 176)

1 Erläutern Sie die in M 8 kurz dargestellte Entwicklung der Machtverteilung auf weltpolitischer Ebene von der Zeit des „Kalten Krieges*" bis zur Gegenwart und werten Sie dazu die auf den Text bezogenen Abbildungen aus.

2 Gehen Sie dabei auch auf folgende Fragen ein:

- Welche Faktoren der Macht (vgl. M 4 a) stehen im Vordergrund der Betrachtung?
- Für eine bestimmte Phase der Entwicklung wurde häufig auch von einer „unipolaren Weltordnung" gesprochen. Welcher Zeitraum war damit gemeint?
- Was meinte das amerikanische TIME-Magazine Ende 1989 mit seinem Titel „Building a new world" (Abb. 1)?
- Die Entwicklung des machtpolitischen Stellenwertes zum einen der westeuropäischen Länder bzw. der EU und zum anderen Russlands wird in der knappen Darstellung kaum angesprochen. Versuchen Sie, sie zu beschreiben (vgl. auch Abb. 4).
- Beschreiben Sie etwas genauer die derzeitige und die prognostizierte (Abb. 3) machtpolitische Position der „Schwellenländer". Auf welchen Machtfaktoren beruht sie?
- Diskutieren Sie die Frage, ob man auch den internationalen Terrorismus als einen spezifischen Bestandteil der internationalen multipolaren Machtverteilung bezeichnen könnte/sollte.

M 9 Strukturveränderungen der internationalen Sicherheitsbeziehungen

● Das Ende des Ost-West-Konflikts* 1989/90 bedeutete einen tiefen Einschnitt in der Entwicklung internationaler Sicherheitsbeziehungen. Seitdem muss sich die Staatenwelt mit teilweise neuen Bedingungen und Herausforderungen auseinandersetzen und viele Staaten, darunter Deutschland, legen ihrer Sicherheitspolitik inzwischen einen *erweiterten Sicherheitsbegriff* zugrunde. Er nimmt neben den militärischen Bedrohungen, die nicht nur von Staaten ausgehen können, auch andere Konfliktursachen in den Blick: Armut und Massenelend, Umweltzerstörung, ethnisch und religiös motivierte Gewalt. Als Gegenmaßnahmen propagiert er Krisenprävention [Krisenverhütung] mit diplomatischen Mitteln, multilaterale* Deeskalation [Abschwächung] von gewaltsamen Konflikten auch, aber nicht nur mit militärischen Mitteln, sowie Konfliktmanagement mit dem Ziel, die Ursachen von Gewalt gewissermaßen auszutrocknen. Das Ende der weltpolitischen Bipolarität – der Rivalität der Großmächte USA und UdSSR im internationalen System – hat aber auch das Blickfeld für schon längerfristig angelegte Strukturveränderungen freigemacht. Diese lassen sich mit den Begriffen *Globalisierung* und *Staatsabschwächung* knapp umschreiben. Alle drei Entwicklungen haben weitreichende Auswirkungen auf die Gestaltung staatlicher Sicherheitspolitik. [...]

● Die *Globalisierung* wirkt sich auf zentrale und randständige Regionen unterschiedlich aus. Ein Beispiel dafür ist die Richtung der *Migrationsströme*: Sie fließen aus den Peripherien in die reichen Länder. Ein weiteres und besonders sicherheitsrelevantes Charakteristikum ist die bedenkliche Zunahme von Risiken und Gefahren. Bestimmte *Umweltschäden* (etwa die Abholzung der Regenwälder), *Finanzkrisen* (zum Beispiel die Zahlungsunfähigkeit eines Staates), gewalttätige *Konflikte und Bürgerkriege* wie in Afghanistan lassen sich lokal oder regional nicht mehr eindämmen, sondern haben unmittelbare und mittelbare Wirkungen weltweit.

● Im internationalen System der Gegenwart spielen die Staaten zwar noch eine herausgehobene Rolle, vor allem die großen, stabilen und mächtigen wie die USA. Doch die Zahl der eher handlungsschwachen Staaten hat sich besonders in Afrika, aber auch auf anderen Kontinenten erheblich vergrößert (s. Abb. 1 und 2). Zugleich ist die Zahl von grenzüberschreitend tätig werdenden *nicht staatlichen* Akteuren stark angestiegen.

Abb. 1

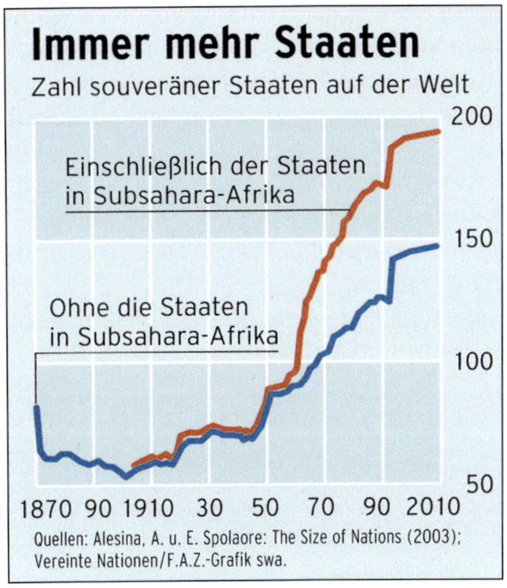

(Frankfurter Allgemeine Sonntagszeitung v. 2.5.2010, S. 46)

Abb. 2

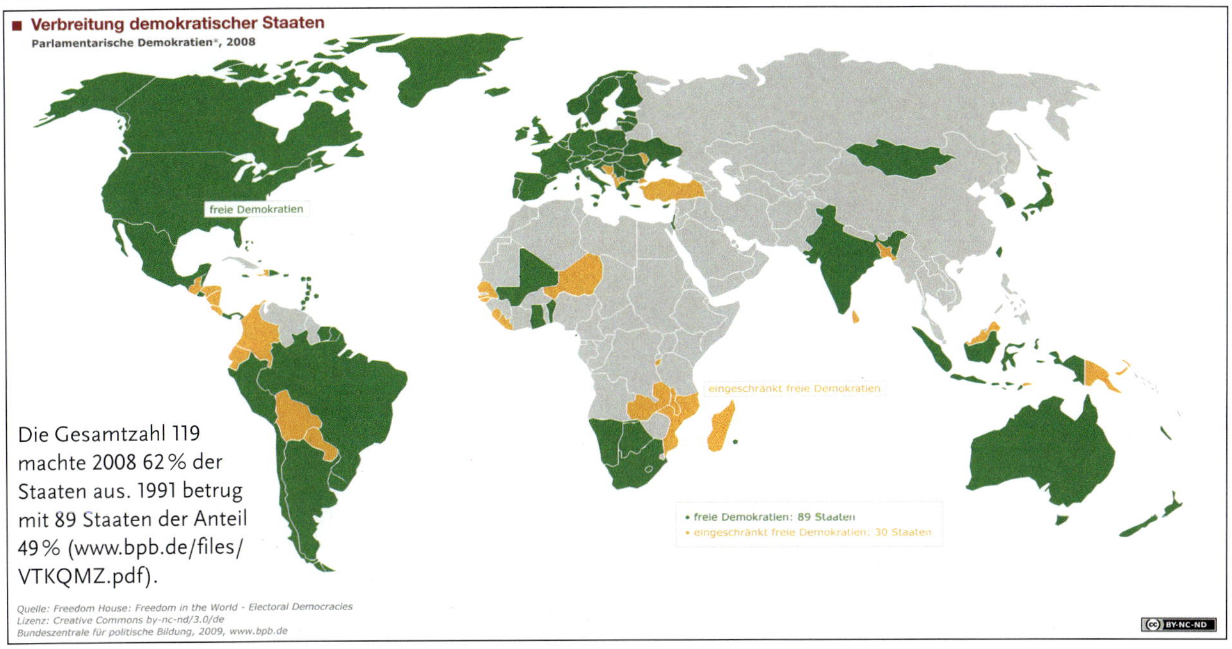

Solche *nicht staatlichen Akteure*, die in ihrer Summe die Handlungsmacht der Staaten einengen, sind zum Beispiel:

- *internationale Organisationen* wie die UNO (United Nations Organization – Vereinte Nationen) oder die OSZE (Organisation für Sicherheit und Zusammenarbeit in Europa),
- *internationale Regime* (Fachbegriff für die dauerhafte Kooperation von Staaten auf genau definierten Problemfeldern) wie das Abkommen über die Nichtweitervergabe von Nuklearwaffen,
- *transnationale Konzerne* mit riesigen Umsätzen, die oft das Budget kleinerer Staaten übertreffen, wie die großen Ölkonzerne,
- *Nicht-Regierungs-Organisationen (NRO)*, die unter anderem menschenrechtliche oder ökologische Ziele verfolgen, wie Amnesty International oder Greenpeace,
- international agierende *kriminelle Banden* wie die südamerikanischen Drogenkartelle
- und nicht zuletzt weltweit, wenn auch mit regionalen Schwerpunkten agierende *Terror-Netzwerke* wie Al-Qaida.
- Aus den genannten drei Strukturveränderungen des internationalen Systems werden ganz unterschiedliche Schlussfolgerungen gezogen. Einerseits besteht die Hoffnung auf eine weitere Ausbreitung von Demokratie (s. Abb. 2) und damit auf einen Rückgang von Gewalt und Krieg – entsprechend dem Vorbild der Beziehungen zwischen demokratischen Ländern im Westen. Andererseits wird befürchtet, dass infolge der nachlassenden Ordnungskraft von Staaten Gewalt und Kriege zunehmen werden.

Diese Gefahr besteht vor allem für schwache und vom Zerfall bedrohte Staaten, die über keinen inneren Zusammenhalt und keine handlungsfähige Regierung verfügen (s. M 25). In bestimmten Regionen der Erde könnten so dauerhafte Gebiete der Instabilität (s. Abb. 3) entstehen, Brutstätten interner, aber auch nach außen ausstrahlender Gewalt.

(Wilfried von Bredow, Neue Herausforderungen. In: Informationen zur politischen Bildung Nr. 291, 2. Quartal 2006, Bundeszentrale für politische Bildung, Bonn 2006, S. 3; http://www.bpb.de/publikationen/2YG2AI.html)

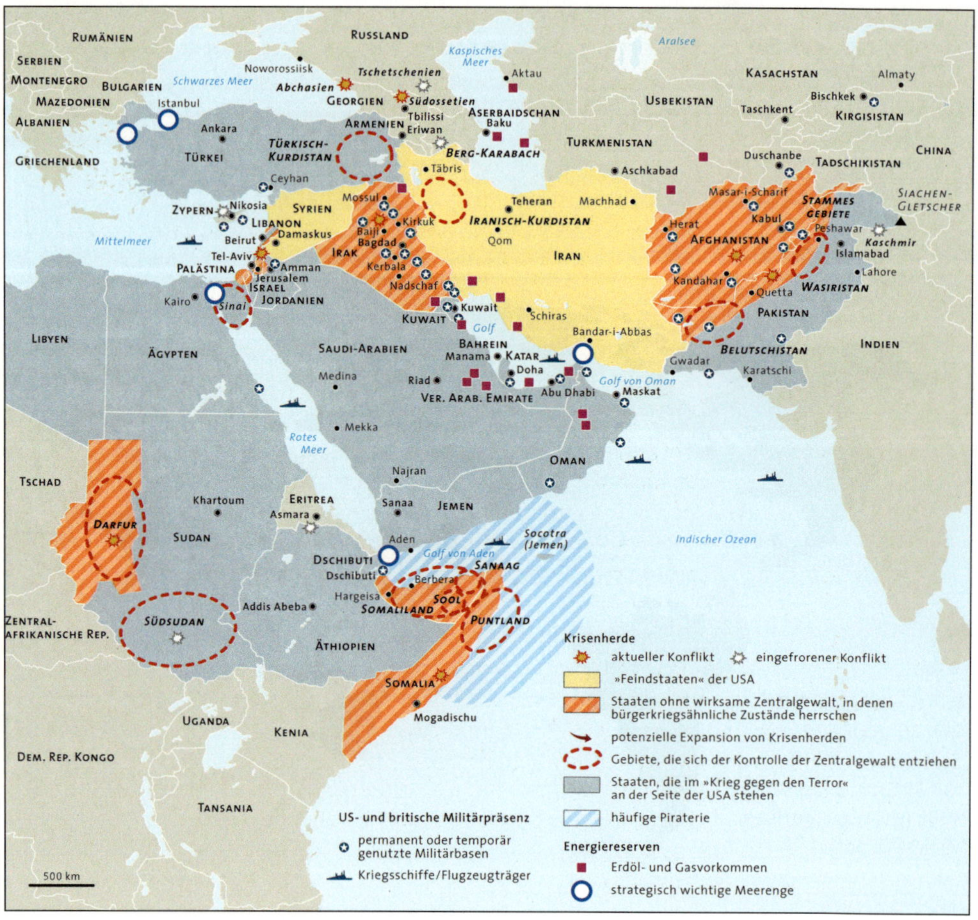

Abb. 3: „Greater Middle East" – Geografie der Konflikte

1 Verschaffen Sie sich einen Überblick über die Darstellung M 9 und identifizieren Sie (ggf. durch entsprechende Überschriften) die „drei Strukturveränderungen" in der Entwicklung der internationalen Sicherheitsbeziehungen, von denen der Autor spricht. Welchen allgemeinen Unterschied sieht der Autor zwischen der zuerst beschriebenen und den beiden weiteren Veränderungen?

2 Erläutern Sie sodann näher,
- inwiefern seit 1989/1990 viele Staaten ihrer Sicherheitspolitik einen „erweiterten Sicherheitsbegriff" zugrunde legen,
- in welcher Hinsicht der Prozess der Globalisierung die Sicherheitsbeziehungen verändert hat und
- welche Entwicklungen die „Handlungsmacht der Staaten einengen".

3 Unterscheiden Sie unter den aufgeführten „nicht staatlichen Akteuren" (Z. 34 ff.) solche, deren Einfluss eher sicherheitsfördernd wirkt, von solchen, die die internationale Sicherheit eher gefährden.

4 Im letzten Abschnitt (Z. 45 ff.) wird ein Zusammenhang zwischen der Ausbreitung demokratischer Regierungssysteme in den Ländern der Welt und der damit verbundenen Aussicht auf eine friedlichere zwischenstaatliche Entwicklung angesprochen (Theorie vom „demokratischen Frieden"). Worauf lassen sich Ihrer Einschätzung nach die Erwartungen gründen, dass demokratische Staaten (im Unterschied zu allen Formen autokratischer* Staaten) keinen Krieg miteinander führen? Welcher Grundrichtung der Theorien zu den internationalen Beziehungen (s. M 6 a) lässt sich diese Auffassung zuordnen?

5 Beschreiben Sie die Entwicklung der Verbreitung demokratischer Staaten (Abb. 1 und 2). Eine Weltkarte mit Länderliste dazu finden Sie im Internet unter der Adresse http://www.bpb.de/themen/YE585H,0,0,Verbreitung_demokratischer_Staaten.html. Hinweis: Auf die besondere Rolle „vom Zerfall bedrohter Staaten" werden wir in den folgenden Abschnitten mehrfach und ausführlich eingehen (M 24 ff.).

6 Zu den im Text genannten „dauerhaften Gebieten der Instabilität" (Z. 53) gehört vornehmlich die in Abb. 3 dargestellte Region. Stellen Sie fest, welche der darin bezeichneten Länder und Konfliktaspekte im Rahmen unseres Buches näher behandelt werden (Inhaltsverzeichnis, Register). Welche können Sie aufgrund Ihres Vorwissens an dieser Stelle kurz charakterisieren?

M 10 Zukunftsperspektiven möglicher Bedrohungen

Wendet man den Blick zu den möglichen Bedrohungen, ergibt sich ein sehr unübersichtliches Bild, das zu Befürchtungen Anlass gibt:

- In absehbarer Zukunft werden **Kriege** sehr häufig aus dem Streben *ethnischer Gruppen* nach mehr *politischer Unabhängigkeit* oder sogar Eigenstaatlichkeit und aus den Gegenbestrebungen der angegriffenen Staatsführungen entstehen. Schwache und instabile Staaten laden zu solchen Zersplitterungs-Prozessen geradezu ein.
- *Konflikte zwischen Gruppen mit unterschiedlichen kulturellen Werten und Religionen* werden sich in bestimmten Teilen der Welt häufig zu Kriegen ausweiten. *Politisch-religiöser Fundamentalismus** kann solche Konflikte selbst in weitab gelegene Länder exportieren. [...]
- Fortschreitende **Verknappung lebenswichtiger Ressourcen*** wie Wasser oder Rohöl kann das scheinbar überholte Muster zwischenstaatlicher Kriege um bestimmten Grund und Boden neu beleben.
- **Hunger und Elend** ganzer Gesellschaften als Folge von Naturkatastrophen, beschleunigtem Bevölkerungswachstum oder der verantwortungslosen Politik von Staatsführungen können zu **regionalen Unruhen** führen, die sich rasch ausbreiten. Die dadurch ausgelösten *Migrationswellen* bringen auch die Nachbarstaaten in wirtschaftliche Schwierigkeiten. Es findet gleichsam ein Export von Instabilität statt.
- Das technische Wissen und die Bestandteile, die benötigt werden, um **Massenvernichtungswaffen** zu bauen, sind auf einem globalen schwarzen Markt ohne große Schwierigkeiten zu erwerben. Solche Waffen in der Verfügungsgewalt von verantwortungslosen Staatsführern, Terroristen oder Kriminellen stellen ein großes Bedrohungspotenzial dar. Denn sie sind schwer zu entdecken und einfach an beliebige Orte zu transportieren.
- Bei konventionellen Waffen gibt es einen regen, teils legalen, teils **illegalen internationalen Handel**. Er trägt dazu bei, dass überall dort, wo Konflikte gewaltsam ausgetragen zu werden

drohen, die Mittel dafür rasch und relativ problemlos in Reichweite der Konfliktparteien gelangen.

- Internationale Bandenkriminalität und politisch oder anderweitig motivierter **internationaler Terrorismus** können die innere Sicherheit von Staaten erheblich gefährden. Da die Drahtzieher außer Landes residieren und Staatsgrenzen ihre eigenen Aktivitäten kaum, wohl aber die der Regierungen beeinträchtigen, kann hier nicht mehr zwischen innerer und äußerer Sicherheit unterschieden werden.

(Wilfried von Bredow, Neue Herausforderungen. In: Informationen zur politischen Bildung Nr. 291, 2. Quartal 2006, Bundeszentrale für politische Bildung, Bonn 2006, S. 4, 7 f.)

M 11

a)

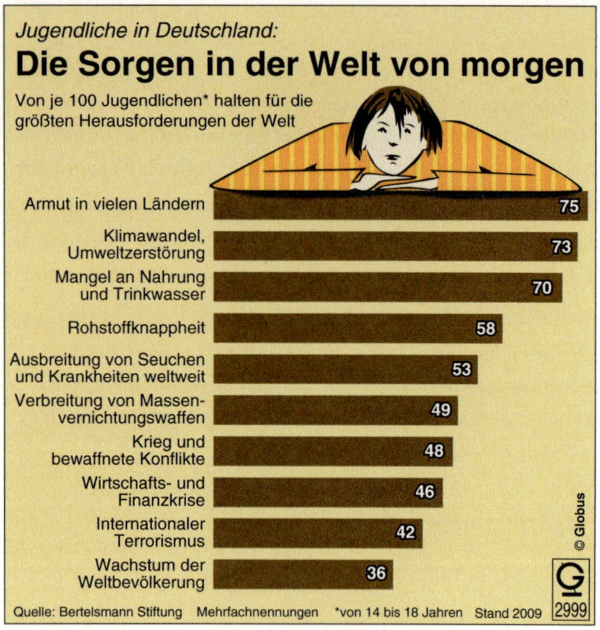

b)

1. Erläutern Sie die in M 10 aufgeführten Arten und Bereiche weltweiter Bedrohungen etwas näher mit eigenen Worten und ggf. auch durch die Nennung Ihnen bekannter konkreter Beispiele. Ziehen Sie dazu auch die Zeitungsschlagzeilen in M 12 heran und ordnen Sie sie den unterschiedlichen Arten von Bedrohungen in M 10 zu.
2. Stellen Sie die Argumente und Hinweise deutlich heraus, mit denen der Autor die „Zukunftsbedeutsamkeit“ der jeweiligen Bedrohungen begründet.
3. Analysieren Sie die Abb. 11 a und vergleichen Sie die Befragungsergebnisse ggf. mit dem Ergebnis einer kurzen Befragung in Ihrem Kurs (z. B.: Jeder von Ihnen notiert sich die drei oder fünf jeweils von ihm als besonders relevant eingeschätzten Bedrohungen; anschließende Auszählung an der Tafel). Bedenken Sie dabei auch, worauf es zurückzuführen ist, dass solche Befragungsergebnisse durch den jeweiligen Befragungszeitpunkt stark beeinflusst werden können.
4. Interpretieren Sie die Karikatur M 11 b und nehmen Sie zu ihrer Aussageabsicht Stellung.

METHODE M 12 Zeitungsrecherche

Mit Mardern und Mörsern
Deutsche Soldaten gehen massiv gegen Islamisten vor: Der Afghanistan-Einsatz bekommt eine neue Dimension
Süddeutsche Zeitung v. 23.7.2009

Anschlagserie auf Mallorca
Auf Mallorca hat die baskische Terrororganisation ETA am 9. August ein Bombenattentat verübt
Süddeutsche Zeitung v. 14.8.2009

Bombenserie im Zentrum von Bagdad
Mindestens 95 Menschen sterben in der irakischen Hauptstadt/Behörden verdächtigen islamische Extremisten
Süddeutsche Zeitung v. 20.8.2009

Bundesrat billigt Anti-Terror-Gesetz
Frankfurter Allgemeine Zeitung v. 11.7.2009

Hort des Terrors
In Pakistans Grenzgebiet sammeln sich die Gotteskrieger
Süddeutsche Zeitung v. 23.7.2009

Terror kehrt in den Irak zurück
Fast 50 Tote seit Abzug der Amerikaner aus den Städten
Süddeutsche Zeitung v. 10.7.2009

UN-Bericht über Massenflucht in Somalia
Frankfurter Allgemeine Zeitung v. 9.7.2009

EU-Patrouille angegriffen
Tiflis – Bei einer Explosion in der Grenzregion zwischen Georgien und der abtrünnigen Provinz Abchasien ist am Sonntag der Fahrer einer EU-Patrouille getötet worden.
Süddeutsche Zeitung v. 22.6.2009

Clinton droht Irak mit schärferen Sanktionen
Die amerikanische Außenministerin Clinton hat abermals mit verschärften Sanktionen im Atomstreit mit Iran gedroht.
Süddeutsche Zeitung v. 9.7.2009

Tote im Jemen
Bei einer Offensive der jemenitischen Streitkräfte gegen schiitische Rebellen im Nordwesten des Landes sind am Mittwoch mindestens 15 Personen getötet worden.
Frankfurter Allgemeine Zeitung v. 13.8.2009

Welle der Gewalt in Nigeria
Islamisten greifen Polizisten an – 200 Menschen sterben
Süddeutsche Zeitung v. 28.7.2009

Die abgedruckten **Schlagzeilen** stellen eine kleine Auswahl aus entsprechenden Berichten in zwei überregionalen Tageszeitungen dar, die innerhalb von zwei Monaten im Jahr 2009 erschienen sind. Stellen Sie fest, welchen der in M 10 angesprochenen Themen und Problemen sie sich zuordnen lassen.

Wir schlagen Ihnen an dieser Stelle eine **„Zeitungsrecherche"** vor, d. h., dass Sie begleitend zur Arbeit mit den folgenden Abschnitten Ihre Tageszeitung(en) auf Nachrichten zur internationalen Sicherheitslage und Sicherheitspolitik hin untersuchen und aus den gesammelten Ausschnitten eine **Dokumentationsmappe** zusammenstellen. Dabei können Sie folgendermaßen verfahren:

1. Sie legen gemeinsam den **Zeitraum** (z. B. 2–4 Wochen) fest, in dem Sie täglich die in Ihrem Haushalt gelesene(n) **Tageszeitung(en)** auf Berichte und Fotos hin durchsehen, die sich auf die in M 10 angesprochenen (zumeist schon in der Überschrift erkennbaren) Themen oder nur – diese Beschränkung macht Sinn – auf die in den *Abschnitten dieses Arbeitsbuches* (s. Inhaltsverzeichnis, S. 3 f.) behandelten Inhaltsbereiche beziehen. Die entsprechenden Berichte und Fotos schneiden Sie – nach Absprache mit den anderen Familienmitgliedern – aus und sammeln Sie in einer Mappe.

2. Am Ende des festgelegten Zeitraums könnte im Unterricht eine **Auswertung** erfolgen: In *Gruppenarbeit* könnten Sie Ihre Zeitungsausschnitte nach Inhaltsbereichen ordnen und sich (ggf. durch Gruppenberichte oder im Unterrichtsgespräch) darüber austauschen, in welchen Bereichen die **Schwerpunkte** der Berichterstattung gelegen haben, welche Probleme im Mittelpunkt gestanden haben, von welchen Ereignissen und politischen Entscheidungen Sie in Ihrem Alltagsleben am ehesten betroffen waren usw. Im Verlauf der Unterrichtsarbeit können Sie auf Ihre Sammlung zurückgreifen.

3. Wenn Sie sich dazu entschließen, eine kleine aktuelle **Dokumentation** (z. B. in Form einer Wandzeitung oder auf einer Stellwand) in der Schule zu veröffentlichen, sollten Sie vielfältige Möglichkeiten der Gestaltung nutzen (vergrößerte Kopien, zusätzliche Hinweise und Fotos, z. B. zu Institutionen und Personen, eigene kurze Kommentare usw.).

(Autorentext)

2. Das Beispiel Afghanistan

Wir können im Rahmen dieses Arbeitsbuches und des betreffenden Teils des Lehrplans nicht bzw. nicht ausführlich auf alle in M 10 genannten Bedrohungen eingehen (vgl. die Inhaltsübersicht, S. 3 f.). Im Mittelpunkt werden internationale kriegerische Konflikte und Kriege sowie der internationale Terrorismus stehen. Für eine genauere Analyse eines kriegerischen Konfliktes haben wir in diesem Abschnitt ***Afghanistan*** *ausgewählt, weil es zeigen kann,*

- *dass mehrere der in M 10 genannten Gefährdungsbereiche in einem Beispiel miteinander verknüpft sein können,*
- *in welcher Weise sich internationale Organisationen darum bemühen, Sicherheit und Frieden zu schaffen (dazu Kapitel A IV dieses Arbeitsbuches) und*
- *inwiefern in diesem Rahmen Deutschland in besonderer Weise davon betroffen ist.*

Afghanistan – Struktur des Landes und Entwicklung des „Afghanistan-Krieges" seit 2001

M 13 Afghanistan – das Land am Hindukusch

Afghanistan ist ein Binnenstaat an der Schnittstelle von Zentralasien und Südasien, der an den Iran, Turkmenistan, Usbekistan, Tadschikistan, die Volksrepublik China und Pakistan grenzt.

Hauptstadt:	Kabul
Staatsform:	Republik, Präsidialsystem
Bevölkerung:	ca. 30 Mio. (45 je qkm; Deutschland: 230 je qkm)
Volksgruppen:	ca. 42 % Paschtunen, ca. 27 % Tadschiken, je ca. 9 % Usbeken und Tazara, weitere kleinere Gruppen
Sprachen:	Paschtu, Dari, zahlreiche weitere Sprachen
Religionen:	99 % Muslime, davon ca. 84 % Sunniten, 16 % Schiiten
Geburtenrate*:	5,7 (Deutschland: 1,35)
Lebenserwartung:	45 Jahre (Deutschland: 78 J.)
Analphabeten*:	ca. 49 % der Männer, 79 % der Frauen ab 15 J.

Weitere Karten zur Aufteilung nach *Provinzen*, zur Verteilung der *Volksgruppen* und zum *Straßennetz* finden sich unter der Internetadresse http://www.bundesregierung.de/static/flash/afghanistan/karten/karten.html

Frauen in Kabul

Afghanische Bauern bei der Getreideernte

- Mit fast 30 Millionen Einwohnern (Deutschland: 82 Mio.) und einer Fläche von 647500 Quadratkilometern (Deutschland: 357021) ist Afghanistan dünn besiedelt. Etwa 73 Prozent der Afghanen leben auf dem Land. Von etwa 6,5 Millionen Stadtbewohnern sind weit mehr als drei Millionen im Großraum Kabul zu Hause. Erhebliche Teile des Territoriums, dessen Gebirge sich bis in eine Höhe von 7485 Meter erstrecken, sind von der landwirtschaftlichen Nutzung ausgeschlossen. Dennoch ist die *Landwirtschaft* der dominierende Faktor der afghanischen Ökonomie und macht 60 Prozent des Bruttoinlandsproduktes* (BIP) aus. Dieses liegt bei etwa 1000 US-Dollar pro Kopf (Deutschland: 34400 $). Lediglich 280000 Afghanen verfügten Ende 2008 über einen Telefonanschluss, immerhin ca. 2,5 Mio. über ein Mobiltelefon und 535000 über einen Internetanschluss (Zahlen nach CIA World Factbook, 2008). Vor allem beim Gebrauch von Mobiltelefonen erhöhten sich die entsprechenden Zahlen in den letzten zwei Jahren erheblich. Afghanistan gehört aber nach wie vor zu den infrastrukturell* am schlechtesten versorgten Ländern der Erde. [...]
- Das Land am Hindukusch zählt zu den *ärmsten Gegenden der Welt*; zudem hat sich seine Bevölkerung in den letzten 20 Jahren trotz Krieg verdoppelt und wächst rasant weiter. Dagegen sind die naturräumlichen Potenziale stark begrenzt. Afghanistan weist bei einer Analphabetenrate von über 60 Prozent kaum das Humankapital* auf, um Arbeitsplätze außerhalb der Landwirtschaft zu schaffen. Mangels ökonomischer Alternativen bleibt daher für viele Bauern und Händler auch in Zukunft der Anbau und das Geschäft mit Drogen der einzig gangbare Weg oder die Migration in die Megastädte Pakistans und Irans.
- Auch die *Konflikte zwischen Stadt und Land* werden weiter andauern. Nicht allein das ökonomische Ungleichgewicht, sondern auch die verschiedenen gesellschaftlichen Vorstellungen spalten die Gesellschaft. Die Durchsetzung von Menschenrechten, Demokratie und Gleichstellung der Frau kann den urban geprägten Stadtbewohnern nicht schnell genug gehen, während weite Teile der ländlichen Bevölkerung diese Grundsätze für anti-islamisch halten und durch sie die traditionelle Gesellschaftsordnung gefährdet sehen.
- Die Verfolgung von Einzelinteressen stellt eine weitere Herausforderung für den Wiederaufbau dar. Der Zerfall des Landes in *viele kleine Kriegsfürstentümer* verhindert nicht allein die Schaffung eines staatlichen Gewaltmonopols*, sondern bringt insgesamt das Fehlen physischer Sicherheit mit sich. Diese Situation ist nicht individuellen Warlords* anzulasten: Diese Gewaltstrukturen prägen in Afghanistan vielmehr eine ganze Gesellschaft und existieren unabhängig von großen Führungspersönlichkeiten weiter.
- Auch die *kulturelle Heterogenität* [Verschiedenartigkeit] des Landes bleibt ein wesentlicher Konfliktherd, obgleich ein gesamtafghanisches Selbstverständnis unter den Einwohnern so stark ausgeprägt ist wie niemals zuvor. Die größte Schwierigkeit besteht darin, staatliche Institutionen wie Regierung, Verwaltung und Armee zu schaffen, die ethnisch, konfessionell und regional ausbalanciert sind.

(Militärgeschichtliches Forschungsamt [Hrsg.], Afghanistan. Reihe Wegweiser zur Geschichte, Verlag Ferdinand Schöningh, Paderborn, 3. Aufl. 2009, S. 220, 97f.)

1 Verschaffen Sie sich anhand der Informationen aus M 13 einen Überblick über die geografische Lage, die ökonomische Situation und die sozialen und politischen Strukturen Afghanistans. Weitere Informationen zu allen Aspekten finden Sie auf der Wikipedia-Seite http://de.wikipedia.org/wiki/Afghanistan, auf der Seite www.bundesregierung.de/static/flash/afghanistan/karten/karten.html und in dem in der Quelle zu M 13 angegebenen Taschenbuch, das vollständig im Internet zur Verfügung steht (http://www.mgfa.de/html/einsatzunterstuetzung/downloads/wwafghanistan3.aufl.pdf).

2 Stellen Sie diejenigen Fakten und Gesichtspunkte heraus, die Afghanistan als ein besonders problembelastetes Land kennzeichnen, dessen positive Weiterentwicklung – im Sinne einer Frieden und Sicherheit gewährleistenden staatlichen Ordnung – als eine außerordentlich schwierige Aufgabe erscheint.

M 14 Afghanistan kommt nicht zur Ruhe

Mudschaheddin
Das Wort Mudschaheddin (Singular: Mudschahed) stammt aus dem Persischen und bezeichnet jemanden, der den „Heiligen Krieg" (Dschihad*) zu seiner eigenen Sache macht und damit den Islam verbreitet oder schützt. Der Begriff wurde während der sowjetischen Besatzung Afghanistans von 1979 bis 1989 gebräuchlich und ist seitdem als Selbstbezeichnung für die Angehörigen islamistischer Guerilla-Gruppen verbreitet. Mudschaheddin kämpften ebenso während des Balkankrieges auf der Seite der bosnisch-muslimischen Truppen sowie im Algerischen Bürgerkrieg, in Kaschmir und im Irak. Aktuell ist zu beobachten, dass auch die Taliban ihre Kämpfer immer wieder als „Mudschaheddin" bezeichnen.
(Afghanistan [= M 13], S. 66)

- Afghanistan, das Land am Hindukusch-Gebirge, wird seit Jahrzehnten von kriegerischen Auseinandersetzungen erschüttert. 1979 waren sowjetische Truppen in das Land einmarschiert, um gegen verschiedene Gruppen muslimischer „Glaubenskämpfer" (Mudschaheddin; s. Kasten) eine kommunistisch orientierte Regierung durchzusetzen. Bis zum Abzug der russischen Truppen (1989) waren rd. 1 Mio. Tote zu beklagen, 5 Mio. Menschen waren geflohen.
- 1992 übernahmen die Mudschaheddin die Macht, doch der Bürgerkrieg ging weiter: Die von Pakistan unterstützten, radikal islamischen *Taliban* („Koranschüler"; s. M 15) setzten sich gegen die Mudschaheddin-Gruppen durch und errichteten 1996 einen islamischen „Gottesstaat" (Verfolgung der schiitischen Bevölkerung, Entrechtung der Frauen, Behinderung der Arbeit internationaler Hilfsorganisationen). Vor allem im Norden des Landes gingen die Kämpfe mit Gruppen von Taliban-Gegnern aber weiter. Das Taliban-Regime weigerte sich, einer Aufforderung der UNO nachzukommen, Osama Bin Ladin, den Führer der im Lande aufgebauten und von den Taliban unterstützten *Terroristengruppe Al Qaida* („Die Basis"; vgl. M 56 b) auszuliefern. Nach dem Terroranschlag des 11. September 2001 (s. M 54) in den USA stellte sich heraus, dass die Attentäter diesem Terrornetzwerk angehörten und der Anschlag von Bin Ladin geplant war.
- Als die Taliban-Regierung weiterhin die Auslieferung Bin Ladins verweigerte, begannen die USA mit Zustimmung der UNO, die den USA das Recht auf Selbstverteidigung zubilligte, und nach Beschluss der NATO wochenlange Luftangriffe gegen Taliban-Stützpunkte in Afghanistan. Zugleich starteten die afghanischen Widerstandsgruppen aus dem Norden des Landes („Nordallianz") eine erfolgreiche Offensive gegen die Taliban. Sie führte bis zum Ende des Jahres 2001 zur Errichtung einer Übergangsregierung unter Leitung von Hamid Karsai, die beim Aufbau des Landes von UN-Friedenstruppen („International Security Assistance Force", ISAF; s. M 16) unterstützt wurde.
- Deren Aufgabe wurde 2004 von der NATO übernommen. Karsai wurde 2004 zum Präsidenten gewählt (Wiederwahl im September 2009). Im Verlauf der Jahre 2005 und 2006 zeigte sich zunehmend, dass die Taliban vor allem im Süden des Landes nicht endgültig besiegt waren und sich mit terroristischen Gruppen vereinigten. Es kam zu zahlreichen Selbstmordanschlägen gegen ausländische Militärangehörige, afghanische Polizisten und Beamte. Seit Frühjahr 2006 kam es zu regelrechten kriegerischen Kämpfen in den südlichen Provinzen zwischen Taliban-Gruppen und Truppen der USA sowie der ISAF.

Seit dem Jahre 2007 verschärfte sich die Sicherheitslage noch einmal spürbar. Neben der Zahl der getöteten Taliban-Kämpfer und ISAF-Soldaten gab es immer mehr zivile Todesopfer, vor allem durch Terroranschläge der Taliban, aber zum Teil auch bei militärischen, gegen die Taliban gerichteten Aktionen der ISAF-Truppen. Das Ziel des ISAF-Einsatzes liegt im Aufbau ausreichender afghanischer Sicherheitskräfte (Militär und Polizei; „selbsttragende Sicherheit" in Afghanistan).

(Autorentext)

Die am 28.1.2010 in London abgehaltene internationale Afghanistan-Konferenz [von Vertretern aus über 60 Staaten] stand im Zeichen der innenpolitischen Schwäche der Regierung Karzai und der immer prekärer werdenden Sicherheitslage. Im Sinne der angestrebten Autonomie der Afghanen wurde eine Verstärkung der internationalen Hilfe beim Ausbau der nationalen Streitkräfte und der Polizei vereinbart, die bis Oktober 2011 von 104 000 auf 172 000 bzw. von 97 000 auf 134 000 Mann aufgestockt werden sollen. Diese von NATO und UN geforderte **Übertragung der Verantwortung auf die afghanische Regierung** soll die Verstärkung der internationalen Militärpräsenz flankieren und der in vielen Staaten abnehmenden Akzeptanz des Engagements entgegenwirken. [...] Beifall fand die von Karzai in London vorgetragene Absicht, die Bemühungen um eine Versöhnung mit aufständischen Taliban zu intensivieren.

(Der Fischer Weltalmanach 2011, © Fischer Taschenbuch Verlag in der S. Fischer Verlag GmbH, Frankfurt am Main 2010, S. 46)

Auf ihrem Gipfeltreffen von Lissabon (18./19.11.2010; vgl. M 48 b) beschloss die NATO, von 2011 an bis 2014 ihre Truppen schrittweise aus Afghanistan abzuziehen und die Sicherheitsverantwortung in afghanische Hände zu übergeben, das Land aber weiterhin durch eine langfristig angelegte Entwicklungszusammenarbeit personell und ökonomisch wirksam zu unterstützen. Für November 2011 wurde eine große Afghanistan-Konferenz in Bonn vereinbart.

(Autorentext)

VERTIEFUNG M 15 Ziel der Taliban: die Errichtung eines islamischen „Gottesstaates"

Abb. 1: Taliban-Kämpfer Anfang Dezember 2007 in der zeitweise von ihnen besetzten südafghanischen Stadt Musa Qala

Abb. 2: Auch heute noch tragen viele afghanische Frauen die Burka (hier bei der Parlamentswahl im Jahre 2005); während der Taliban-Herrschaft durften sie ohne Burka und ohne Begleitung eines Mannes ihre Häuser nicht verlassen.

Die Taliban (Singular talib, eigentlich: Koranschüler in der Ausbildung zum Mullah*) traten das erste Mal im Spätsommer 1994 in Südafghanistan auf. Ihr rasches Ausgreifen begünstigte der einfache Umstand, dass sich ihnen kein ernst zu nehmender Gegner in den Weg stellte. Die wenigen widerspenstigen Kriegsfürsten (Warlords*) machten sich die islamistischen Krieger Allahs durch finanzielle Zuwendungen gefügig. Nach der Einnahme Herats im Oktober 1995 marschierten die Taliban im September 1996 in Kabul ein. Am Tag, als die Hauptstadt fiel, wurde der ehemalige Präsident Nadschibullah, der sich seit 1992 in UN-Gewahrsam befand, hingerichtet. Pakistan und Saudi-Arabien erkannten die Taliban umgehend als neue Regierung an. [...]

Die Taliban rekrutierten sich anfangs überwiegend aus den Koranschulen (Medressen) in Afghanistan und Pakistan, die hier seit den 1980er-Jahren im Zuge des Dschihad* gegen die Sowjets entstanden waren. Die Koranschüler stammen bis heute meist aus sozial einfachen Verhältnissen und haben ihre Wurzeln in den afghanischen Flüchtlingslagern. Wenngleich es unter den Taliban auch recht viele Mudschaheddin gab, distanzierten sie sich öffentlich von den Mudschaheddin-Parteien, die durch Gräueltaten spätestens seit 1992 ihren Ruf als „Heilige Krieger" verspielt hatten. Die anfängliche Akzeptanz der Taliban in der Bevölkerung ist vor allem darauf zurückzuführen, dass deren Kämpfer durch die Entwaffnung von Milizen und die Einführung harter Strafen in dem vom Krieg geschüttelten Land die öffentliche Sicherheit wieder herstellten. Kriminalität und Wegelagerei wurden durch ihr strenges Regime drastisch eingedämmt.

Ziel der Taliban ist es bis heute, Afghanistan in einen „Gottesstaat" nach dem Vorbild der islamischen Frühzeit zu verwandeln. 1996 wurde aus der „Islamischen Republik" das „Islamische Emirat Afghanistan". Die Gesetze der Scharia* mit abschreckenden Strafen für bestimmte Vergehen (z. B. Steinigung bei Ehebruch) wandten die Taliban rigoros an. Verbote gegen das Rasieren, Tanzen oder Musikhören, gegen Fotoporträts und Fernseher entsprachen einer eigenwilligen Interpretation der religiösen Schriften. Leidtragende dieser Politik waren vor allem Frauen: Die Taliban verbannten sie durch die Pflicht des Ganzkörperschleiers (Burka, s. Abb. 2), ein generelles Arbeitsverbot für Frauen und die Schließung der Mädchenschulen aus dem öffentlichen Leben. [...]

Die Verdrängung der Frau aus dem öffentlichen Leben, die Steinigung „befleckter" Frauen und die Aufnahme der Blutrache in den gültigen Rechtskanon entsprachen Stammesvorstellungen und liefen teilweise sogar der Auslegung der Scharia zuwider.

(Militärgeschichtliches Forschungsamt [= M 13], S. 83–85)

Erstellen Sie aus M 14 und M 15 eine chronologisch geordnete stichwortartige Übersicht über die politische Entwicklung in Afghanistan. Stellen Sie dabei die Bedeutung des Terroranschlags vom 11.9.2001 (vgl. M 54) und der Taliban-Bewegung deutlich heraus. Eine Bilderserie zur Entwicklung 1978 bis 2009 steht im Internet zur Verfügung (http://www.n-tv.de/bilderserien/politik/Geschundenes-Afghanistan-article11383.html).
Nähere Informationen zum „Afghanistan-Krieg" seit 2001 sowie zur Taliban-Herrschaft (1996–2001) finden Sie unter den Internetadressen http://de.wikipedia.org/wiki/Krieg_in_Afghanistan_seit_2001 und http://de.wikipedia.org/wiki/Taliban.

M 16 Die Bundeswehr als Teil der internationalen Schutztruppe in Afghanistan

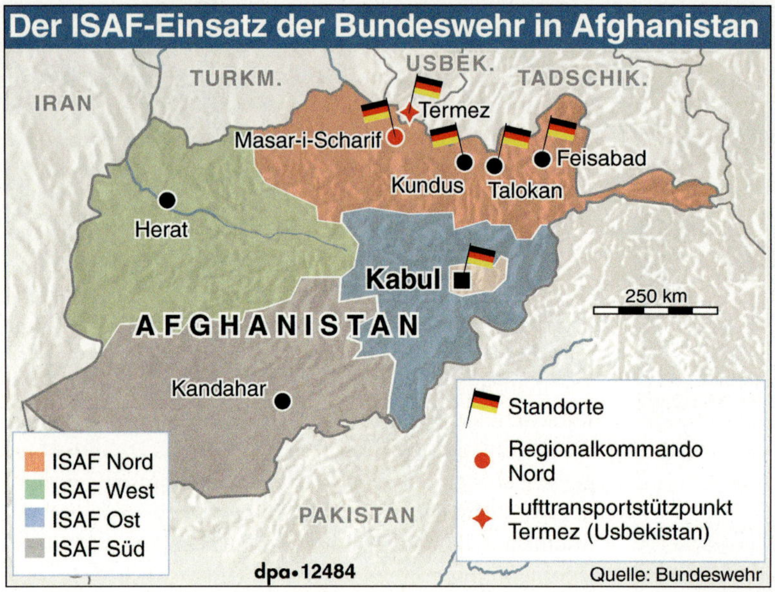

Im August 2010 waren insgesamt 47 Staaten mit insgesamt 119 819 Soldaten am ISAF-Einsatz beteiligt. Die meisten Truppen stellten die USA (78 430), Großbritannien (9 500), Deutschland (4 590), Frankreich (3 750), Italien (3 300), Kanada (2 830) und Polen (2 500). Von 2002 bis April 2010 kamen insgesamt 1 650 Soldaten zu Tode (509 allein im Jahre 2009), davon 1 330 bei Gefechten und Anschlägen (zu den deutschen Verlusten s. unten, Z. 20 ff.). Näheres: http://de.wikipedia.org/wiki/ISAF

Die International Security Assistance Force (**ISAF**) beruht auf einer Resolution des Sicherheitsrates der UNO vom Dezember 2001. Seit 2003 wird sie von der NATO geführt und soll dem Schutz der Regierung in Kabul dienen und die Sicherheitsvoraussetzungen für den Wiederaufbau des Landes schaffen. Dazu hat die NATO mehrere regionale **zivil-militärische Wiederaufbau-Teams** (Provincial Reconstruction Teams, PRT) eingerichtet, von denen zwei (in Kundus und Faisabad) unter deutscher Leitung stehen. Die Bundeswehr ist zurzeit (Mitte 2010) mit rd. 4 600 Soldaten für den gesamten Norden des Landes verantwortlich (drei Feldlager in Masar-i-Sharif, Kundus und Faisabad).
Parallel zur ISAF, aber mit anderer Zielsetzung, auf getrennter Rechtsgrundlage und in getrennter Verantwortung dient die rein militärische Operation Enduring Freedom (**OEF**) dem „Antiterrorkampf" (gegen die Taliban und die Terrororganisation Al Qaida). Sie steht im Wesentlichen unter Führung der USA und beruht auf dem in Artikel 51 der UN-Charta gewährleisteten und vom UN-Sicherheitsrat (Resolution v. 12.11.2001) bestätigten Recht der Selbstverteidigung gegen einen bewaffneten Angriff, wie er durch den Terroranschlag vom 11.9.2001 als gegeben betrachtet wurde. Die OEF, an der die Bundeswehr seit 2008 nicht mehr beteiligt ist, wird auch in anderen Regionen durchgeführt, wie z. B. am „Horn von Afrika" vor der Küste Somalias (s. dazu M 31). (Näheres: http://de.wikipedia.org/wiki/Operation_Enduring_Freedom)
Als Teil der ISAF wird auch die Bundeswehr seit 2006, insbesondere aber seit 2009, immer stärker das Ziel von Terroranschlägen und in Gefechte mit Taliban-Milizen verwickelt. Sie muss für ihre eigene Sicherheit immer mehr Zeit verwenden und technischen Aufwand treiben. Insgesamt starben im Rahmen des bisherigen ISAF-Einsatzes (Dezember 2001 – 25.2.2011) bei Gefechten und Anschlägen 29 deutsche Soldaten, 129 wurden verwundet. Durch Unfälle (u. a. Hubschrauberabsturz, Entschärfen von Munition) kamen weitere 17 Soldaten zu Tode (vgl.: http://de.wikipedia.org/wiki/Zwischenfälle_der_Bundeswehr_während_ISAF).

Abb. 1: Bundeswehrsoldat auf einer Dorfstraße in der Nähe von Faisabad

Abb. 2: Zwei Spezialisten eines deutschen „Wiederaufbau"-Teams im Gespräch mit Dorfbewohnern im Norden Afghanistans

Abb. 3: Verletzte Bundeswehrsoldaten nach einem Anschlag (Sprengfalle)

Abb. 4: Auf einer Kontrollfahrt haben deutsche Soldaten ihren „Dingo" gestoppt, um mit Einheimischen zu reden.

Abb. 5: Bundeswehr, Politiker (darunter Bundeskanzlerin Merkel), Familien und Freunde bei der zentralen Trauerfeier im Münster von Ingolstadt am 24.4.2010 für die vier am 15.4.2010 in Afghanistan getöteten Soldaten

Insgesamt ergibt sich im Hinblick auf das Ziel des Bundeswehreinsatzes (Schaffung von Sicherheit für den Aufbau des Landes) in der Sicht vieler Beobachter ein zwiespältiges Bild: Der Verschlechterung der Sicherheitslage stehen beachtliche Fortschritte beim Aufbau des Landes gegenüber (s. Kasten S. 32 o.). Bei vielen Beobachtern wächst die Einsicht, dass der Krieg rein militärisch nicht zu gewinnen ist. Nach dem Tod von drei bei Kundus in schweren Gefechten mit Taliban-Milizen getöteten deutschen Soldaten am 2.4.2010 sprachen sich in einer „stern"-Umfrage 62% der Befragten für den Abzug der Bundeswehr aus (Pressemeldung am 14.4.2010). Zum Tode von vier weiteren Soldaten am 15.4.2010 s. Abb. 5; zur Lage der Soldaten in Afghanistan: http://www.das-parlament.de/2010/34-35/Themenausgabe/31077436.html

(Autorentext)

Nicht wenige Politiker und Medien erwecken den Anschein, dass Heroin-Küchen und Korruption, Taliban und Selbstmordattentäter, blutige Anschläge im Stundentakt, in Hinterhalte und blutige Schlachten verwickelte ISAF-Truppen Afghanistan realistisch abbilden. [...] Dieses Bild ist unvollständig und daher letztlich auch falsch: Was dieses gepeinigte Volk der Afghanen seit dem Sturz des Taliban-Regimes auch aus eigener Kraft physisch und geistig wiederaufgebaut hat, ist grandios und bewundernswert.
Nach drei Jahrzehnten Krieg und Zerstörung, nach sieben Jahren brutaler Friedhofsruhe unter der Taliban-Herrschaft gehen jetzt wieder Millionen Kinder zur Schule – alle hungrig nach Bildung und Wissen, viele auch hungrig, weil es zu Hause nicht genügend zu essen gibt. Zehntausende junge Männer und Frauen besuchen voller Optimismus wiedereröffnete Universitäten und Hochschulen, Hunderttausende Frauen und Mütter – unter den Taliban noch vor wenigen Jahren gedemütigt, eingesperrt, gesteinigt – arbeiten wieder als Lehrerinnen und Ärztinnen, als Polizistinnen und Abgeordnete, als Provinz-Gouverneurin und Botschafterin im Ausland und als Ministerin, hoch angesehen im Kabinett Karsai.

(Reinhard Erös, Nur wer die Afghanen liebt, kann dem Land helfen. In: Süddeutsche Zeitung vom 20.8.2009, S. 2; der Verfasser, früherer Oberstarzt der Bundeswehr, betreibt mit seiner Familie das Projekt „Kinderhilfe Afghanistan" [http://www.kinderhilfe-afghanistan.de], zu dem im Südosten Afghanistans mehrere Dutzend Schulen, Krankenhäuser und Waisenhäuser gehören.)

1. Beschreiben Sie Rechtsgrundlage und Zielsetzung der beiden Militäreinsätze ISAF und OEF (M 16, Z. 1–17).
2. Stellen Sie fest, in welchem Umfang, in welchen Bereichen und mit welchen Aufgaben die Bundeswehr am Einsatz der ISAF beteiligt ist, auch im Vergleich zu anderen Staaten (M 16, Grafik S. 30 o. und Abb. S. 31).
3. Wie wird die aktuelle Situation (Mitte 2010) beschrieben (M 16, Z. 18 ff.)? Nähere Informationen zum Auftrag der Bundeswehr, zu seiner Begründung, zu den einzelnen Tätigkeitsbereichen und den bisherigen Ergebnissen finden Sie unter der folgenden Internetadresse: http://www.bundesregierung.de/Webs/Breg/DE/Afghanistan/afghanistan.html
Zu positiveren Einschätzungen der Wiederaufbau-Entwicklung in Afghanistan s. die Darstellung im Kasten, das Interview mit einem afghanischen Gouverneur (http://www.bundesregierung.de/Content/DE/Interview/2010/06/2010-06-06-fasz-afghanistan.html) und das Ergebnis einer innerafghanischen Umfrage (www.tagesschau.de/ausland/afghanistanumfrage144.html).

Aufgaben der Bundeswehr im Rahmen der deutschen Außen- und Sicherheitspolitik seit 1990

VERTIEFUNG M 17 Grundlagen deutscher Außen- und Sicherheitspolitik seit 1990

Deutsche Sicherheitspolitik ist umfassend angelegt. Sie ist präventiv (= vorbeugend), das heißt, sie setzt bei der Ursache von Konflikten an. *Präventive Sicherheitspolitik* umfasst auch politische und diplomatische Initiativen sowie wirtschaftliche, humanitäre und soziale Einsätze. Militärische Maßnahmen allein können keine Sicherheit und Stabilität gewährleisten.
Gleichzeitig müssen jedoch die politische Bereitschaft und die Fähigkeit da sein, Freiheit und Menschenrechte notfalls *auch mit militärischen Mitteln* zu verteidigen. Dazu braucht Deutschland Soldaten. Das deutsche Grundgesetz und das internationale Völkerrecht bilden den rechtlichen Rahmen für alle Bundeswehreinsätze. Militärische Gewalt darf jedoch immer nur „Ultima Ratio" (= letztes Mittel) sein.
Mit dem umfassenden Ansatz der **vernetzten Sicherheit** wird den unterschiedlichen gesellschaftlichen, ökonomischen, ökologischen und kulturellen Bedingungen in Konfliktregionen Rechnung getragen. Nur im multinationalen Zusammenwirken können die unterschiedlichen Herausforderungen bewältigt werden, wie es die Situationen beispielsweise in Afghanistan oder im Kosovo* bewiesen haben. Sicherheit kann weder rein national noch allein durch Streitkräfte gewährleistet werden. Erforderlich ist vielmehr ein umfassender Ansatz.

(Deutsche Sicherheitspolitik, in: Arbeitsgemeinschaft Jugend und Bildung e. V. Berlin [Hrsg.], Frieden und Sicherheit. Schülermagazin 2009/2010 für die Sekundarstufe II, Universum Verlag, Wiesbaden 2009, S. 14 f.; Verf.: Michael Mörchel)

Das Grundgesetz der Bundesrepublik gibt in der Präambel und vier Artikeln (1, 9, 24 und 26) Auskunft über die Grundprinzipien der deutschen Außenpolitik: Wahrung des internationalen Friedens, Verbot von Angriffskriegen, Entscheidung für eine offene Zusammenarbeit mit transnationalen Institutionen, einschließlich der Möglichkeit zur Übertragung von Souveränitätsrechten auf internationale Organisationen sowie die Wahrung und Verwirklichung der Menschenrechte. Diese Grundprinzipien gelten auch unter den veränderten politischen Rahmenbedingungen fort, die sich in den 15 Jahren seit dem Zusammenbruch des kommunistischen Ostblocks bis hin zu den Terroranschlägen des 11. September 2001 und dem Irakkrieg 2003 mehrmals fundamental verschoben haben. Mit der Wiedervereinigung haben sich die Handlungsspielräume und die Aufgaben der deutschen Außenpolitik erheblich erweitert. Krisenprävention (s. Kasten), Krisenmanagement und Krisenbewältigung kamen auf die Agenda. Der engagierte Friedenseinsatz von Entwicklungshelfern, zivilen Ausbildern, aber auch deutschen Soldaten auf dem Balkan, am Horn von Afrika oder in Afghanistan macht deutlich, dass Deutschland sich seinen neuen Herausforderungen stellt. Gleichzeitig geht es darum, Krisen frühzeitig zu erkennen und zu handeln, bevor es zu einer Eskalation kommt. Ein Blick auf aktuelle Krisenherde zeigt, dass Konflikte oft dann entstehen, wenn Menschen- oder Minderheitenrechte systematisch verletzt werden. Unser Einsatz für die Achtung der Menschenrechte ist daher auch ein Beitrag zur Krisenprävention.

(Auswärtiges Amt [Hrsg.]: In der Welt. Schwerpunkte und Standpunkte des Auswärtigen Amtes 2005/2006, Berlin 2006, S. 18)

1 In M 17 wird auf die „veränderten politischen Rahmenbedingungen" (Z. 19) hingewiesen, die sich seit 1990 für die deutsche Außen- und Sicherheitspolitik ergeben haben. Erläutern Sie diesen Hinweis auf dem Hintergrund Ihrer Vorkenntnisse und/oder unter Rückgriff auf M 45. Welche Bedeutung kam in diesem Zusammenhang dem Ende des „Kalten Krieges*" zu?

2 Erläutern Sie möglichst mit eigenen Worten die beiden für die deutsche Politik zentralen Zielbegriffe der „Krisenprävention" (von lat. praevenire – zuvorkommen) bzw. der „präventiven Sicherheitspolitik" sowie der „vernetzten Sicherheit" (M 17 mit Kasten). Ziehen Sie dazu ggf. auch das Afghanistan-Beispiel heran: Welcher Gefährdung der Sicherheit in Deutschland soll der Einsatz in Afghanistan vorbeugen? Inwiefern ist dieser Einsatz im Sinne „vernetzter Sicherheit" angelegt?

M 18 a Aufgaben der Bundeswehr nach dem Grundgesetz im Rahmen deutscher Sicherheitspolitik

Deutschland 2002: Bis zu 40 000 Soldaten der Bundeswehr helfen bei der Flutkatastrophe an Elbe, Donau und Mulde, den Bruch der Dämme zu vermeiden und die Hochwasserschäden zu beseitigen.

Unter welchen Voraussetzungen die Bundeswehr eingesetzt werden darf, ist im Grundgesetz festgelegt. Danach ist es Hauptaufgabe der Bundeswehr, unser Land gegen jegliche Gegner zu verteidigen, die es von außen mit Waffengewalt angreifen (Artikel 87a GG). Der Schutz der inneren Sicherheit des Landes ist grundsätzlich Aufgabe der Polizei der Länder und des Bundes (Bundespolizei). Laut Grundgesetz dürfen die Streitkräfte im Innern nur ausnahmsweise eingesetzt werden, z. B. zur Bekämpfung von Naturkatastrophen oder bei besonders schweren Unglücksfällen wie dem ICE-Eisenbahnunglück in Eschede 1998 und der Elbe-Flutkatastrophe 2002 (s. Foto).
Humanitäre Einsätze der Bundeswehr im Ausland (z. B. bei Naturkatastrophen oder in Flüchtlingslagern) basieren auf Abkommen zwischen der Bundesrepublik Deutschland und dem betroffenen Staat, der um Hilfe ersucht. Die Bundeswehr hat sich bereits an mehr als 130 Einsätzen zur Hilfeleistung in aller Welt beteiligt.
Nach der Wiedervereinigung 1990 entstand in Deutschland eine heftige Debatte über **Auslandseinsätze** der Bundeswehr. Ein Urteil des Bundesverfassungsgerichts vom 12. Juli 1994 schuf Klarheit: Deutsche Soldaten dürfen sich an Einsätzen außerhalb des NATO-Gebiets beteiligen (s. Kasten S. 34 o.) – auch an bewaffneten, wenn der Bundestag mit einfacher Mehrheit zustimmt (s. M 18 b).
Die Verfassungsrichter bezogen sich damals auf den Artikel 24 des Grundgesetzes, wonach sich der Bund einem „System gegenseitiger kollektiver Sicherheit" anschließen kann. Mit einem solchen System sind vor allem die Vereinten Nationen und die NATO gemeint. Aus der Mitgliedschaft Deutschlands in den beiden Organisationen ergeben sich Pflichten, z. B. wenn eine Reso-

Nach **Artikel 87a des Grundgesetzes** stellt der Bund Streitkräfte zur Verteidigung auf. Verteidigung heute umfasst allerdings mehr als die herkömmliche Verteidigung an den Landesgrenzen gegen einen konventionellen Angriff. Sie schließt die Verhütung von Konflikten und Krisen, die gemeinsame Bewältigung von Krisen und die Krisennachsorge ein. Dementsprechend lässt sich Verteidigung geografisch nicht mehr eingrenzen, sondern trägt zur Wahrung unserer Sicherheit bei, wo immer diese gefährdet ist. Die Vereinbarkeit internationaler Einsätze der Bundeswehr, die im Rahmen von Systemen kollektiver Sicherheit durchgeführt werden, mit der Verfassung wurde durch das Bundesverfassungsgericht und den Deutschen Bundestag bestätigt.

(www.bundeswehr.de, Broschüre „Verteidigungspolitische Richtlinien", S. 18)

lution des Sicherheitsrates der Vereinten Nationen ausgeführt werden soll. In der Präambel (= Einleitung in einen Vertrag) der nordatlantischen Allianz heißt es: Die NATO bildet ein Sicherheitssystem, in dem die Mitglieder ihre Bemühungen für die gemeinsame Verteidigung und für die Erhaltung des Friedens und der Sicherheit vereinigen. Nach Auffassung des Bundesverfassungsgerichts ist dies mit dem deutschen Grundgesetz vereinbar.

(AG Jugend und Bildung, Frieden & Sicherheit 2006/2007, Universum Verlag, Wiesbaden 2006, S. 11, 17)

Im „Weißbuch der Bundeswehr" von 2006 (http://de.wikipedia.org/wiki/Weißbuch_(Bundeswehr)) wird das gesamte **Aufgabenspektrum der Bundeswehr** wie folgt formuliert:

- internationale Konfliktverhütung und Krisenbewältigung, einschließlich des Kampfes gegen den internationalen Terrorismus
- Unterstützung von Bündnispartnern
- Schutz Deutschlands und seiner Bevölkerung
- Rettung und Evakuierung
- Partnerschaft und Kooperation
- subsidiäre [unterstützende] Hilfeleistung

(Bundesministerium der Verteidigung [Hrsg.], Weißbuch 2006 zur Sicherheitspolitik Deutschlands und zur Zukunft der Bundeswehr, S. 67)

M 18b Auslandseinsätze – der Bundestag muss zustimmen

Ende 2010 waren rd. 6 800 Bundeswehrsoldaten zu unterschiedlichen Aufgaben im Ausland eingesetzt (vgl. Abb.). Solche Einsätze können nicht einfach von der Regierung angeordnet werden, vielmehr ist dazu jeweils ein *Beschluss des Deutschen Bundestags* erforderlich. Und eine solche **Entscheidung des Parlaments** kann zudem vom Bundesverfassungsgericht überprüft werden, ob sie mit den Bestimmungen der Verfassung übereinstimmt. Dazu ist ein Antrag – etwa einer Bundestagsfraktion – beim Bundesverfassungsgericht erforderlich. Zur Kontrolle durch das Parlament kann also noch die *Kontrolle durch das Bundesverfassungsgericht* kommen.

(Herbert Uhl [Hg.], Grundwissen Politik, Ernst Klett Schulbuchverlag, Stuttgart 2007, S. 312)

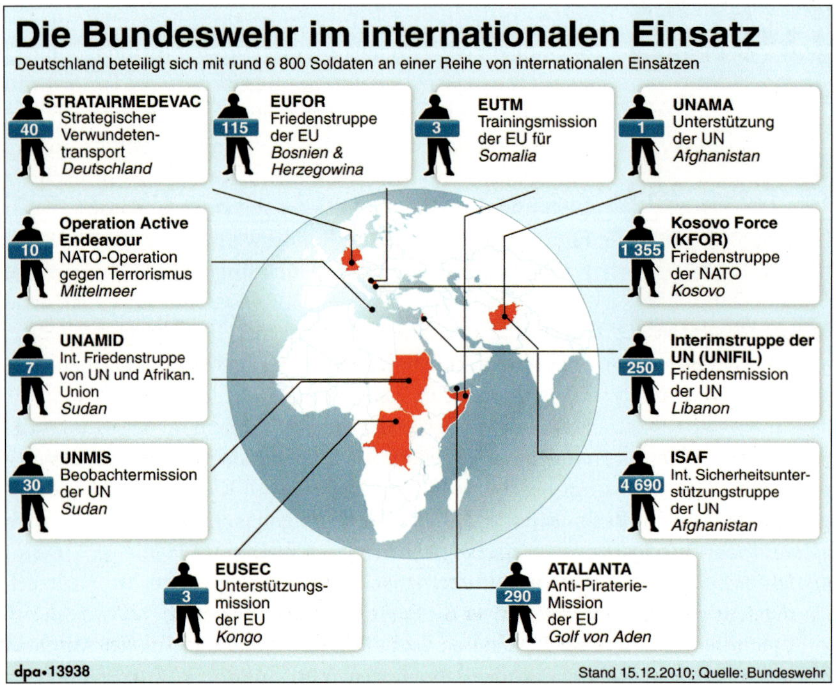

Die Bundeswehr umfasst zurzeit (Stand: Ende 2010) 189 000 Berufs- und Zeitsoldaten. Hinzu kommen rd. 28 000 Grundwehrdienstleistende sowie 23 000 freiwillig länger Wehrdienstleistende. Die insgesamt rd. 240 000 Soldaten (darunter rd. 16 000 Soldatinnen) verteilen sich auf Heer (100 767), Luftwaffe (45 697), Marine (18 437), Streitkräftebasis (55 397, Dienstleister für alle Bereiche der Bundeswehr) und Sanitätsdienst (19 125). An Auslandseinsätzen dürfen nur Berufs- und Zeitsoldaten oder Wehrdienstleistende, die den Grundwehrdienst von neun Monaten freiwillig verlängern, teilnehmen.
Die geplante Reform der Bundeswehr sieht eine *Aussetzung der Wehrpflicht* ab Mitte 2011 sowie eine *Reduzierung der Truppenstärke* auf rd. 185 000 (170 000 Berufs- und Zeitsoldaten, 15 000 freiwillig Wehrdienstleistende) vor.

Seit dem Ende des Kalten Krieges* in Europa hat die Welt ein anderes sicherheitspolitisches Gesicht bekommen. Die Aussage des ehemaligen Verteidigungsministers Dr. Peter Struck, die Bundesrepublik werde „auch am Hindukusch verteidigt", ist inzwischen ein geflügeltes Wort, das die aktuelle Situation deutscher Soldaten treffend beschreibt. Sie müssen zum Einsatz überall auf der Welt für Menschenrechte, Recht und Gerechtigkeit bereit sein. [...] Der für die Zeit- und Berufssoldaten wichtigste Unterschied: Früher bereiteten sie sich zu Hause auf einen Einsatz vor, der nicht stattfand – wenn ihre Vorbereitung (und die der NATO-Verbündeten) erfolgreich war. Jetzt muss jeder militärische Profi damit rechnen, nicht nur ausgebildet, sondern auch eingesetzt zu werden, und zwar nicht nur in Hindelang, sondern auch am Hindukusch. Die in der Regel friedenserhaltenden Maßnahmen sind der Ernstfall. [...] Zu den eingesetzten Soldaten kommen diejenigen, die sich auf die Ablösung nach vier bis sechs Monaten vorbereiten, und jene, die nach dem Einsatz eine Pause erhalten sollen. Schon ist man bei bis zu 30 000.

(Thomas Kröter, „Der Umbau der Truppe", in: Frankfurter Rundschau vom 5.4.2006)

1 Beschreiben Sie anhand von M 18 a die Aufgaben der Bundeswehr nach dem Grundgesetz und machen Sie deutlich,
- was die in Art. 24 des Grundgesetzes enthaltene Formulierung („Der Bund kann sich zur Wahrung des Friedens einem System gegenseitiger kollektiver Sicherheit einordnen") konkret bedeutet und
- welche Folgerung das Bundesverfassungsgericht daraus im Hinblick auf Auslandseinsätze der Bundeswehr abgeleitet hat.

2 Erläutern Sie, an welche Voraussetzungen das Bundesverfassungsgericht die Entscheidung über einen Auslandseinsatz der Bundeswehr in jedem Einzelfall gebunden hat (M 18 b). Was soll mit dieser Auflage, die der Bundestag am 18.3.2005 in einem „Parlamentsbeteiligungsgesetz" im Einzelnen festgelegt hat, gewährleistet werden?

3 Die Grafik (M 18 b) soll lediglich ein Bild vermitteln vom Umfang und der regionalen Verteilung der Auslandseinsätze. Stellen Sie fest, wo die Schwerpunkte liegen und von welchen Einsätzen Sie in den Medien schon gehört oder gelesen haben. Erkunden Sie, ob inzwischen neue Einsätze hinzugekommen sind und/oder bisherige Einsätze beendet wurden.
Informationen zu den einzelnen Einsätzen finden Sie ggf. auf den Webseiten http://www.einsatz.bundeswehr.de/portal/a/einsatzbw (→ Daten, Fakten, Hintergründe) und http://www.bundesregierung.de/Content/DE/__Anlagen/2010/2010-09-08-fragen-antworten-katalog-afghanistan,property=publicationFile.pdf

4 Inwiefern stellen die Auslandseinsätze die beteiligten Soldaten vor eine besondere Situation (M 18 b, Z. 12 ff.)?

Bleiben oder gehen? Die Diskussion über den Afghanistan-Einsatz der Bundeswehr

Über den Einsatz der Bundeswehr in Afghanistan wird in den Medien (Presse, Talkshows) z. T. lebhaft diskutiert. Umfragen in der Bevölkerung zeigen eine mehrheitliche Ablehnung des weiteren Verbleibs der Bundeswehr (s. S. 36 u.). Von den politischen Parteien im Bundestag setzen sich CDU/CSU und SPD sowie FDP mit großer Mehrheit für eine verbesserte Fortführung des Einsatzes ein. Unter den „Grünen" ist der Einsatz umstritten; die „Linke" lehnt unter dem Motto „Bundeswehr raus aus Afghanistan" den Einsatz geschlossen ab.
Für die im Folgenden (M 19) vorgeschlagene Pro-und-Kontra-Debatte haben wir die Position der Regierung in M 20 a dargestellt (Auszüge aus der Regierungserklärung von Bundeskanzlerin Angela Merkel vom 22.4.2010), die Positionen der Parteien in Kurzfassung in M 20 b.
Ausführlichere und aktuellere Informationen enthält die Parlamentsdebatte vom 28.1.2011, in der die Fortführung des Afghanistan-Einsatzes der Bundeswehr (mit 420 Ja-Stimmen und 116 Nein-Stimmen bei 43 Enthaltungen) beschlossen wurde. Hinweise dazu finden Sie nach M 20 b (S. 39 u.).

Demonstration von 170 Initiativen in Berlin gegen den Bundeswehreinsatz in Afghanistan (15.9.2007)

Sonderparteitag der „Grünen" zum Afghanistan-Einsatz am 15.9.2007 in Göttingen

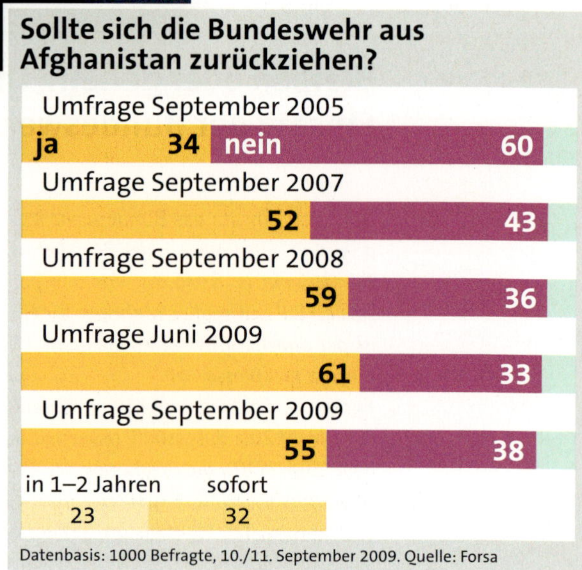

In einer Forsa-Umfrage unmittelbar nach dem tödlichen Angriff auf Bundeswehrsoldaten am 15.4.2010 (vgl. Abb. 5, S. 31) sprachen sich 62 % der Befragten für den Abzug der Bundeswehr aus Afghanistan aus.

METHODE **M 19**

Pro-und-Kontra-Debatte zum Bundeswehreinsatz in Afghanistan

Eine Pro-und-Kontra-Debatte setzt die *selbstständige Erarbeitung der Argumente* zu kontroversen Themen voraus. Ziel einer solchen Debatte ist es, die unterschiedlichen Auffassungen klar herauszuarbeiten, zu begründen, gegenüberzustellen und durch eine abschließende Abstimmung eine Entscheidung herbeizuführen. Sie hat insofern den Charakter einer Parlamentsdebatte. Für die *Durchführung* der Debatte (Arrangement, Debatte, Abstimmung, Auswertung) sollte eine Doppelstunde angesetzt werden.

Dabei wird vorausgesetzt, dass die *inhaltliche Vorbereitung* (Erarbeitung der Argumente) im vorausgehenden Unterricht geleistet worden ist: Alle Kursteilnehmer sollten die zugrunde liegenden Materialien (in diesem Fall M 14 – M 16 und M 20 a und b) gelesen haben und sich dann auf zwei „Fraktionen" verteilen (pro und kontra). Jede Fraktion bildet sodann – je nach Größe des Kurses – kleinere *Arbeitsgruppen*, die sich mit „ihren" Argumenten intensiv beschäftigen (ggf. auch durch weitere Informationen aus der Bundestagsdebatte vom 22.4.2010; s. Quellenangabe zu M 20 a) und ein Argumentationsmuster für ihre in der Debatte auftretenden *Sprecher* entwerfen.

Für die eigentliche Debatte sollte die Streitfrage noch einmal klar formuliert werden (z. B. „Soll die Bundeswehr weiterhin in Afghanistan eingesetzt werden?"). Vor der Durchführung könnte eine *Probeabstimmung* stattfinden, bei der jedes Kursmitglied sich nach seiner persönlichen Meinung – unabhängig von der Zugehörigkeit zu einer der Fraktionen oder Gruppen – entscheiden sollte.
Für die Durchführung sollten folgende Regeln beachtet werden:

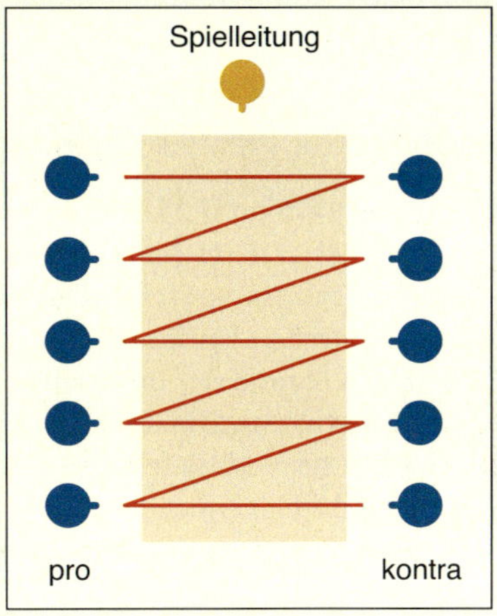

- Jede Seite bestimmt mehrere (z. B. fünf) Diskutantinnen und Diskutanten, die sich an einem Tisch gegenübersitzen. Die übrigen Kursteilnehmer fungieren als Beobachter.
- Die Diskussionsleiterin bzw. der Diskussionsleiter (es muss nicht die Lehrperson sein) eröffnet die Debatte, indem sie bzw. er einer Seite das Wort erteilt.
- Beginnt z. B. die Pro-Seite, kommt nach einer vorgegebenen Zeit (z. B. 1 – 2 Minuten) die Kontra-Seite (wieder für 1 – 2 Minuten) an die Reihe, dann wieder die Pro-Seite usw.
- Die Diskussionszeit der einzelnen Teilnehmerinnen und Teilnehmer ist streng einzuhalten. D. h., die Diskussionsleitung unterbricht jeden Beitrag nach der vereinbarten Zeit.
- Am Ende der ersten Runde angekommen, geht das Ganze rückwärts zum Ausgangspunkt.

Nach Abschluss dieser „amerikanischen" Debatte sollte eine *zweite Abstimmung* stehen, um festzustellen, ob Kursteilnehmer/-teilnehmerinnen ihre Meinung zu der Streitfrage geändert haben. Die Beobachter sollten – ggf. anhand gemachter Notizen – mitteilen, was ihnen bei der Durchführung aufgefallen ist.

Alternative:
Die strenge Strukturierung des Debattenablaufs könnte gelockert werden, indem z. B. die *Reihenfolge* der Diskussionsteilnehmer und -teilnehmerinnen nicht so streng eingehalten und stattdessen nur darauf geachtet wird, dass jede(r) sich beteiligt; die *Diskussionszeit* könnte pauschal an jede Seite vergeben werden, sodass einzelne Teilnehmer etwas mehr Zeit für ihre Beiträge hätten als andere und nur die Gesamtredezeit jeder Seite kontrolliert würde.
(Autorentext)

M 20 a

Regierungserklärung von Bundeskanzlerin Merkel zum Afghanistan-Einsatz der Bundeswehr am 22.4.2010 (Auszüge)

„[...] Übermorgen nehmen wir Abschied von vier deutschen Soldaten, die am letzten Donnerstag in Afghanistan gefallen sind (vgl. Abb. 5, S. 31). [...] Sie alle sind gestorben, weil sie Afghanistan zu einem Land ohne Terror und Angst machen wollten. [...]
Dass afghanische Frauen heute mehr Rechte als früher haben, dass Mädchen zur Schule gehen dürfen, dass Straßen gebaut werden und dass vieles, vieles mehr geschafft wurde, ist das Ergebnis unseres Einsatzes in Afghanistan. [...] Dadurch alleine könnte der Einsatz unserer Soldaten dort aber nicht gerechtfertigt werden. [...] Nein, in Afghanistan geht es noch um etwas anderes. Der berühmte Satz unseres früheren Verteidigungsministers Peter Struck bringt das für mich auf den Punkt. Er sagte vor Jahren: Die Sicherheit Deutschlands wird auch am Hindukusch verteidigt. [...]

Unsere Sicherheit, in einem freien Rechtsstaat leben zu können, wird heute von Entwicklungen gefährdet, die weit außerhalb unserer Grenzen entstehen können. [...]. Der internationale Terrorismus und die von ihm ausgehende sogenannte asymmetrische* Bedrohung durch Menschen, denen ihr eigenes Leben nichts bedeutet – dies ist eine der großen Schattenseiten der Globalisierung. Doch so wenig man die Globalisierung abschaffen kann [...], so wenig dürfen wir in unseren Anstrengungen nachlassen, den Gefahren für das Recht, die Sicherheit und die Freiheit unseres Landes dort zu begegnen, wo sie entstehen. [...] Es wäre [...] ein Trugschluss zu glauben, Deutschland wäre nicht im Visier des internationalen Terrorismus. [...]

Wer deshalb heute den sofortigen, womöglich sogar alleinigen Rückzug Deutschlands unabhängig von seinen Bündnispartnern aus Afghanistan fordert, der handelt unverantwortlich. Nicht nur würde Afghanistan in Chaos und Anarchie versinken, auch die Folgen für die internationale Gemeinschaft und ihre Bündnisse, in denen wir Verantwortung übernommen haben, und für unsere eigene Sicherheit wären unabsehbar. [...] Handelte sie anders, wären die Folgen [...] weit verheerender als die Folgen der Anschläge vom 11. September 2001.

Dies zeigt allein ein Blick auf die Landkarte: Afghanistan hat in seiner unmittelbaren Nachbarschaft die Nuklearmacht Pakistan. Wir müssen davon ausgehen, dass ein weiterer unmittelbarer Nachbar Afghanistans, der Iran, alles unternimmt, um Nuklearmacht zu werden. [...] Der Atomterrorismus gehört zu den größten Bedrohungen für die Sicherheit der Welt. Organisationen wie Al-Qaida versuchen, in den Besitz von Nuklearwaffen zu kommen oder nukleares Material zu erlangen, um damit als sogenannte schmutzige Bomben nuklear angereicherte konventionelle Waffen zu bauen.

Besonders gefährlich ist die Situation in Pakistan, Afghanistans östlichem Nachbarn. Die Lage dort ist heute schon sehr fragil. Gingen wir nicht ganz konsequent die nukleare Abrüstung an [...] und verließen wir planlos Afghanistan, würde die Gefahr erheblich steigen, dass Nuklearwaffen und Nuklearmaterial in die Hände von extremistischen Gruppen gelangen könnten. [...] Ein [...] Abzug wäre nur eines: eine Ermutigung für alle Extremisten, die weit über Afghanistan und seine Nachbarn hinausginge. [...]"

(Bundestagsprotokoll zur 37. Sitzung am 22.4.2010, S. 475; http://dipbt.bundestag.de/dip21/btp/17/17037.pdf#P.3475)

M 20 b Die Positionen der Bundestagsparteien zum Afghanistan-Einsatz der Bundeswehr

Für die Union ist klar, dass der **Einsatz der Bundeswehr fortgeführt** werden soll. „Dieses Mandat ist über jeden vernünftigen völkerrechtlichen oder verfassungsrechtlichen Zweifel erhaben", erklärte CDU-Chefin Angela Merkel. Forderungen nach einem **sofortigen Rückzug aus Afghanistan nannte sie „unverantwortlich"**.

Sie warnte vor „unabsehbaren" Folgen für die Sicherheit der Deutschen und ihrer Verbündeten; Folgen, die „weit verheerender wären" als jene der Anschläge vom 11. September 2001. Zudem würde Afghanistan „in Chaos und Anarchie versinken".

Mit Blick auf den deutschen Einsatz betont die Union, es könne „keinen zivilen Aufbau ohne eine militärische Absicherung geben". Die Union will den Afghanistan-Einsatz **zeitlich nicht konkret begrenzen**. „Die internationale Gemeinschaft wird ihre militärische Präsenz so lange aufrechterhalten, wie es nötig ist, nicht länger, aber auch nicht kürzer", erklärte Merkel. Es müsse mit der afghanischen Regierung eine **„Übergabe in Verantwortung"** geben.

Die FDP würdigt den deutschen Afghanistan-Einsatz. Deutschland stehe zu seiner Verantwortung, „zu Sicherheit, Wiederaufbau und Entwicklung des Landes beizutragen". Allerdings sei es noch nicht gelungen, in allen Bereichen den erhofften Fortschritt zu erzielen, räumen die Liberalen in einem Positionspapier ein. Die **Verantwortung für den Wiederaufbau müsse auf die afghanische Regierung übertragen** werden.

Der Fokus müsse sich auf **zivilen Wiederaufbau und mehr Tempo bei der Ausbildung afghanischer Sicherheitskräfte** richten. Zudem sei eine **bessere Koordinierung** zwischen der afghanischen Regierung und der internationalen Gemeinschaft nötig.

Ziel sei es, **bis 2014 die Voraussetzungen dafür zu schaffen, dass mit einer schrittweisen Rückführung der militärischen Präsenz** begonnen werden könne. „Wir sind uns dabei bewusst, dass die Präsenz unserer zivilen Wiederaufbauhelfer in Afghanistan wesentlich länger notwendig bleiben wird als die Präsenz der Bundeswehr“, erklären die Liberalen.

SPD

Auch die SPD fordert, Afghanistan dürfe nicht wieder zum Rückzugsraum für Terroristen werden. Ein Abbruch des ISAF-Einsatzes würde mit weit mehr Gefahren und Menschenleben bezahlt werden, als das im aktuellen Einsatz der Fall sei, erklärte Parteichef Gabriel.
Allerdings fordert die SPD eine **klare Abzugsperspektive** für die Bundeswehr. „Nur so lange, wie wir selbst die Erreichbarkeit der Ziele für möglich halten, dürfen wir Soldaten in den Einsatz schicken“, sagte Gabriel.
Als Ziele nennt die SPD **Fortschritte bei der Bekämpfung der Taliban, beim Aufbau der Sicherheitskräfte und beim zivilen Aufbau**. Der Einstieg in eine verantwortungsvolle Perspektive für den Abzug aus Afghanistan solle 2011 beginnen und im Zeitraum 2013 bis 2015 die Sicherheitslage in Afghanistan durch afghanische Kräfte sicherstellen anstatt durch Internationale Truppen.

BÜNDNIS 90 DIE GRÜNEN

Die Grünen fordern für die NATO-Mission in Afghanistan **„eine zivile Aufbauoffensive und eine realistische Abzugsperspektive“**. Dazu verlangt die Partei von der Bundesregierung **konkrete zeitliche Angaben**. „Im Mittelpunkt des ISAF-Einsatzes muss der Schutz der Menschenrechte stehen“, heißt es in einem Papier der Bundestagsfraktion. Das internationale militärische Engagement in Afghanistan sei ohne Kurswechsel zum Scheitern verurteilt.
Einen **Sofortabzug der Bundeswehr und aller internationalen Streitkräfte lehnen die Grünen ab**. „Dies würde unweigerlich das Ende jeglicher Stabilisierungsbemühungen, aber auch humanitärer und Entwicklungsarbeit in Afghanistan bedeuten. Die Folge wäre ein neuer Bürgerkrieg und eine wahrscheinliche Rückkehr des Taliban-Regimes“, begründet die Partei ihre Haltung.

DIE LINKE.

Die Linke fordert, **„die Bundeswehr sofort aus Afghanistan abzuziehen“**. „Auslandskriegseinsätze“ – auch unter UNO-Mandat – lehnt sie kategorisch ab. Die Menschen in Afghanistan sollten selbst über Frieden verhandeln, meint die Linke. Ohne den Abzug der ausländischen Soldaten gebe es dafür keine Chance.
Der NATO wirft die Linke vor, ihre eigentliche Absicht beim Einsatz in Afghanistan sei es, „sich als globale Interventionsmacht zu zeigen“. Ein **militärischer Sieg im sogenannten Anti-Terror-Krieg sei unmöglich**.

(www.spiegel.de/thema/bundeswehreinsatz_afghanistan; Verf.: AFP/DAPD/Maria Marquart-ter Haseborg)

Ausführlichere und aktuellere Stellungnahmen der Vertreter der einzelnen Parteien/Fraktionen finden Sie in den Plenarprotokollen der Bundestagsdebatte vom 28.1.2011 (www.bundestag.de/dokumente/protokolle/plenarprotokolle/17088.pdf; für die FDP: Birgit Homburger, S. 9881; für die SPD: Sigmar Gabriel, S. 9883; für die CDU/CSU: Andreas Schockenhoff, S. 9887; für die „Linke“: Gregor Gysi, S. 9888; für die „Grünen“: Jürgen Trittin, S. 9890).

Die Regierungserklärung der Bundeskanzlerin zu dieser Debatte findet sich unter der Adresse http://www.bundesregierung.de/Content/DE/Regierungserklaerung/2010/2010-01-28-merkel-erklaerung-afghanistan.html.

III Kriege und Konflikte in aller Welt – Entwicklung, Verbreitung, Ursachen und Strukturen

Afghanistan ist sicherlich zurzeit das in Deutschland am meisten diskutierte Beispiel eines internationalen militärischen Konflikts. Aber es stellt nur einen von fast 30 mehr oder weniger gewaltsamen Konflikten dar, die gegenwärtig (2010) die Situation in vielen Ländern der Welt belasten. In diesem Kapitel wollen wir einen Blick auf die Verbreitung und den besonderen Charakter gegenwärtiger Konflikte und Kriege werfen und zwei konkrete Beispiele etwas näher analysieren.

1. Kriege und Konflikte in aller Welt

M 21 Das „Kriegsgeschehen" seit 1945 – Entwicklung und regionale Verbreitung

Die Arbeitsgemeinschaft Kriegsursachenforschung (AKUF) definiert Kriege als gewaltsam ausgetragene Massenkonflikte zwischen zwei oder mehr bewaffneten Gruppen, von denen mindestens eine Seite reguläre Streitkräfte einer Regierung sind. Die Kampfhandlungen müssen ein Mindestmaß an zentral gelenkter Organisation aufweisen und mit einer gewissen Kontinuierlichkeit geführt werden. In ihren seit 1993 erscheinenden Jahresberichten „Das Kriegsgeschehen" betrachtet die AKUF darüber hinaus auch bewaffnete Konflikte, die die Kriterien der Kriegsdefinition nicht ganz erfüllen. Dazu zählen vor allem solche Konflikte, in denen Kämpfe nur sporadisch stattfinden oder an denen kein staatlicher Akteur mit eigenen Truppen beteiligt ist.
Zwischenstaatliche Kriege sind im Laufe der Entwicklung seit 1945 eher selten geworden und machen seit den 1970er-Jahren nur noch zwischen 6 % (1978) und 3 % (seit 1992) aus.
Betrachtet man das **innerstaatliche Kriegsgeschehen** seit 1945, ergeben sich Unterschiede im Zeitverlauf und in der geografischen Verteilung. Zweimal verzeichnet die Kurve des Kriegsverlaufs einen deutlichen Anstieg der Zahl der innerstaatlichen Kriege innerhalb von wenigen Jahren: Zum einen in der ersten Hälfte der 1960er-Jahre und zum zweiten Anfang der 1990er-Jahre.
Beide Perioden fallen mit der Gründung einer vergleichsweise großen Zahl neuer Staaten zusammen, zunächst in Afrika und später im Zuge des Zerfalls Jugoslawiens und der Sowjetunion in Europa. Diese neuen Staaten weisen in den entsprechenden Perioden jeweils eine überdurchschnittliche Zahl an innerstaatlichen Kriegen auf.
Die *regionale Verteilung* der innerstaatlichen Kriege spiegelt im Wesentlichen eine häufig genannte Tatsache des Kriegsgeschehens nach 1945 wider: Über 90 Prozent der Kriege wurden in der sogenannten Dritten Welt ausgetragen. Bei innerstaatlichen Kriegen liegt Afrika vor Asien und dem VMO (Vorderen und Mittleren Orient) mit jeweils über 20 Prozent. Es folgen Lateinamerika mit 15 und Europa mit 8 Prozent. Blickt man auf die letzten Jahre, so hat sich der Anteil Afrikas und Asiens auf jeweils gut ein Drittel erhöht, während der Lateinamerikas sich halbiert hat. Europa ist mittlerweile frei von Kriegen (s. M 23).

(Wolfgang Schreiber, Innerstaatliche Kriege seit 1945; www.bpb.de/themen/U1PE0U.html)

Grafik: Kriege und bewaffnete Konflikte seit 1945

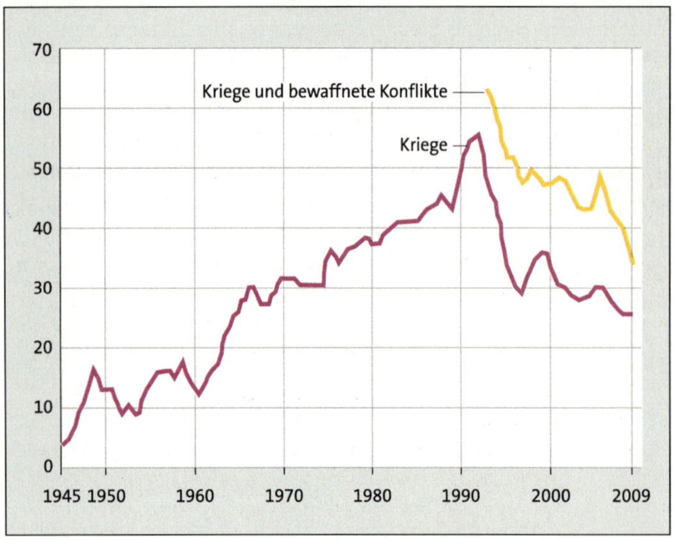

1 Konflikte, Krisen, Gewaltkonflikte, Kriege, Bürgerkriege – die Berichterstattung in den Medien zeigt, dass eine genauere Unterscheidung zwischen diesen Begriffen nicht immer leicht zu treffen ist. Erläutern Sie die Definition des Begriffs „Krieg" und die Abgrenzung gegenüber dem Begriff „gewaltsamer Konflikt" durch die Hamburger „Arbeitsgemeinschaft Kriegsursachenforschung", AKUF (www.akuf.de) (M 21, 1. Abschnitt).

2 Beschreiben Sie anhand der Grafik die Entwicklung der Kriege und der (erst seit 1993 erfassten) bewaffneten Konflikte im Zeitverlauf seit dem Ende des 2. Weltkriegs* und erläutern Sie dazu die Erklärung des Textes (Z. 11 ff.) für die Entwicklung in den Jahren 1960 – 1965 und 1990/1992.

M 22 Zwischenstaatliche und innerstaatliche Kriege – Formen, Ursachen und Motive

a) Für **zwischenstaatliche Kriege** lassen sich im Allgemeinen folgende Ursachen und Motive benennen:

- Besitzansprüche auf bestimmte Gebiete (Territorien): Länder streiten sich z. B. um den Verlauf von Grenzen und führen deswegen Krieg (Beispiel: 1. Weltkrieg).
- Staaten erheben Herrschaftsansprüche über ganze Regionen, um ihre Macht auszudehnen (Beispiel: 2. Weltkrieg*).
- Besitz- und Herrschaftsansprüche sind durch das Ziel bestimmt, die Verfügungsgewalt über wichtige Ressourcen (z. B. Rohstoffe wie Erdöl oder Gas) zu gewinnen.
- Seit dem Eingreifen der USA und Truppen anderer Länder in Afghanistan nach dem Terroranschlag vom 11. September 2001 spricht man auch von „Anti-Terror-Kriegen".

(Autorentext)

b) Als **innerstaatliche Konflikte** bezeichnet man eine größere Klasse unterschiedlichster Ereignisse, bei denen in erster Linie innerstaatliche Gruppierungen und Parteien aufeinandertreffen. Diese Konflikte werden zu *innerstaatlichen Kriegen*, wenn sie die Schwelle des Waffeneinsatzes überschreiten und die Merkmale andauernder und organisierter Gewaltanwendung aufweisen. Gerade der innerstaatliche Konflikt ist ein „Chamäleon", d. h., man findet eine **Vielfalt von Erscheinungsformen**, beginnend bei Parteien und Gruppen, die mit dem Instrument des *passiven Widerstandes* die jeweilige Staatsgewalt herausfordern. *Aufstände* tendieren dann zur Eskalation in den Bereich der Gewaltanwendung, wenn Behörden diese mit dem Einsatz militärischer Mittel niederzuschlagen versuchen. Wenn Aufständische der direkten Konfrontation mit den militärisch überlegenen regulären Streitkräften ausweichen und sich primär verdeckter Taktiken bedienen, nennt man sie *Guerilla*. In kleinen Einheiten agierend, setzen sie auf die Bekämpfung des Gegners etwa durch Attacken aus dem Hinterhalt oder hohe Kosten verursachende Sabotageakte. Wenn dies auch Anschläge auf Unschuldige und Unbeteiligte impliziert, spricht man von Terrorismus (s. M 55).
Als *Staatsstreich oder Putsch* bezeichnet man den irregulären Transfer [Übernahme] der Regierungsgewalt, oft ohne den Einsatz militärischer Mittel, meist aber unter Androhung dieser, üblicherweise durch das Militär oder mit dessen Hilfe. Er bringt in der Regel einen zumindest temporären Wandel der politischen Ordnung mit sich. *Revolutionen* hingegen zielen immer auf die Umwälzung der politischen und sozialen Ordnung ab; sie tendieren ebenfalls zur Eskalation in den Bereich der Gewalt, wenn sich die Exponenten der alten Ordnung mit militärischen Mitteln wehren. Aufstände und Revolutionen werden auf diese Weise zu *Bürgerkriegen*.

(Dieter Ruloff/Livia Schubiger, Kriegerische Konflikte: eine Übersicht. In: Aus Politik und Zeitgeschichte, 16 – 17/2007, S. 11 f.; Bundeszentrale für politische Bildung, Bonn 2007, http://www.bpb.de/files/ZV2APG.pdf)

Abb. 1: ***Anti-Regime-Krieg:*** Pakistanische Soldaten bei ihrer Offensive gegen die radikal-islamischen Taliban (Mai 2009) in Mingora, der Hauptstadt des von den Taliban beherrschten Swat-Tals. Ziel der Taliban ist die Errichtung einer islamistischen Staats- und Herrschaftsordnung in Pakistan (vgl. M 15).

Abb. 2: *Autonomie-/Sezessionskrieg:* Rebellen der „Moro Islamischen Befreiungsfront“ (MILF – Moro Islamic Liberation Front), die dafür kämpft, im Süden der Philippinen (u.a. auf den Inseln Mindanao, Palawan und Basilan) einen autonomen islamischen Staat zu errichten (Foto v. 13.8.2008)

Abb. 3: *Ethnischer Konflikt:* Die Situation in der früheren serbischen Provinz Kosovo* ist seit eh und je durch den Konflikt zwischen der albanischen Bevölkerungsmehrheit (73 %) und der serbischen Minderheit (18 %) geprägt. Auch 10 Jahre nach dem blutigen Krieg, in den auch die NATO eingriff, und nach der Unabhängigkeitserklärung im Jahr 2008 halten die Spannungen an. Das Foto zeigt deutsche und österreichische Soldaten als Angehörige der von der NATO geführten internationalen Schutztruppe KFOR (Kosovo Force) bei einer Straßenkontrolle (April 2008).

c) Als **Ursachen und Motive** für die verschiedenen Formen innerstaatlicher kriegerischer Konflikte sind vor allem die folgenden festzustellen:

- Bei fast der Hälfte aller dieser Konflikte handelt es sich um sog. **„Anti-Regime-Kriege“**. Den Aufständischen (Rebellen, Guerillas, Revolutionären) geht es darum, die herrschende Regierung zu stürzen oder das politische System bzw. die Gesellschaftsordnung zu verändern. Inhaltlich können sich solche Anti-Regime-Kriege z. B. gegen eine als korrupt beurteilte oder diktatorische (die Menschenrechte nicht achtende) Regierung richten und die Einführung eines demokratischen oder auch sozialistischen* Systems im Auge haben; es kann sich aber auch darum handeln (Beispiel Afghanistan und Pakistan; vgl. Abb. 1), dass ideologische Extremisten bzw. religiöse Fanatiker (Fundamentalisten*) in ihrem Land ein entsprechend geprägtes politisches und gesellschaftliches System (z. B. in der Form eines islamistischen „Gottesstaates“) errichten wollen.
- Eine zweite große Gruppe innerstaatlicher kriegerischer Konflikte lässt sich auf die Bestrebungen regionaler Gruppen zurückführen, für ihr Gebiet eine größere politische Selbstständigkeit (Autonomie) zu erreichen oder sich gar vom Staatsverband zu lösen (Sezession – Lösung, Trennung, von lat. secedere – sich trennen) und einen eigenen Staat zu etablieren. Hier spricht man von **Autonomie- und Sezessionskriegen** (s. Abb. 2).
- Von **„ethnischen“ Konflikten** spricht man, wenn in Staaten mehrere Völker oder Volksstämme („Ethnien“, von griech. ethnos – das Volk) oder Stämme (wie in vielen Ländern Afrikas) leben, die sich im Hinblick auf ihre politischen und sozialen Rechte, ihre Beteiligung an der politischen Macht und/oder am wirtschaftlichen Wohlstand (an der Verfügung über Ressourcen) ungerecht behandelt fühlen, miteinander in Konflikt geraten und/oder versuchen, ihre Rechte gegenüber der Regierung gewaltsam durchzusetzen (vgl. Abb. 3).
- Schließlich gibt es auch Kriege und Konflikte, in denen sich verschiedene Motive überlagern und die sich nicht eindeutig einem der drei genannten Typen zuordnen lassen (*„Mischtypen“*). So sind z. B. Sezessionskriege zumeist auch Anti-Regime-Kriege.

(Autorentext)

1. Erläutern Sie die genannten Ursachen und Motive für zwischenstaatliche Kriege und begründen Sie aus Ihrem Geschichtswissen heraus die Zuordnung des 1. und 2. Weltkriegs zu den beiden erstgenannten Ursachen/Motiven (M 22 a).

2. Inwiefern lässt sich der im vorausgehenden Kapitel beschriebene Afghanistan-Krieg als „Anti-Terror-Krieg“ bezeichnen (s. dazu M 14)?

3. Welchen Motiven ließe sich Ihrer Kenntnis nach der Irakkrieg der USA (seit 2003; vgl. M 58) zuordnen?

4. In M 22 b heißt es, dass innerstaatliche Konflikte und Kriege einem Chamäleon (Echse mit ausgeprägtem Farbwechselvermögen) glichen. Erläutern Sie mit eigenen Worten die genannten Erscheinungsformen (kursiv gesetzte Begriffe), in denen solche Konflikte auftreten können.

5. Von den Erscheinungsformen sind die Ursachen und Motive innerstaatlicher kriegerischer Konflikte zu unterscheiden. Machen Sie sich dazu die in M 22 c beschriebenen „Typen“ klar und nennen Sie ggf. jeweils konkrete Beispiele, die Sie kennen. Nähere Informationen zu den in den Abbildungen angesprochenen Beispielen finden Sie ggf. unter den folgenden Internetadressen:
http://www.bpb.de/themen/WPCNTG,0,0,PhilippinenMindanao.html
http://www.bpb.de/themen/FP4DAK,0,0,Kosovo.html
http://zeit.de/online/2009/23/pakistan-swat-krieg-ende

M 23 „Konfliktbarometer 2010"

*Das „Heidelberger Institut für Internationale Konfliktforschung" veröffentlicht jährlich (seit 2008 in englischer Sprache) mit seinem „Konfliktbarometer" eine Übersicht über die laufenden **„gewaltsamen Konflikte hoher Intensität"**. Darunter werden zum einen **„ernste Krisen"** (Konflikte, bei denen wiederholt und organisiert Gewalt angewendet wird) und zum anderen **„Kriege"** verstanden: Konflikte, bei denen mit einer gewissen Kontinuität organisiert und systematisch Gewalt angewendet wird, Gewaltmittel in großem Umfang eingesetzt werden und das Ausmaß der Zerstörungen nachhaltig ist.*

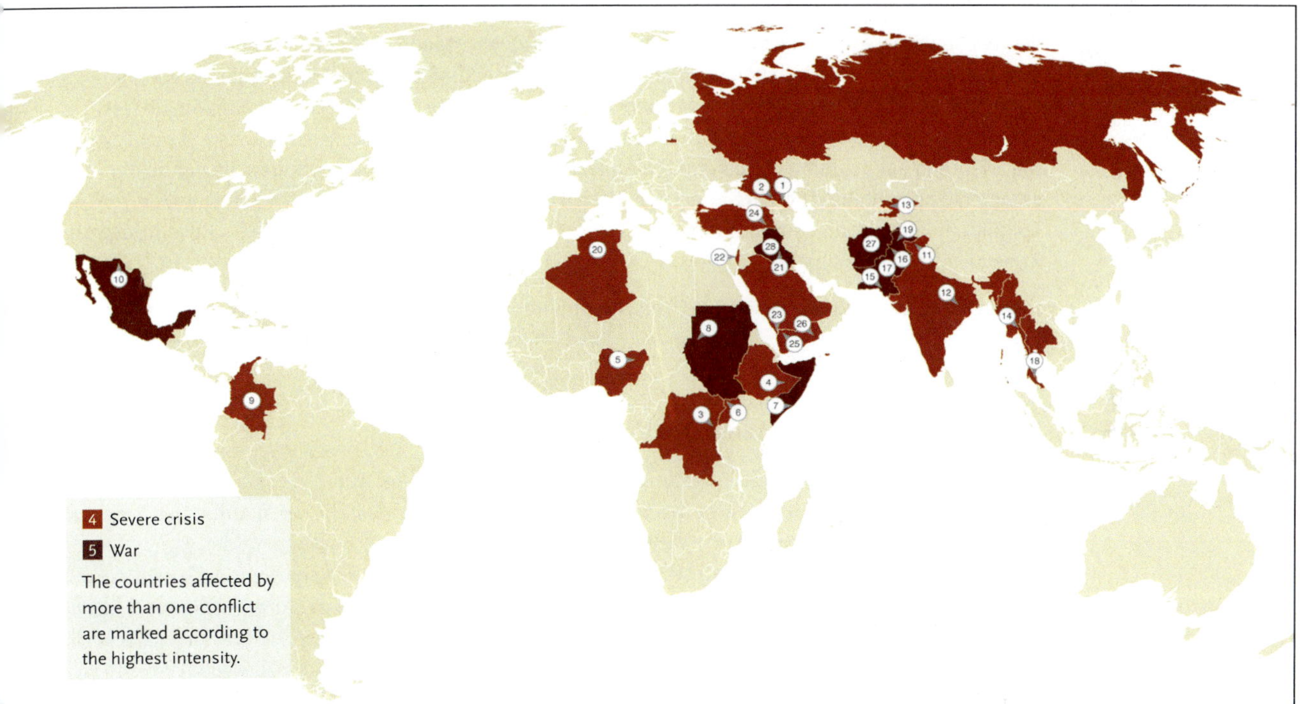

Nr.	Name und Konfliktgegenstände
	Europa – Ernste Krisen
1	Russland (islamistische Rebellen/Dagestan) – Sezession
2	Russland (islamistische Rebellen/Inguschetien) – Sezession, System/Ideologie
	Sub-Sahara-Afrika – Ernste Krisen
3	DR Kongo (Enyele) – regionale Vorherrschaft
4	Äthiopien (ONLF/Ogaden) – Sezession, Ressourcen
5	Nigeria (Bauern – Hirten) – regionale Vorherrschaft, Ressourcen
6	Uganda (LRA) – regionale Vorherrschaft
	Sub-Sahara-Afrika – Kriege
7	Somalia (islamistische Gruppen) – System/Ideologie, nationale Macht
8	Sudan (Darfur) – regionale Vorherrschaft, Ressourcen
	Die Amerikas – Ernste Krisen
9	Kolumbien (FARC) – System/Ideologie, regionale Vorherrschaft, Ressourcen

Nr.	Name und Konfliktgegenstände
	Die Amerikas – Kriege
10	Mexiko (Drogenkartelle) – regionale Vorherrschaft, Ressourcen
	Asien und Ozeanien – Ernste Krisen
11	Indien (JeM u. a./Kaschmir) – Sezession
12	Indien (MPLF, ZRA, KCP/Nanipur) – Sezession
13	Kirgistan (Kirgisen – Usbeken) – regionale Vorherrschaft, Ressourcen
14	Myanmar (KNU, KNLA/Karen State, Kayah State) – Sezession
15	Pakistan (Mohajia – Sindhis, Paschtunen, Baloch) – regionale Vorherrschaft
16	Pakistan (Taliban – verschiedene Stämme) – System/Ideologie, regionale Vorherrschaft
17	Pakistan (TTP, LeJ, SSP – verschiedene religiöse Gruppen) – System/Ideologie, regionale Vorherrschaft
18	Thailand (muslimische Separatisten/südliche Grenzprovinzen) – Sezession, System/Ideologie

Nr.	Name und Konfliktgegenstände
	Asien und Ozeanien – Kriege
19	Pakistan (verschiedene militante Islamisten) – System/Ideologie, nationale Macht
	Mittlerer Osten und Maghreb – Ernste Kriege
20	Algerien (AQIM) – System/Ideologie, nationale Macht
21	Irak (AQI, ISI) – System/Ideologie, nationale Macht
22	Israel (Hamas u. a./Palästina) – Sezession, System/Ideologie
23	Saudi-Arabien (Al-Houthi-Rebellen) – regionale Vorherrschaft
24	Türkei (PKK/KONGRA-GEL/kurdische Gebiete) – Autonomie
25	Jemen (Al-Houthi-Rebellen) – System/Ideologie, regionale Vorherrschaft
26	Jemen (AQAP) – System/Ideologie, nationale Macht
	Mittlerer Osten und Maghreb – Kriege
27	Afghanistan (Taliban u.a.) – System/Ideologie, nationale Macht
28	Irak (militante Gruppen) – System/Ideologie, nationale Macht

(http://www.hiik.de/de/konfliktbarometer/pdf/ConflictBarometer_2010.pdf, S. 2)

1. Machen Sie sich die begriffliche Unterscheidung zwischen „Kriegen" und „ernsten Krisen" klar, wie sie das „Heidelberger Institut für Internationale Konfliktforschung" (HIIK) vornimmt, und vergleichen Sie sie mit der Unterscheidung zwischen „Kriegen" und „gewaltsamen Konflikten" der Hamburger „Arbeitsgemeinschaft für Kriegsursachenforschung" (AKUF, s. M 21).

2. Klären Sie die Anlage der Weltkarte und beschreiben Sie die regionale Verteilung der angegebenen „Kriege" und „ernsten Krisen". Eine zusammenfassende Beschreibung und Bewertung der Entwicklung des weltweiten Kriegsgeschehens 2010 durch das Heidelberger Insitut finden Sie unter http://www.hiik.de/de/presse/pdf/Pressemitteilung_2010.pdf

3. Vergleichen Sie die in der Liste angegebenen „Konfliktgegenstände" mit den in M 22 c (S. 42) beschriebenen Typen von Ursachen und Motiven (die Bezeichnungen „System, Ideologie, nationale Macht" in der Liste entsprechen in etwa dem Typus „Anti-Regime-Krieg" in M 22 c). Stellen Sie fest, welche Typen in den einzelnen Regionen überwiegen.
Die Erklärung der in Klammern genannten Abkürzungen für Konfliktgruppen finden Sie ggf. in der entsprechenden Konfliktbeschreibung des „Konfliktbarometers 2010" (http://www.hiik.de/de/konfliktbarometer/pdf/ConflictBarometer_2010.pdf; z. B. S. 45 für Kolumbien: FARC – Revolutionary Armed Forces of Colombia).

Hinweis: Das „Konfliktbarometer 2011" erscheint unter der Internetadresse www.hiik.de Ende Dezember 2011.

M 24 Das veränderte Gesicht innerstaatlicher Kriege

Seit dem Ende der 1990er-Jahre werden innerstaatliche Konflikte zunehmend als „neue Kriege" bezeichnet. Damit soll deutlich gemacht werden, dass ein grundsätzlicher Wandel des Krieges stattgefunden hat. Eine neue Form bewaffneter Konflikte habe sich herausgebildet. [...]
Kritiker aus der Friedens- und Konfliktforschung sowie aus der internationalen Politik widersprechen dieser Auffassung jedoch teilweise. Sie argumentieren, dass die genannten Eigenschaften letztlich gar nicht so „neu" seien. Nach ihrer Ansicht stellen „neue Kriege" eher einen Rückfall in die vormoderne Kriegsführung dar, etwa in die Zeit des Dreißigjährigen Krieges.

Kindersoldaten in Liberia 2003; weltweit werden nach UNICEF-Schätzungen rund 300 000 Kinder und Jugendliche zwischen acht und 17 Jahren als Kindersoldaten missbraucht, die meisten von ihnen in Afrika. Häufig werden diese Kinder entführt oder von den Eltern in die Truppe gezwungen. Einige schließen sich den Milizen freiwillig an – entweder aus Armut oder weil sie keine Familie mehr haben.
(Näheres: www.ag-friedensforschung.de/themen/Kindersoldaten/Welcome.html)

Unabhängig von der Richtigkeit der einen oder anderen Position richtet sich die Debatte zunehmend darauf, wie sich Kriege und gewaltsame Auseinandersetzungen seit dem Ende des Ost-West-Konflikts verändert haben.

- Solche Konflikte sind **„asymmetrisch*"**: Zwischen den Kriegsparteien herrscht ein großes Ungleichgewicht der Kräfte. Sie werden von irregulären Kräften geführt, Gewalt richtet sich vorrangig gegen Zivilisten, und Kämpfer der verschiedenen Seiten kooperieren nicht selten zum gegenseitigen Nutzen miteinander. Auf diese Weise verwischt sich die Grenze zwischen Krieg und Frieden, ja sogar die zwischen den verschiedenen Konfliktparteien [aufständische Milizen sind i. d. R. nicht uniformiert; in Afghanistan sind Taliban-Mitglieder von friedlichen Bürgern äußerlich nicht zu unterscheiden]. Dazu gehört auch, dass „neue Kriege" nicht offiziell erklärt und auch nicht auf dem Schlachtfeld entschieden werden. [...]
Anstelle offener Feldschlachten verwenden die Kriegsparteien Techniken des Guerilla- oder Partisanenkampfes (vgl. M 22 b). Ein Mittel dieser „asymmetrischen Kriegsführung" ist *Terrorismus*. Dabei handelt es sich meist um Gewalt gegen ausgewählte militärische und infrastrukturelle* Ziele oder gegen Zivilisten zum Zweck der Einschüchterung der Bevölkerung und der Beeinflussung der Politik der Gegenpartei.
- Dazu gehört u. a. das *Auftreten neuer Akteure* in den Konflikten. So hat z. B. in den Kriegen seit 1989 der Einsatz von **Kindersoldaten** (s. Abb.) dramatisch zugenommen. Charakteristisch für „neue Kriege" sind auch die Verbreitung von Kleinwaffen und das Auftreten privater Gewalt-

akteure (*Privatarmeen*). „Die Befehlshaber dieser Armeen, die *‚Kriegsherren‘* oder ‚**Warlords***‘, beherrschen ihre Gebiete militärisch und wirtschaftlich. Eine Kontrolle durch den Staat – durch die Polizei und die Verwaltung – findet meist nicht oder nur unzureichend statt. Krieg wird zu einem profitablen Geschäft, mit dem sie ihre privaten Armeen finanzieren. Aufständische Banden und rivalisierende politische und ethnische Gruppen übernehmen die Herrschaft in diesen **zerfallenden Staaten** (vgl. Kasten). Da es keine staatliche Zentralgewalt mehr gibt, zwingen die Warlords die Bevölkerung in den von ihnen beherrschten Gebieten, Zwangsabgaben als Steuern zu bezahlen. Auf diese Art ernährt der Krieg seine Herren und gibt ihnen Macht über Länder und Menschen. Während darunter vor allem die Zivilbevölkerung leidet, haben die Warlords kein Interesse daran, ihr Kriegsgeschäft zu beenden.“

- Ein wichtiger Unterschied gegenüber früheren Konflikten besteht darin, wie sich Rebellengruppen mittlerweile **finanzieren**. [...]

Sie sind darauf angewiesen, die Mittel zur Fortsetzung ihres Kampfes selbst zu erwirtschaften. Sie tun das zumeist durch Handel mit Konfliktgütern: Diamanten, Drogen, Öl, Edelhölzer, Mineralien etc. Der liberianische Warlord Charles Taylor (s. Foto) nahm beispielsweise zwischen 1990 und 1994 jährlich rund 450 Millionen US-$ aus dem Verkauf von Diamanten und anderen Rohstoffen ein. Die liberianische Regierung hatte in diesem Zeitraum ein Jahresbudget von nur rund 20 Millionen US-$.

„Nicht selten geht es auch darum, welchem Stamm oder welcher Clique es gelingt, in den **Besitz der Rohstoffvorkommen** zu gelangen. Eine besondere Rolle spielen in einigen afrikanischen Staaten Erdölvorkommen (in Nigeria und im Sudan) und der Handel mit Rohdiamanten (z. B. im Kongo oder in Angola). Diese Rohstoffe bringen enorme Summen an Geld ein; wer die Abbaulager kontrolliert, kann damit ganze Armeen unterhalten. In anderen Regionen, etwa in Kolumbien in Lateinamerika und im Mittleren Osten (so in Afghanistan), finanzieren sich Guerillatruppen und Milizen vor allem mit dem *Drogenhandel*.“

(Daniel Lambach, Das veränderte Gesicht gewaltsamer Konflikte: „Neue Kriege“, Gewaltökonomien und Terrorismus; http://www.bpb.de/themen/GMQL0X,0,Das_veränderte_Gesicht_inner staatlicher_Konflikte:_Neue_Kriege_Gewaltökonomien_und_Terrorismus_html; Zitate aus: Herbert Uhl [Hg.], Grundwissen Politik, Ernst Klett Schulbuchverlag, Stuttgart 2007, S. 294)

Die Definition dessen, was unter „zerfallenden“ oder „zerfallenen“ Staaten (**failing states, failed states**) verstanden wird, ist in der wissenschaftlichen Diskussion nicht eindeutig geklärt; neben den genannten werden weitere Begriffe (z. B. „fragile states“, „states of risk“) gebraucht, je nachdem, wie weit der „Staatszerfall“ fortgeschritten ist. Als allgemeines Merkmal gilt, dass der Staat seine zentralen Funktionen nicht mehr oder nur noch unzureichend erfüllt: physische Sicherheit der Bürger, Kontrolle über das gesamte Staatsgebiet, Aufrechterhaltung der öffentlichen Ordnung, Bereitstellung sozialer Grunddienste. In extremen Situationen zerfällt der Staat daraufhin – entweder in einzelne Teile, oder *Rebellen* übernehmen wichtige Funktionen des Staates. Das Staatsgebiet zerfällt dabei häufig in viele einzelne Territorien, die von sogenannten **Warlords** („Kriegsherren“) beherrscht werden, die regional begrenzt eine Art „Staats“-Gewalt ausüben. Die Einzelterritorien bzw. ihre Führungseliten sind meist untereinander zerstritten und konkurrieren um Macht und wirtschaftliche Vorteile. Oft kommen Warlords im Zuge von Bürgerkriegen oder nach dem Abzug einer Besatzungsarmee zu ihrer Machtposition. Als von Kriegsherren dominierte Länder gelten heute etwa Afghanistan, Somalia, die Demokratische Republik Kongo oder der Sudan.

(Autorentext)

Der liberianische **Warlord** Charles *Taylor* wurde 1997 zum Präsidenten Liberias gewählt, gab 2003 in der Folge anhaltender Bürgerkriege sein Amt auf und ging ins Exil. Er wurde vom UN-Kriegsverbrechertribunal wegen Kriegsverbrechen angeklagt, 2006 auf der Flucht verhaftet und steht seit Juni 2007 vor Gericht des Internationalen Strafgerichtshofs in Den Haag (s. M 44 a).

1. Erläutern Sie anhand von M 24 die in den einzelnen Abschnitten beschriebenen Merkmale, die es als gerechtfertigt erscheinen lassen, bei heutigen innerstaatlichen kriegerischen Konflikten von „neuen Kriegen“ zu sprechen.
   Weitere Informationen zu den Stichworten „asymmetrischer Konflikt“ und „gescheiterte Staaten“ finden Sie ggf. unter den Internetadressen http://de.wikipedia.com/wiki/asymmetrische_Kriegsführung und http://de.wikipedia.org/wiki/Gescheiterter_Staat (vgl. auch M 25).
2. Stellen Sie unter Rückgriff auf M 14 und M 15 fest, inwieweit der Afghanistan-Krieg Merkmale „neuer Kriege“ aufweist und inwiefern Afghanistan (u. a. neben Somalia, Demokratische Republik Kongo, Sudan, Jemen, Myanmar, Elfenbeinküste) zu den „gescheiterten Staaten“ gezählt wird.

VERTIEFUNG **M 25**

„Fragile Staatlichkeit" als Konfliktursache und Möglichkeiten der Bearbeitung

Innerstaatliche Konflikte entstehen in der Regel nicht dort, wo der Staat zu stark, sondern wo er zu schwach ist. Diese Staaten werden als „fragil" (oder als „zerfallen", „kollabiert") bezeichnet, da sie zentrale staatliche Aufgaben nicht (mehr) erfüllen können. Das bedeutet, dass in weiten Teilen oder im gesamten Staatsgebiet die öffentliche Sicherheit nicht gewährleistet, kaum Dienstleistungen (z. B. in den Bereichen Bildung oder Gesundheit) angeboten und die Verordnungen der Regierung unzureichend oder überhaupt nicht durchgesetzt werden können.

Angesichts dieser Unfähigkeit des Staates, das physische und materielle Überleben seiner Bürger sicherzustellen, treten andere Autoritäten, andere Herrschaftsstrukturen an seine Stelle. Stammesfürsten, Warlords, religiöse Führer oder Dorfälteste übernehmen staatliche Aufgaben, indem sie für Sicherheit sorgen, Gesetze erlassen, Steuern erheben und zu Gericht sitzen. All dies zieht die schrittweise Erosion des staatlichen Gewaltmonopols* nach sich. Private Gewaltanwendung durch Rebellen, Kriegsfürsten oder Selbstverteidigungsgruppen wird zur Norm. Wenn sich die Bevölkerung nicht freiwillig den neuen Führern unterwirft, wird vielfach versucht, ihre Gefolgschaft durch offene und brutale Gewalt zu erzwingen.

Fragile Staatlichkeit ist ein weitverbreitetes Problem. Der aktuelle „Failed States Index 2010" des Fund for Peace (s. M 26) identifiziert die folgenden zehn Staaten als die fragilsten der Welt:

1. Somalia
2. Tschad
3. Sudan
4. Simbabwe
5. Demokratische Republik Kongo
6. Afghanistan
7. Irak
8. Zentralafrikanische Republik
9. Guinea
10. Pakistan

Fragile Staaten räumen nicht staatlichen, gewaltkompetenten Akteuren erhebliche Spielräume ein. Dabei lassen sich verschiedene Typen unterscheiden: klassische Guerilla- und Rebellenbewegungen, Stammes- oder Clanführer, religiöse Führer, Kriegsherren (Warlords), Milizen, Paramilitärs, Marodeure, Söldner und Kriminelle (z. B. Schmuggler, Drogenbarone, Banden, mafiaähnliche Kartelle), private Sicherheits- und Militärfirmen. Sie nutzen systematisch die Kontroll- und Legitimationsdefizite des Staates, sie unterwandern und unterhöhlen staatliche Institutionen und Autorität, sie füllen sogar teilweise jene Lücken, die der von Konflikten zersetzte bzw. vom Zerfall bedrohte Staat hinterlässt. Sie treten in den von ihnen dominierten Räumen als „Sicherheitsdienstleister" auf, in vielen Fällen gegen den Willen der betroffenen Bevölkerung, in manchen Fällen aber durchaus mit einer gewissen Legitimation, da sie zumindest einen rudimentären Schutz bieten, der allerdings mit Wohlverhalten und Loyalität erkauft wird. Diese Funktion üben vor allem jene Gewaltakteure aus, die in der Lage sind, auf Dauer Teile des Staatsgebietes zu kontrollieren und dort parastaatliche Strukturen etablieren. Sie üben eine De-facto-Herrschaft aus, zumeist über informelle Mechanismen, die parallel neben den formalen staatlichen Institutionen existieren. Das Ergebnis sind konkurrierende Gewaltansprüche, in manchen Fällen auch die Bildung von „Gewaltoligopolen", die das staatliche Gewaltmonopol zur Schimäre werden lassen. Diese Konstellation gilt in erster Linie für Nachkriegssituationen, in denen die Akteure, die durch den Krieg zu Einfluss gekommen sind, zumeist auch die neue Ordnung dominieren und nach ihren politischen bzw. ökonomischen Bedürfnissen gestalten.

(Ulrich Schneckener, Fragile Staatlichkeit als globales Sicherheitsrisiko. In: Aus Politik und Zeitgeschichte 28–29/2005 v. 11.7.2005, S. 28; http://www.bpb.de/files/8XU2U5.pdf)

Die Politik zur Bekämpfung fragiler Staatlichkeit wird als Staatsbildung (englisch „statebuilding", oft missverständlich auch „nation-building") bezeichnet. Diese umfasst den Aufbau bzw. die Stärkung der zentralen staatlichen Institutionen, z. B. Polizei, Justiz, Verwaltung und Militär. Mit diesem Maßnahmenkatalog soll entweder präventiv dem Zerfall des Staates vorgebeugt oder reaktiv seine Wiedererrichtung in Angriff genommen werden. Der (Wieder-)Aufbau von Staaten ist in den vergangenen Jahren zu einem wichtigen Feld der Entwicklungs- und humanitären Katastrophenhilfe geworden. Einschlägige Maßnahmen sind die Bereitstellung von Ausrüstung und Infrastruktur, Finanzhilfen sowie Ausbildung und Training des Personals.

Insbesondere die präventiven Maßnahmen weisen jedoch strategische und moralische Dilemmata auf. So muss die internationale Staatengemeinschaft zwischen ihrem Interesse an innenpolitischer und regionaler Stabilität auf der einen Seite und der Wahrung der Menschen- und Bürgerrechte auf der anderen Seite abwägen, wenn z. B. in einem autokratisch regierten Land die Fragilität des Staates gefährdet ist. Sollten dann, um eine gewaltsame Zuspitzung des inneren

Konflikts zu vermeiden, Maßnahmen zur Stärkung des Staates von außen unterstützt werden, auch wenn die dadurch geschaffenen Kapazitäten von der autoritären Regierung zur weiteren Unterdrückung der Bevölkerung missbraucht werden könnten? Aufgrund derartiger Zielkonflikte muss Staatsbildung immer in Relation zu anderen Zielen wie z. B. Demokratisierung oder Armutsbekämpfung gedacht werden; zugleich sind klare Prioritäten zu setzen.

(Daniel Lambach, Fragile Staatlichkeit als Konfliktursache und Möglichkeiten der Bearbeitung, 2.1.2010; http://www.bpb.de/themen/4PTGBV,0,0,Fragile_Staatlichkeit_als_Konfliktursache)

1. Beschreiben Sie, was man unter „fragiler Staatlichkeit" versteht, und listen Sie stichwortartig die wichtigsten Merkmale „zerfallener Staaten" auf (M 25, 1. Teil und Kasten).
2. Erläutern Sie die Bedeutung des „state building" und einzelner Maßnahmen, die dabei im Mittelpunkt stehen (M 25, 2. Teil).
3. Analysieren Sie die „strategischen und moralischen Dilemmata" [schwer zu lösende Zwangslagen], die sich dabei ergeben können (Z. 30 ff.).

METHODE M 26 VERTIEFUNG

Der „Failed States Index" als Beispiel für Konstruktion und Problematik von Index-Modellen

Der jährlich erscheinende „Failed States Index" wird von der in Washington D.C. ansässigen Forschungsstiftung „Fund for Peace" in Zusammenarbeit mit der Zeitschrift „Foreign Policy" herausgegeben und beruht auf der Untersuchung von insgesamt 177 Ländern (2010), in denen die Entwicklung von insgesamt 12 **Indikatoren** überprüft werden. Die Indikatoren werden allesamt gleich gewichtet und ihre Ausprägung jeweils mit einem Wert zwischen 0 (ohne jede Kritik) und 10 (extrem schlecht) bewertet. Die Summe der so errechneten Werte ergibt den Rangplatz. U. a. wegen der gleichen Gewichtung und der Auswahl der Indikatoren ist der Index nicht unumstritten und spielt in der politikwissenschaftlichen Diskussion kaum eine Rolle. Zu den vier „sozialen" Indikatoren gehören z. B. Probleme, die sich aus der demografischen Entwicklung oder aus der Flüchtlingszuwanderung ergeben, zu den zwei „ökonomischen" Indikatoren die soziale Ungleichheit zwischen Bevölkerungsgruppen und ggf. Konjunktureinbrüche, zu den sechs „politischen" u. a. die Verschlechterung staatlicher Leistungen. Die Länder werden in vier Ranggruppen eingeteilt: „Alert" (alarmierend schlechter Zustand, 37 Staaten mit 115 bis 90 Punkten); „Warning" (gefährdeter/kritischer Zustand, 102 Staaten mit 89 bis 60 Punkten); „Moderate" (mäßiger/befriedigender Zustand, 35 Staaten mit 59 bis 31 Punkten) und „Sustainable" (gefestigter/gesicherter Zustand, 13 Staaten mit 29–18,7 Punkten). **Deutschland** gehört danach – ebenso wie z. B. Frankreich, Italien, Spanien, Großbritannien – nur zur zweitbesten Gruppe („Moderate") und belegt mit 35,4 Punkten Rangplatz 157 von 177, weil es bei den Indikatoren „demografische Folgeprobleme" (4 Punkte), „Betroffenheit von Flüchtlingsproblemen" (4,7 Punkte) und „ungleiche wirtschaftliche Entwicklung" (in Ost und West, 4,7 Punkte) relativ „schlechte Noten" erhält (die Daten spiegeln allerdings den Stand von 2006/2007 wider). Der Index findet sich im Internet unter der Adresse http://www.fundforpeace.org/web/index.php?option=com_content&task=view&id=452&Itemid=900 in englischer Sprache (aber über die Adresse jurbank@fundforpeace.org findet man eine deutschsprachige Ansprechpartnerin für Einzelanfragen). Eine sehr kritische Einschätzung der Aussagekraft des Index findet sich unter www.heise.de/tp/r4/artikel/25/25531/1.html.

(Autorentext)

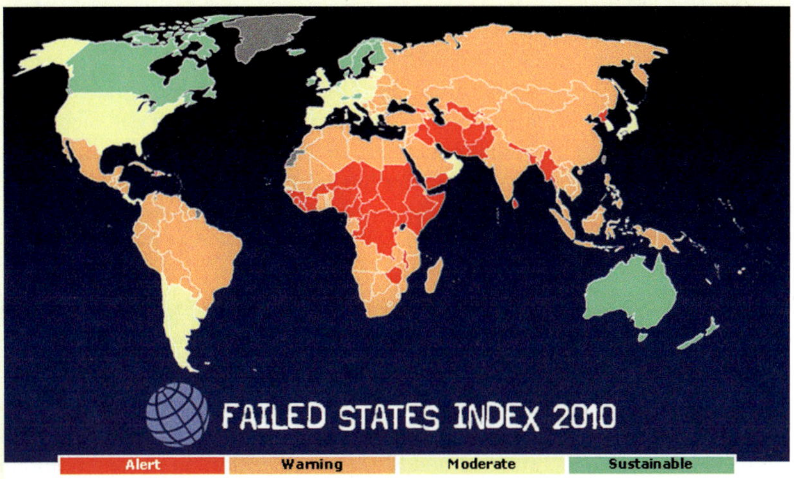

(http://www.fundforpeace.org/web/content/fsi/fsi_map_2010.png)

1 Machen Sie sich mit den Konstruktionsmerkmalen des „Failed States Index“ vertraut, ggf. auch durch weitere Informationen (z. B. zur Begründung für die Einstufung Deutschlands), die Sie über die angegebene Internetadresse einholen können.

2 Arbeiten Sie anhand dieses Index die mit der Konstruktion eines Index-Modells grundsätzlich verbundenen Probleme (Indikatorenbildung, Auswahl, Gewichtung, Abgrenzung von „Ranggruppen“, empirische Grundlagen/Datenermittlung) heraus.

3 Erörtern Sie die Aussagekraft des „Failed States Index“ im Hinblick auf die in M 25 dargestellten Merkmale „fragiler Staatlichkeit“ als Konfliktursachen.

M 27 Was heißt „Frieden“?

M 27 a

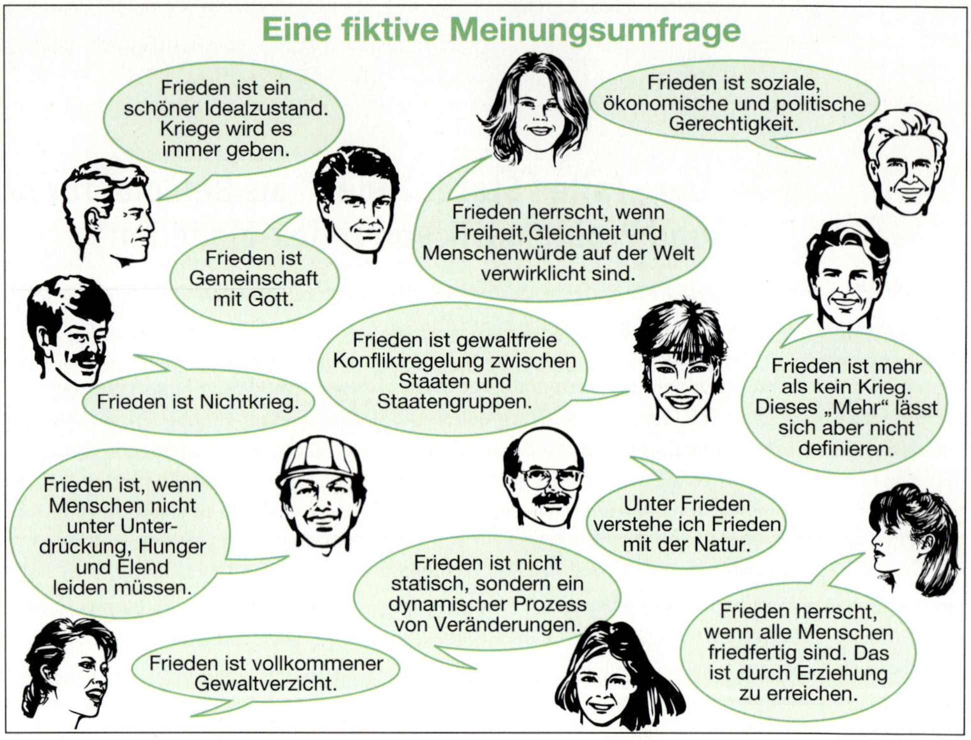

(ISB (Hrsg.), Handreichung für den Sozialkundeunterricht am Gymnasium, Donauwörth 1993, S. 131)

M 27 b „Negativer“ und „positiver“ Frieden

Was bedeutet Frieden? Eine erste Antwort könnte lauten: das Gegenteil von Krieg. [...] Ist Frieden wirklich mit der Abwesenheit von Krieg angemessen umschrieben? Müssen andere Faktoren hinzutreten? Was ist mit dem Begriff der Sicherheit? Welche Rolle spielt Gerechtigkeit? Sind Verhältnisse denkbar, die zugleich friedlich und ungerecht sind?
Was die nähere Bestimmung des Friedensbegriffs betrifft, so hat sich eine Unterscheidung zwischen „positivem“ und „negativem“ Frieden eingebürgert. Was darunter zu verstehen ist, diskutiert der folgende Text von Ernst-Otto Czempiel: (Autorentext)

„Der Friede teilt das Schicksal solcher gesellschaftlicher Probleme, die nicht verdrängt oder vergessen, sondern durch die allgemeine Aufmerksamkeit verstellt werden. Von ihm wird ständig gesprochen: in der Politik, in den Medien, in der Öffentlichkeit, in der Friedensbewegung. Er wird beschworen und reklamiert. So entsteht der Eindruck, als sei er ein bekannter, durchaus herstellbarer Zustand. Ein Abrüstungsvertrag, ein politisches Gespräch bringen ihn näher, Aufrüstung und Klimaverschlechterung rücken ihn in die Ferne. [...]
Friede besteht in einem internationalen System dann, wenn die in ihm ablaufenden Konflikte

„Friede ist nicht nur die Abwesenheit des sichtbaren Konflikts. Nur ein Frieden, der auf den unveräußerlichen Rechten und der Würde des Einzelnen beruht, kann ein wirklicher dauerhafter Frieden sein. [...] Ein gerechter Frieden beinhaltet nicht nur zivile und politische Rechte – er muss (*den Menschen auch*) wirtschaftliche Sicherheit garantieren. Wahrer Frieden heißt nicht nur, frei von Angst zu sein, sondern frei von Mangel."

(„Einige töten, und einige werden getötet" [Obamas Rede im Wortlaut]; zit. nach: Spiegel online vom 10.12.2009 [http://www.spiegel.de/politik/ausland/0,1518,666420.00html – Zugriff v. 11.12.2009])

kontinuierlich ohne die Anwendung organisierter militärischer Gewalt gelöst oder zumindest behandelt werden.
In gewisser Weise steht diese Bestimmung dem ‚negativen' Friedensbegriff nahe, der den Frieden als Nicht-Krieg definiert. Sie gibt sich auch damit zufrieden, dass kein Krieg herrscht. Damit ist allerdings nicht nur die Abwesenheit des Krieges gemeint, sondern sein Ersatz durch andere, nicht gewaltsame Austragsmodi. Aus dieser logischen Forderung ergibt sich, dass der ‚negative' Friedensbegriff, hätte er sich selbst je ernst genommen, viele Konsequenzen verlangt, die eine rein nominalistisch verfahrende Diskussion erst dem ‚positiven' Frieden zugerechnet hat. Den Krieg auf Dauer zu vermeiden heißt, ihn auf Dauer durch nicht kriegerische Konfliktlösungsformen zu ersetzen. Ist dies gelungen, herrscht Friede. [...]
Friede bezeichnet also das Prozessmuster eines internationalen Systems, das charakterisiert ist durch den nicht gewaltsamen Austrag der in ihm ablaufenden Konflikte. Der Begriff könnte sich auch schon mit der Tendenz zufriedengeben: Friede besteht, wenn die Konflikte in einem internationalen System tendenziell frei von militärischer Gewalt geregelt werden. [...]
Was im ‚negativen' und ‚positiven' Friedensbegriff als Alternativen gegenübergestellt wurde, erweist sich bei näherem Hinsehen als Stufenfolge. Sie beginnt, als conditio sine qua non [unerlässliche Voraussetzung], mit der Beseitigung organisierter militärischer Gewaltanwendung. Sie setzt sich fort als ein *Prozess weiter abnehmender Gewalt und weiter zunehmender Verteilungsgerechtigkeit.*"

(Aus: Ernst-Otto Czempiel: Friedensstrategien, Systemwandel durch Internationale Organisationen, Demokratisierung und Wirtschaft, Paderborn 1986, S. 11, 35–37, 51)

1. Versteht es sich nicht von selbst, was „Frieden" heißt? Erläutern und erörtern Sie die Antworten zu einer fiktiven Meinungsumfrage in M 27 a. Worin liegen wesentliche Unterschiede zwischen einzelnen Aussagen? Was würden Sie selbst auf die Frage nach der Bedeutung von „Frieden" antworten?

2. Charakterisieren Sie die in der Politikwissenschaft üblich gewordene Unterscheidung zwischen einem „negativen" und einem „positiven" Friedensbegriff und ordnen Sie die Äußerung des amerikanischen Präsidenten Obama (s. Kasten) zu. (M 27 b)

3. Erklären Sie, inwiefern der Autor die beiden Friedensbegriffe nicht als Alternativen, sondern als „Stufenfolge" (Z. 33) verstanden wissen will.

VERTIEFUNG **M 27 c**

Das Modell des „zivilisatorischen Hexagons" – Frieden als Ergebnis eines Prozesses der Zivilisierung

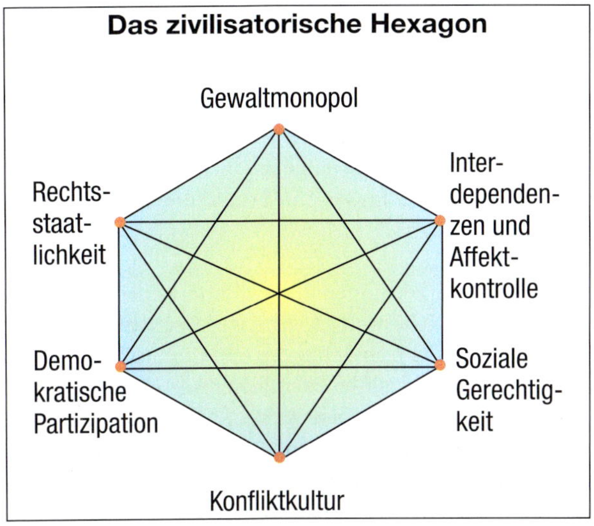

Anfang der 1990er-Jahre hat der bekannte Friedensforscher Dieter Senghaas ein bis heute relevantes und viel diskutiertes theoretisches Friedensmodell entwickelt, das sog. „zivilisatorische Hexagon". Es betrachtet den Zustand des Friedens innerhalb eines Staates/einer Gesellschaft als eine in besonderer Weise „zivilisierte" Form des Zusammenlebens der Menschen, die gewährleistet und gefordert werden kann, wenn sechs zentrale Bedingungen (Friedensfaktoren) erfüllt sind, die sich gegenseitig stützen (griech.: Hexagon = Sechseck)

1. Gewaltmonopol*

Das legitime Monopol staatlicher Gewalt ist für jede Friedensordnung von grundlegender Bedeutung, weil nur eine Entwaffnung der Bürger diese dazu nötigt, ihre Identitäts- und Interessenkonflikte mit Argumenten und nicht mit Gewalt auszutragen. Wenn Gewalt nicht mehr zum Handlungsrepertoire des Menschen gehört und der versuchte bzw. tatsächliche Griff zur Gewalt negativ sanktioniert ist, wird nicht nur Frieden im Sinne der Abwesenheit von Gewalt begründet, vielmehr werden dann potenzielle Konfliktparteien zur argumentativen Auseinandersetzung im öffentlichen Raum gezwungen. [...]

2. Rechtsstaatlichkeit

Das Gewaltmonopol bedarf, soll es nicht zu einer Willkürinstanz werden, der rechtsstaatlichen Kontrolle. Sie wird durch eine Vielzahl von institutionellen Vorkehrungen abgesichert, beispielsweise durch Gewaltenteilung, das Prinzip der Öffentlichkeit. Im Hinblick auf konstruktive Konfliktbearbeitung ist Rechtsstaatlichkeit auch deshalb von großer Bedeutung, weil sie eine positive Ausrichtung auf vereinbarte Prozeduren, also Spielregeln begründet (das bedeutet, dass sich das Verhalten aller Mitglieder und Gruppen einer Gesellschaft nach Recht und Gesetz richtet und Konflikte durch unabhängige Gerichte entschieden werden. Auch die Staatsgewalt ist in ihren Entscheidungen an die gesetzliche Ordnung gebunden.). [...]

3. Interdependenzen und Affektkontrolle

Moderne, ausdifferenzierte Gesellschaften haben den Vorzug, dass Menschen in ihnen nicht eindeutig festgelegt sind. In aller Regel haben die meisten Menschen gar keine Alternative dazu, [als] sich als vielfältige „Rollenspieler" zu betätigen. Die Anforderungen einzelner Rollen in der Familie, im Arbeitsleben, bei der Gestaltung von Freizeit und des politischen Gemeinwesens sind höchst unterschiedlicher Natur und führen dazu, dass sich Konfliktfronten in aller Regel nicht kumulieren; vielmehr kommt es zu einer Konfliktaufgliederung.
Vielfältige Rollenanforderungen implizieren jedoch Kontrolle der Affekte, [...] eine sich aus komplexen Handlungszusammenhängen ergebende Selbstkontrolle bzw. Selbstbeherrschung. Sie ist die Grundlage nicht nur von Aggressionshemmungen und Gewaltverzicht, sondern darauf aufbauend von Toleranz und Kompromissfähigkeit.

4. Demokratische Teilhabe

Da sich modernisierende und schon gar moderne Gesellschaften in einem ständigen Wandlungsprozess befinden, sind einmal gefundene Kompromisse immer nur Übereinkommen auf Zeit. Um den Aufbau eines potenziellen, politisch virulent werdenden Konfliktstaus zu vermeiden, ist deshalb nicht nur die Chance anhaltender demokratischer Teilhabe von schon organisierten Interessen wichtig, sondern auch die Organisationsfähigkeit noch nicht repräsentierter, bis dato nur latenter Interessen. [...] Demokratische Teilhabe [...] verlangt ebenso einen Sinn dafür, dass aus Minderheitenpositionen Mehrheiten werden können und dass Minderheiten, die aus spezifischen Gründen niemals Mehrheiten werden können, des besonderen Schutzes bedürfen.

5. Soziale Gerechtigkeit

Moderne Gesellschaften sind [...] durch vielfältige Ungleichheiten gekennzeichnet. Aber im Unterschied zu den vormodernen Gesellschaften ermöglichen die modernen sowohl vertikale als auch horizontale Mobilität*. [Sie haben] die meist bildungsmäßig bedingte Chance, ihre angestammten sozialen und geografischen Verortungen hinter sich zu lassen. [...] Unter den Vorzeichen von Ungleichheit und der Chance zur Mobilität wird die aktive Orientierung an sozialer Gerechtigkeit und Fairness zu einer Art von Bestandsgarantie für konstruktive Konfliktbearbeitung. [...]

6. Konstruktive Konfliktbearbeitung

Sie speist sich aus den vorgenannten Vorgaben und Impulsen. [Sie] alle haben zwar nicht zwangsläufig eine konstruktive Konfliktbearbeitung zum Ergebnis, aber sie erhöhen doch, vor allem als Ergebnis eines aus ihrem Zusammenwirken entstehenden Gesamteffektes, deren Wahrscheinlichkeit. [...]
Die dabei wesentlichen Dimensionen für die Zivilisierung von Konfliktverhalten sind keine anderen als in den Innenräumen: Die aufgezeigten Dimensionen des zivilisatorischen Hexagons sind also prinzipiell übertragbar auf zwischenstaatliche und zwischengesellschaftliche Beziehungen. [...] Eine Kultur des Friedens ist auch jenseits einzelner Staaten und Gesellschaften nicht ohne Aussicht auf Verwirklichung. Aber [es bedarf] ganz außerordentlicher Anstrengungen, um jene übergeordneten, enge Räume übergreifenden, dauerhaften Werteorientierungen, Einstellungen und Mentalitäten zu schaffen, die auch in Großräumen eine konstruktive Konfliktbearbeitung und damit friedliche Koexistenz im Sinne stabilen Friedens kognitiv und emotional absichern könnten.

(Aus: Dieter Senghaas, Die Kultur des Friedens, in: Aus Politik und Zeitgeschichte, B 43/95, S. 3–8)

1. Beschreiben Sie möglichst mit eigenen Worten die einzelnen „Friedensfaktoren" des „zivilisatorischen Hexagons" von Dieter Senghaas, ihre Begründung durch den Autor und ihren Zusammenhang untereinander.

2. Verdeutlichen Sie den Modellcharakter dieser Konstruktion.

3. Vergleichen Sie das Modell inhaltlich mit der Darstellung zum „positiven" Friedensbegriff in M 27 b.

4. Erläutern und erörtern Sie die folgende kritische Stellungnahme zu diesem Modell:
„Man muss sich klarmachen: Das Hexagon ist ein historisches Modell, das in unserer Gesellschaft, also unter den Bedingungen einer ausdifferenzierten Demokratie, entwickelt worden ist und für ähnliche Gesellschaften Geltung beanspruchen kann. Man bekommt jedoch viele Probleme, wenn man es auf andere Kulturen und historische Epochen anwendet und seinen Gehalt zu weitreichend generalisiert. Unter den gesellschaftlichen Bedingungen Chinas oder heutiger arabischer Staaten stößt man noch auf andere Bedingungen für den Frieden, die man mit diesem Modell nur unzulänglich erfassen kann." (Christoph Wulf, in: Wodurch und wie konstituiert sich Frieden? Das zivilisatorische Hexagon auf dem Prüfstand. Evangelische Akademie Loccum, Protokoll 74/1996, S.96)

5. Senghaas weist im letzten Abschnitt zwar sehr deutlich auf die Schwierigkeiten hin, sein auf *innerstaatliche* Verhältnisse bezogenes Modell auf *zwischenstaatliche* Verhältnisse zu übertragen, hält das aber „prinzipiell" für möglich. Gehen Sie unter diesem Gesichtspunkt die einzelnen Friedensfaktoren noch einmal durch und nehmen Sie zu dieser Einschätzung des Autors Stellung. Für welche Friedensfaktoren erscheint eine solche Übertragung aus heutiger Sicht und im Hinblick auf den Charakter internationaler Politik (s. M 2) kaum möglich?

2. Kongo und Somalia als Beispiele innerstaatlicher kriegerischer Konflikte

METHODE M 28 Analyse aktueller innerstaatlicher Konflikte

Die bisherigen Materialien haben gezeigt, dass Kriege und gewaltsame Konflikte in der heutigen Welt (vgl. M 23) sich von Kriegen, wie sie in früheren Zeiten zwischen Staaten geführt wurden, in vielfacher Hinsicht unterscheiden. Ein genaueres Bild von der Art dieser Konflikte lässt sich am besten gewinnen, wenn man sich der *Untersuchung bestimmter konkreter Beispiele* zuwendet. Wir schlagen Ihnen deshalb vor, die beiden in den folgenden Materialien näher beschriebenen kriegerischen Konflikte selbstständig und in einer methodisch strukturierten Form zu analysieren. Dazu bietet sich **Gruppenarbeit** an: Die *zwei Beispiele* (M 29 *Kongo*, M 30 *Somalia)* sollten von je einer Gruppe (je nach Größe des Kurses könnte sich für ein Beispiel auch eine zweite Arbeitsgruppe bilden) analysiert werden. Dabei sollten die folgenden Hinweise beachtet werden.

I. Informationsgrundlage

Wir haben uns bemüht, für jeden der beiden Konflikte ein ausreichendes und anschauliches Informationsangebot zusammenzustellen. Weil sich bei der Arbeit aber weitere Fragen ergeben können, enthalten die Materialien Verweise auf Internetseiten, die weitere Informationen enthalten. Das gilt insbesondere auch für den *aktuellen Stand* der Entwicklung (beide Konflikte sind nicht abgeschlossen; ggf. können aktuelle Zeitungsmeldungen usw. einbezogen werden).

II. Kategorien der Konfliktanalyse/Erschließungsfragen

1. *Konfliktparteien*: Welche Gruppen sind in den Konflikt verwickelt (Zusammensetzung, Größe, Bedeutung von Einzelpersonen, ggf. regionale Zuordnung, Bewaffnung usw.)?

2. *Ursachen und Hintergründe*: Wie ist der Konflikt entstanden? Wie weit reicht er zurück? Worum geht es den Konfliktparteien (politische Ziele: z. B. Macht, Unabhängigkeit; materielle Interessen: z. B. Verfügung über Ressourcen)? Welche in M 22 beschriebenen Ursachen und „Kriegstypen" lassen sich identifizieren?

3. *Merkmale „neuer Kriege"*: Welche der in M 24 genannten Merkmale „neuer" Kriege lassen sich erkennen (Asymmetrie, Entstaatlichung/Privatisierung/„Warlords", Methoden der Kriegsführung, „Ökonomisierung")?

4. *Konfliktebenen*:
a) Inwieweit beschränkt sich der Konflikt auf die *innerstaatliche* Ebene?
b) Inwieweit und in welcher Form sind *Nachbarstaaten* einbezogen?

c) Inwieweit und in welcher Form sind „*Drittländer*“ (z. B. große Industrie- oder Schwellenländer) beteiligt oder nehmen Einfluss? Sind *internationale Organisationen* (z. B. UNO-Friedenstruppen) eingeschaltet?

5. *Konfliktopfer*: Wer hat(te) insbesondere unter dem Konflikt zu leiden (Zivilbevölkerung, ethnische Gruppen)? Worin liegen die schlimmsten Folgen (Todesopfer, Vertreibung, Flüchtlingselend, Hunger usw.)?

6. *Konfliktverlauf und Perspektiven*: Lassen sich bestimmte Phasen erkennen? Welche Versuche der Konfliktlösung hat es gegeben? Woran sind sie ggf. gescheitert? Wie ist angesichts der gegenwärtigen Lage die zukünftige Entwicklung einzuschätzen? Was müsste Ihrer Meinung nach geschehen, um die weitere Entwicklung günstig zu beeinflussen?

III. Präsentation der Arbeitsergebnisse

Um die beiden Konflikte vergleichbar zu machen (Gemeinsamkeiten und Unterschiede herauszustellen), sollten Sie sich für die inhaltliche Erstellung der Arbeitsergebnisse in etwa an den oben angeführten Kategorien und Fragen orientieren. Für die Präsentation der Ergebnisse, an der sich mehrere Gruppenmitglieder beteiligen könnten, sollten Sie die Antworten auf die Untersuchungsfragen stichwortartig z. B. auf einer Folie zusammenstellen und diese Stichworte dann jeweils etwas näher erläutern. Zu Beginn sollten Sie die geografische Lage, die Größe und die Bevölkerungszahl des jeweiligen Landes kurz vorstellen, entweder anhand der vergrößerten Kopie (Folie) der jeweiligen Karte (Grafik) oder indem Sie Ihre Mitschüler bitten, die entsprechende Seite im Buch aufzuschlagen. (Autorentext)

M 29 Beispiel Demokratische Republik Kongo – Stämme, Provinzen und Nachbarstaaten im Kampf um Macht und Rohstoffe

Abb. 1

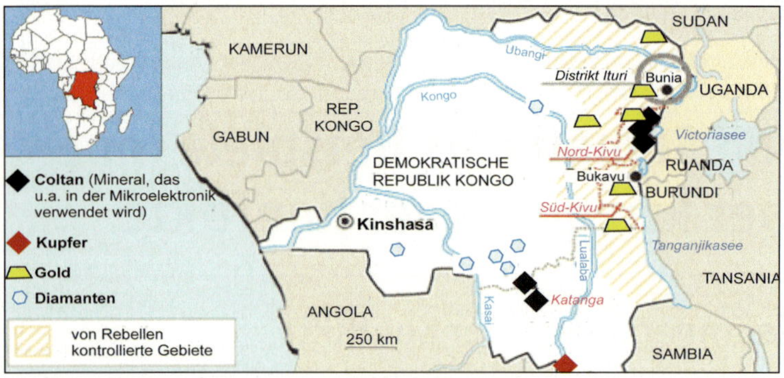

(Welt im Wandel, Omnia Verlag)

Abb. 2: 1994 konnte der UN-Friedenssicherungseinsatz den Völkermord* in Ruanda nicht verhindern. Im Bürgerkrieg zwischen Extremisten des Stammes der Hutu und der Minderheit der Tutsi starben innerhalb von 100 Tagen rd. 800 000 Menschen. Viele Menschen suchten sich in panikartiger Flucht dem Morden der Tutsi-Extremisten zu entziehen und wurden dabei oft zu Tode getrampelt (Foto aus dem Jahr 1994).

Die Demokratische Republik Kongo steht in den Armutsstatistiken weltweit am schlechtesten da, und das obwohl sie mit all ihren Bodenschätzen das potenziell reichste Land Afrikas ist. In wenigen Ländern gibt es so viel Gold, Diamanten, Kupfer, Kobalt, Zinn, Coltan, Mangan und dazu noch fruchtbare Böden und tropische Nutzhölzer. Seit sich die Kolonialmacht Belgien 1960 aus dem Kongo zurückgezogen hat, kämpfen bewaffnete Rebellengruppen um die Bodenschätze. Im Jahre 1965 putschte sich der Generalstabschef Joseph Mobutu an die Macht, die er über mehr als 30 Jahre nicht mehr abgab. Mithilfe westlicher Staaten, die ihn als loyalen Verbündeten im Ost-West-Konflikt* sahen, errichtete Mobutu einen autoritären Einparteienstaat, der durch die extreme Personalisierung der Herrschaft in Gestalt des Präsidenten gekennzeichnet war. […]

Letztlich erwiesen sich Ereignisse außerhalb Kongos als die Triebfedern, die das krisengeschüttelte Land endgültig ins Chaos stürzten. Im östlichen Nachbarland Ruanda kam es unter Führung der mit Mobutu verbündeten Regierung zu einem Genozid [Völkermord], in dessen Verlauf etwa 800 000 Tutsi und gemäßigte Hutu ihr Leben verloren (s. Abb. 2). Das Regime wurde schließlich von der *Rwandan Patriotic Front* (RPF) gestürzt, einer Rebellenbewegung, die seit 1991 im Land vorrückte. Die Völkermörder und rund zwei Millionen Ruander flüchteten in den Osten des benachbarten Kongo. Von dort aus setzten sie ihren Kampf gegen die neue, RPF-kontrollierte Regierung

Abb. 3

Staatsoberhaupt:
Joseph Kabila (seit 26.01. 2001; Bestätigung durch die Präsidentschaftswahlen am 29. Oktober 2006)

Regierungssystem:	Präsidialregime* (Verfassung vom 17.05.2005, nach Referendum am 18.2.2006 in Kraft getreten)
Hauptstadt:	Kinshasa (ca. 6 Mio. Einwohner)
Fläche:	2 345 410 km^2 (BRD: 357 021 km^2)
Bevölkerung:	ca. 60 Millionen
Bevölkerungsgruppen:	12 ethnische Hauptgruppen, aufgespaltet in ca. 240 kleinere Gruppen, mehrheitlich Bantu, die größten Gruppen Mongo, Luba, Kongo und Mangbetu-Azande bilden zusammen etwa 45 % der Bevölkerung
Religionen:	über 40 % Katholiken, über 30 % Protestanten, über 10 % Kimbanguisten, 1 % Moslems, Rest: Anhänger von Naturreligionen
Amtssprache:	Französisch, Verkehrssprachen: Lingala, Kisuaheli, Tshiluba, Kikongo
Hauptwirtschaftszweige:	Landwirtschaft (Kaffee, Zucker, Palmöl, Gummi etc.), Ausbeutung und Verarbeitung von Bodenschätzen (Diamanten, Kupfer, Zink, Coltan, Kobalt etc.), Dienstleistungen

(http://www.zif-berlin.org/Downloads/Analysen/Veroeffentlichungen/DRK_August_2008.pdf)

in Ruanda fort. Diese sicherheitspolitische Bedrohung konterte Ruanda 1996 mit dem Einmarsch in den Kongo, wo die Rückzugsbasen der Völkermörder zerstört wurden. Der Krieg, an dem auch Uganda, Burundi und Angola sowie die kongolesische Rebellenbewegung AFDL aufseiten Ruandas teilnahmen, führte im Mai 1997 zur Vertreibung Mobutus und zur Machtergreifung von AFDL-Führer Laurent-Désiré Kabila.
Kabila erwies sich als ebenso autoritär wie Mobutu, sein Bündnis mit Ruanda zerbrach. Im August 1998 kam es zum Ausbruch eines erneuten Krieges, an dem schließlich sieben ausländische Armeen, vier kongolesische Rebellengruppen sowie Dutzende Milizen aus Kongo und den Nachbarländern beteiligt waren. Unterstützt von Ruanda, Uganda und Burundi versuchten mehrere Rebellengruppen, das Kabila-Regime zu stürzen. Das Eingreifen Angolas, Namibias und Simbabwes aufseiten Kabilas führte zu einer militärischen Pattsituation. Der Konflikt endete 2002 mit einem Machtteilungsabkommen zwischen Regierung und Rebellen.

(Informationen zur politischen Bildung Nr. 302, 1. Quartal 2009: Afrika – Länder und Regionen, Bundeszentrale für politische Bildung, Bonn 2009, S. 38, 40; Verf.: Denis M. Tull; http://www.bpb.de/files/H51ZJL.pdf)

Abb. 4: Massenflucht im Kongo (November 2008); die Gesamtzahl der Binnenflüchtlinge betrug 2009 in den Ostprovinzen rd. 1,8 Mio.

Als Laurent Kabila im Januar 2001 einem Attentat zum Opfer fiel, übernahm sein **Sohn Joseph Kabila** das Amt des Präsidenten (s. Abb. 3). Er versuchte zumindest, die Situation des zerrütteten Landes zu befrieden und zu stabilisieren. Am 30.7.2006 kam es zu den *ersten freien Wahlen* seit 40 Jahren, die von 17 600 Soldaten der UN-Friedensmission MONUC und 2 000 Soldaten der EU-Mission EUFOR RD Congo (darunter 780 deutsche Bundeswehrsoldaten) überwacht und von über 1000 internationalen Wahlbeobachtern kontrolliert wurden. Joseph Kabila wurde zum Staatspräsidenten gewählt. Das im Januar 2008 zwischen der Regierung und zahlreichen Rebellengruppen in Goma unterzeichnete *Friedensabkommen* erwies sich jedoch als brüchig.
Seit Sommer 2007 herrscht in der rohstoffreichen Region Kivu im Osten des Landes wieder ein grausamer Bürgerkrieg, unter dem vornehmlich die Zivilbevölkerung zu leiden hat. Zwar konnte der *Milizenführer Laurent Nkunda*, dem grausame Menschenrechtsverbrechen, Massenmorde, Folter sowie der Einsatz von Kindersoldaten vorgeworfen werden, im Januar 2009 durch ruandische Truppen auf kongolesischem Boden (mit Zustimmung Kabilas) verhaftet werden. Im Verlauf des Jahres 2009 ließen sich rd. 11 000 Rebellen verschiedener Gruppierungen entwaffnen. Im Osten des Landes hatte die Bevölkerung aber weiterhin unter massiven Gewalteinwirkungen zu leiden. Hunderttausende (vor allem in der Region Nord-Kivu) waren auf der Flucht (vgl. Abb. 4). Mitte des Jahres 2010 wurde auf Wunsch der kongolesischen

Regierung die Friedenstruppe der UN (Monuc, s. o.) um rd. 2000 Soldaten verringert und auf eine Stabilisierungsfunktion (Schutz der Zivilbevölkerung) beschränkt (Monusco), um die Verantwortung für die Sicherheit stärker in die Hände der kongolesischen Armee zu übergeben, eine Maßnahme, die von vielen Beobachtern kritisch beurteilt wurde. (Autorentext)

Ausblick

Die Demokratische Republik Kongo befindet sich trotz ihres enormen Reichtums an Rohstoffen in einem desolaten Zustand. [...] Zwar ist es – nicht zuletzt aufgrund des massiven internationalen Engagements – mit den Wahlen im Jahr 2006 gelungen, einen ersten wichtigen Schritt in Richtung einer dauerhaften stabilen politischen Ordnung zu gehen. Für einen Großteil der Bevölkerung hat sich damit allerdings nur wenig verbessert. Vor dem Hintergrund der Weiträumigkeit des Landes, der fehlenden administrativen* und infrastrukturellen* Voraussetzungen, der vielschichtigen Interessen der handelnden Parteien sowie vor allem der besonders im Osten andauernden bewaffneten Auseinandersetzungen bleibt die Lage bis auf Weiteres instabil. Der Weg in eine funktionierende Zivilgesellschaft* mit anerkannten, demokratisch legitimierten und effizient arbeitenden Institutionen sowie überparteilichen Streit- und Sicherheitskräften ist noch weit. Die internationale Gemeinschaft tut gut daran, die örtlichen Akteure immer wieder auf die Verantwortung aufmerksam zu machen und sie zugleich in diesem Prozess zu unterstützen.

(Volker Ressler, Zur Konfliktlage im Kongo; http://www.mgfa.de/html/einsatzunterstuetzung/downloads/meukongoiiiansicht.pdf, S. 101)

Weitere Informationen:

- *http://www.zif-berlin.org/fileadmin/uploads/analyse/dokumente/veroeffentlichungen/DRK_April_2009.pdf*
- *http://de.wikipedia.org/wiki/Demokratische_Republik_Kongo*
- *http://www.mgfa.de/html/einsatzunterstuetzung/downloads/meukongoiiiansicht.pdf*
- *http://www.uni-kassel.de/fb5/frieden/regionen/Kongo/Welcome.html*

M 30 Beispiel Somalia – 17 Jahre Krieg in einem „zerfallenen Staat"

Präsident:
Sheikh Sharif Sheikh Ahmed

Regierungssystem:	Nach der Unabhängigkeit 1960 Etablierung einer parlamentarischen Demokratie unter Präsident Aden Abdullah Osman Daar, gefolgt von Abdirashid Ali Shermarke 1967; Putsch durch Mohamed Siad Barre 1969 und Ausrufung einer Präsidialrepublik; seit Sturz Barres 1991 ist das Land ohne funktionierende Zentralregierung; seit Okt. 2004 Übergangspräsident, -regierung und -parlament (befristet bis 2011)
Hauptstadt:	Mogadischu (ca. 600 000 Einwohner; Stand: Dez. 2007)
Fläche:	637 657 km² (BRD: 357 021 km²)
Bevölkerung:	nach Schätzungen zwischen 7 und 9 Mio. UN-Schätzung 2008: ca. 7,8 Mio.
Bevölkerungsgruppen:	In Clans organisiert; Hauptclans: Hawiye, Darod (überwiegend Puntland), Isaaq (überwiegend Somaliland) und Dir (überwiegend nomadisch), Digil-Mirifle und Rahanweyn (überwiegend Ackerbauern). Starke soziale, ökonomische und kulturelle Differenzen zwischen den einzelnen Bevölkerungsteilen.
Religionen:	99,8 % sunnitische Muslime
Amtssprache:	Somali (Amtssprache seit 1972), weitere Sprachen: Arabisch, Englisch, Italienisch
Hauptwirtschaftszweige:	Landwirtschaft (Viehzucht, Rohrzucker, Bananen, Mais, Hirse etc.), Nahrungsmittelindustrie, Textil- und Lederherstellung, geringe Erdölförderung
Quellen:	*Auswärtiges Amt, CIA World Factbook;* *Institute for Security Studies (Südafrika)*

(http://www.zif-berlin.org/fileadmin/uploads/analyse/dokumente/veroeffentlichungen/Konfliktuebersicht_Somalia_Juli_2010.pdf)

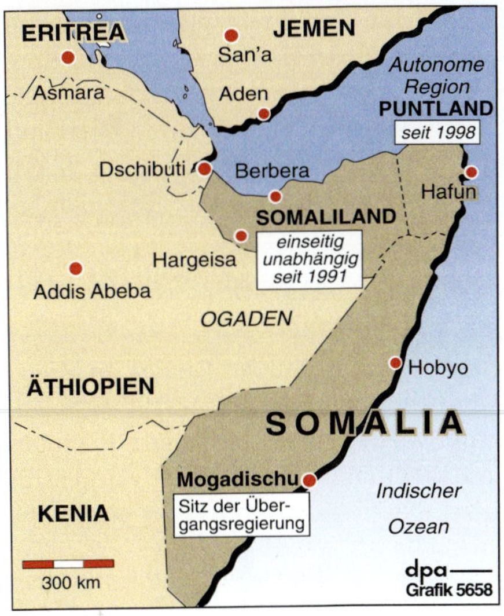

Abb. 1

Somalia, das Land am Horn von Afrika, hat seit dem Sturz von Staatschef Mohammed Siad Barre im Jahr 1991 keine funktionierende Zentralregierung mehr. Es hat sich zum Musterfall eines *„gescheiterten Staates"* entwickelt – Mogadischu gleicht einem Trümmerfeld. [....] Das Land steckt seit Ende der UNO-Mission 1995 (UNOSOM*) in einem *andauernden Bürgerkrieg* fest. Die offizielle, international anerkannte Regierung hat über weite Teile des Landes keine Kontrolle, weil sie von Islamisten bedrängt wird. [...]
Im Süden kämpfen die offizielle Regierung und die islamistischen Kämpfer um die Macht. Im Norden hat sich *Somaliland* 1991 vom Rest Somalias faktisch abgespalten und für unabhängig erklärt. Im Nordosten folgte 1998 *Puntland*, das jedoch auch von den Truppen der „Islamischen Gerichtshöfe" bedrängt wird. Auch die Gebiete Galmudug und Maakhir streben nach Unabhängigkeit.

(http://www.spiegel.de/politik/ausland/0,1518,457130,00.html)

- Wesentliche Ursache des *in den 1980er-Jahren einsetzenden Bürgerkriegs und Staatszerfalls* in Somalia war das hochrepressive und hochgradig außenabhängige Herrschaftssystem des Ex-Präsidenten Barre sowie dessen machtpolitische Nutzung des Klanwesens. Seither kam es im (ehemals italienischen) Süden des Landes zu vielfältigen Kleinkriegen rivalisierender bewaffneter Gruppen untereinander und gegen große Teile der Zivilbevölkerung. Zudem formierten sich ein *„Kriegsherrentum"* und eine *Bürgerkriegs-Ökonomie*. Vorherrschender Trend war und ist die Konsolidierung und Kontrolle von Teilterritorien und staatsähnlichen Gebilden durch jeweils dominante Kriegsherren, Milizen, Clan-Allianzen und islamische Autoritäten. [...]
- Nach jahrelangen vergeblichen Anläufen gelang es endlich im Jahre 2004, eine neue somalische *(Übergangs-)Regierung* (TFG) zu etablieren, die sich allerdings schwertat, in Somalia selbst und in der Hauptstadt Mogadischu Fuß zu fassen. Dies konnte sie erst um die Jahreswende 2006/2007 mit massiver *äthiopischer Militärunterstützung*.

(Volker Matthies, Das Horn von Afrika; http://www.uni-kassel.de/fb5/frieden/regionen/Somalia/matthies.html)

Abb. 2: Maskierte islamistische Rebellen der von Scheich Aweys geführten „Islamic Front of Somalia" stellen Soldaten der somalischen Übergangsregierung zur Schau, die sich ihnen angeblich ergeben haben (6.9.2008).

- UN-Organisationen sprachen angesichts der eskalierenden Kämpfe im Frühjahr 2008 von der schlimmsten humanitären Krise in Mogadischu seit 1990. Am 5.2.2008 gab die Welternährungsorganisation FAO bekannt, dass 1,8 bis 2 Mio. Menschen in Zentral- und Südsomalia auf Hilfe angewiesen wären, am 20.5. war diese Zahl auf 2,6 Mio. angewachsen. Das UN-Flüchtlingshilfswerk UNHCR bezifferte am 13.3. die Zahl der jeden Monat aus Mogadischu Fliehenden auf 20 000 und die Gesamtzahl der Binnenvertriebenen auf eine Million. [...]

Der UN-Sicherheitsrat verlängerte am 20.8.2007 und am 20.2.2008 das Mandat der *Friedenstruppe der Afrikanischen Union* (AU) für Somalia (AMISOM) für jeweils weitere sechs Monate. AMISOM war im Februar 2007 eingerichtet

Abb. 3: Somalische Flüchtlinge im Flüchtlingslager Haadara nahe der Grenze zu Kenia

Abb. 4: Im Straßenkampf getötete Soldaten der somalischen Übergangsregierung in Mogadischu

worden, um die äthiopische Invasionsarmee abzulösen, erreichte aber ihre geplante Stärke von 8000 Mann nicht. [...] Ende Dezember 2008 trat Staatspräsident Yusuf zurück. Er habe die Kontrolle über das Land an islamistische Aufständische verloren, sagte er zur Begründung. Ende Januar 2009 wählte das Parlament, das sich aus Sicherheitsgründen im benachbarten Dschibuti versammelte, den als gemäßigt geltenden Islamistenführer Scheich Scharif Ahmad (s. S. 54) zum neuen Präsidenten. Er kündigte an, das Land versöhnen zu wollen, und rief die sich bekämpfenden Milizen dazu auf, gemeinsam den Frieden zu suchen.

(Der Fischer Weltalmanach 2009, © Fischer Taschenbuch Verlag in der S. Fischer Verlag GmbH, Frankfurt am Main 2008, S. 440 f.; Verf.: Birgit Albrecht; ergänzt)

Die Truppen der Übergangsregierung beherrschen nur einen kleinen Teil des Landes (in Mogadischu im Wesentlichen nur das Regierungsviertel). Zwischen ihnen und den AMISOM-Soldaten einerseits und den Rebellen-Milizen kommt es immer wieder zu verlustreichen Kämpfen (s. Abb. 4). In den ersten vier Monaten 2010 wurden ca. 100000 Einwohner aus der Hauptstadt vertrieben.

(Autorentext)

M 31 Piraterie vor der Küste Somalias bedroht die internationale Schifffahrt

*Die **Piraterie vor der Küste Somalias** am Horn von Afrika bedroht wichtige internationale Schifffahrtsrouten sowie die Lieferung von Nahrungsmittelhilfe für Millionen Somalier. Rund tausend Piraten operieren von der Küste Somalias aus im Indischen Ozean und im Roten Meer. Der Bürgerkrieg in Somalia schafft den rechtlosen Raum, in dem die teilweise gut bewaffneten Milizen operieren und den deren Hintermänner für ihre Geschäfte mit Waffen und Munition ausnützen.*

Somalia kann im Kampf gegen Piraten und Anarchie* mit internationalen Finanzhilfen von rund 200 Mio. Euro rechnen. Das Geld soll vor allem der Friedenstruppe der Afrikanischen Union (AU) zugutekommen, hieß es bei einer internationalen Geberkonferenz (Ende April 2009) in Brüssel. Daneben sollen die somalischen Sicherheitskräfte gestärkt und eine unabhängige Polizei aufgebaut werden, um den seit 1991 schwelenden Bürgerkrieg zu stoppen. Ein schlüssiges Konzept zur Lösung der Krise am Horn von Afrika bleibt die Weltgemeinschaft aber weiter schuldig.
UNO-Generalsekretär Ban Ki Moon sagte, Somalia sei nach fast 20 Jahren Bürgerkrieg am Scheideweg zu einer besseren Zukunft. Die Konferenz, die von der EU ausgerichtet wurde, solle eine Wende zum Besseren einleiten. EU-Kommissionspräsident José Manuel Barroso warnte davor, nur die Probleme im Golf von Aden zu betrachten: „Wenn wir nur Symptome wie die Piraterie behandeln und nicht ihre Ursachen, den Zerfall des Staates und die Armut, werden wir scheitern", sagte er. Ähnlich äußerte sich Ban. Die Piraterie sei „ein Symptom der Anarchie und Unsicherheit im Land".
Die Zahl der Piraten-Überfälle war zuletzt drastisch gestiegen. Allein in den ersten drei Monaten des Jahres 2009 hat sich die Zahl der Angriffe im Vergleich zum Vorjahreszeitraum auf 102 fast verdoppelt (vgl. Abb. 1). Bevor gekaperte Schiffe freikommen, fließt meist Lösegeld in Millionenhöhe. Auch deutsche Schiffe geraten seit vergangenem Sommer zunehmend ins Visier der Freibeuter. Neben der EU bemühen sich die USA und die NATO um eine Eindämmung des Problems (vgl. Abb. 3, S. 94).
Erschwert wird eine Lösung vor allem dadurch, dass seit dem Sturz des Diktators Siad Barre im Jahre 1991 und dem Kollaps aller staatlichen Strukturen in Somalia permanent Bürgerkrieg herrscht (vgl. M 30). Nur die selbsternannte Republik Somaliland im Nordwesten des somalischen Staatsgebietes (s. Abb. 1, S. 55) vermochte es, sich der Anarchie zu widersetzen und ein in Ansätzen funktionierendes Staatsgebilde zu schaffen. Die andere autonome Region ist Puntland im Nordosten Somalias. Sie befindet sich in der Hand der Piraten, die mit ihren Lösegeldforderungen weit mehr Geld erbeuten, als der Staatshaushalt umfasst. Von Puntland aus operieren auch die „Marines", die mächtigste Piratengruppe. Während Freibeuter es in anderen Weltgegenden vor allem auf den Diebstahl

Abb. 1

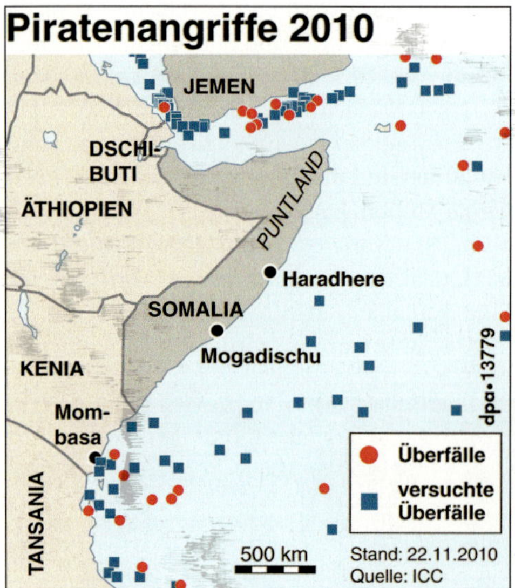

Die Zahl der registrierten Piratenangriffe stieg von 111 im Jahre 2008 auf 222 im Jahr 2009, trotz starker Militärpräsenz der EU und der NATO sowie anderer Staaten (China, USA, Indien). In der ersten Jahreshälfte 2010 wurden 82 Angriffe gemeldet und 27 Schiffe gekapert.

von Transportgut abgesehen haben, ist es Somalias Piraten möglich, sich wegen der praktischen Straffreiheit im eigenen Land auf die Entführung ganzer Schiffe und ihrer Crews zu spezialisieren. Inzwischen wird festgesetzten Piraten nach einem Abkommen zwischen der EU und der Regierung in Nairobi in Kenia der Prozess gemacht.

(Handelsblatt v. 25./26.4.2009, S. 8; Verf.: Eric Bonse, Wolfgang Drechsler)

In dem Seegebiet am Horn von Afrika operieren nach wie vor vier multinationale Marinegruppen unter unterschiedlichen Kommandos sowie Kriegsschiffe aus Indien, China, Malaysia, Japan und Iran unter nationalen Kommandos. Dabei gibt es eine Abstimmung „auf Kapitänsebene“ und eine gewisse Koordination auch zwischen den Kommandeuren der **Operationen Atalanta (EU – gegen Piraten)**, Allied Protector (NATO – gegen Piraten), Enduring Freedom (Anti-Terror, geht aber auch gegen Piraterie vor) und Combined Task Force 151 (amerikanisch geführt – gegen Piraten). **Deutschland** hat Atalanta **zwei Fregatten und ein Aufklärungsflugzeug** unterstellt. (Es dürfen laut Bundestagsbeschluss bis zu 1400 Soldaten eingesetzt werden; Näheres: http://dip21.bundestag.de/dip21/btd/17/036/1703691.pdf) (Autorentext)

Abb. 2: Neun Piraten (rechtes Boot) werden am 3.3.2009 nach ihrem gescheiterten Angriff auf das deutsche Handelsschiff „MV Courier“ von Bundeswehrsoldaten der Fregatte „Rheinland-Pfalz“ (linkes Boot) gefangen genommen.

Weitere Informationen:

- *http://www.zif-berlin.org/fileadmin/uploads/analyse/dokumente/veroeffentlichungen/Konfliktuebersicht_Somalia_Juli_2010.pdf*
- *http://www.bpb.de/themen/SMLQ7U,1,0,Somalia.html*
- *http://de.wikipedia.org/wiki/Somalia*
- *http://www.uni-kassel.de/fb5/frieden/regionen/Somalia/Welcome.html*
- *http://de.wikipedia.org/wiki/Piraterie_vor_der_Küste_Somalias (zu M 31, u. a. mit einer ständig aktualisierten Chronologie der Überfälle)*

3. „Ressourcenkonflikte“ – Droht der „neue Kalte Krieg“?

M 32 Die Konkurrenz um Rohstoffe verschärft sich

Bei wichtigen Rohstoffen, z. B. bei den fossilen* Energien, besonders beim Erdöl, ist der Bedarf in den letzten Jahren stark gestiegen: Die entwickelten Industrieländer, vor allem die USA, haben ihren schon seit Jahrzehnten enormen Rohstoffverbrauch immer weiter erhöht, neu aufstrebende Schwellenländer* wie China und Indien mit einem gewaltigen Nachholbedarf zeigen seit einigen Jahren aufgrund starken Wirtschaftswachstums einen steilen Anstieg beim Rohstoffverbrauch. Ein grundlegender Wandel ist derzeit nicht in Sicht, die Nachfrage nach Rohstoffen wird künftig in der Tendenz weiter stark steigen. Das Angebot scheint der wachsenden Nachfrage aber immer weniger nachzukommen, weil einige Rohstoffe allmählich zur Neige gehen (z. B. Erdöl) oder weil die Gewinnung von Rohstoffen nicht schnell genug gesteigert werden kann. Es droht also bei vielen wichtigen Rohstoffen eine wachsende Lücke zwischen Angebot und Nachfrage und in der Folge eine Preisexplosion mit starken negativen Folgen besonders für rohstoffarme Entwicklungsländer.
Unter den Ländern mit hoher Rohstoffabhängigkeit entsteht eine zunehmende Konkurrenz um Rohstoffe, die nicht nur preistreibend wirkt, sondern mittel- und längerfristig auch zu eskalierenden Konflikten um sich verknappende Ressourcen führen kann.

Konflikte, ja sogar Kriege um Ressourcen sind aber nicht nur ein wahrscheinliches Szenario für die Zukunft, sondern leider Realität der Gegenwart. Der Irakkrieg (s. M 58) z. B. hatte seine Hauptursache im Bestreben der USA, die reichen Ölvorräte im Irak und in der ganzen Nahost-Region im Zugriff zu behalten und militärisch abzusichern. Viele aktuelle Konflikte und Kriege in Afrika (z. B. Kongo) wie auch in der Region um das Kaspische Meer hängen eng zusammen mit dem Rohstoffreichtum der betroffenen Länder, ein schon aus der Vergangenheit als „Rohstofffluch" bekannter Effekt. Die Anzeichen mehren sich, dass die wachsende Konkurrenz um Ressourcen bisherige Konflikte verstärken und neue entfachen könnte.
Besonders die beiden am meisten Rohstoffe verbrauchenden Staaten USA und China konkurrieren immer stärker um Rohstoffe, z. B. um die bisher noch wenig ausgebeuteten Erdölvorkommen in Afrika. Schon jetzt verschärft dies z. B. den Darfur-Konflikt*, da China das Regime im Sudan trotz aller Menschenrechtsverletzungen unterstützt, um sich Erdöl aus der Region zu sichern.

(http://www.agenda21-treffpunkt.de/dossier/Ressourcenkonflikte.htm; Verf.: Heinz Ziegeldorf)

1 Beschreiben Sie mit eigenen Worten, was unter „Ressourcenkonflikten" verstanden wird und worin die Gründe für die wachsende Gefahr solcher Konflikte gesehen werden (M 32).

2 Verschaffen Sie sich anhand der Abb. 1 in M 33 einen Eindruck von der globalen Verteilung der „Konfliktherde" Öl und Gas und stellen Sie wichtige Gesichtspunkte zum Verhältnis zwischen den sechs Regionen heraus. Den „Spiegel"-Artikel, aus dem diese Grafik stammt, finden Sie unter der Internetadresse http://www.spiegel.de/spiegel/print/d-46421530.html (dort auch in einer pdf-Version).

VERTIEFUNG **M 33**

Chancen und Risiken – Problemfelder der internationalen Energiepolitik

1. Brennstoffreserven – geografische Verteilung, Zugang und Transport

Geografische Verteilung und Konzentration der Reserven

Die Ungleichheit in der geografischen Verteilung stellt die zentrale Herausforderung in der internationalen Energiepolitik dar. So verbrauchen die größten Ölkonsumenten des nordamerikanischen, europäischen und asiatischen Raums zusammen etwa 66 %, produzieren selbst aber nur etwa 8 % des Öls auf dem globalen Markt. Bei Erdgas beträgt ihr Anteil am Konsum etwa 50 %, an der Produktion nur etwa 9 %. Es ist dabei von entscheidender Bedeutung, dass die größ-

Abb. 1

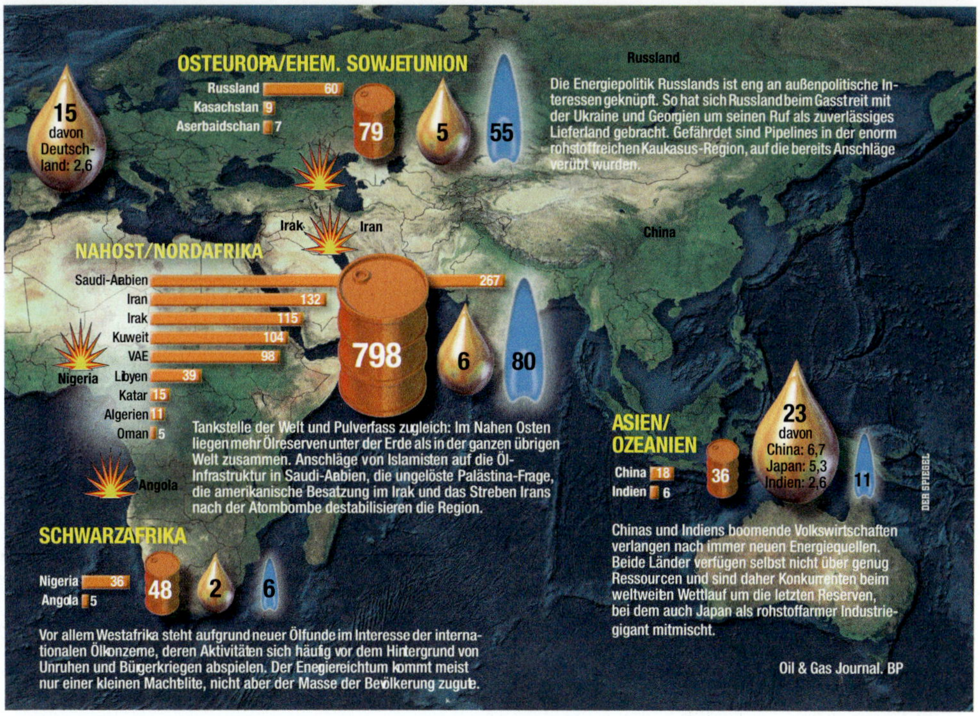

(DER SPIEGEL 13/2006, S. 76/77)

Schätzungen zufolge wird der **weltweite Energieverbrauch** von 10 601 Tonnen Öleinheiten (toe) im Jahre 2003 auf 15 447 toe im Jahr 2020 ansteigen. Mit dem höchsten Anstieg wird in Süd- und Ostasien (ohne Japan und Südkorea) gerechnet (von 2094 toe auf 4354 toe, d. h. um 108 %) und in Mittel- und Südamerika (von 552 auf 1152, d. h. um 109 %); Nordamerika von 3311 auf 3740; Europa (OECD) von 1988 auf 2235, übriges Europa und GUS von 1222 auf 1731, Afrika von 335 auf 562, Naher Osten von 491 auf 786, Japan/Südkorea/Australien/Neuseeland von 935 auf 1210. Der **Anteil** der Energieträger wird sich nicht wesentlich verändern (Erdöl 43,2/35,2 %; Erdgas 21,9/24 %; Kohle 24,2/22,2 %; Erneuerbare Energien 13,1/13,3 %; Kernenergie 6,5/5,4 %).

(Autorentext; Datenquelle: Energy Information Administration 2006)

Abb. 2

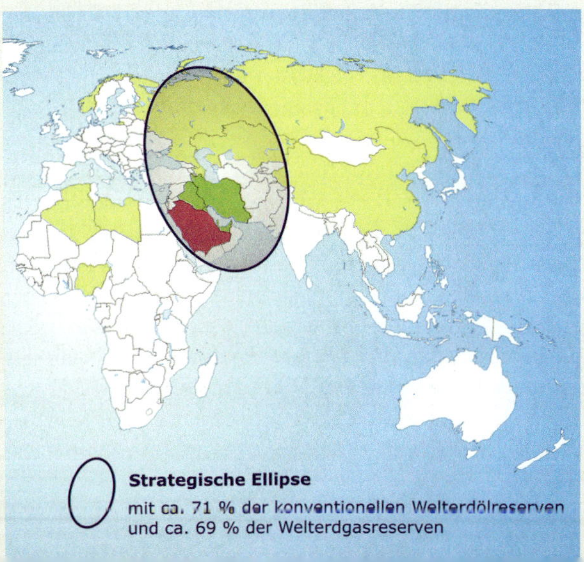

ten Verbrauchermärkte weit entfernt von den wichtigen Energiereserven liegen. Die Geografie der Verteilung der Reserven (s. Abb. 1) bietet daher Anknüpfungspunkte für geopolitische* Strategien.

Für die Region, in der die meisten bedeutenden Energiereserven vorkommen, hat sich die Bezeichnung der *„strategischen Ellipse"* durchgesetzt (s. Abb. 2). Sie umfasst Westsibirien, die Kaspische Region und Zentralasien sowie die Staaten des Nahen und Mittleren Ostens. Hier konzentrieren sich etwa 71 % der konventionellen Weltölreserven und 69 % der Weltgasreserven. Neuerdings spricht man aber auch von der strategisch wichtigen Region des Nahen und Mittleren Ostens und Nordafrikas, wo 61 % der globalen Ölreserven und 45 % der Weltgasreserven lagern. Entscheidend ist dabei die *Reichweite der Reserven*, die sich aus dem Verhältnis von Reserven und aktueller Produktion berechnet und die für den Nahen und Mittleren Osten günstiger ist als für andere Förderregionen. Nach dieser vagen Berechnung reichen die Reserven dort noch etwa 80 Jahre, während sich die Reserven in den Förderregionen Europas und Nordamerikas in 10 bis 17 Jahren erschöpfen. Bei Erdgas sieht das Verhältnis ähnlich aus.

Die daraus folgende zunehmende *Konzentration der fossilen Energiereserven in politisch instabilen Regionen* stellt eine der größten Herausforderungen für die internationale Energiepolitik dar. [...]

Zugang und Transport

Der Zugang zu den fossilen* Brennstoffreserven war stets die Kernfrage der internationalen Energiepolitik und Ausgangspunkt für *internationale Konflikte*, die in den letzten

Jahren an Brisanz gewonnen hat, da in vielen energiereichen Staaten eine Renationalisierung der Energieindustrie stattfindet. *Über 75% aller Erdöl- und Erdgasreserven befinden sich in den Händen nationaler Konzerne*, darüber hinaus liegen sie zum Großteil in politisch instabilen Regionen, was es für multinationale Konzerne nicht einfach macht, Förderlizenzen zu bekommen und Investitionen zu tätigen. Der Handel unterliegt zunehmend politischen Interventionen. Die Einnahmen aus dem Export geben den Produzenten größere Unabhängigkeit von westlichen Investitionen, und die wachsende Konkurrenz der Verbraucherländer ermöglicht es, die Energiereserven für außen- und sicherheitspolitische Interessen zu instrumentalisieren. Aus energiepolitischer Sicht stellt sich damit das Problem, dass bis 2030 ein hoher Investitionsbedarf von etwa sechs Billionen US-Dollar besteht, aber gleichzeitig die Produzentenländer die strategische Kontrolle über die Produktion haben möchten, sodass westliche Ölfirmen immer seltener beteiligt werden.

Eine weitere Herausforderung ist mit den Besonderheiten der geografischen Verteilung der Reserven verbunden: Die *Frage des sicheren und effizienten Transports*. Der Öltransport, der sich mit Tankern, Rohrleitungen, Schienen- und Straßennetzen realisieren lässt, ist dabei wesentlich flexibler als der Gastransport. Gasmärkte sind vor allem regional strukturiert, denn Erdgas wird überwiegend über Pipelinenetze transportiert. [...]

Die Frage der Pipelinerouten ist eine *strategische Entscheidung*, denn eine einmal getroffene Entscheidung für den Bau einer Pipeline konstituiert auf lange Sicht ein Liefer- und Abnahmeverhältnis. Wegen der hohen Baukosten, die sich erst über einen längeren Zeitraum amortisieren [die Anschaffungskosten durch den Ertrag wieder einbringen], sind Alternativprojekte schwer realisierbar. Die Tatsache, dass sich durch den Bau einer Pipelineroute ein Langzeitabhängigkeitsverhältnis aufbaut, kann für Konsument wie Produzent von Vorteil oder Nachteil sein.

2. Risiken und Chancen

Der Energiehandel birgt besondere Risiken, die die Politik auf internationaler Ebene bearbeiten und einhegen muss. Sie entstehen unter anderem aus Abhängigkeitsverhältnissen.

An erster Stelle steht das Risiko einer physischen **Unterbrechung von Energielieferungen** durch terroristische Anschläge, Kriege oder auch Lieferstopps aus politischem Kalkül. Eng damit verbunden ist die Frage des **sicheren Transports**, denn Tankerrouten verlaufen z. B. durch sogenannte „Choke Points“. Zu diesen geografischen Engstellen zählen u. a. die Straße von Hormuz, der Bosporus und die Dardanellen sowie das Horn von Afrika (vgl. M 31). Die Sicherung dieser Routen ist von strategischer Bedeutung für die globale Energieversorgung.

Die **politischen Risiken** liegen in einer möglichen politischen Erpressbarkeit der Verbraucherländer durch die Produzentenländer. Die Versorgung mit Öl und Gas kann dabei als politisches Druckmittel und außenpolitische Waffe eingesetzt werden, da die Unterbrechung von Energielieferungen enorme Auswirkungen auf die Leistungs- und Wettbewerbsfähigkeit einer Volkswirtschaft hätte.

Eng damit verbunden sind die **Risiken von Preissprüngen**, da allein die Androhung einer Lieferkürzung zu hohen Preisausschlägen auf den Märkten führen kann. Die psychologische Wirksamkeit der Waffe Öl zeigt sich an den Ölkrisen* der 1970er-Jahre, während derer es damals zwar nicht zu Verknappungen auf den Märkten, wohl aber zu einem hohen Preisanstieg kam. Da sich steigende Energiepreise in einer Verteuerung der Lebenshaltungskosten niederschlagen, können sie sozialen Unmut und Proteste zur Folge haben. Mit dem Energiehandel sind daher enorme sozioökonomische Risiken verbunden. [...] Mit dem begrenzten Zugang zu Ressourcen wächst die **Gefahr von Konflikten**. Deswegen beschwören einige Wissenschaftler bereits die *Gefahr von Ressourcenkriegen*. Die militärische Absicherung von Energiereserven und Exportrouten ist zunehmend Teil der Sicherheitspolitik einzelner Staaten und Staatenkoalitionen. Der Krieg der internationalen Koalition unter US-Führung gegen den Irak 1990/91 nach der Annexion Kuwaits (Golfkrieg*) ist dafür ein offensichtliches Beispiel. Insbesondere die USA machen die Frage des Zugangs zu strategisch wichtigen Energiereserven als Handlungsprimat geltend, aus der sich auch die militärische Präsenz in der Region des Nahen und Mittleren Ostens rechtfertigt. Diese Position wurde schon 1979 bekräftigt und findet sich auch im „National Energy Policy“-Dokument der George W. Bush-Administration von 2001 wieder.

Entscheidend für die Risikominimierung und die Versorgungssicherheit, aber auch die Wirtschaftlichkeit der Energieversorgung ist **Diversifizierung** [Aufteilung]. Diversifizierung hat drei

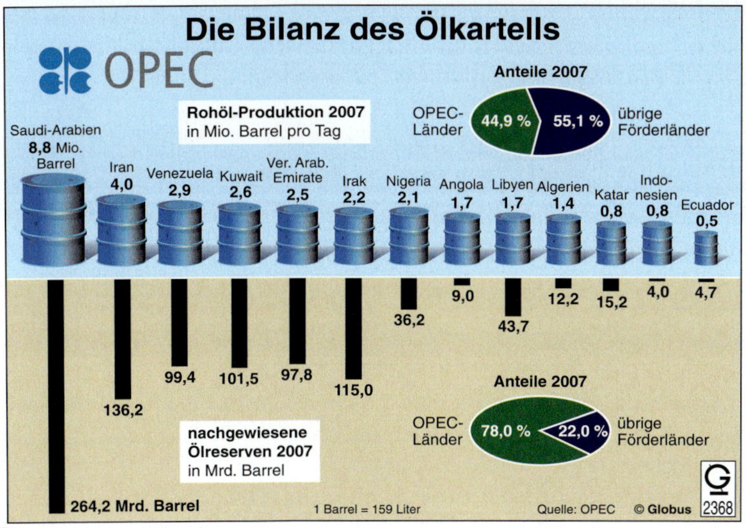

Abb. 3

Dimensionen. Erstens ist es wichtig, den Energiemix zu diversifizieren und nicht auf einen einzigen Energieträger zu setzen. Zweitens sollte Energie aus mehreren Ländern und Regionen bezogen werden, um nicht in ein einseitiges Abhängigkeitsverhältnis zu geraten, das vor allem über eine Monopolsituation zu höheren Preisen führen kann. Und drittens sind Transportwege und Transportmittel zu diversifizieren, um weniger verletzlich durch z. B. terroristische Anschläge zu sein. Der Ausbau regenerativer Energien, emissionsarmer und effizienter Kraftwerkstechnologien und die Minimierung der Risiken durch Kooperation, Informationsaustausch, wirtschaftliche und finanzielle Verflechtung stellt eine Chance für die internationale Politik und die Einhegung von potenziellen Konflikten dar.

3. Konflikte und Kooperation

Internationale Energiebeziehungen sind gekennzeichnet durch ein Spannungsverhältnis von Konflikt und Kooperation. Die *Interessen der Produzenten- und Verbraucherländer* können gleich gerichtet und komplementär, aber auch divergent und gegensätzlich sein. Internationale Energiebeziehungen verlangen nach Kooperation und Interessenausgleich, denn der Produzent möchte Energie verkaufen und der Konsument möchte Energie beziehen. Beide haben zudem ein Interesse, die Volatilität [das starke Schwanken] der Preise einzuhegen.

Konflikte entstehen vor allen Dingen aus dem Ziel heraus, nicht einseitig abhängig von der anderen Seite zu werden. Die Hauptsorge der Energiekonsumenten gilt also neben kostengünstiger Energie dem Ziel, die Risiken einer Lieferunterbrechung und -kürzung zu minimieren. Die Energieproduzenten haben ein Interesse an einer hohen, stabilen Nachfrage und an hohen Gewinnen aus den Energieverkäufen. Deswegen gibt und gab es auch immer Tendenzen, die eigene Marktposition durch *Monopol- oder Kartellbildung** zu stärken. Während also die Energiekonsumenten ein Interesse am Wettbewerb auf Produzenten- und Lieferantenseite haben und dies als ein Mittel sehen, die Energiepreise niedrig zu halten, liegt eine solche Wettbewerbssituation nicht im Interesse der Produzenten und Lieferanten. Die Gründung der Organisation Erdölexportierender Länder (**OPEC**; s. Abb. 3) 1960 geht auf die Überlegungen zurück, die Preisstruktur zum eigenen Vorteil mitzubestimmen und über ein Quotensystem stabil zu halten.

Als Antwort auf den ersten Ölpreisschock* wurde die Internationale Energieagentur (IEA) 1974 von Ländern der **OECD** (s. Abb. 4) gegründet. Die IEA hat vor allem die Entwicklung und Unterstützung von Systemen zur Krisenbewältigung zum Ziel. Mit der Speicherung einer strategischen Erdölreserve von 30 Tagen hat sie einen wichtigen Krisenmechanismus etabliert, der insbesondere in der EU zunehmend auch für den Erdgassektor diskutiert wird. Außerdem stellt die IEA wichtige Informationen über die globale Energiesituation zusammen. [...]

Der Energiesektor ist ein strategischer Sektor, da dem Produktionsfaktor Energie eine wichtige Rolle für die Leistungsfähigkeit von Volkswirtschaften und deren Rolle in der Weltwirtschaft zukommt. Gleichzeitig hat die Verfügbarkeit von Energieressourcen auch Auswir-

Abb. 4

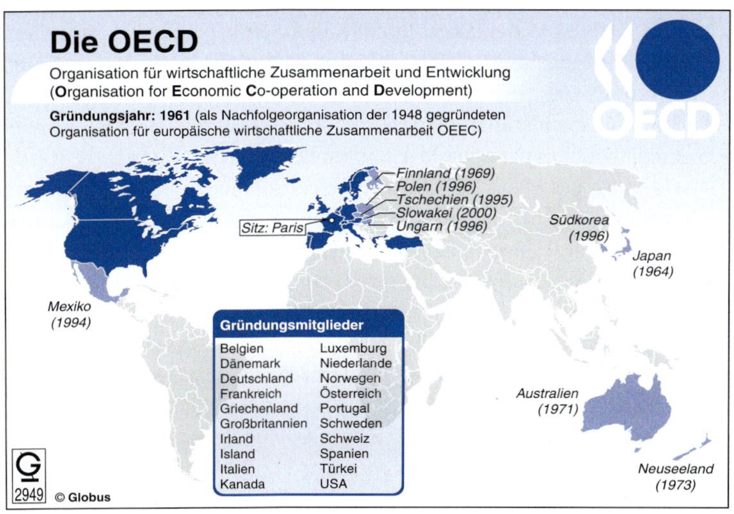

kungen auf die militärische Macht und Verteidigungsfähigkeit eines Landes. Dies trägt dazu bei, dass Energieträger sowohl normale Handelsgüter als auch strategische Güter sind, die *für politische Ziele und auch als Druckmittel* instrumentalisiert werden können. [...]

Aktuelle Entwicklungen

Da die Energiepolitik der OECD-Staaten (s. Abb. 4) und der großen multinationalen Konzerne auf dem liberalisierten Zugang auch zur Produktion beruht, bedeuten die heute asymmetrisch strukturierten Märkte – auf der einen Seite staatliche Kontrolle, auf der anderen Seite ein liberalisierter Markt – eine große Herausforderung für die internationale Energiepolitik. Über 75 % der fossilen Brennstoffreserven sind in staatlicher Hand, mit steigender Tendenz. Damit werden auch ihre Exploration und der Export durch staatliche Akteure und staatliche Unternehmen kontrolliert. Dabei sind ökonomische Gesichtspunkte nicht immer maßgebend, auch politische Überlegungen und Einflussinteressen bestimmen die Energiepolitik. Die Rolle des Staates ist aber nicht nur in den Produzentenländern gewachsen, sondern auch in den großen neuen Verbraucherländern wie China und Indien. Für die OECD-Staaten stellt sich somit immer schärfer die Frage, inwieweit sie auf Marktmechanismen zur Sicherung ihrer Energiepolitik setzen können.

Gleichzeitig zeigt sich, dass Energieproduzenten zunehmend mehr Macht und Einfluss in den internationalen Beziehungen erlangen und damit die Spielregeln stärker als bisher mitbestimmen können. Insbesondere **Russland** baut in der internationalen Politik auf seine Rolle als Energiemacht. So hat sich 2006 und 2007 die G 8 unter deutschem, aber auch russischem Vorsitz mit der globalen Energiesicherheit beschäftigt. [Es gibt bisher aber nur wenige Ansätze multilateraler* Kooperation. Nationalstaatliche Interessen begünstigen eher bilaterale Verträge.] Selbst die Diskussionen innerhalb der EU zeigen, dass [...] nationalstaatliche Egoismen eine weiter reichende europäische Einigung erschweren, weil der Energiesektor als strategischer und vitaler Sektor für die nationalstaatliche Sicherheit gesehen wird.

(Kirsten Westphal, Internationale Energiepolitik. In: Wichard Woyke [Hrsg.], Handwörterbuch Internationale Politik, Verlag Barbara Budrich, Opladen und Farmington Hills, 11. Aufl. 2008, S. 180–187)

M 34 „Die Abhängigkeit von Russland verringern" – Bau der Nabucco-Pipeline als aktuelles Beispiel europäischer Energiepolitik

Das *Great Game*, der historische Konflikt des 19. Jahrhunderts zwischen dem britischen Empire und dem russischen Zarenreich, drehte sich um die Vorherrschaft der Weltmächte in Zentralasien. Beim Großen Spiel des frühen 21. Jahrhunderts geht es um Ressourcen*, vornehmlich um Erdgas, das in Aserbaidschan und Turkmenistan lagert. Einen kleinen Sieg im Wettstreit um den Zugang zu dem begehrten Rohstoff will die Europäische Union an diesem Montag erringen: In Ankara unterzeichnen die fünf Länder, durch die die sogenannte Nabucco-Pipeline führen soll, einen Vertrag. [...]

Die 3300 Kilometer lange Pipeline ist die Antwort der EU auf andere Gasröhren, an denen maßgeblich Russland beteiligt ist: zum einen Nord Stream, die Pipeline durch die Ostsee, die 2012 russisches Gas nach Deutschland transportieren soll und deren Mehrheitseigner der staatliche russische Monopolist Gazprom ist. Zum anderen forciert Moskau in direkter Konkurrenz zu Nabucco den Bau der South Stream Pipeline, die zentralasiatisches Gas via Russland und durch das Schwarze Meer nach Europa schaffen soll. Auch dieses Vorhaben ist in der Hand von Gazprom, der Konzern unterzeichnete Mitte Mai in Sotschi Abkommen mit Energiefirmen der Transitländer Bulgarien, Serbien, Rumänien und Italien. Beide Röhren verschaffen Russland einen großen Absatzmarkt in Westeuropa – und politische Macht.

Brüssel will die Energieimporte der EU, die ein Drittel ihres Gases aus Russland bezieht, möglichst rasch diversifizieren, um energiepolitisch unabhängiger von Moskau zu werden.

(Süddeutsche Zeitung v. 13.7.2009, S. 2; Verf.: Jeanne Rubner)

Unterzeichnung des Abkommens durch die Regierungschefs der fünf Länder, durch welche die neue Pipeline führen soll (Türkei, Rumänien, Bulgarien, Ungarn, Österreich), und EU-Kommissionspräsident Barroso. Die neue Pipeline soll von 2014 an Gas vom Kaspischen Meer an Russland vorbei bis nach Österreich transportieren. An dem in Wien ansässigen Industriekonsortium sind u. a. der österreichische Energiekonzern OMV und der Essener Konzern RWE beteiligt. Als politischer Berater fungiert der frühere deutsche Außenminister Joschka Fischer.
Für den Namen „Nabucco" entschieden sich die Mitglieder des Konsortiums bei ihrem ersten Treffen in Wien beim Abendessen, nachdem sie zuvor in der Wiener Staatsoper Verdis Oper „Nabucco" besucht hatten.

Das Projekt verzögert sich um ein Jahr, wie ein Sprecher des beteiligten RWE-Konzerns gestern bestätigte. Die Entscheidung, ob das ambitionierte Projekt verwirklicht wird, wird im Gegensatz zu den bisherigen Planungen nicht mehr in diesem, sondern erst im kommenden Jahr fallen. Damit verzögert sich auch der potenzielle Baubeginn bis 2012, Gas könnte frühestens 2015 nach Europa fließen. Ursprünglich hatten die Nabucco-Partner das erste Gas schon 2014 durch die Leitungen schicken wollen. [...] Bislang ist es den Unternehmen nicht gelungen, verbindliche Verträge mit den potenziellen Lieferländern zu schließen, obwohl das eigentlich in diesem Jahr gelingen sollte. Infrage kommen Aserbaidschan, Turkmenistan und der Irak. [...]
Zudem wird das Nabucco-Projekt regelmäßig von Russland torpediert, das seine Vormacht beim Gasexport aus dem Osten behalten will. Der russische Branchenriese Gazprom plant eine konkurrierende Pipeline durch Südosteuropa, South Stream. Zudem bemüht er sich selbst um Gas aus der kaspischen Region. (Handelsblatt v. 12.10.2010, S. 24; Verf.: Jürgen Flauger)

1 Analysieren Sie die Darstellung M 33 ggf. in **Gruppenarbeit**, und zwar entweder arbeitsgleich den Gesamttext oder arbeitsteilig die drei großen Abschnitte des Gesamttextes.
Arbeitsziel könnte die Erstellung einer nach den Abschnitten des Textes geordneten Übersicht (ggf. auf einer Folie) sein, in der Sie die wichtigsten Aspekte stichwortartig festhalten. Diese Übersicht könnte dann die Grundlage für einen Gruppenbericht sein, den der betr. Gruppensprecher frei vorträgt und der im Plenum diskutiert wird.
Zur Ergänzung der Darstellung (unter Einbeziehung des Klimawandel-Problems) können Sie ggf. auch den Artikel von Wolfgang Sachs („Ressourcenkonflikte. Kleine Topografie der Entzündlichkeit der Welt") heranziehen (www.bpb.de/themen/CZS2HK.html).

2 Beschreiben Sie mit eigenen Worten Ziel und Gestaltung des „Nabucco"-Projektes (M 34) und ordnen Sie es in die in M 33 beschriebenen Problemstrukturen ein. Erkundigen Sie sich nach dem aktuellen Stand der Entwicklung des Projekts und ggf. nach möglicherweise entstandenen Problemen (http://de.wikipedia.org/wiki/Nabucco-Pipeline).

IV Möglichkeiten der Friedenssicherung durch internationale Organisationen

In den vorangehenden Kapiteln und Abschnitten waren immer wieder auch Hinweise auf internationale Organisationen enthalten, die in unterschiedlicher Weise in die verschiedenen Konflikte eingebunden sind: die NATO in Afghanistan, die UNO im Kongo, die Europäische Union vor der Küste Somalias, um nur diese Beispiele zu nennen. Welchen Beitrag können sie dazu leisten, Konflikte zu entschärfen und zu regeln, den Frieden in der Welt zu fördern und zu sichern? In diesem Kapitel wollen wir dieser zentralen Frage der internationalen Politik etwas systematischer nachgehen. Dabei wird das Hauptgewicht auf den Vereinten Nationen (1. Abschnitt) liegen, ergänzt durch eine Darstellung der Bedeutung des Internationalen Strafgerichtshofs in M 44. Anschließend werden die Rollen von NATO (Abschnitt 2, S. 83ff.) und EU (Abschnitt 3, S. 90ff.) beschrieben und erörtert.

1. Was kann die UNO tun? Die Friedenssicherungspolitik der Vereinten Nationen

M 35 Die Vereinten Nationen – Gründung und Zielsetzung

Das 20. Jahrhundert wird auch das Jahrhundert der Weltkriege genannt. Zweimal wurde nach dem Ende der Kriege der Versuch unternommen, eine globale Institution zu schaffen, die dazu beiträgt, dass die Länder ihre Konflikte untereinander nicht länger militärisch austragen, sondern sie friedlich aushandeln. Kriege sollten in Zukunft verhindert werden.

Die Flagge der Vereinten Nationen zeigt eine Projektion der Erde, eingerahmt von zwei Olivenzweigen, seit der Antike ein Symbol des Friedens.

1919, nach dem Ende des Ersten Weltkriegs, wurde in Genf von 45 Staaten der *Völkerbund* gegründet. Doch die hohen Erwartungen konnte diese erste Weltorganisation nicht erfüllen. Vor allem gelang es nicht, den Zweiten Weltkrieg* bis 1945 zu verhindern – nicht zuletzt deshalb, weil große Staaten – wie die USA – nicht Mitglieder waren. Deutschland, Italien und Japan waren zudem zwischen 1933 und 1937 aus der Staatengemeinschaft ausgetreten. Sie wollten sich in ihrer Politik, die auf Krieg ausgerichtet war, nicht von anderen kontrollieren lassen. Im Oktober 1943, noch während des Zweiten Weltkriegs, verkündeten die Vereinigten Staaten von Amerika, Großbritannien, die Sowjetunion und China ihre Absicht, eine neue internationale Organisation zu schaffen. [...] Am 26. Juni 1945 unterzeichneten 51 Staaten die **Charta der Vereinten Nationen** (UN: United Nations oder UNO: United Nations Organization).

(Herbert Uhl [Hg.], Grundwissen Politik, Ernst Klett Schulbuchverlag, Stuttgart 2007, S. 295 f.)

In *Artikel 1 der Charta*, die insgesamt 111 Artikel in 19 Kapiteln umfasst, setzt sich die Weltorganisation vier programmatische **Hauptziele**:

- den Weltfrieden und die Internationale Sicherheit zu wahren und zu diesem Zweck wirksame Kollektivmaßnahmen zu treffen, um Bedrohungen des Friedens zu verhüten und zu beseitigen, Angriffshandlungen und andere Friedensbrüche zu unterdrücken und internationale Streitigkeiten oder Situationen, die zu einem Friedensbruch führen könnten, durch friedliche Mittel nach den Grundsätzen der Gerechtigkeit und des Völkerrechts* zu bereinigen oder beizulegen;

Bronzeplastik „Non-Violence" (auch bekannt als „Knotted Gun", „verknotete Schusswaffe") vor dem UN-Gebäude in New York als Symbol der Gewaltlosigkeit

- freundschaftliche, auf der Achtung vor dem Grundsatz der Gleichberechtigung und Selbstbestimmung der Völker beruhende Beziehungen zwischen den Nationen zu entwickeln und andere geeignete Maßnahmen zur Festigung des Weltfriedens zu treffen;
- eine internationale Zusammenarbeit herbeizuführen, um internationale Probleme wirtschaftlicher, sozialer, kultureller und humanitärer Art zu lösen und die Achtung vor den Menschenrechten und Grundfreiheiten für alle ohne Unterschied der Rasse, des Geschlechts, der Sprache oder der Religion zu fördern und zu festigen;
- ein Mittelpunkt zu sein, in dem Bemühungen der Nationen zur Verwirklichung dieser gemeinsamen Ziele aufeinander abgestimmt werden.

Neben diesen allgemeinen Zielen schreibt die Charta eine Reihe von **Grundsätzen** vor, die eng mit den dargestellten Zielen verschränkt sind. So beruhen die VN auf dem Grundsatz der souveränen *Gleichheit aller ihrer Mitglieder*, dem Prinzip der *friedlichen Beilegung von Streitigkeiten* und dem *Gewaltverbot* (von dem lediglich die vom Sicherheitsrat autorisierten *Zwangsmaßnahmen* und die individuelle bzw. kollektive *Selbstverteidigung* ausgenommen sind), der grundsätzlichen *Beistandspflicht* gegenüber der Weltorganisation und dem – inzwischen umstrittenen – *Verbot der Einmischung* in „die Angelegenheiten, die ihrem Wesen nach zur inneren Zuständigkeit eines Staates gehören" (Art. 2 Abs. 7).

(Wichard Woyke [Hg.], Handwörterbuch Internationale Politik, Verlag Babara Budrich, Opladen und Farmington Hills, 12. Aufl. 2010, S. 545f; Verf.: Johannes Varwick)

M 36 Die Hauptorgane der UN – Aufgaben und Kompetenzen

Das System der UN besteht aus verschiedenen z. T. selbstständigen, dezentralen Organisationen und Programmen mit jeweils eigenen Satzungen, Mitgliedschaften, Strukturen und Haushalten (s. Abb. 1). [...]

Gemäß der Charta hat sich die Kernorganisation im System der UN, die eigentliche internationale Organisation „Vereinte Nationen", *fünf Hauptorgane* gegeben, die für die Entscheidungsprozesse maßgeblich sind:

- Die **Generalversammlung** (GV; s. Abb. 3) ist das einzige Hauptorgan, das aus Regierungsvertretern der inzwischen 192 Mitgliedstaaten der Organisation besteht, die je eine Stimme haben (Prinzip des „one state – one vote"). Sie nimmt eine organisatorisch-institutionelle Zentralstellung im System der UN ein und entscheidet über die Zusammensetzung der anderen Hauptorgane, übt Kontrolle über Haushalt (Doppelhaushalt 2008/2009: 4,18 Mrd. US-Dollar ohne Ausgaben für Sonderorganisationen und Friedenstruppen) und Administration der UN aus und kann nach Art. 10 der Charta alle Fragen und Angelegenheiten erörtern, die – sofern sie nicht im Sicherheitsrat anhängig sind – in den Rahmen der Charta fallen oder die Befugnisse und Aufgaben der Sonderorganisationen betreffen. Sie kann entsprechende Empfehlungen an die Mitglieder der UN oder an den Sicherheitsrat oder an beide richten. Von besonderer Bedeutung sind die zahlreichen *Nebenorgane der Generalversammlung*, die von ihr zur Wahrnehmung spezieller Tätigkeiten eingesetzt werden. Größtenteils handelt es sich um Spezialorgane zur Finanzierung (die über freiwillige Beitragsleistungen erfolgt) und Durchführung von entwicklungspolitischen Hilfsprogrammen, von humanitären und umweltpolitischen Programmen sowie von Ausbildungs- und Forschungsaktivitäten.
- Der **Sicherheitsrat** (SR; s. Abb. 4 und 5) – bestehend aus 15 Mitgliedern, davon fünf ständige (China, Frankreich, Großbritannien, Russland, USA) und zehn nicht ständige, die nach einem regionalen Schlüssel (drei aus Afrika, je zwei aus Asien und Lateinamerika, eins aus Osteuropa und zwei aus Westeuropa/oder der übrigen westlichen Welt [Kanada, Australien, Neuseeland]) für zwei Jahre von der GV mit Zweidrittelmehrheit gewählt werden – hat die **Hauptverantwortung für die Wahrung des Weltfriedens und der internationalen Sicherheit** (Art. 24 Abs. 1 Charta). Die politische Bedeutung der fünf ständigen Mitglieder ist verstärkt durch das *Veto-Recht*. Mit Ausnahme von Verfahrensfragen bedürfen Beschlüsse des Sicherheitsrats der Zustimmung

Abb. 1

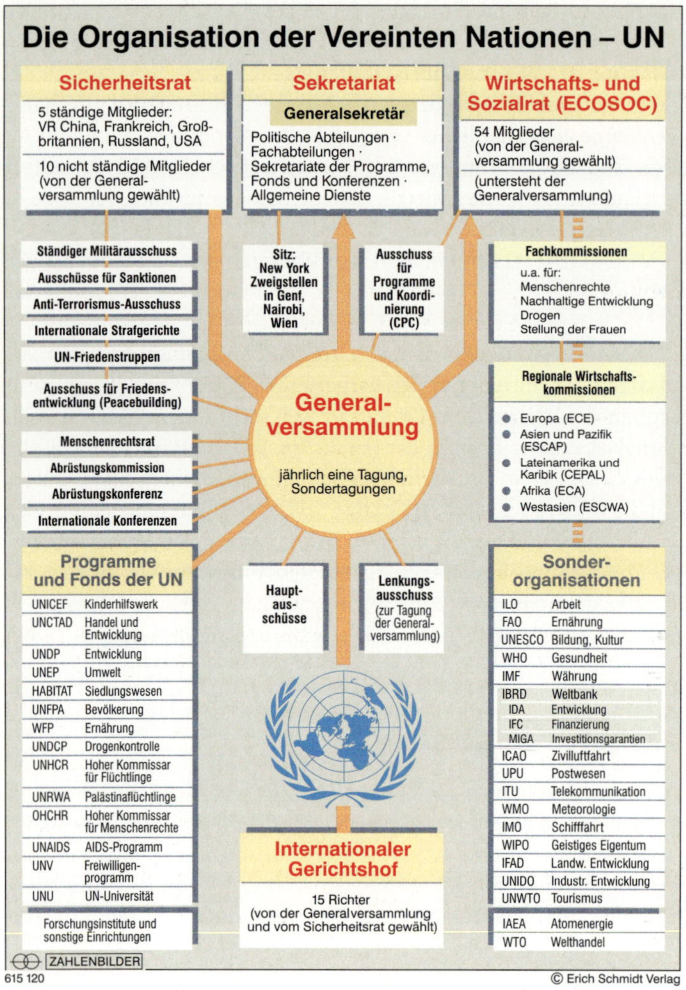

Abb. 2: Das Gebäude der Vereinten Nationen in New York

Abb. 3: Die Generalversammlung

von neun Mitgliedern einschließlich *sämtlicher ständiger Mitglieder. Der Sicherheitsrat ist das einzige Organ, das Entscheidungen treffen kann, die formal für alle UN-Mitglieder bindend sind.* Der SR kann zudem Nebenorgane einsetzen.

Abb. 4

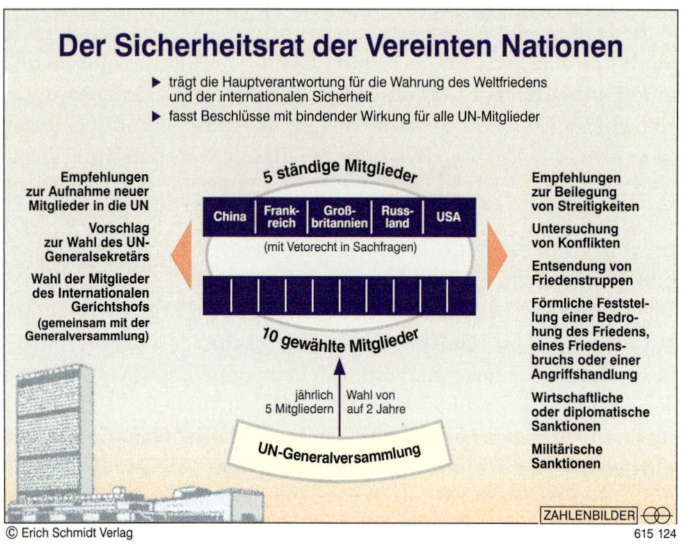

- Der **Wirtschafts- und Sozialrat** (ECOSOC) besteht aus 54 Mitgliedern, von denen alljährlich 18 von der Generalversammlung für eine dreijährige Amtszeit gewählt werden, wobei ausscheidende Mitglieder unmittelbar wiedergewählt werden können. Die Aufgaben des Rats (Art. 62 – 66 Charta) sind äußerst vielfältig und umfangreich: Er kann international vergleichende Untersuchungen u. a. zu wirtschaftlichen, sozialen, kulturellen, humanitären Fragen durchführen oder anregen sowie Empfehlungen an die Generalversammlung, die UN-Mitglieder oder an zuständige Sonderorganisationen der UN richten.
- **Der Generalsekretär**

Mit allen ihren Unterorganisationen beschäftigt die UN weltweit etwa 50 000 Menschen. An der Spitze der Verwaltung steht das *Sekretariat* mit dem *Generalsekretär*. Er wird von der Vollversammlung auf

Abb. 5: Abstimmung im Sicherheitsrat

Abb. 6: Der Südkoreaner Ban Ki Moon, Generalsekretär der UN seit 2007

Abb. 7: Der Internationale Gerichtshof in Den Haag

Vorschlag des Sicherheitsrats auf fünf Jahre gewählt. Auch hier gibt es ein Veto-Recht der ständigen Mitglieder des Sicherheitsrats. Bei der Wahl des Generalsekretärs wird darauf geachtet, dass die fünf Kontinente abwechselnd zum Zuge kommen. So folgte im Amt 2007 auf den Afrikaner Kofi Annan (aus Ghana) der *Südkoreaner Ban Ki Moon* (s. Abb. 6). [Der Generalsekretär] erstattet der Generalversammlung alljährlich einen Bericht über die Tätigkeit der UN, der ihm die Möglichkeit bietet, die aktuellen Weltprobleme im Rahmen der Organisation zu thematisieren. Ferner kann er nach Art. 99 Charta die Aufmerksamkeit des Sicherheitsrats auf jede Angelegenheit lenken, die seiner Meinung nach die Wahrung des Weltfriedens und der internationalen Sicherheit gefährdet. [...]

- Der **Internationale Gerichtshof** (IGH) mit Sitz in Den Haag ist zwar den anderen Hauptorganen gleichgestellt (Art. 7 Charta), besitzt aber innerhalb des UN-Systems eine unabhängige Stellung. Der IGH besteht aus 15 unabhängigen Richtern verschiedener Staatsangehörigkeit, die von der Generalversammlung und vom Sicherheitsrat in getrennten Wahlgängen auf neun Jahre gewählt werden. [...] Der IGH ist ein Gericht (mit einer Instanz) zur Entscheidung von Rechtsstreitigkeiten zwischen Staaten; er kann nur dann tätig werden, wenn die Staaten seine Gerichtsbarkeit gegenseitig anerkannt haben. [...] Ferner kann er Rechtsgutachten auf Ersuchen des Sicherheitsrats, der Generalversammlung oder von Sonderorganisationen erstellen.

(Wichard Woyke [= M 35], S. 546 – 548)

Der IGH ist nicht zu verwechseln mit dem ebenfalls in Den Haag ansässigen **Internationalen Strafgerichtshof** (IStGH; engl. *International Criminal Court*, ICC), der 2002 eingerichtet wurde. Er ist nicht Teil des UN-Systems, aber mit ihm durch ein Kooperationsabkommen verbunden und für drei Delikte des Völkerstrafrechts zuständig: Völkermord*, Verbrechen gegen die Menschlichkeit und Kriegsverbrechen. (Näheres dazu s. M 44 b) (Autorentext)

1. Beschreiben Sie, auch aufgrund Ihrer Kenntnisse aus dem Geschichtsunterricht, den historischen Hintergrund, vor dem es im Jahre 1945 zur Gründung der Vereinten Nationen kam (M 35, 1. Abschnitt).
2. Erläutern Sie, möglichst mit eigenen Worten, die *vier Ziele*, die sich die Vereinten Nationen in Artikel 1 ihrer Charta (Grundsatzerklärung) gesetzt haben (M 35, Z. 20 – 36; Text der Charta: www.unric.org [> Charta]).
3. Welche *Grundsätze* gelten darüber hinaus für die Friedenspolitik der UN? Inwiefern ihre Beachtung für die Praxis von großer Bedeutung ist, werden die folgenden Materialien zeigen. (M 35, Z. 37 ff.)
4. Verschaffen Sie sich einen Überblick über die Organisation der UNO (M 36, Abb. 1) und analysieren Sie die Stellung, die Zusammensetzung und die Kompetenzen der vier Hauptorgane Generalversammlung, Sicherheitsrat, Generalsekretär und Internationaler Gerichtshof. Halten Sie dazu wichtige Stichworte in einer kurzen *Übersicht* fest.
5. Inwiefern ist der Sicherheitsrat für die UN-Friedens- und Sicherheitspolitik von entscheidender Bedeutung?
6. Erklären Sie, wie es kommt, dass in der Berichterstattung der Medien (Zeitungen, Fernsehen) der Generalsekretär und der Sicherheitsrat deutlich im Mittelpunkt stehen.

VERTIEFUNG M 37

Muss die UNO reformiert werden?

Die Frage, ob und wie die UN reformierbar sind, richtet sich an erster Stelle an die Mitgliedstaaten, weil nur sie die Macht haben, Veränderungen durchzusetzen. [...]
Zu unterscheiden ist zwischen internen Organisationsrechtsreformen, die sich ohne Änderungen der Charta verwirklichen lassen, und „Verfassungsänderungen", die eine Chartaänderung erfordern. Die Hürden für Letztere sind extrem hoch – neben einer Zweidrittelmehrheit in der GV und der Ratifizierung durch eine entsprechende Mehrheit von Mitgliedstaaten hat jedes der ständigen Mitglieder im SR ein Vetorecht* gegen Chartaänderungen. Viele der seit Jahren diskutierten Themen sind deshalb vertagt und damit auf die lange Bank geschoben worden. In verlässlicher Regelmäßigkeit steht deshalb immer wieder ein Teil der Reformvorschläge auf der Tagesordnung diverser Arbeitsgruppen der Generalversammlung und des Sicherheitsrates, ohne dass ein Konsens in Sicht wäre. [...]
Unabhängig von der Zielvorstellung formulieren sämtliche Reformvorschläge deutliche **Kritik an der Zusammensetzung des Sicherheitsrates**, der nach Art. 24 der Charta zuständig für die Wahrung des Weltfriedens und der internationalen Sicherheit ist. Die Mehrheit der UN-Staaten hält die Zusammensetzung und die Privilegien der fünf ständigen Mitglieder für undemokratisch und angesichts der weltpolitischen Realitäten des neuen Jahrtausends auch für anachronistisch. Eine Erweiterung ist aber aus mindestens zwei Gründen schwierig: Zum einen gibt es zwischen „Nord" und „Süd" keinen Konsens über die Kriterien für einen ständigen Sitz. Insbesondere Deutschland und Japan argumentieren mit ihrer Wirtschaftskraft, während andere auf die Größe ihrer Bevölkerung hinweisen (so hat allein Indien dreimal mehr Einwohner als die gesamte EU). Zum anderen bedarf eine veränderte Zusammensetzung nach Art. 108 und 109 einer Chartaänderung, die nur mit zwei Dritteln der Stimmen der Generalversammlung und der Zustimmung aller ständigen Mitglieder des Sicherheitsrates erreichbar ist.
Trotz einer erheblichen Intensivierung der Reformdebatte seit Beginn der 1990er-Jahre ist bislang keine Formel gefunden worden, die eine konsensfähige Grundlage für eine Reform des Weltsicherheitsrats beinhaltet (vgl. Kasten). Die Suche nach einer konsensfähigen Grundlage wird neben hohen institutionellen Erfordernissen der Charta durch eine dreifache inhaltliche Anforderung erschwert: Erstens soll die *Repräsentativität* verbessert werden (Erhöhung der Mitgliederzahl, um einen repräsentativen Querschnitt aller Weltregionen zu erreichen), zweitens soll die *Legitimität** verbessert werden (Schaffung eines möglichst „demokratischen" Entscheidungsfindungsmechanismus) und drittens soll die *Effektivität* erhöht werden (Verbesserung der Entscheidungsfindung und der Chance auf Befolgung der Beschlüsse).
Im Vorfeld zu dem Gipfeltreffen im Herbst 2005 bekam die Reformdebatte eine bis dahin ungekannte Dynamik. Zahlreiche Staaten meldeten ihre Ansprüche an und wollten eine Entscheidung bis zum Gipfeltreffen im September 2005 erzwingen. Der Erfolg dieser Initiativen blieb allerdings aus und so sind die Bemühungen um eine Reform des Sicherheitsrats wohl auf absehbare Zeit gescheitert. In dem Abschlussdokument des Gipfeltreffens vom Sept. 2005 wird lediglich bekräftigt, dass die Mitgliedstaaten dem Sicherheitsrat die *Hauptverantwortung für die Wahrung des Weltfriedens und der internationalen Sicherheit* übertragen haben und eine „baldige Reform" unterstützt wird, um ihn „repräsentativer, effizienter und transparenter zu gestalten und somit seine Wirksamkeit und die Legitimität und die Durchführung seiner Beschlüsse weiter zu verbessern". Zudem sollen die Arbeitsmethoden so angepasst werden, dass die Transparenz erhöht wird.

(Wichard Woyke [= M 35], S. 550 f.)

Die **Forderung nach weiteren ständigen Sitzen** mit Vetorecht im Rat für Japan, Deutschland sowie zwei afrikanische Staaten, einen weiteren asiatischen Staat und einen lateinamerikanischen Staat ist bisher stets am Widerstand der ständigen Ratsmitglieder gescheitert, aber auch an der Uneinigkeit der übrigen Mitgliedstaaten, welche Staaten für diese Sitze infrage kommen sollten.
Realistischer erscheinen mittelfristig eher die Reformvorschläge, die von einer *Vergrößerung des Rats* um weitere nicht ständige Mitglieder ausgehen, die jedoch über eine längere Amtszeit (bis zu sechs Jahren) verfügen sollen und – im Gegensatz zu den jetzigen nicht ständigen Ratsmitgliedern – nach Ablauf ihrer Amtszeit wiedergewählt werden können.

(www.economag.de/magazin/2008/6/113+Der+Ruf+nach+Reformen; Verf.: Helmut Volger)

1 Schon seit einigen Jahren wird immer wieder über die Notwendigkeit diskutiert, die UNO zu reformieren. Erläutern Sie, warum grundlegende Änderungen (z. B. der Charta) grundsätzlich außerordentlich schwierig sind (M 37, Z. 3 ff.).

2 Worum geht es in der Diskussion über eine Reform des Sicherheitsrats? Warum wird seine Zusammensetzung von den meisten Staaten für „undemokratisch" gehalten? Was bedeuten die Forderungen nach „Repräsentativität", „Legitimität" und „Effektivität" (Z. 28 ff.)?

3 Nehmen Sie aus Ihrer Sicht zu den Argumenten für und gegen eine größere Zahl ständiger Mitglieder Stellung (vgl. Kasten S. 68).

4 Näheres zum Streit um eine Erweiterung des Sicherheitsrates (s. Kasten S. 68 u.) finden Sie ggf. unter http://de.wikipedia.org/wiki/UN-Sicherheitsrat, Abschnitt Reformdiskussionen. Am 12.10.2010 wurde Deutschland zum nicht ständigen Mitglied für die beiden Jahre 2011 – 2012 gewählt.

*„**Der Begriff ‚Frieden'** wird in der Charta der Vereinten Nationen in vielfältiger Weise verwendet, ohne dass er an irgendeiner Stelle klar definiert ist. Im System des ‚klassischen' Völkerrechts* wurde ‚Frieden' im 19. und zu Beginn des 20. Jahrhunderts überwiegend als bloße Abwesenheit von Krieg verstanden. Das **Friedensverständnis der Vereinten Nationen** geht über diesen engen Friedensbegriff (vgl. M 27a/b) hinaus und befürwortet eine umfassende Friedensvorstellung im Sinne eines globalen, dynamischen Prozesses, an dessen Ende soziale Gerechtigkeit, die Respektierung und Durchsetzung der Menschenrechte und gutnachbarliche Beziehungen zwischen allen Ländern gewährleistet sind. Die Charta verpflichtet alle Mitgliedstaaten daher nicht nur, auf die Androhung oder Ausübung von Gewalt zur Durchsetzung politischer Ziele zu verzichten, sondern fordert alle Staaten auf, ihre Konflikte mit friedlichen Mitteln zu lösen und die Zusammenarbeit in allen Bereichen zu entwickeln." (Auswärtiges Amt, ABC der Vereinten Nationen, Berlin 2008, S. 51)*

*Wie wir gesehen haben (M 36, Z. 22ff.), ist der **Sicherheitsrat** das zentrale Organ des weltweiten Sicherheitssystems, das durch die Charta der UN geschaffen werden sollte. Nur der Sicherheitsrat hat das Recht, Zwangsmaßnahmen gegen Staaten zu verhängen, die den Weltfrieden bedrohen. Warum dieses Konzept der **„Friedenserzwingung"** („peace enforcement") nur ganz selten zur Anwendung kam und schon sehr früh durch das Konzept der **„Friedenssicherung"** („peace keeping") ergänzt wurde, darüber informiert M 38.*

M 38 Möglichkeiten und Instrumente der UN-Friedenssicherungspolitik

*Die Handlungsmöglichkeiten der UN zur Friedenssicherung in der Welt werden in den Kapiteln VI und VII der UN-Charta beschrieben. Während es in Kap. VI um „die friedliche Beilegung von Streitigkeiten" geht, bezieht sich Kap. VII auf „Maßnahmen bei Bedrohung oder Bruch des Friedens und bei Angriffshandlungen". Wir wollen das Verfahren nach **Kap. VII** (Art. 39 – 52) kurz beschreiben.*

Erscheint durch zwischenstaatliche Auseinandersetzungen die internationale Sicherheit gefährdet, kann der Rat zunächst den Konfliktparteien *empfehlen*, eine *friedliche Einigung* herbeizuführen. Kommt es zu Kampfhandlungen, kann der Sicherheitsrat *Vorschläge* für einen *Waffenstillstand* unterbreiten. Sind die Konfliktparteien zu einem Frieden nicht bereit, kann der Sicherheitsrat **Zwangsmaßnahmen** anordnen, die für alle Mitgliedstaaten rechtlich verbindlich sind.

Voraussetzung für den Beschluss solcher Zwangsmaßnahmen ist allerdings die Feststellung, dass eine Bedrohung oder ein Bruch des Weltfriedens oder eine Aggression vorliegt. Der Rat kann nun die Betroffenen *auffordern*, bestimmten Anordnungen Folge zu leisten.

Wird ihnen nicht entsprochen, so kann der Sicherheitsrat zunächst *nicht militärische Maßnahmen*, allen voran Wirtschaftssanktionen, verhängen. Reichen diese Maßnahmen nicht aus, besteht die Möglichkeit, *militärische Sanktionen* zu beschließen (vgl. Kasten S. 70).

(Aus: Martin Wedel, Die UNO – zwischen Anspruch und Wirklichkeit. In RAAbits Sozialkunde/Politik. Stuttgart: RAABE Fachverlag für die Schule 1992. IV/D, Reihe 2, M 8. © Dr. Josef Raabe Verlags-GmbH, Stuttgart)

• Da die UNO nicht über eigene Truppen verfügt, ist es für die *Durchführung militärischer Zwangsmaßnahmen durch den Sicherheitsrat selbst* erforderlich, dass die Mitgliedstaaten nach Abschluss von entsprechenden Sonderabkommen Truppen zur Verfügung stellen. Da solche Abkommen bisher nicht zustande kamen, ist es bisher auch noch nicht zu einem Militäreinsatz unter dem Kommando der UNO selbst gekommen, jedoch zweimal zu *von den UN legitimierten militärischen Einsätzen internationaler Truppen* (in beiden Fällen unter dem Oberkommando der USA): 1950 bis 1953 zur *Befreiung Südkoreas* vom Überfall Nordkoreas (15 beteiligte Staaten) und

Sanktionen: Zwangsmaßnahmen nach Kap. VII der Charta der Vereinten Nationen (Art. 39–51): Stationen und Maßnahmen

Feststellungen des Sicherheitsrates (Art. 39)
- Bedrohung oder Bruch des Friedens
- Vorliegen einer Angriffshandlung

Aufforderung an Konfliktparteien (Art. 40)
- Konflikt friedlich beizulegen
- Lage vor Ausbruch des Konflikts wiederherzustellen

Empfehlungen oder Beschluss gemeinsamer Maßnahmen

Art. 41:
Ausschluss von Waffengewalt
- Handelsboykott (Embargo)
- Blockade des Land-, See- und Luftverkehrs, der Post-, Telegrafen- und Funkverbindungen
- Abbruch der diplomatischen Beziehungen

Art. 42 ff.:
Anwendung von Waffengewalt
- Einsatz von Luft-, See- und Landstreitkräften zur Wahrung oder Wiederherstellung des Friedens, falls Maßnahmen nach Art. 41 „unzulänglich sein würden oder sich als unzulänglich erwiesen haben"
- Bildung eines UN-Oberkommandos, Durchführung der Maßnahmen „von allen oder von einigen Mitgliedern" der UN

(Herbert Uhl [= M 35], S. 297)

1991 zur *Befreiung Kuwaits* vom Überfall des Irak („Golfkrieg*", 13 Staaten). Bei den drei weltweit größten internationalen Militäreinsätzen der letzten Jahre handelte es sich nicht um Zwangsmaßnahmen der UNO. Im *Kosovo**-Konflikt (1999) griff die *NATO ohne Zustimmung des UN-Sicherheitsrates* ein und begründete das mit dem Ziel, weitere Menschenrechtsverletzungen zu verhindern (vgl. M 47, Z. 54 ff.). In *Afghanistan* erklärte die UNO den Militäreinsatz der USA zur Beseitigung des Taliban-Regimes (2001, nach dem Terroranschlag des 11. September) als Selbstverteidigung für rechtmäßig (vgl. M 14). Im *Irak-Krieg* (s. dazu M 58) handelten die USA ausdrücklich *ohne Zustimmung des UN-Sicherheitsrats.*

- Von den in Kap. VII vorgesehenen UN-Truppen sind die **„UN-Friedenstruppen"**, deren Einsatz dem **Kap. VI** zuzuordnen ist, zu unterscheiden. Sie werden wegen der Farbe ihrer Kopfbedeckung **„Blauhelme"** genannt und waren in der Charta ursprünglich nicht vorgesehen. „Erfunden" wurden sie 1956 vom damaligen UNO-Generalsekretär *Dag Hammarskjöld* (s. Foto), weil West und Ost sich im Sicherheitsrat aufgrund ihres Vetorechts dauernd blockierten und damit UNO-Maßnahmen zur Wahrung des Weltfriedens unmöglich machten. Damals beschloss die Generalversammlung aufgrund ihrer Ermächtigung „Uniting for Peace", 6 000 Soldaten auf die Halbinsel Sinai zu entsenden. Sie überwachten den Abzug der britischen und französischen Truppen nach Beendigung der Suezkrise* (1956) und bildeten zwischen Israel und Ägypten eine Pufferzone. Diese ersten UN-Truppen mit friedenserhaltendem Auftrag blieben elf Jahre. Der Internationale Gerichtshof bestätigte später, dass Blauhelm-Einsätze rechtmäßig sind. Ihre Rechtsgrundlage wurde aus Kap. VI der UN-Charta („Die friedliche Beilegung von Konflikten") hergeleitet (Hammarskjöld sprach von Kap. „sechseinhalb").

Dag Hammarskjöld, Generalsekretär der UN 1953 – 1961. Er kam 1961 beim Absturz eines UN-Flugzeugs im Kongo zu Tode.

- Die Einsätze der Blauhelm-Truppen (**„Friedensmissionen"**, „peacekeeping operations") wurden nach dem Ende des Ost-West-Konflikts* immer zahlreicher und veränderten ihren Charakter ganz erheblich. In ihrer „klassischen" Form waren sie an die Voraussetzungen gebunden, dass die Konfliktparteien ihr Einverständnis erklärten, dass die eingesetzten Truppen sich streng neutral verhielten und Gewaltanwendung – außer zur Selbstverteidigung – vermieden und die gesamte Durchführung in der Verantwortung der UN verblieb. Aufgrund der Entwicklung, die in M 39 näher beschrieben wird (ihre Kenntnis ist für das Verständnis heutiger Einsätze unerlässlich), gibt es heute keine klare Unterscheidung mehr zwischen Einsätzen mit militärischer Gewaltanwendung (*„peace enforcement"*) und gewaltlosen Maßnahmen (*„peace keeping"*). Für jede Mission wird gewissermaßen ein neues, spezifisches Konzept entworfen.

(Autorentext)

1 Erläutern Sie den Unterschied zwischen dem „engen" Friedensbegriff und der Vorstellung von „Frieden", wie sie die UNO ihrer Friedenspolitik zugrunde legt (Einleitungstext zu M 38).

2 Welche Voraussetzungen müssen erfüllt sein, wenn der Sicherheitsrat zur Sicherung des Friedens (im engen Sinn) Zwangsmaßnahmen beschließen will? (M 38, Z. 1 – 11, Kasten S. 70)

3 Welcher Art können die Zwangsmaßnahmen sein? Worin besteht der Unterschied zwischen den in Art. 41 aufgeführten von den in Art. 42 ff. genannten Maßnahmen? (Kasten S. 70)

4 Warum ist es bisher noch zu keinem militärischen Einsatz unter dem Kommando der UNO selbst gekommen? (M 38, Z. 12 ff.)

5 Erläutern Sie etwas näher den Anlass und den Verlauf des „Golfkriegs* von 1991", der seit über 50 Jahren einzigen UN-Militäraktion der UNO selbst (s. Glossar).

6 Wie kamen die drei größeren Militäreinsätze der letzten 10 Jahre zustanden? (Z. 20 ff.; zum Kosovo-Konflikt s. Glossarbegriff, zu Afghanistan M 14, zum Irak-Krieg M 58)

7 Für die Friedenssicherungspolitik der UNO stehen die „UN-Friedenstruppen" („Blauhelme") im Mittelpunkt der Betrachtung. Wie kam es 1965 zu ihrer Einrichtung und worin bestand ihre ursprüngliche Aufgabe? Zur weiteren Entwicklung der „Friedensmissionen" s. M 39.

M 39 Von der Überwachung von Waffenstillständen zum „robusten Mandat" – Das UN-Peacekeeping im Wandel

Das traditionelle Peacekeeping war vor allem für Kriege zwischen Staaten beziehungsweise zwischen klar definierbaren Konfliktparteien entwickelt worden, nicht aber für im Zerfall befindliche Staaten und Gesellschaften (vgl. M 25). Bei *innerstaatlichen Konflikten* stellen sich die Fragen der *Anwendung von militärischer Gewalt*, von Konsens und Unparteilichkeit ebenso wie die Frage des *Wiederaufbaus* in einer völlig veränderten und weit komplizierteren Weise als bei zwischenstaatlichen Kriegen.

• Die UN ebenso wie die internationale Friedens- und Konfliktforschung brauchten dennoch lange, um diese Veränderungen zur Kenntnis zu nehmen. Zentrale Aufgabe der **ersten Generation** von Friedenseinsätzen war die *Überwachung von Waffenstillständen* bei zwischenstaatlichen Kriegen. Hierzu zählten beispielsweise die Einsätze im Sinai, in Zypern oder auf den Golanhöhen. Einverständnis der Konfliktparteien, Unparteilichkeit und Anwendung von Gewalt ausschließlich zur Selbstverteidigung waren und sind die grundlegenden Prinzipien dieser ersten Generation. Ihr Personal bestand fast ausschließlich aus Militär.

Ende der Achtzigerjahre, parallel zum Ende des Ost-West-Konflikts*, entwickelte sich eine **zweite Generation von Friedenseinsätzen**. Im Gegensatz zur ersten Generation beschränkten sie sich nun nicht mehr nur auf das bloße Überwachen von Waffenstillständen. Beendigung der Konflikte durch Mechanismen der politischen, sozialen und ökonomischen Konfliktlösung kam als strategische Aufgabe hinzu. Die Einsätze wurden wesentlich dynamischer in ihrer Konfliktlösungsfähigkeit.

Die Mehrheit der Einsätze der ersten Generation dauert bis heute an (vgl. M 40), während verschiedene der zweiten wie in Namibia, Zentralamerika, Kambodscha und Mosambik relativ schnell abgeschlossen werden konnten. *Polizei* und *ziviles Personal* wurden dabei wichtige Partner des Militärs. Zugleich wurden die Einsätze jedoch viel komplexer. Die *Koordination der Vielzahl von Akteuren* ist ein bis heute nicht gelöstes Problem.

• Die Realität des gewaltsamen Staatsversagens oder *Staatszerfalls* (s. M 25) brachte darin jedoch eine bittere Einsicht. In Somalia (s. Abb. 1), dem früheren Jugoslawien (s. Abb. 2), Liberia, Haiti, Ruanda (s. M 29, Abb. 2) und anderen Ländern bedeutete die feierliche Unterzeichnung von Friedens- oder Waffenstillstandsvereinbarungen keineswegs ein Ende der Gewalt. Hunderte von ihnen wurden gebrochen. Nationale, regionale und lokale Führer, Warlords und bewaffnete Gruppen sind in diese Gewalt verstrickt und schaffen eine Lage, die für die traditionellen, auf die persönliche Selbstverteidigung beschränkten Blauhelme nicht mehr zu bewältigen ist.

Abb. 1: 1993 scheiterte der UN-Einsatz in **Somalia** (UNOSOM*) an der Zerstrittenheit sich bekämpfender Gruppen und dem Fehlen einer funktionsfähigen Regierung des Landes. Das Foto zeigt pakistanische „Blauhelme" beim Gebet für ihre getöteten Kameraden.

Abb. 2: Srebrenica, Ort (in Bosnien) des wohl schlimmsten Kriegsverbrechens in Europa seit dem Ende des Zweiten Weltkriegs*. Im Juli 1995 wurden dort über mehrere Tage hin von Truppen des serbischen Generals Mladic bis zu 8000 muslimische Bosniaken (Männer und Jungen) ermordet – vor den Augen niederländischer UNO-Soldaten (Srebrenica war eine UN-Schutzzone). Teilweise erst 10 Jahre später konnten die Überreste Tausender Toter in zahlreichen Massengräbern entdeckt, geborgen und begraben werden (Foto von 2006).

Abb. 3: „Robustes Mandat": „Peacekeeper" aus Uruguay im Kongo 2003

Die alte Lehre der strikten Nichtanwendung von Gewalt – außer im Falle der persönlichen Selbstverteidigung – ließ sich nicht länger aufrechterhalten. In Somalia sah sich der UN-Sicherheitsrat gezwungen, die Friedenstruppen mit einem „robusten", auf Kapitel VII der UN-Charta basierenden Mandat auszustatten, das die begrenzte Anwendung von Gewalt erlaubt. Die **dritte Generation** der Friedenseinsätze, das sogenannte **Robuste Peacekeeping** war geboren. Zahlreiche weitere Mandate dieses Typs folgten.

- Robuste, multidimensionale Friedenseinsätze sind zu definieren als Einsätze, in denen die traditionellen Prinzipien des Peacekeeping weiter gelten, bei dem darüber hinaus aber die Möglichkeit besteht, Gewalt im Sinne militärischer Zwangsmaßnahmen in begrenztem Umfang zur Verteidigung und Durchsetzung des Mandats gemäß der Charta anzuwenden. Wichtigste Aufgabe des Militärs ist es, *für die nicht militärischen Akteure und ihre zivile Wiederaufbauarbeit ein sicheres Umfeld zu schaffen*. Denn der Satz, dass Konflikte in der Regel nicht mit militärischen Mitteln gelöst werden können, ist zwar richtig. Er bedarf aber der Ergänzung durch einen zweiten: Ohne ein sicheres Umfeld können die nicht militärischen Mittel, also das sogenannte *Peacebuilding**, nicht wirksam werden. Letzteres braucht zudem die volle Unterstützung der Konfliktparteien und der Bevölkerung. Konsens und Unparteilichkeit bleiben deswegen Schlüsselprinzipien. Die rechte Balance zwischen diesen beiden Prinzipien und einem gegebenenfalls robusten Vorgehen ist im Einzelfall äußerst schwierig und stellt höchste Ansprüche an das Führungs- und Einsatzpersonal. Zwischen den Risiken des Nichthandelns und der Gefahr einer unkontrollierten Eskalation ist abzuwägen. Das robuste Peacekeeping hat sich inzwischen als die dominante Einsatzform moderner Friedenseinsätze durchgesetzt. [...]
- Insgesamt lassen sich die robusten Friedenseinsätze als eine Art militarisierte, den Gewaltbedingungen in zerfallenden Staaten gerecht werdende internationale Polizeieinsätze charakterisieren. Diese Charakterisierung steht im Einklang mit der Erkenntnis, dass im Zentrum der Problematik von zerfallenden oder fehlgeschlagenen Staaten ein extremer Verlust von öffentlicher Sicherheit und Ordnung steht. Diese müssen zumindest ansatzweise wiederhergestellt werden, bevor die zweite strategische Aufgabe moderner Friedenseinsätze in Angriff genommen werden kann – das *Peacebuilding**.

(Winrich Kühne, Die Friedenseinsätze der Vereinten Nationen. In: Aus Politik und Zeitschichte Nr. 22/2005 v. 30.5.2005, S. 26 ff.)

Umfassende und aktuelle Informationen zu allen mit den UN-Sicherheitseinsätzen verbundenen Fragen bietet das Berliner „Zentrum für internationale Friedenseinsätze" (www.zif-berlin.org), auch in Kurzfassung mit einem „Glossar" (zum „robusten Mandat" dort S. 36 f.): www.zif-berlin.org/fileadmin/uploads/analyse/dokumente/veroeffentlichungen/ZIF_Glossar.pdf.

1. Der Überblick über den veränderten Charakter der UN-Friedensmissionen (M 39) ist von entscheidender Bedeutung für das Verständnis der Einsatzmöglichkeiten und der Probleme heutiger UN-Friedenseinsätze. Erstellen Sie dazu eine Übersicht, in der Sie den „drei Generationen" von Friedenseinsätzen jeweils stichwortartig wichtige Merkmale zuordnen.
2. Erläutern Sie etwas näher die Erfahrungen mit den beiden Einsätzen in Somalia (Abb. 1 und M 30) und Bosnien (Abb. 2). Sie sind Beispiele für die in den 1990er-Jahren unter z. T. katastrophalen Umständen gescheiterten Friedensmissionen, welche die UN dazu veranlassten, zu einem „robusten Mandat" („Dritte Generation") überzugehen.
3. Zur näheren Erläuterung des Charakters von „Peacebuilding" s. das Glossar und ggf. die vertiefende Darstellung unter der Internetadresse http://www.bpb.de/themen/BOOSKM.html. Als konkretes Beispiel können Sie auch Aspekte des von der UNO legitimierten ISAF-Einsatzes in Afghanistan (M 14) heranziehen.

M 40 Laufende UN-Friedensmissionen (Stand: Juli 2010)

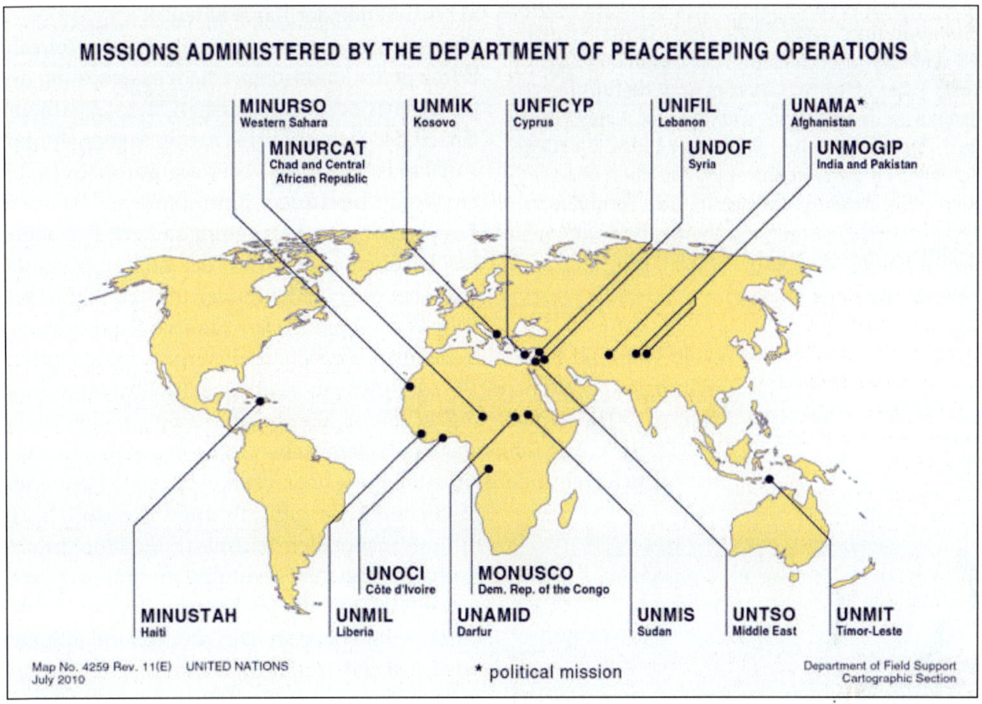

UNTSO seit 1948
Organisation der Vereinten Nationen zur Überwachung des Waffenstillstands (–/–)

UNMOGIP seit 1949
Militärbeobachtergruppe der Vereinten Nationen in Indien und Pakistan (–/–)

UNFICYP seit 1963
Friedenstruppe der Vereinten Nationen in Zypern (856/69)

UNDOF seit 1974
Beobachtertruppe der Vereinten Nationen für die Truppenentflechtung (1 037/–)

UNIFIL seit 1978
Interimstruppe der Vereinten Nationen in Libanon (11 713/–)

MINURSO seit 1991
Mission der Vereinten Nationen für das Referendum in der Westsahara (20/6)

UNMIK seit 1999
Mission der Vereinten Nationen zur Übergangsverwaltung des Kosovo (–/6)

MONUSCO seit 2010 (1999)
Stabilisierungsmission der UN in der demokratischen Republik Kongo (1 726/1 203)

UNMIL seit 2003
Mission der Vereinten Nationen in Liberia (7 923/1 318)

UNOCI seit 2004
Operation der Vereinten Nationen in Côte d'Ivoire (7 194/2 965)

MINUSTAH seit 2004
Stabilisierungsmission der Vereinten Nationen in Haiti (7 030/2 050)

UNMIS seit 2005
Mission der Vereinten Nationen in Sudan (9 445/493)

UNMIT seit 2006
Integrierte Mission der Vereinten Nationen in Timor-Leste (–/1 473)

UNAMID seit 2007
Hybridmission der Afrikanischen Union und der Vereinten Nationen in Darfur (16 999/4 577)

MINURCAT seit 2007
Mission der Vereinten Nationen in der Zentralafrikanischen Republik und Tschad (2 473/164)

BINUB
Integriertes Büro der Vereinten Nationen in Burundi

UNAMA
Hilfsmission der Vereinten Nationen in Afghanistan

Die Zahlen in Klammern beziehen sich auf die der Soldaten/Polizisten; das zivile Personal ist nicht vermerkt. Zu den (unbewaffneten) Militärbeobachtern, zum zivilen Personal usw. s. die als Quelle angegebene Internetseite. Zahl des Gesamtpersonals: 121 847

Nähere Informationen zu BINUB, UNAMA und anderen (nicht militärischen) „Peacebuilding"-Operationen unter: http://www.unric.org/html/german/dpi2166dt.pdf

Gesamtzahl des militärischen Personals: 63 678; Polizisten: 13 636; Zivilpersonal: 5 805; geplantes Budget 1.7.2010 – 30.6.2011: 7,26 Mrd. $. – Pakistan, Bangladesh und Indien stellen mit Abstand die meisten Friedenstruppen (jeweils rd. 10 000 Blauhelme, zusammen rd. 40 % aller Truppen); an der Bezahlung der Gesamtkosten der Einsätze sind die USA mit 26 %, Japan mit 17 %, Deutschland, Großbritannien und Frankreich jeweils mit rd. 8 % beteiligt. Weitere Informationen: http://www.unric.org/html/german/dpi1634dt.pdf (jeweils aktuelle Übersicht) und http://www.unric.org/html/german/pkpngfaq/faq_main.html (informative Beantwortung häufig gestellter Fragen zu allen Aspekten der Friedenseinsätze) sowie www.zif-berlin.org./fileadmin/uploads/analyse/dokumente/veroeffentlichungen/ZJF_Glossar.pdf (Autorentext)

M 41 Ist die UNO überfordert?

„Statebuilding" (verwandt mit dem Begriff „Peacebuilding*") bedeutet die nachhaltige Stärkung staatlicher Strukturen und Institutionen (Exekutive incl. Polizei und Armee, Legislative mit Parlament und Parteien, Judikative/Gerichtswesen und Verwaltung). Daneben können auch Bildungseinrichtungen, Krankenhäuser, Verkehrsbetriebe, Medien usw. als Elemente staatlicher Ordnung aufgefasst werden.

(Autorentext)

a) „Am Rande der Kapazitäten"

Nur wenige der derzeitigen UN-Friedenseinsätze entsprechen noch dem Konzept der klassischen Friedenssicherung durch unbewaffnete Militärbeobachter oder leicht ausgerüstete „Blauhelme". [...] Mittlerweile mandatiert der Sicherheitsrat häufig Regionalorganisationen wie NATO, AU (Afrikanische Union) oder die Europäische Union, auch weil die meisten westlichen Länder immer seltener Truppen für Missionen unter UN-Kommando zur Verfügung stellen. Die meisten Friedenseinsätze der UN beruhen dagegen auf der Zustimmung der Konfliktparteien, haben sich aber über die Stationierung von Blauhelm-Truppen hinaus in vielen Fällen zu *umfassenden Staatsaufbauprojekten* („Statebuilding") entwickelt: Während Blauhelm-Truppen für Sicherheit sorgen, helfen Polizeikräfte, Juristen und Verwaltungsexperten beim (Wieder-)Aufbau staatlicher Institutionen in vom Krieg zerstörten Ländern [...]. Die Umsetzung scheitert allerdings häufig an der mangelnden Ausrüstung der UN-Truppen und fehlender Risikobereitschaft ihrer Regierungen. In Afghanistan und in Kosovo* hat sich eine andere Arbeitsteilung entwickelt: Während UN-mandatierte Truppen der NATO für Sicherheit sorgen, kümmert sich die UN-Mission vor Ort gemeinsam mit internationalen Organisationen und interessierten Ländern um den Aufbau staatlicher Institutionen. Seit der ersten UN-Operation 1948 in Israel (UNTSO, die bis heute andauert) wurden insgesamt 63 Friedenseinsätze beschlossen. Der rasante und anhaltende *Anstieg der Blauhelmmissionen seit 2005/06* brachte die Abteilung für Friedenseinsätze des Sekretariats an den Rand ihrer Kapazitäten.

(Der Fischer Weltalmanach 2009 [= M 30], S. 596; Verf.: Philipp Rotmann)

Flüchtlinge in einem Lager in **Darfur** (West-Sudan) fordern den Einsatz internationaler Friedenstruppen (vgl. auch Abb. 2 in M 43 a). In dem seit 2004 andauernden kriegerischen Konflikt zwischen mehreren Rebellengruppen und der viel kritisierten Zentralregierung des Sudan hat es bisher rd. 300 000 Tote, 2,7 Mio. Binnenflüchtlinge und 260 000 Flüchtlinge im Nachbarland Tschad gegeben. Seit 2007 versucht eine gemeinsame Mission („Hybridmission") der UN und der Afrikanischen Union (United Nations – African Union Mission in Darfur, UNAMID), die Lage der Zivilbevölkerung in der Region Darfur zu verbessern. Von den vorgesehenen 26 000 Soldaten waren Mitte 2009 erst rd. 13 000 im Einsatz (vgl. M 40; Näheres: http://de.wikipedia.org/wiki/Konflikt_in_Darfur).

b) „Opfer ihres eigenen Erfolgs"

Im Jahr 2000 waren etwa 20 000 UN-Peacekeeper im Einsatz, Mitte 2010 sind es rund 121 000. Im gleichen Zeitraum hat sich das Budget der UN für friedenssichernde Maßnahmen auf derzeit 7,8 Milliarden USD beinahe verfünffacht. Nach Meinung vieler Fachleute ist damit die Grenze der Leistungsfähigkeit von truppenstellenden Staaten (TCC), Geldgebern und administrativen Kapazitäten der UN erreicht. Zu den Ursachen dieser Entwicklung gehören die steigende Zahl von personalintensiven Einsätzen in Regionen mit schwacher Infrastruktur, die zunehmend komplexeren Aufgabenstellungen von Missionen, immer längere Einsatzzeiträume, die weltweite Finanzkrise sowie die stockende Reform der UN-Strukturen.

Der britische UNO-Botschafter John Sawers erklärte, die Friedensmissionen seien nicht in eine Krise geraten. In gewisser Weise seien sie aber ein Opfer ihres eigenen Erfolges. Bei solchen Missionen seien inzwischen nicht mehr lediglich Soldaten im Einsatz, sondern auch Polizisten, Kräfte, die Bedürftige mit humanitärer Hilfe versorgten, und Menschenrechtsexperten. „Und oft gibt es kaum einen Frieden, den sie überwachen könnten", sagte Sawers. [...]

Die Untergeneralsekretärin für Einsatzunterstützung, Susanna Malcorra, sagte, die schnelle Ausdehnung der Missionen in Umfang und Reichweite, die angespannte Sicherheitslage in vielen Gebieten und die Diskrepanz zwischen Mandat und vorhandenen Mitteln führten zu großen Belastungen. Auch logistisch seien manche Einsätze angesichts einer schlechten Infrastruktur in den betreffenden Ländern eine große Herausforderung.

(http://diepresse.com/home/politik/aussenpolitik/446732/print.do)

M 42 UN-Friedenssicherung in der Sicht von Karikaturisten

M 42 a

M 42 b

1 Verschaffen Sie sich einen Überblick über die zurzeit laufenden Friedenseinsätze (Dauer, Umfang, Kosten, regionale Verteilung und Charakter) (M 40). Näheres zu den einzelnen Einsätzen finden Sie jeweils unter http://de.wikipedia.org/wiki (Eingabe der entsprechenden Abkürzung, z. B. MONUC).

2 Welche Erklärungen kann es für die ungleiche Verteilung unter den Staaten im Hinblick auf die Stellung der Truppen und die Übernahme der Kosten geben (Anmerkungen zur Grafik in M 40, S. 73 u.)?

3 Stellen Sie heraus, von welcher Art inzwischen viele UN-Missionen sind, welche Voraussetzungen dafür gegeben sein müssen und welche Probleme sich bei der Durchführung ergeben. Erläutern Sie aufgrund Ihrer Erarbeitung des Afghanistan-Beispiels (M 13 ff.) etwas konkreter die entsprechenden Hinweise im Text (M 41 a). Weiter gehende Informationen zum besonderen Charakter, zur Entwicklung und Problematik von „Peacebuilding"-Operationen finden Sie ggf. auf den beiden folgenden Internetseiten:
http://www.bpb.de/themen/N6VKD6,0,Friedenskonsolidierung%3A_Herausforderungen_und_Praxis.html
http://www.bpb.de/themen/B00SKM,0,Frieden_bauen:_Peacebuilding_und_Peacebuilder.html

4 Was ist mit dem Hinweis gemeint, dass die UNO „Opfer ihres eigenen Erfolgs" geworden sei (M 41 b)?

5 Interpretieren Sie die jeweilige Aussageabsicht der beiden Karikaturen (M 42). Welche Gesichtspunkte für eine Beurteilung der UN-Friedenssicherung wollen sie hervorheben? Zu welcher Beurteilung kommen Sie selbst?

VERTIEFUNG **M 43**

Eingreifen – Ja oder Nein? Bedeutung und Problematik des Prinzips der „Schutzverantwortung"

Soll die internationale Gemeinschaft der Vereinten Nationen in einem Land eingreifen (intervenieren), um dort eklatante, systematische und verbreitete Menschenrechtsverletzungen zu beenden? Ist die UNO berechtigt, die Menschenrechte auch ohne Zustimmung des betreffenden Staates durch – ggf. auch gewaltsame – Interventionen zu schützen?
*Diese Frage wurde – unter dem Stichwort der „**humanitären Intervention**" – heftig diskutiert, als die NATO im Kosovo-Konflikt* des Jahres 1999 sich dafür entschied, auch ohne Zustimmung des UN-Sicherheitsrats militärisch einzugreifen, um den schweren Menschenrechtsverletzungen der Serben an der muslimischen Bevölkerung (die NATO sprach von „Völkermord*") ein Ende zu bereiten (vgl. S. 87 u.). In neuerer Zeit diskutiert die UNO das Problem im Zusammenhang mit dem Prinzip der „**Schutzverantwortung**".*
*Der Unterschied zwischen beiden Konzepten liegt u. a. darin, dass die „Schutzverantwortung" das Prinzip der Souveränität des Einzelstaates neu definiert und dass die Rechtfertigung militärischer Maßnahmen nur ein Teilaspekt der „Schutzverantwortung" ist; sie verfolgt ein umfassenderes Konzept der **Prävention** (Vorbeugung), der (im äußersten Fall militärischen) **Reaktion** und des **Wiederaufbaus** (rebuilding). Eine kompakte Darstellung der Entstehung, Strukturierung und Begründung des Konzepts sowie seiner Verankerung in der Arbeit der UN findet sich unter der Internetadresse http://www.bundestag.de/dokumente/analysen/2008/schutzverantwortung.pdf (vgl. auch M 43 b).*

Die folgenden Materialien (M 43 a–c) enthalten die notwendigen Informationen zur Bedeutung des Konzepts und fassen wichtige Argumente im Streit über das Für und Wider zusammen.

M 43 a

„Schutzverantwortung" – ein neues Prinzip des Völkerrechts?

Abb. 1: Hilflos vor dem Nichts – so wie dieser Familie erging es zahllosen Familien nach dem Wirbelsturm in Birma im Mai 2008.

Abb. 2: Frauen in einem Flüchtlingslager in Darfur* (Sudan)

- Als der Zyklon Nargis am 2. Mai 2008 mit voller Wucht auf die Region des Irrawaddy-Deltas von Birma traf, kamen mindestens 78 000 Menschen ums Leben, Hunderttausende wurden obdachlos und von jeder Grundversorgung abgeschnitten (vgl. Abb. 1). Trotz der humanitären Katastrophe war die Reaktion der Militärregierung zögerlich und ineffektiv. Angesichts des Elends in der betroffenen Region und der weltweiten Empörung hatte der französische Außenminister Bernard Kouchner fünf Tage nach der Katastrophe gefordert, dass der UN-Sicherheitsrat internationale Hilfe notfalls auch gegen den Willen der Junta auf den Weg bringen solle. Kouchner verwies dabei auf das neue völkerrechtliche **Konzept der Schutzverantwortung**, das in der Abschlusserklärung des UN-Weltgipfels vom 16. September 2005 Anerkennung gefunden hatte: die „Responsibility to Protect", kurz „R2P" genannt. „Jeder einzelne Staat hat die Verantwortung für den Schutz seiner Bevölkerung vor Völkermord, Kriegsverbrechen, ethnischer Säuberung und Verbrechen gegen die Menschlichkeit", hält Punkt 138 der Erklärung fest.
- Das Prinzip der R2P besagt nun, dass die Staaten eine Schutzverantwortung für ihre Bevölkerung haben. Wenn eine Regierung dieser nicht gerecht wird, überträgt sich die Verantwortung auf die internationale Gemeinschaft. Die Frage ist also nicht mehr, *ob* bei den von R2P erfassten Verbrechen eingegriffen werden muss, sondern vielmehr wann und wie. Der Schwerpunkt der Schutzverantwortung liegt dabei auf präventiven [vorbeugenden] und friedlichen Maßnahmen im Rahmen politischer, diplomatischer und anderer internationaler Einflussnahme.
- Das Prinzip der R2P ist komplex und reduziert sich nicht auf kurzfristiges Handeln oder gar nur auf Zwangsmaßnahmen. Erst als letztes Mittel sieht R2P solche vor. In Punkt 139 der Abschlusserklärung von 2005 heißt es dazu, dass „im Einzelfall" kollektive Maßnahmen über den Sicherheitsrat ergriffen werden sollen, „falls friedliche Mittel sich als unzureichend erweisen und die nationalen Behörden offenkundig dabei versagen, ihre Bevölkerung vor Völkermord, Kriegsverbrechen, eth-

nischer Säuberung und Verbrechen gegen die Menschlichkeit zu schützen". Wenn aber auf Grundlage der R2P-Kriterien die Notwendigkeit eines Eingreifens festgestellt werden kann und vorgeschaltete Bemühungen keinen Erfolg brachten, wächst der Druck auf den UN-Sicherheitsrat, die internationale Gemeinschaft zu einem Handeln zu ermächtigen.

(Andreas Bummel, Souveränität verpflichtet: die neue Schutzverantwortung der Staaten. Bedrohte Völker – Pogrom 248, 3/2008; http://www.gfbv.de/fset_druck.php?doctype=inhaltsDok&docid=1414)

M 43 b Völkerrechtliche und politische Einordnung des Konzepts der „Responsibility to Protect"

Kernelement der „Responsibility to Protect" ist nach allgemeiner Deutung die **Neudefinition des Souveränitätsbegriffes.** Dieser werde mit der Verpflichtung zum Schutz der eigenen Bürger materiell aufgeladen. Ein Eingreifen von außen wäre mithin kein grundsätzlich verbotener Eingriff in staatliche Souveränität mehr, sondern eine erlaubte Maßnahme zur Wiederherstellung der vollen Souveränität eines fremden Staates. Uneinheitlich wird die Frage nach der **völkerrechtlichen Wirkung des Konzepts** beantwortet. VN-Generalsekretär Ban Ki Moon geht wie sein Sonderberater Luck davon aus, dass der Resolution der Generalversammlung (noch) keine völkerrechtliche Bindungswirkung zukommt. Luck verweist auf die Notwendigkeit der politischen Unterstützung des Konzepts, um zu einer nachhaltigen Neuerung zu gelangen. [...] Meinungsverschiedenheiten bestehen schließlich mit Blick auf die **Zulässigkeit der militärischen Durchsetzung des Schutzes.** Vor allem Russland, China und zahlreiche blockfreie Staaten haben diesbezüglich Vorbehalte. VN-Sonderberater Luck sieht hingegen die Möglichkeit einer zwangsweisen Durchsetzung des Schutzes nicht als Neuerung. Die Resolution der VN-Generalversammlung zum Weltgipfel 2005 verweise ausdrücklich auf „kollektive Maßnahmen" nach Kapitel VII der VN-Charta. Daher sei eine mögliche zwangsweise Durchsetzung in die bisherige Praxis der VN eingebettet.

(Deutscher Bundestag, Wissenschaftliche Dienste Nr. 28/08 v. 29.5.2008; Verf: Matthias Köngeter; http://www.bundestag.de/dokumente/analysen/2008/schutzverantwortung.pdf)

M 43 c Pro und Kontra „Schutzverantwortung"

Streitgespräch zwischen dem Politikwissenschaftler Ramesh Thakur (Universität Waterloo, Kanada) und der amerikanischen Rechtsprofessorin Mary Ellen O'Connell

Ramesh Thakur: Internationales humanitäres Recht dient dem Schutz von Menschen. Es war das Ziel der UN, solches Recht zu schaffen und durchzusetzen. [...] Internationales Recht verbietet zwischenstaatliche Kriege – mit der einzigen legitimen Ausnahme der Verteidigung gegen einen bewaffneten Angriff. Heute aber wüten Kriege häufig innerhalb eines Landes. Manche Regierungen missbrauchen das Souveränitätsprinzip als Lizenz zu töten, andere sind zu schwach, die Bevölkerung vor Milizen zu schützen.
Generell gilt, dass der Zusammenbruch oder der Missbrauch von Staatlichkeit zu Mord oder sogar Völkermord* führt. In heutigen Bürgerkriegen sind bis zu 90 Prozent der Opfer Zivilisten. Massenhaft werden Menschen vertrieben und leiden unter Krankheiten. Wenn die UN ihr Mandat in puncto internationale Sicherheit wirklich ausüben wollen, müssen sie Zivilisten schützen. Sonst werden wir weiterhin Zeugen von Massenmorden werden.
Nach dem herkömmlichen Souveränitätsverständnis sieht das Völkerrecht nur Staaten als Träger von Rechten und Pflichten – egal, wie sie ihre Bürger behandeln. Es muss jedoch auch festgestellt werden, dass Individuen Rechte haben. Internationale Menschenrechtsnormen verbieten Gräueltaten, aber ermächtigen die internationale Gemeinschaft dazu, von solchen Verbrechen bedrohte Zivilisten zu schützen.
[...]
Die UN sind die multilaterale* Organisation, die bestimmt, wann militärische Gewalt legal ist. Das ist, wie erwähnt, im Fall der Selbstverteidigung so oder wenn ein Mandat des Sicherheitsrates vorliegt. R2P bedeutet, dass die UN militärische Gewalt gutheißen darf – und muss –, um Menschen zu schützen.
[...]

Mary Ellen O'Connell: Statt R2P in diesem Sinne brauchen wir ein anderes R2P – eines, das von „Verantwortung zum Frieden" (Responsibility to Peace) spricht. Denn Frieden ist das größte Menschenrecht, von dem alle anderen abhängen. Aber er wird jetzt vom neuen Militarismus infrage gestellt.
[...]
Damals hoffte man, dass die UN eine umfassendere und erfolgreichere Friedensordnung durchsetzen würde. Stattdessen kam die Ansicht auf, Gewalt sei für verschiedene Zwecke nutzbar. Die Diskussion über „humanitäre Inter-

ventionen“ war der erste Schritt. Dann wurde Serbien rechtswidrig wegen des Kosovo* bombardiert. Die NATO schuf damit einen Präzedenzfall für den Irak-Krieg im Jahr 2003.

[...]

Die Idee chirurgisch-präziser Interventionen klingt gut. Aber in Wirklichkeit ist das Militär eine recht stumpfe Waffe und taugt eigentlich nur zur Verteidigung gegen gewaltsame Angriffe. [...]

Ich sage nicht, dass konventionelles Peacekeeping sinnlos wäre. Im Gegenteil, es kann viel Gutes bewirken [...]. Aber wenn Truppen mit Gewalt Katastrophen verhindern sollen, brauchen sie die nötigen Ressourcen. Schlecht ausgestattete Truppen mit einem schwachen Mandat bringen nichts. Es ist aber sehr unwahrscheinlich, dass Regierungen jemals für den Erfolg ausreichende Mittel bewilligen werden. [...]

Wir haben es hier also jetzt mit einem neuen Militarismus zu tun, den die R2P-Diskussion gefördert hat. Sie unterstützt die Idee, Krieg sei für eine gute Sache erlaubt – und mithin auch für andere gute Zwecke.

Ramesh Thakur: Ich stimme Ihnen weitgehend zu. Ich war immer gegen die Intervention im Kosovo, obwohl die UN sie nachträglich abgesegnet haben. Diese Intervention bereitete den Irak-Krieg vor. Es ist wirklich paradox, wenn man Gewalt mit Gewalt vorbeugen will. Es liegt auf der Hand, dass man da sehr vorsichtig sein muss. [...]

Dennoch: Die UN ist keine pazifistische Organisation, und für Nicht-Pazifisten stellt sich die Frage, unter welchen Umständen – und nicht, ob überhaupt – Gewalt erlaubt und geboten ist. In Ruanda zum Beispiel hätte 1994 ein robustes Mandat geholfen. Daher unterstütze ich R2P. Natürlich ist Prävention wichtiger als das Einschreiten im Katastrophenfall. Ja, wir brauchen langfristige friedliche Entwicklung und strukturellen Fortschritt, der Gesellschaften wohlhabender und stabiler macht. Aber das heißt nicht, dass wir jemals in einer Welt ohne Gewalt leben werden. Militäraktionen per se auszuschließen, hängt die Stange viel zu hoch. Interventionen gab es immer, es wird sie immer geben. Bei R2P geht es darum, dafür multilaterale Regeln zu schaffen, damit sie seltener werden – aber dafür mit Legitimität effizient geführt.

Mary Ellen O'Connell: Ich bin keine reine Pazifistin, ich akzeptiere Gewalt zur Selbstverteidigung. Das Problem ist, dass R2P zum illegitimen Gebrauch von Gewalt beigetragen hat. [...] Wir brauchen Verantwortung für den Frieden. Wir brauchen nicht die fehlgeleitete Idee, mit Gewalt Gutes tun zu können. Das gilt umso mehr, als der Sicherheitsrat in absehbarer Zeit nicht reformiert werden wird.

Ramesh Thakur: R2P-Rethorik kann tatsächlich von mächtigen Regierungen missbraucht werden. Aber das gilt für jedes Prinzip und heißt nicht, dass R2P falsch wäre. [...]

(Die R2P-Kontroverse, in: E + Z – Entwicklung und Zusammenarbeit Nr. 3/2008, S. 117 ff.; http://www.inwent.org/ez/articles/066791/index.de.shtml; © E + Z)

1. Machen Sie deutlich, inwiefern die UNO angesichts ihrer Ziele und ihrer Grundsätze (vgl. M 35) vor einem großen Problem steht, wenn in einem Land schwere Menschenrechtsverletzungen (z. B. Massenmorde, Verfolgung und Vertreibung von Bevölkerungsgruppen) nicht anders als durch gewaltsames Eingreifen von außen verhindert oder beendet werden können (Einleitungstext zu M 43).
2. Beschreiben Sie, was das Prinzip der „Schutzverantwortung“ beinhaltet (M 43 a). Auf welche Frage soll es eine Antwort darstellen? Weitere Informationen finden Sie ggf. unter http://www.bundestag.de/wissen/analysen/2008/schutzverantwortung.pdf.
3. Der Verfasser von M 43 a (Mitglied der Menschenrechtsorganisation „Gesellschaft für bedrohte Völker“) vertritt die Meinung, dass die Situation in Darfur* (s. Abb. 2 und Abb. S. 74) ein Fall für die Anwendung des Prinzips „Schutzverantwortung“ sei, die Situation nach dem Wirbelsturm in Birma (Myanmar; Abb. 1) dagegen nicht. Stellen Sie fest, wie er diese Beurteilung begründet (Internetseite, Quellenangabe zu M 43 a).
4. Erläutern Sie, inwiefern sich das Konzept der Schutzverantwortung als eine Neudefinition des Prinzips der staatlichen Souveränität versteht (M 43 b, Z. 1 ff.) und ziehen Sie dazu das Beispiel des Wirbelsturms in Birma (M 43 a, Z. 1 ff.) heran.
5. Welche Meinungsverschiedenheiten bestehen innerhalb der UN hinsichtlich der völkerrechtlichen Verbindlichkeit und der Zulässigkeit der militärischen Durchsetzung des Konzepts (M 43 b, Z. 8 ff.)?
6. Geben Sie die in dem Streitgespräch M 43 c angeführten wesentlichen Argumente für und gegen die Anwendung des Konzepts der Schutzverantwortung wieder. Worin besteht der Hauptunterschied zwischen den beiden Positionen?
7. Erörtern Sie aus Ihrer Sicht und vor dem Hintergrund der Informationen des vorangehenden Abschnitts die in M 43 a – c dargestellte Problemfrage. Begründen Sie Ihre Position und machen Sie ggf. Vorschläge, wie die UNO verfahren sollte.

M 44 Die Stellung und Bedeutung des Internationalen Strafgerichtshofs im Rahmen des Völkerrechts

M 44 a Die Bedeutung des Völkerrechts

Als Völkerrecht bezeichnet man die Rechtsnormen, die das Verhältnis von Völkerrechtssubjekten (Staaten, internationale Organisationen) zueinander regeln. Es handelt sich, genau genommen, nicht um „*Völker*"-Recht, sondern, da es die Beziehungen der *Staaten* betrifft, um zwischenstaatliches Recht. Die Besonderheit und damit zugleich die Schwäche des Völkerrechts besteht darin, dass es in seiner Wirksamkeit von der Anerkennung durch die betroffenen Staaten abhängt; es fehlt eine zentrale Durchsetzungsmacht.

Rechtsquellen des Völkerrechts sind das Völkervertragsrecht, das Völkergewohnheitsrecht und hilfsweise die allgemeinen Rechtsgrundsätze (vgl. Art. 38 Abs. 1 des Statuts des Internationalen Gerichtshofs). **Völkervertragsrecht** entsteht durch übereinstimmende Willenserklärungen von mindestens zwei Völkerrechtssubjekten; je nach Anzahl der Beteiligten unterscheidet man zwischen bilateralen (zweiseitigen) und multilateralen (mehrseitigen) Verträgen. Das ungeschriebene **Völkergewohnheitsrecht** setzt, vergleichbar dem innerstaatlichen Gewohnheitsrecht, langjährige von der Rechtsüberzeugung der beteiligten Staaten getragene Übung voraus. Die **allgemeinen Rechtsgrundsätze** sind grundlegende, von den staatlichen Rechtsordnungen allgemein anerkannte Rechtsprinzipien, wie z. B. Treu und Glauben. Angesichts der Unsicherheit über Existenz und Inhalt völkerrechtlicher Normen, gerade auf dem Gebiet des Völkergewohnheitsrechts, kommt den Bemühungen, das Völkerrecht durch den Abschluss multilateraler Verträge schrittweise zu kodifizieren, also in einem einheitlichen Regelwerk zusammenzufassen, große Bedeutung zu. Das gilt etwa für die *Haager Konventionen* von 1907, deren wichtigste, die Haager Landkriegsordnung, Fragen des Kriegsführungsrechts und des Besatzungsrechts im Krieg regelt. Zu nennen sind ferner die auf Initiative des Internationalen Komitees vom Roten Kreuz zustande gekommenen **Genfer Konventionen** von 1949, die im Sinne eines humanitären Völkerrechts über die Haager Landkriegsordnung weit hinausgehen. Sie enthalten Regelungen hinsichtlich der Verwundeten, Kranken und Kriegsgefangenen und befassen sich vor allem mit dem Schutz der Zivilpersonen in Kriegszeiten. In den Zusammenhang des humanitären Völkerrechts gehört auch die *UNO-Konvention gegen Folter* und andere grausame, unmenschliche oder erniedrigende Behandlung oder Strafe vom 10. Dezember 1984. Eine der bedeutendsten Kodifikationen des Völkerrechts bildet die *Wiener Vertragsrechtskonvention* vom 23. Mai 1969 mit einheitlichen Regeln für Abschluss, Inkrafttreten, Auslegung, Anwendung und Beendigung völkerrechtlicher Vereinbarungen.

(Hermann Avenarius, Die Rechtsordnung der Bundesrepublik Deutschland, Bundeszentrale für politische Bildung, Bonn, 3. Aufl. 2001, S. 67 f.)

Der ständige **Internationale Strafgerichtshof** in Den Haag (*International Criminal Court, ICC*) [gilt] als Meilenstein für die Herausbildung eines globalen *Völkerstrafrechts*, [...] der zu einer zentralen Instanz für die Durchsetzung international anerkannter Normen werden soll.

Seine Errichtung ist Ausdruck für den Wandel des traditionellen Völkerrechts vom reinen Staatenrecht hin zu einem Recht, das *auch für nicht staatliche Akteure* Geltung beansprucht. Dies ist vor dem Hintergrund der wachsenden Privatisierung politischer Gewalt, beispielsweise durch den transnationalen Terrorismus, von besonderer Bedeutung.

(Stiftung Entwicklung und Frieden, Globale Trends 2004/2005 – Fakten, Analysen, Prognosen, Fischer Taschenbuch Verlag, Frankfurt a. M. 2003, S. 254 f.; Verf.: Burkhard Könitzer)

M 44 b Der Internationale Strafgerichtshof – Errichtung, rechtliche Stellung, Aufgaben und Grundsätze

http://de.wikipedia.org/wiki/Internationaler_Strafgerichtshof

Das *Römische Statut* des Internationalen Strafgerichtshofs (IStGH) wurde von der Diplomatischen Bevollmächtigtenkonferenz der Vereinten Nationen zur Errichtung eines Internationalen Strafgerichtshofs am 17. Juli 1998 in Rom verabschiedet.

Bisher haben es 111 Staaten ratifiziert, darunter alle EU-Mitgliedstaaten. Am 11. April 2002 wurde die für das Inkrafttreten erforderliche Zahl von 60 Ratifikationen erreicht, worauf das Römische Statut am 1. Juli 2002 in Kraft trat. Die Bundesrepublik Deutschland unterzeichnete das Römische Statut mit Bedacht am 10. Dezember 1998, dem 50. Jahrestag der Allgemeinen Erklärung der Menschenrechte, und ratifizierte es am 11.12.2000. Aktuelle Informationen zum Ratifikationsstand und zur Arbeit des IStGH finden sich auf den Websites des IStGHs (http://www.icc-cpi.int/Menus/ICC/Home) sowie der „Coalition for the International Criminal Court“ (CICC, http://www.coalitionfortheicc.org/), einem Netzwerk von weltweit über 2500 Nichtregierungsorganisationen zum IStGH.

Der IStGH ist eine ständige Einrichtung mit Sitz in Den Haag/Niederlande. Er tritt dort neben den Internationalen Gerichtshof (IGH) der Vereinten Nationen, der für die Entscheidung zwischenstaatlicher Streitigkeiten zuständig ist. Der IStGH ist nicht Teil der Vereinten Nationen, sondern eine selbstständige Völkerrechtsperson und eigenständige Internationale Organisation.

Der IStGH will die nationale Strafgerichtsbarkeit der Staaten nicht ersetzen und ist auch kein letztinstanzliches Rechtsmittelgericht, welches Verfahren der nationalen Strafgerichtsbarkeit überprüfen könnte. Der IStGH ergänzt vielmehr die innerstaatliche Gerichtsbarkeit, deren Vorrang im Statut vielfach verankert ist. Die bedeutsamsten *Grundsätze* für die Tätigkeit des IStGH sind nach dem Statut:

- der Gerichtshof kann nur dann strafverfolgend tätig werden, wenn Staaten nicht willens oder nicht in der Lage sind, eine bestimmte schwere Straftat ernsthaft zu verfolgen (Grundsatz der Komplementarität, Artikel 17);
- der Gerichtshof kann seine Gerichtsbarkeit ausüben, wenn entweder der Staat, in dessen Hoheitsgebiet sich das Verbrechen ereignet hat, oder der Staat, dessen Staatsangehörigkeit der mutmaßliche Täter besitzt, die Gerichtsbarkeit des Gerichtshofs anerkannt hat;
- der Gerichtshof wird entweder auf Initiative eines Vertragsstaates, einer Resolution des Sicherheitsrats der Vereinten Nationen oder auf eigene Initiative des Anklägers tätig;
- die Gerichtsbarkeit ist auf vier besonders schwere Verbrechen beschränkt, welche die internationale Gemeinschaft als Ganzes berühren:

Völkermord, Verbrechen gegen die Menschlichkeit, Kriegsverbrechen und zukünftig das Verbrechen der Aggression. Das Verbrechen der Aggression muss allerdings erst noch von den Vertragsstaaten definiert und die Bedingungen für die Ausübung der Gerichtsbarkeit festgelegt werden;

Abb. 1

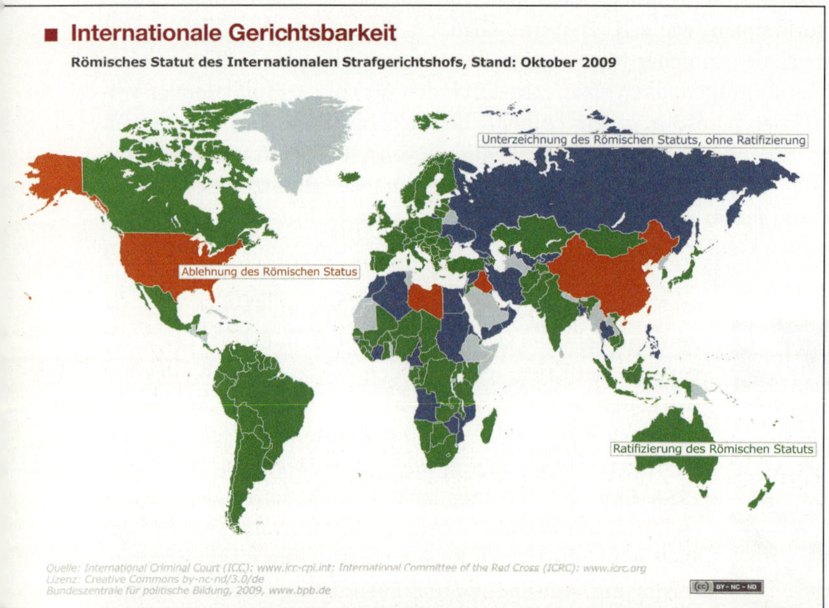

Abb. 2: Der damalige UN-Generalsekretär Kofi Annan bei seiner Ansprache zur Eröffnungssitzung des Internationalen Strafgerichtshofes am 11.3.2003

- die Gerichtsbarkeit erstreckt sich nur auf Verbrechen, welche nach dem Inkrafttreten des Römischen Statuts (01.07.2002) begangen wurden.

Das in 13 Teile und 128 Artikel unterteilte Statut definiert die einzelnen Verbrechen, regelt die Zuständigkeit, die Errichtung, den Aufbau und die Finanzierung des Gerichtshofs sowie die allgemeinen Strafrechtsprinzipien, die Strafen, das Strafverfahren, die Strafvollstreckung und die strafrechtliche Zusammenarbeit. Besonderer Wert wird auf die Beachtung rechtsstaatlicher Grundsätze gelegt (Bestimmtheitsgrundsatz, Doppelbestrafungsverbot, Rückwirkungsverbot, Rechte der beschuldigten Person). Die Todesstrafe darf nicht verhängt werden.

Das Statut ist ein umfassender völkerrechtlicher Vertrag, der das Völkerstrafrecht einheitlich kodifiziert und dazu beiträgt, die Herrschaft des Rechts in den internationalen Beziehungen zu festigen. Eine gewichtige *völkerrechtspolitische Errungenschaft* besteht darin, dass sich Individuen, die Pflichten gegenüber der internationalen Gemeinschaft als Ganzes verletzt haben, im gegebenen Fall vor einer unabhängigen internationalen richterlichen Institution verantworten müssen. Der IStGH ist damit Ausdruck einer im Namen der Staatengemeinschaft ausgeübten Justiz.

Derzeit laufen beim IStGH fünf Ermittlungsverfahren, davon drei aufgrund einer Verweisung durch Vertragsstaaten, nämlich der Demokratischen Republik Kongo, der Zentralafrikanischen Republik und Ugandas. Das vierte Verfahren betrifft die Situation in Sudan/Darfur* und wurde vom Sicherheitsrat der Vereinten Nationen mit Resolution 1593 vom 31.03.2005 an den IStGH verwiesen. Am 31.03.2010 genehmigte der IStGH die Aufnahme von Ermittlungen auf Antrag des Anklägers (proprio motu) in Kenia (s. M 44c).

(http://www.auswaertigesamt.de/diplo/de/Aussenpolitik/InternatRecht/IStGH/Hintergrund.html)

VERTIEFUNG M 44 c Das „Weltstrafgericht" ermittelt wegen Verbrechen gegen die Menschlichkeit in Kenia

Der Internationale Strafgerichtshof in Den Haag hat in einer Grundsatzentscheidung beschlossen, Massaker und Massenvertreibungen in Kenia aus den Jahren 2007 und 2008 zu ahnden. Eine Kammer des Tribunals genehmigte jetzt, dass Chefankläger Luis Moreno-Ocampo Ermittlungen wegen Verbrechen gegen die Menschlichkeit aufnimmt. Der Beschluss wurde am Mittwoch in Den Haag bekannt gegeben. Es ist das erste Mal, dass das 1998 gegründete Tribunal selbst in einem Fall eingreift. Bislang bekam der Gerichtshof seine Fälle entweder von einzelnen Staaten oder vom UN-Sicherheitsrat zugewiesen. In Den Haag hieß es, die Entscheidung sei von „großer rechtspolitischer Bedeutung" – auch weil sie den Begriff der „Verbrechen gegen die Menschlichkeit" weit auslegt.

Für Kenia dürfte der Beschluss auch politisch folgenreich sein. Die kenianische Zeitung *The Standard* vermutet, das Eingreifen des Weltgerichts werde „die politische Landschaft Kenias dramatisch verändern". Chefankläger Moreno-Ocampo wird nun Untersuchungen gegen 20 hochrangige Kenianer beginnen, die im Verdacht stehen, für die wochenlangen blutigen Unruhen nach der kenianischen Präsidentschaftswahl vom Dezember 2007 verantwortlich gewesen zu sein. Darunter sollen sich Minister, Abgeordnete, Geschäftsleute und hohe Beamte der Sicherheitskräfte befinden. Ihre Namen sind noch nicht bekannt (s. aber Abb. 1). Das Gericht könnte jedoch bald Haftbefehl erlassen. Kenia, das zu den 111 Mitgliedsstaaten des Tribunals gehört, müsste dann die Gesuchten nach Den Haag überstellen. Justizminister Mutula Kilonzo hat bereits zugesagt, seine Regierung werde kooperieren.

In dem ostafrikanischen Land hatte sich Staatschef Mwai Kibaki nach der Wahl vom 27. Dezember 2007 zum Sieger über Oppositionsführer Raila Odinga erklärt. Daraufhin kam es zu ethnischen Unruhen. Nach Angaben aus dem Haager Gericht kamen 1300 Menschen ums Leben, 400 000 wurden vertrieben. Dem früheren UN-Generalsekretär Ko-

Abb. 1: Chefankläger Luis Moreno Ocampo bei einer Pressekonferenz am 15.12.2010, bei der er die Namen der sechs hochrangigen kenianischen Politiker und Beamten bekannt gab, die vor dem Gerichtshof in Den Haag zur Verantwortung gezogen werden sollen.

fi Annan gelang es schließlich als Vermittler, die Gewalt zu stoppen. Odinga ist seither Premier unter Präsident Kibaki. Entgegen vieler Ankündigungen setzte Kenia jedoch bis heute kein Sondertribunal ein, um die Verbrechen zu ahnden. Daher gab Annan vergangenes Jahr einen geheimen Umschlag an das Haager Tribunal, der eine Liste mit Namen der Hauptverdächtigen enthielt.

Eine dreiköpfige Kammer des Gerichts hatte nun über den Antrag Moreno-Ocampos zu befinden, die Ermittlungen aufzunehmen. Dabei mussten die Richter klären, wann Verbrechen in einem Land so schwerwiegend sind, dass sie die „normale" Kriminalität übersteigen und zu Verbrechen gegen die Menschlichkeit werden, für die der Gerichtshof zuständig ist. Zwei der drei Richter befanden, die Gewalt in Kenia hätte dieses Ausmaß erreicht. Der deutsche Vize-Präsident des Tribunals, Hans-Peter Kaul, stimmte dagegen. Er betonte, es handle sich nur um Verbrechen gegen die Menschlichkeit im Sinn des Gerichts-Statuts, wenn ein Staat oder eine staatsähnliche Organisation hinter den Taten stehe. Dies sei in Kenia nicht der Fall gewesen. Kaul wurde jedoch überstimmt.

Für Chefankläger Moreno-Ocampo ist die Entscheidung des Gerichts ein Erfolg. „Die Untersuchung wird sich auf diejenigen konzentrieren, die die Angriffe organisierten, planten und ermutigten", sagte er jüngst. In Den Haag fragt man sich, inwieweit die kenianischen Behörden wirklich mit den internationalen Fahndern zusammenarbeiten werden. Am Tribunal heißt es, die Regierung in Nairobi sei gespalten. Manche Minister wollten, dass die Verbrechen aufgeklärt werden. Andere widersetzten sich, weil sie Enthüllungen über sich oder Parteifreunde fürchteten.

(Süddeutsche Zeitung v. 1./2.4.2010, S. 7; Verf.: Stefan Ulrich)

Kenias Hauptstadt Nairobi (Straße im Slum Mathare) am 2.1.2008: Ausbruch gewaltsamer ethnischer Unruhen nach Bekanntgabe des Ergebnisses der Präsidentschaftswahl am 30.12.2007

1. Beschreiben Sie, was mit dem Begriff „Völkerrecht" gemeint ist und wie sich die drei Rechtsquellen unterscheiden, auf denen das Völkerrecht beruht (M 44 a). Welche Bedeutung für die Verbindlichkeit und Anwendung des Völkerrechts, insbesondere der Durchsetzung von Menschenrechten, kommt „multilateralen" (zwischen mehreren/vielen Seiten abgeschlossenen) Verträgen zu? Nähere Informationen zu den aufgeführten Übereinkommen finden Sie unter der Internetadresse http://homepage.hamburg.de/menschenrechtsbund/menschenrechtspakte.html.

2. Inwiefern wird die Errichtung des Internationalen Strafgerichtshofs als ein wichtiger Schritt in der Entwicklung des Völkerrechts seit 1945 beurteilt (M 44 a, Z. 33 ff.)?

3. Informieren Sie sich über die Gründe, warum – neben einigen anderen Staaten – die USA das Statut nicht unterzeichnet haben (http://de.wikipedia.org/wiki/Internationaler_Strafgerichtshof, Stichwort „Ablehnung des IStGH").

4. Beschreiben Sie die Entstehungsbedingungen und die Bedeutung des „Römischen Statuts", auf dem die Stellung und die Aufgaben des Gerichtshofs beruhen (den vollständigen Text des Statuts finden Sie ggf. unter www.auswaertigesamt.de/diplo/de/Aussenpolitik/InternatRecht/IStGH/Materialien/RoemischesStatut.pdf). (M 44 b, 1. Abschnitt)

5. Erläutern Sie die rechtliche Stellung und die aufgeführten fünf Grundsätze für die Tätigkeit des Internationalen Strafgerichtshofs (M 44 b).

6. Informieren Sie sich ggf. anhand der Website des IStGH (http://www.icc-cpi.int/Menus/ICC/Home; vgl. auch http://de.wikipedia.org/wiki/Internationaler_Strafgerichtshof, Stichwort „Geschichte") über die vier Verfahren, die zurzeit vor dem IStGH verhandelt werden.

7. Analysieren Sie den aktuellen Fall des Untersuchungsbeschlusses für ein Verfahren gegen 20 hochrangige Kenianer (M 44 c). Inwiefern kommt ihm „große rechtspolitische Bedeutung" zu? Welche Schwierigkeiten für die praktische Arbeit des IStGH werden angesprochen?

2. Welche Rolle kann die NATO spielen?

M 45 Die NATO – ein „Kind des Ost-West-Konflikts“ und des „Kalten Krieges“

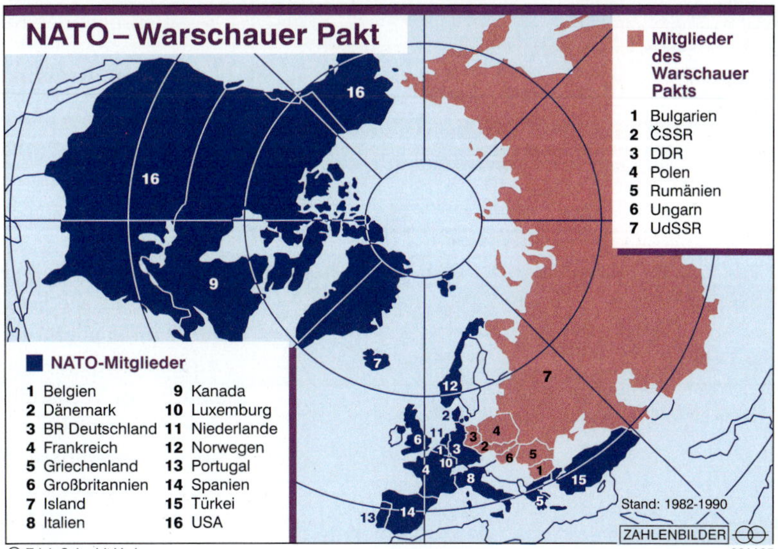

Abb. 1 © Erich Schmidt Verlag 621125

Nach dem Ende des Zweiten Weltkriegs* zerbrach die Allianz gegen Hitler-Deutschland, wie sie die USA, die Sowjetunion*, Großbritannien und Frankreich während des Krieges geschlossen hatten. Der Interessengegensatz zwischen West und Ost trat offen zutage und prägte als **Ost-West-Konflikt** die folgenden Jahrzehnte. Die Spannungen nahmen zu; es herrschte zwar kein offener, „heißer“ Krieg zwischen den beiden Lagern, doch angesichts der beiderseitigen Drohungen war es durchaus berechtigt, von einem **Kalten Krieg*** zu sprechen.

Die politischen Spannungen hatten zwei militärische Konsequenzen:

- Beide Seiten nahmen kurz nach dem Ende eines furchtbaren Krieges die Produktion von Waffen wieder verstärkt auf; das **militärische Wettrüsten** setzte wie eine fortlaufend nach oben steigende Spirale ein. Keine Seite wollte der anderen unterlegen sein.
- Die politischen Lager schlossen sich auch militärisch enger zusammen: Die UdSSR stationierte auf der Grundlage der „Freundschafts- und Beistandspakte“ starke Armeen in Ostdeutschland und in Osteuropa. Die westlichen Staaten schlossen sich 1949 unter der Führung der USA in der **Nordatlantischen Verteidigungsorganisation**, der NATO, zusammen (engl.: North-Atlantic Treaty Organization). Europa war nun geteilt in zwei politische und militärische Blöcke. Deutschland lag – mit der **Bundesrepublik Deutschland** und der **Deutschen Demokratischen Republik** (DDR) – mittendrin in diesem geteilten Europa. Im Mai 1955 fasste die UdSSR* die einzelnen „Freundschafts- und Beistandspakte“ mit den osteuropäischen Staaten in der „Warschauer Vertragsorganisation“, dem „**Warschauer Pakt***“, zusammen. Die Bundesrepublik wurde 1955 Mitglied der NATO, die DDR wurde zur gleichen Zeit in den Warschauer Pakt aufgenommen (s. Abb. 1).

Beide Militärbündnisse sicherten ihren Mitgliedern jeweils Hilfe bei einer Bedrohung oder einem Angriff von außen zu. Sollte ein Staat angegriffen werden, würden die anderen Mitglieder des Bündnisses politisch und militärisch zu Hilfe kommen. Das Wettrüsten – vor allem mit Atomwaffen – nahm nun nicht geahnte Ausmaße an. Beide Bündnisse standen sich waffenstarrend gegenüber (vgl. Abb. 3); nirgendwo auf der Erde

Abb. 2: Den NATO-Truppen auf der Westseite der innerdeutschen Grenze (des „Eisernen Vorhangs“) standen auf der Ostseite entsprechende Truppen des Warschauer Paktes* gegenüber.

Abb. 3

„Bitte beachten Sie meine gestärkte Verhandlungsposition!“

Abb. 4

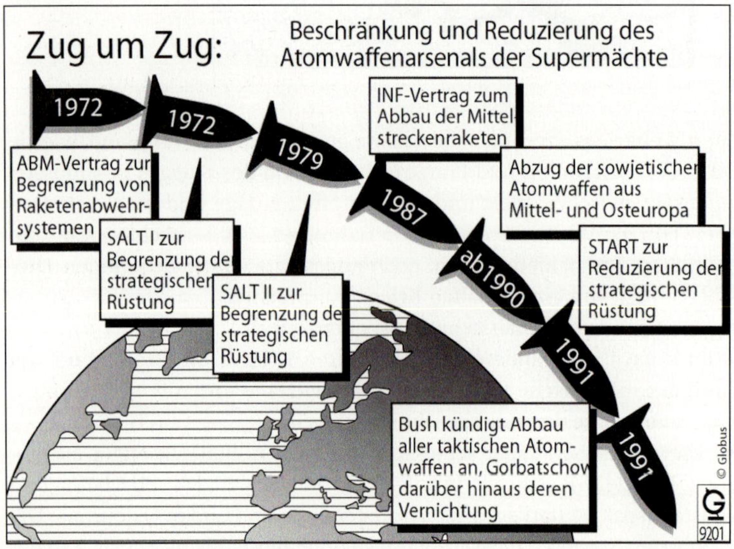

Die „Schlussakte von Helsinki“ war das Ergebnis der *„Konferenz für Sicherheit und Zusammenarbeit in Europa“* (**KSZE**), die 1973 in Helsinki stattfand und zum ersten Mal die Staaten beider „Blöcke“ an einen Tisch brachte. Der Vertrag sollte der Milderung des Ost-West-Konflikts und der Stabilisierung der Lage in Europa durch Anerkennung der bestehenden Grenzen dienen, verpflichtete die teilnehmenden Staaten aber auch zur *Achtung der Menschenrechte* (dies trug wesentlich zur Stärkung von Oppositionsgruppen in den Ostblockstaaten* bei).
Nach dem Ende des Kalten Krieges wurde die KSZE in die **OSZE** als ständige „Organisation für Sicherheit und Zusammenarbeit in Europa“ umgewandelt, der alle europäischen, acht zentralasiatische Staaten sowie die USA und Kanada angehören (Sitz: Wien). Sie sieht ihre Aufgabe in der Verhütung von Konflikten, u. a. durch Förderung des Dialogs zwischen ethnischen Gruppen, Hilfen bei der Durchführung freier Wahlen und Vereinbarungen von Autonomieregelungen innerhalb von Staaten.
(Autorentext)

waren so viele Waffen gelagert und so viele Soldaten stationiert wie in den beiden deutschen Staaten (s. Abb. 2). Jede Seite wollte der anderen einen Schritt voraus sein. Doch wenn jede Seite so denkt, kann zwar die **Abschreckung** funktionieren, aber um den Preis einer sich beschleunigenden Spirale des Wettrüstens.

Entspannung, Abrüstung und die Ostpolitik

Auf dem Höhepunkt des Ost-West-Konflikts setzten erste Schritte zu einer neuen Politik ein. Die westlichen und die östlichen Regierungen setzten sich an den Tisch, um die Konfrontation zu entspannen. Zwei Veränderungen zeichneten sich seit den 1970er-Jahren langsam ab: die **Entspannungspolitik** und die **Abrüstungspolitik** (s. Abb. 4). Beide Veränderungen zeigten sich auf verschiedenen Ebenen, so in Verhandlungen zwischen den beiden Supermächten USA und UdSSR*, aber auch in Vereinbarungen zwischen der Bundesrepublik, den osteuropäischen Staaten und besonders mit der DDR.
Wie kommt es zu einer solchen Veränderung in den internationalen Beziehungen? Zum einen: Die Abschreckungspolitik war keine absolute Garantie für Sicherheit; ein Krieg mit Atomwaffen wäre das Ende der Menschheit in weiten Teilen der Erde gewesen. Zum anderen: Das Wettrüsten wurde zu teuer; vor allem die UdSSR und die anderen Staaten des Warschauer Pakts gerieten wirtschaftlich in Schwierigkeiten; der Abstand zu den westlichen Staaten wurde zunehmend größer. Die Bevölkerung bekam die Nachteile einer solchen Verschwendung direkt zu spüren – etwa durch eine mangelhafte Versorgung mit den notwendigen Gütern des täglichen Lebens und mit Wohnungen.
Diese Politik war nicht von heute auf morgen möglich; die Entwicklung zog sich über mehrere Jahre hin. Wir zählen dazu beispielhaft nur drei Stationen auf:

- die **Veränderungen der NATO-Strategie** – Sicherheit sollte nicht mehr nur durch militärische Abschreckung möglich sein, sondern gleichzeitig durch *Entspannungspolitik* und durch *militärische Abrüstung*;
- die **Ostpolitik** und die neue **Deutschlandpolitik** – Verträge, die die Bundesregierung seit 1970 mit der UdSSR, mit Polen, der Tschechoslowakischen Republik und der DDR schloss;
- durch europäische zwischenstaatliche Vereinbarungen in der **„Schlussakte von Helsinki“** (1975), die wesentlich zu den Verände-

Abb. 5: *Michail Gorbatschow* empfängt im Februar 1990 den deutschen Bundeskanzler *Helmut Kohl* im Moskauer Kreml. Das gute Verhältnis zwischen den beiden Staatsmännern trug wesentlich zum Gelingen der deutschen Einheit bei. Gorbatschow erhielt 1990 den Friedensnobelpreis.

rungen in den Ostblockstaaten* beigetragen hat (s. Kasten S. 84).

Und in der Sowjetunion?

Auch hier zeichneten sich in den 1980er-Jahren Veränderungen ab. 1985 wurde **Michail Gorbatschow** Vorsitzender (Generalsekretär) der kommunistischen Partei (KPdSU) und zugleich Präsident der Sowjetunion (s. Abb. 5 und Abb. 1 in M8). Er war davon überzeugt, dass die UdSSR und die von ihr abhängigen Staaten nur dann weiter existieren könnten, wenn sie ihre Wirtschaft und ihre politische Ordnung grundlegend reformieren würden. Die beiden wichtigsten Veränderungen sollten sein:

- „**Perestroika**" – deutsch: Umbau; gemeint waren Reformen in der Wirtschaft und im Staatsaufbau;
- „**Glasnost**" – d. h. Offenheit, Transparenz, also Reformen, die vor allem zu Pressefreiheit und zu offeneren Informationen über die kommunistische Partei und den Staatsapparat führen sollten.

Entscheidend für die Veränderungen, wie sie sich 1989/90 in der DDR und in Osteuropa durchsetzten, war der Verzicht Gorbatschows auf die politische und militärische Vorherrschaft der UdSSR im Bereich des Warschauer Pakts. Waren noch 1968 dessen Truppen in Prag und in der Tschechoslowakei einmarschiert, um den „Prager Frühling", einen freiheitlichen Reformversuch, mit Gewalt zu unterdrücken, so erklärte Gorbatschow jetzt, jedes Land entscheide selber, welchen Weg es gehen wolle.

Das Ende des Warschauer Pakts

Aus den ersten *freien Wahlen* gingen in Osteuropa und in der DDR Regierungen hervor, die sich an den westlichen liberalen und pluralistischen Demokratien orientierten. Die Staaten nutzten zugleich die Chance zur Unabhängigkeit von Moskau und traten aus dem Warschauer Pakt aus. Dieser wurde zum 1. Juli 1991 offiziell aufgelöst, die sowjetischen Truppen in den darauffolgenden Jahren aus den Mitgliedstaaten abgezogen. Ende 1991 kam es nach einem Putschversuch in Moskau zur *Auflösung der Sowjetunion**. Die meisten sowjetischen Teilrepubliken riefen ihre Selbstständigkeit aus. Der eigentliche Nachfolgestaat der UdSSR ist heute die Russische Föderation.
Das Ende des Warschauer Pakts und der Sowjetunion 1991 war zugleich das Ende der bipolaren Weltordnung. Die NATO, ein „Kind des Ost-West-Konflikts", stand vor der Aufgabe, ihre Rolle in der internationalen Politik neu zu finden (vgl. Abb. 6).

Abb. 6: Karikatur aus dem Jahr 1992

Ein großer Konflikt zwischen dem Westen und dem Osten ist heute, nach dem Ende des Ost-West-Konflikts, unwahrscheinlich; die Sowjetunion existiert nicht mehr, und Russland arbeitet in vielen Bereichen mit den NATO-Staaten zusammen. Wozu brauchen wir dann noch ein militärisches Bündnis? Die letzten Jahre haben gezeigt: In einigen der neuen Staaten der früheren Sowjetunion, auf dem Balkan im Gebiet des früheren Jugoslawiens und in den Ländern des Nahen und Mittleren Ostens (z. B. im Libanon und in Afghanistan) kommt es immer wieder zu Spannungen und zum Ausbruch gewaltsamer Konflikte.

(Herbert Uhl [Hg.], Grundwissen Politik, Ernst Klett Schulbuchverlag, Stuttgart 2007, S. 303 – 310)

METHODE

M 46 Kurzvortrag zur Geschichte der NATO in der Zeit des „Kalten Krieges"

Wir schlagen Ihnen vor, dass jemand von Ihnen – ggf. zusammen mit einem weiteren Mitglied Ihres Kurses – die Informationen aus M 45 in einem Kurzvortrag vermittelt. Zur Gestaltung des Kurzvortrags sollten die folgenden Hinweise berücksichtigt werden.
In einem Vortrag geht es darum, Informationen, die man erarbeitet hat, einer Zielgruppe zu vermitteln. Ein guter Vortrag zeichnet sich besonders durch zwei Merkmale aus:
1. Verständlichkeit (Das betrifft den Inhalt des Vortrags.)
2. Anschaulichkeit (Das betrifft die Art der Darstellung.)

Von einem Kurzvortrag spricht man bis zu einer Vortragsdauer von 15 Minuten.
Die Fähigkeit zur Vorbereitung und zur Präsentation eines Kurzvortrags lässt sich üben. Man muss kein Genie sein, um seine Sache gut zu machen. Einen Kurzvortrag halten zu können ist eine Schlüsselqualifikation, die in allen Schulfächern, in jeder weiterführenden Schule, im Beruf, im Verein oder in anderen Organisationen und in der Universität von grundlegender Bedeutung ist.

Stichwortzettel

1. Einleitung
Thema klar formulieren
Bedeutung des Themas deutlich machen

2. Hauptteil
Überblick über die einzelnen Punkte geben
Information 1
Information 2
Information 3
Information 4

Folie
Tafel

3. Schlussteil
kurze Zusammenfassung geben
Vortrag mit einem interessanten Gedanken beenden

Kurzvortrag

Die vier Interessantmacher:

1. gute Vorbereitung
2. Verständlichkeit
3. Lebendigkeit
4. Anschaulichkeit

Die Vorbereitung des Kurzvortrags

Nach der Entscheidung für ein Thema können Sie sich an den folgenden Schritten orientieren:

Checkliste

1. Lesen des Materials und Suche nach weiteren Materialien, die zum Thema passen, in diesem Fall z. B. auf den Internetseiten http://de.wikipedia.org/wiki/NATO und http://de.wikipedia.org/wiki/Kalter_Krieg
2. Bearbeiten des Materials (Schlüsselbegriffe herausschreiben, wichtige Informationen sammeln und notieren, Unbekanntes klären)
3. Informationen gliedern
4. Vortrag in Einleitung, Hauptteil und Schluss einteilen
5. einen Stichwortzettel erstellen
6. Vortrag einmal üben (zum Beispiel in einer Gruppe)
7. eventuell kürzen und noch einmal überarbeiten

Die Präsentation des Kurzvortrags

Es gibt viele verschiedene Arten, wie man einen Vortrag vor einer Gruppe halten kann. Jeder sollte die Art finden, die zur eigenen Person am besten passt. Darüber hinaus gibt es Regeln, die erlernbar sind und die immer dabei helfen, dass man seine Vortragsziele erreicht.
Wichtig ist, dass die oder der Vortragende *gut vorbereitet* ist, weil das Publikum sehr schnell merkt, ob jemand von der Sache, über die gesprochen wird, etwas versteht. Darüber hinaus sollte der Vortrag gut verständlich sein, lebendig gestaltet werden und möglichst mit zusätzlichen Medien, wie einer Folie, einem Plakat, einem Schaubild, einem Tafelanschrieb, einer Mindmap usw. optisch unterstützt werden.

(Wolfgang Mattes, Methoden für den Unterricht, Schöningh Verlag, Paderborn 2002, S. 108; leicht verändert)

M 47 Die „neue" NATO – vom Verteidigungs- zum Interventionsbündnis

• Ziemlich genau 40 Jahre lang bestand die Hauptaufgabe der NATO darin, einen potenziellen Gegner durch die eigene militärische Stärke abzuschrecken. Ein wichtiger Bestandteil dieser Politik war die Stationierung starker Landstreitkräfte im Westen des geteilten Deutschlands und eine zahlenmäßig große Bundeswehr (s. Abb. 2 in M 45). [...] Gegen wen man sich wappnen und gegebenenfalls wehren müsse, daran gab es so gut wie keinen Zweifel: Der voraussichtliche Gegner stand, so die gängige Formulierung in den Jahren des Kalten Krieges*, „im Osten".
Genau dort befinden sich heute die neuen Mitglieder, Beitrittsinteressenten und Kooperationspartner der NATO. 1999 traten Polen, die Tschechische Republik und Ungarn der Allianz bei.

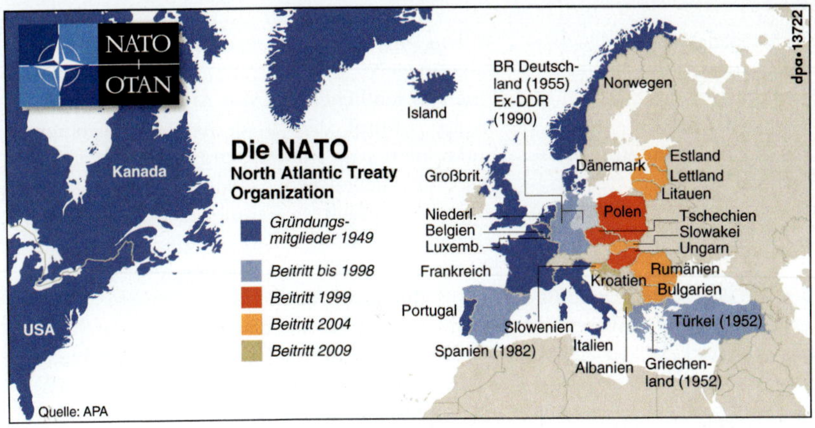

Im März 2004 folgten Bulgarien, Estland, Lettland, Litauen, Rumänien, die Slowakei und Slowenien. Auf dem Balkan streben Albanien, Kroatien und Mazedonien eine Mitgliedschaft an. Von den ehemaligen Sowjetrepubliken haben sowohl Georgien als auch die Ukraine ein Beitrittsinteresse bekundet. Nach der zweiten *Erweiterungsrunde* im März 2004 ist die NATO auf 26 Mitglieder angewachsen. Eine große Rolle spielte dabei, dass sie sich nicht nur als eine Militärallianz versteht, sondern als ein Bündnis freier, demokratischer Staaten, das durch das Bekenntnis zu gemeinsamen Werten zusammengehalten wird. Eine Mitgliedschaft wird als Ausdruck der Zugehörigkeit zur pluralistischen Staatenwelt des euro-atlantischen Raumes betrachtet. Kein außenstehender Staat habe das Recht, dagegen Einspruch zu erheben.

- Die NATO erklärte sich im Juni 1991 bereit, friedenserhaltende Maßnahmen, die von der UNO beschlossen werden, militärisch abzusichern, wenn sie darum ersucht werde. Sie entwickelte sich damit weiter von einem reinen Verteidigungsbündnis zu einer neuen Form eines Bündnisses, das sowohl der Verteidigung des eigenen Territoriums dient als auch *Aufgaben außerhalb dieses Gebietes („out of area")* zur Herstellung und Erhaltung von Frieden übernimmt.

Nach längeren Beratungen und z. T. auch heftigen Auseinandersetzungen wurde auf dem Gipfeltreffen anlässlich des 50-jährigen Bestehens der NATO im April 1999 ein **neues strategisches Konzept** beschlossen. Danach gehören *weltweite Kriseneinsätze* mit und ohne Auftrag der UNO zu den neuen Aufgaben des Bündnisses. In Europa soll die NATO Frieden und Stabilität garantieren. Um dieses Ziel zu erreichen, wollen die europäischen NATO-Partner künftig verstärkt eine eigenständige, von den USA unabhängige Sicherheitspolitik innerhalb der EU betreiben.

Das neue strategische Konzept der NATO nahm außerdem die *Bekämpfung von Terrorismus* als weitere Aufgabe des Bündnisses auf: „Akte des Terrorismus" berühren die Sicherheitsinteressen des Bündnisses, heißt es dort. Nur wenig später löste der Terroranschlag vom *11. September 2001* auf das World Trade Center in New York (s. M 54) erstmals in der Geschichte der NATO den *Bündnisfall* aus. Das bedeutet, dass die Mitglieder den Anschlag als Angriff auf den Verbündeten USA betrachten und nach dem NATO-Vertrag verpflichtet sind, der USA militärischen Beistand zu leisten. Trotzdem war die NATO an den Kriegen in Afghanistan und im Irak nicht beteiligt.

- Bereits 1997 hat die NATO mit **Russland** eine „Grundakte über gegenseitige Beziehungen, Zusammenarbeit und Sicherheit" vereinbart und mit dem sogenannten *NATO-Russland-Rat* ein ständiges Konsultationsgremium am Sitz der NATO in Brüssel geschaffen. [...]

Verschwunden sind die Einwände aus Moskau gegen die Aktivitäten der NATO jedoch nicht. Vor allem das Ziel Georgiens, Mitglied der Allianz zu werden, und die grundsätzliche Bereitschaft der Allianz, die Ukraine in das Bündnis aufzunehmen, werden in Russland als Widerspruch zu eigenen Vormachtsansprüchen wahrgenommen und z. T. heftig kritisiert.

(Informationen zur politischen Bildung Nr. 291, 2. Quartal 2006: Sicherheitspolitik im 21. Jahrhundert, Bundeszentrale für politische Bildung, Bonn 2006, S. 67 ff.; Verf.: Bernard von Plate; ergänzt)

Als Aufgaben der „neuen" NATO ergaben sich seit den 1990er-Jahren eine Reihe von Einsätzen, bei denen sie zumeist im Auftrag der UN in Konflikten und Kriegen eingriff, um Rettungsaktionen durchzuführen und für mehr Sicherheit zu sorgen. Eine umstrittene Ausnahme blieb das militärische Eingreifen im **Kosovo-Konflikt*** Ende März 1999, das ohne Zustimmung des UN-Sicherheitsrates erfolgte und damit begründet wurde, schwere Menschenrechtsverletzungen (Massaker der Serben an der albanischen Bevölkerung) zu verhindern. Als Hauptaufgaben nimmt die NATO gegenwärtig die Leitung der internationalen Friedenstruppe in Afghanistan (**ISAF**; s. M 14, M 16) und der Schutztruppe im Kosovo (**KFOR**; s. Kasten S. 88) wahr. Welche Funktionen die NATO in der Zukunft erfüllen soll, darüber besteht Unklarheit, weil z. B. die USA und Kanada andere Vorstellungen vertreten als die meisten europäischen Mitgliedstaaten (s. M 48). (Autorentext)

Die Bundeswehr ist mit rd. 2 500 Soldaten (2009) am KFOR-Einsatz beteiligt (vgl. M 18 b).

Am 10. Juni 1999 verabschiedete der Weltsicherheitsrat der Vereinten Nationen die Resolution 1244 und regelte den Einsatz der NATO-Sicherheitstruppe Kosovo Force (KFOR).
Ziel ist es [...], im Kosovo ein multi-ethnisches, friedliches, rechtsstaatliches und demokratisches Umfeld aufzubauen. Der KFOR-Truppe kommt dabei die Rolle als militärische Schutzmacht zu. [...]
Zu den Aufgaben der KFOR gehören Demilitarisierung, Stabilisierung sowie humanitäre Hilfe und die Förderung der Rückkehr von Flüchtlingen und Vertriebenen. Erste greifbare Erfolge bei der Schaffung eines sicheren Umfelds sind erreicht worden. Dennoch ist die Lage nicht stabil. Gewalttätige Übergriffe, die teils ethnisch motiviert sind, teils aber auch rein kriminelle Hintergründe haben, dauern an. Die Bereitschaft zur Versöhnung und zu einem friedlichen Miteinander ist nur wenig entwickelt. Ein sich selbst tragender Friedens- und Demokratisierungsprozess und der eigenverantwortliche Aufbau eines multi-ethnischen Kosovo liegen daher in weiter Ferne.
Einen wesentlichen Teil der Arbeit der KFOR-Truppe nimmt die Wiederherstellung einer funktionierenden Infrastruktur* im Kosovo ein. Die individuellen Lebensbedingungen der Bevölkerung werden im Rahmen der Zivil-Militärischen Zusammenarbeit (englisch: CIMIC) ebenso verbessert wie die Energieversorgung, das Bildungssystem und die Verkehrswege. Dies trägt auch zu einer nachhaltigen wirtschaftlichen Entwicklung als Grundlage für ein friedliches Zusammenleben bei. Allein durch Anstrengungen der Bundeswehr wurden im Kosovo mehr als 2 000 Wohneinheiten, Schulen und öffentliche Gebäude neu- bzw. ausgebaut. Im Jahr 2009 hat Deutschland wiederholt die Aufgabe der Führungsnation für die multinationale Task Force Süd übernommen und stellt seit September 2009 auch den Befehlshaber der KFOR-Kräfte.

(http://www.einsatz.bundeswehr.de)

1. In den ersten Jahren nach 1990 sprach man von einer „Krise“ der NATO, die Frage nach ihrer Existenzberechtigung wurde gestellt. Erklären Sie diesen Hinweis (M 45, Z. 122 ff.).

2. Beschreiben Sie anhand von M 47, wie sich die NATO seitdem entwickelt hat:
   - Wie weit hat sie sich inzwischen nach Osten hin erweitert?
   - Inwiefern handelt es sich nicht mehr um ein reines Verteidigungsbündnis?
   - Welche neuen Aufgaben beinhaltet das „neue strategische Konzept“ von 1999?
   - Warum gilt das Verhältnis zu Russland weiterhin als angespannt?
   - Welcher Art waren (sind) die bisher wichtigsten Einsätze der „neuen“ NATO? (Zu Afghanistan vgl. M 14; zum Kosovo s. Glossar und Kasten oben.)

VERTIEFUNG **M 48**

Welche Rolle soll die NATO in Zukunft spielen?

a) [Seit 2006 mehrten sich in den USA und Großbritannien Stimmen, die die Umwandlung der NATO in eine *weltweite Sicherheitsagentur* befürworten. Die wachsenden Probleme des NATO-Einsatzes in Afghanistan führen jedoch zunehmend zu Skepsis gegenüber dieser Vorstellung und zu kontroversen Diskussionen innerhalb des Bündnisses über die zukünftigen Aufgaben und die zu verfolgende Strategie.]
Doch Konsequenzen lassen auf sich warten. Eine Revision der zuletzt 1999 überarbeiteten Strategie (s. M 47) wurde ebenso verschoben wie eine Grundsatzdiskussion über Mittel und Ziele der NATO. Derzeit fehle das „Grundvertrauen“ zwischen Europäern und Amerikanern, um eine offene Debatte zu führen, klagt ein Diplomat im Gespräch mit dem Handelsblatt. Der Streit um den Irak-Krieg wirke noch nach. Und die Krise in Afghanistan bindet zu viele Kräfte, um nach vorn zu blicken. „Die NATO ist immer noch auf der Suche nach ihrer neuen Mission“, so der Experte.
Klar ist immerhin, zwischen welchen **Alternativen** sich die NATO entscheiden muss. Da ist zum einen die Rückbesinnung auf ihren ursprünglichen Auftrag – die Selbstverteidigung – und ihren originären Einsatzraum, den Nordatlantik. Für diese Option setzen sich Deutschland und Frankreich, aber auch einige neue Mitglieder wie Polen ein. Die Alternative wäre, die Allianz zu einer *Art Weltpolizei* auszubauen. Dazu neigen vor allem die USA. Ermutigt fühlen sie sich von Japan, Südkorea, Neuseeland und Australien, die eine Sicherheits-Partnerschaft anstreben. Sogar China sucht neuerdings die Nähe der NATO.

Doch der Ausbau zu einer globalen Sicherheitsagentur gilt als wenig wahrscheinlich. Nicht nur die meisten Europäer bremsen, auch *Russland* versucht, eine Expansion zu verhindern. Moskau sträubt sich nicht nur gegen einen möglichen Beitritt Georgiens und der Ukraine, sondern steuert auch politisch und militärisch dagegen. (Handelsblatt v. 27.8.2007; Verf.: Eric Bonse)

Der frühere dänische Ministerpräsident Anders Fogh Rasmussen, Generalsekretär der NATO seit April 2009, bei der Eröffnung des „NATO-Gipfels" am 18.11. 2010 in Lissabon

b) Das **Neue Strategische Konzept**, das beim „NATO-Gipfel" am 18./19.11.2010 in Lissabon (s. Foto) verabschiedet wurde, soll das derzeitige Konzept von 1999 ersetzen und die sicherheitspolitischen Entwicklungen berücksichtigen. Dabei geht es um neue Herausforderungen für die Allianz durch internationalen *Terrorismus, Cyber-Angriffe*, Fragen der *Energiesicherheit* oder die *Verbreitung von Massenvernichtungswaffen*. Aber auch die Erfahrungen aus Operationen wie im Kosovo und in Afghanistan sowie das Konzept der vernetzten Sicherheit sind aufgenommen.
„Die NATO macht hier den Schritt ins 21. Jahrhundert", betonte Bundeskanzlerin Angela Merkel. „Und zwar sowohl, was die Analyse der Bedrohungen anbelangt, als auch, was die Antworten des Bündnisses auf diese Bedrohungen anbelangt."
Die 28 Bündnispartner wissen, dass sie auf die neuen Bedrohungen gemeinsame Antworten finden müssen. Das drücke sich auch in dem Raketenabwehrsystem aus, sagte Merkel. Die gemeinsame Bedrohungsanalyse mit Russland und die Gespräche über eine Zusammenarbeit bei einem Raketenabwehrsystem zeigten, dass „der Kalte Krieg nun wirklich vorbei ist".
Das strategische Konzept bestätigt gleichwohl das Konzept der nuklearen Abschreckung. Es betont aber wie kein anderes strategisches Konzept zuvor die Bedeutung der Abrüstung. Auch die NATO legt sich fest auf das Ziel einer nuklearwaffenfreien Welt.
Darüber hinaus sieht das Konzept vor, eine Flugkörperabwehr („Missile Defense") zu errichten – und enthält das Angebot an Russland, dabei zu kooperieren. Hintergrund: In ihrer aktuellen Bedrohungsanalyse hat die NATO die Gefahr eines Angriffes mit ballistischen Flugkörpern als eine der wesentlichen Bedrohungen für das Bündnis ausgemacht. In Verbindung mit Massenvernichtungswaffen potenziert sich diese Gefahr. Zudem ermöglicht es der technische Fortschritt einzelnen Staaten, immer genauere und weiter reichende ballistische Flugkörper zu entwickeln.
Das elfseitige Dokument trägt den Titel „Aktives Engagement – Moderne Verteidigung". Als *Kernaufgaben* nennt das neue Konzept:
Kollektive Verteidigung: Kollektive Verteidigung und Beistandsgarantie aus Art. 5 des NATO-Vertrages bleiben Kernfunktion der Allianz. Außerdem geht es heute auch um den Schutz gegen neue Herausforderungen, die die fundamentale Sicherheit von Alliierten oder des Bündnisses insgesamt bedrohen.
Krisenmanagement: Kein Konflikt ist heutzutage allein mit militärischen Mitteln zu bewältigen. Die NATO will nicht ihrerseits zivile Instrumente etablieren. Aber mit dem Konzept soll ihre „Schnittstellenkompetenz" ausgebaut werden, also die Möglichkeit, mit zivilen Akteuren zusammenzuarbeiten. Damit zieht die NATO auch die Schlussfolgerung aus der ISAF-Operation in Afghanistan, wo sich in der Praxis bereits eine sehr enge Zusammenarbeit zwischen den militärischen und den zivilen Instrumenten des Krisenmanagements ergeben hat.
Kooperative Sicherheit: Die NATO nimmt für sich nicht in Anspruch, mit Bedrohungen alleine umzugehen. Das geschieht vielmehr im Rahmen des Konzepts der vernetzten Sicherheit. Es ist das Ansinnen der NATO, dabei in enger Verzahnung mit anderen Akteuren einen Mehrwert zu erbringen. Das strategische Konzept gibt dieser *Partnerschaftspolitik* neues Gewicht. Unter dem Dach der Vereinten Nationen will die NATO zusammen mit der EU agieren. Und sie sucht auch die Partnerschaft mit Russland und anderen Akteuren. Die NATO erhebt also ausdrücklich keinen globalen Anspruch, sondern will *Teil eines globalen Sicherheitsnetzes* sein.

(http://www.bundesregierung.de/nn_1264/Content/DE/Artikel/2010/11/2010-11-20-nato-gipfel-nsk.html)

1. Beschreiben Sie, welche grundsätzliche Alternative sich für die Zukunft der NATO abzeichnete (M 48 a). Von welchen Ländern wird sie jeweils angestrebt bzw. abgelehnt?

2. Charakterisieren Sie das neue strategische Konzept der NATO (M 48 b). Welche Akzentverlagerungen (im Aufgabenverständnis, in der Bedrohungsanalyse, im Aufbau eines neuen Systems der Raketenabwehr und in den Beziehungen zu Russland) gegenüber der bisherigen Strategie lassen sich erkennen? Näheres dazu finden Sie unter http://www.bpb.de/files/1EH2QT.pdf, S. 23 ff.

3. Wie verhält sich das Prinzip der „Kooperativen Sicherheit" zur bisherigen Orientierung der NATO?

3. Die Gemeinsame Sicherheitspolitik der EU

M 49 „Europa muss mit einer Stimme sprechen“ – Gründe für eine Gemeinsame Außen- und Sicherheitspolitik (GASP) der EU

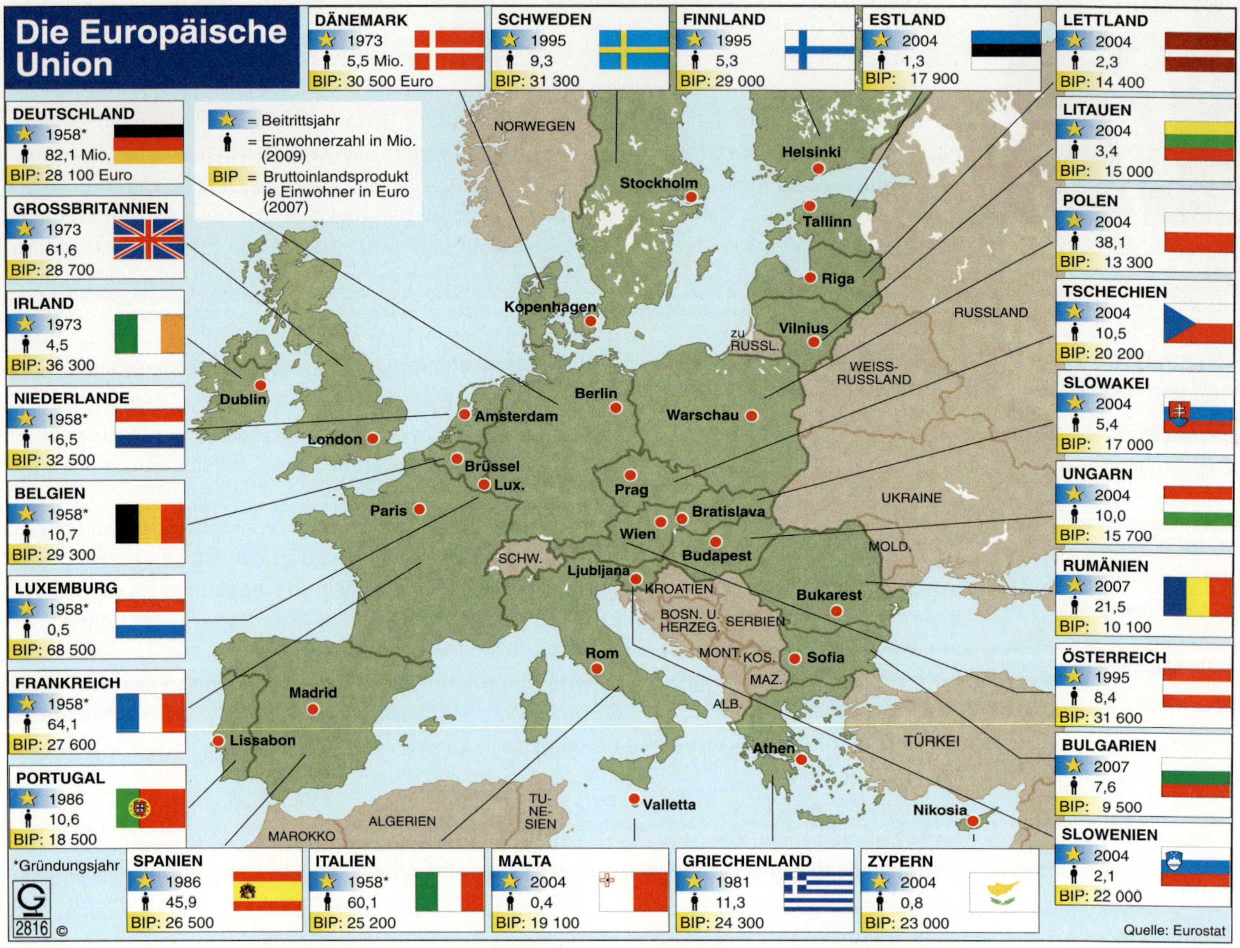

Lange verfolgte die Europäische Union vor allem wirtschaftliche Interessen. Es wurden ein *gemeinsamer Markt* und sogar eine *gemeinsame Währung* geschaffen. Doch bald wurde deutlich, dass Europa nur dann erfolgreich auf internationaler Ebene auftreten kann, wenn es auch mit einer gemeinsamen Stimme spricht. Der ehemalige US-Außenminister Henry Kissinger fragte einmal zynisch, wen er wohl anrufen sollte, wenn er mit der Europäischen Gemeinschaft sprechen möchte. Denn die Franzosen, die Briten, die Italiener – alle hatten sie ihre eigene Außen- und Sicherheitspolitik. Ein gemeinsames Vorgehen gab es nicht. Das führte auch dazu, dass die europäischen Staaten sich in internationalen Organisationen wie den Vereinten Nationen (UNO) gegenseitig blockierten. Den Nutzen hatten andere führende Mächte wie die USA, Russland oder China. Die EU war zwar bei den finanziellen Mitteln – etwa in der Entwicklungszusammenarbeit – sehr oft führend, aber bei politischen Entscheidungen spielte sie nur die zweite Geige. Bittere Erkenntnis: Die EU war „global payer“ (weltweiter Zahlender), aber kein „global player“ (weltweiter Mitspieler).
Dazu kam, dass die EU schutzlos negativen Entwicklungen wie dem Terrorismus gegenüberstand. Seit 1992 wurde deshalb systematisch eine *Gemeinsame Außen- und Sicherheitspolitik* (GASP) der EU-Staaten entwickelt.

(Wolfgang Böhm/Otmar Lahodynsky, EU for YOU, öbv & htp Verlagsgesellschaft, Wien 2005, S. 78)

Im Gleichschritt, marsch!

Die Stimme Europas

„Kein einzelner der europäischen Staaten, auch nicht der größte, kann in Zukunft alleine seine Interessen nach außen auf Dauer wirksam vertreten. Dafür sind selbst die größten und mächtigsten europäischen Nationalstaaten unter den Bedingungen, die sich uns in Zukunft stellen werden, zu klein. Nur gemeinsam als Europäische Union können wir den Herausforderungen der Zukunft effektiv begegnen. Nur gemeinsam haben wir eine Chance, das 21. Jahrhundert auf positive Weise zu gestalten.
Die Welt wird auf die Europäer nicht warten. Entweder lösen wir unsere internen Probleme, entweder stellen wir eine gemeinsame Handlungsfähigkeit her, entweder finden wir nicht nur in einem gemeinsamen Markt zusammen, sondern auch in einer gemeinsamen Demokratie und einer gemeinsamen Außen- und Sicherheitspolitik, entweder wird die Europäische Union zum politischen Subjekt auf internationaler Bühne, oder die Welt wird sich ohne den wesentlichen Einfluss der Europäer fortentwickeln. Das würde für uns alle eine bittere Erfahrung werden."

(Außenminister Joschka Fischer, Rede vor dem Deutschen Bundestag am 11.12.2003, zit. nach: Das Parlament Nr. 51 v. 15.12.2003, S. 17)

1. Ziel der Europäischen Union ist die wirtschaftliche und politische Einigung (Integration) Europas. Wie kam es dazu, dass zu Beginn der 1990er-Jahre die Notwendigkeit einer Gemeinsamen Außen- und Sicherheitspolitik erkannt wurde? (M 49)
2. Worin liegt die besondere Schwierigkeit einer solchen Aufgabe? Interpretieren Sie dazu die Darstellung der beiden Karikaturen. Vgl. auch M 50, Z. 1 – 8.
3. Wie begründet der frühere deutsche Außenminister Fischer die Notwendigkeit einer gemeinsamen Außen- und Sicherheitspolitik? An welche „Herausforderungen der Zukunft" kann er gedacht haben? (Kasten)

M 50 Die Europäische Sicherheitsstrategie

Die Außenpolitik hängt eng mit der Sicherheits- und Verteidigungspolitik zusammen. Die Europäische Union hat jedoch keine eigene Armee, mit der sie in gewaltsame Konflikte eingreifen könnte. Mit ihrer Gemeinsamen Außen- und Sicherheitspolitik (GASP) befindet sich die EU in einer schwierigen Situation. Einerseits möchten die Mitgliedstaaten gerade in diesem Politikbereich so wenig wie möglich Zuständigkeiten an die Gemeinschaft abgeben. Das gilt insbesondere dann, wenn es um Militäreinsätze geht. Andererseits bleibt die EU aber unglaubwürdig, wenn sie keine wirkungsvolle Rolle bei der Lösung von Konflikten spielen kann, die, wie der Jugoslawien-Konflikt, direkt vor der eigenen Haustür ablaufen.

(Herbert Uhl [Hg.], Grundwissen Politik, Ernst Klett Schulbuchverlag, Stuttgart 2007, S. 257)

Irak-Krieg ...
Europa bezieht Stellung.

Der Konflikt um den **Irak-Krieg** im Jahr 2003 (s. M 58) stellte eine Belastungsprobe für die *GASP* dar, denn die Mitgliedstaaten der EU sowie die osteuropäischen Beitrittskandidaten waren in dieser Frage gespalten: Während etwa Frankreich, Deutschland und Belgien gegen den Krieg waren, unterstützten Großbritannien, Spanien und Polen die von den USA geführte „Koalition der Willigen" (vgl. Karikatur). Als Folge dieser Erfahrung der europäischen Uneinigkeit im Hinblick auf den Irak-Krieg wurde der Hohe Repräsentant für die *GASP*, Javier Solana, im Mai 2003 beauftragt, eine **Europäische Sicherheitsstrategie** *(ESS)* zu erstellen. Diese wurde am 12. Dezember 2003 vom Europäischen Rat in Brüssel verabschiedet. Der übergeordnete Zweck dieser neuen Strategie besteht darin, die Auffassungen der 27 Mitgliedstaaten der EU in vitalen Fragen der Außen- und Sicherheitspolitik zu bündeln.

(Politik und Unterricht Nr. 4/2006; Internationale Beziehungen, Landeszentrale für politische Bildung Baden-Württemberg; Stuttgart 2006, S. 7f.)

Im Unterschied zur *Nationalen Sicherheitsstrategie der USA* basiert die ESS auf einem **erweiterten Sicherheitsbegriff**. Dieser verdeutlicht, dass neben der klassischen Außen- und Verteidigungspolitik auch wirtschafts- und finanzpolitische, innenpolitische, staats- und völkerrechtliche, entwicklungspolitische, soziale und ökologische Aspekte eine wesentliche Rolle im veränderten internationalen Umfeld spielen. In der *ESS* werden *fünf zentrale Sicherheitsrisiken für Europa* angeführt: Terrorismus, die Verbreitung von Massenvernichtungswaffen, regionale Konflikte, Scheitern von Staaten und organisierte Kriminalität (s. Kasten).

Peripher erwähnt werden zudem ökologische Probleme, Migration sowie die Sicherstellung der Energiesicherheit Europas. Vor allem diese letztgenannte Frage erfuhr seitens der Mitgliedstaaten und der Kommission seither verstärkte Aufmerksamkeit. In einem Zusatzdokument vom Dezember 2008 wurde die Energiesicherheit nochmals besonders hervorgehoben und außerdem neue Herausforderungen wie der Klimawandel aufgenommen.

(Werner Weidenfeld, Die Europäische Union, Fink Verlag, Paderborn 2010, S. 193)

Terrorismus: Terrorismus gefährdet Menschenleben, verursacht hohe Kosten, sucht die Offenheit und Toleranz unserer Gesellschaften zu untergraben und stellt eine zunehmende strategische Bedrohung für Gesamteuropa dar.
Die **Verbreitung von Massenvernichtungswaffen (MVW)** stellt die potenziell größte Bedrohung für unsere Sicherheit dar. Die internationalen Verträge und Ausfuhrkontrollregelungen haben die Verbreitung von MVW und ihrer Trägersysteme verlangsamt. Nun jedoch stehen wir am Anfang eines neuen und gefährlichen Zeitabschnitts, in dem es möglicherweise – insbesondere im Nahen Osten – zu einem MVW-Wettrüsten kommt (vgl. M 47).
Regionale Konflikte: Probleme, wie sie sich in Kaschmir, in der Region der Großen Seen und auf der koreanischen Halbinsel stellen, haben ebenso direkte und indirekte Auswirkungen auf europäische Interessen wie näher gelegene Konfliktherde, vor allem im Nahen Osten.
Scheitern von Staaten: Schlechte Staatsführung, d.h. Korruption, Machtmissbrauch, schwache Institutionen und mangelnde Rechenschaftspflicht sowie zivile Konflikte zersetzen Staaten von innen heraus.
Organisierte Kriminalität*: Europa ist ein primäres Ziel für organisierte Kriminalität. Der grenzüberschreitende Handel mit Drogen, Frauen, illegalen Einwanderern und Waffen macht einen wichtigen Teil der Machenschaften krimineller Banden aus, und bisweilen bestehen Verbindungen zu terroristischen Bewegungen.

(Europäische Sicherheitsstrategie: Ein sicheres Europa in einer besseren Welt, Brüssel 2003; Verf.: Rat der Europäischen Union)

1. Die „Gemeinsame Sicherheits- und Verteidigungspolitik" (GSVP) stellt sozusagen die militärische Seite der „Gemeinsamen Außen- und Sicherheitspolitik" (GASP) dar (vgl. dazu auch M 51). Erläutern Sie, inwiefern der von den USA 2003 begonnene Irak-Krieg (vgl. M 58) eine „Belastungsprobe" für die GASP darstellte (vgl. die Darstellung der Karikatur) und damit die Entwicklung der GSVP und einer entsprechenden Strategie in Bewegung setzte.

2. Der Text weist darauf hin, dass die „Europäische Sicherheitsstrategie" einen – im Vergleich zur Sicherheitsstrategie der USA – „erweiterten Sicherheitsbegriff" zugrunde legt. Welche „neuen Gefahren" (neben den durch Krieg und Terrorismus) hat die EU im Auge (s. Kasten)? – Nähere Informationen zu den einzelnen Bereichen:
   - Massenvernichtungswaffen: http://www.weltalmanach.de/stichwort/stichwort_mvw.html
   - Terrorismus: M 54 ff.
   - Organisierte Kriminalität: http://www.weltalmanach.de/stichwort/stichwort_mvw.html
   - Regionale Konflikte und Scheitern von Staaten: M 24, M 25

M 51 Wie funktioniert die Gemeinsame Sicherheitspolitik?

Durch den Vertrag von Lissabon wurden Aufgaben und Verfahrensregeln der **Gemeinsamen Sicherheits- und Verteidigungspolitik (GSVP)**, wie sie nunmehr heißt, neu definiert. Die GSVP als Bestandteil der Gemeinsamen Außen- und Sicherheitspolitik soll es der EU ermöglichen, zur Friedenssicherung, Konfliktverhütung und zur Stärkung der internationalen Sicherheit außerhalb des Gebiets der EU einzugreifen. Mithilfe der zivilen und militärischen Fähigkeiten, die ihr die Mitgliedstaaten zur Verfügung stellen, will die EU das gesamte Spektrum der sogenannten

Abb. 1

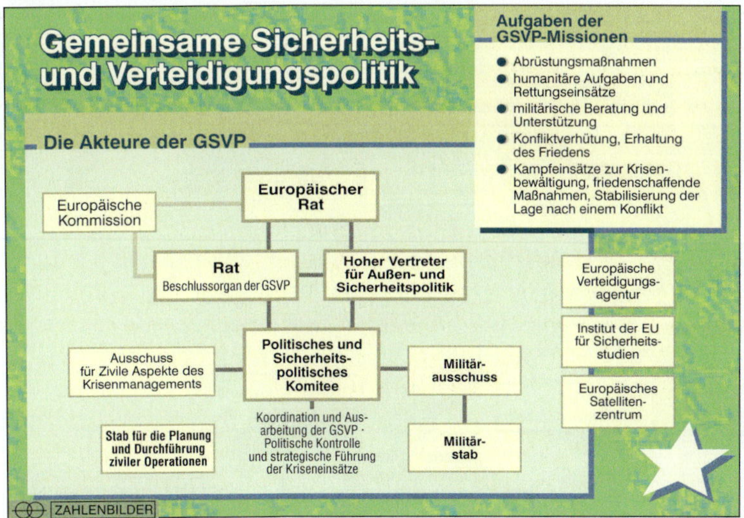

Petersberg-Aufgaben – humanitäre Aufgaben und Rettungseinsätze, friedenserhaltende Aufgaben, Kampfeinsätze zur Krisenbewältigung – wahrnehmen können. Darüber hinaus will sie sich an gemeinsamen Abrüstungsmaßnahmen beteiligen und militärische Beratung und Unterstützung gewähren – dies alles auch im Kampf gegen den Terrorismus.

Beschlüsse zur GSVP, auch zur Entsendung einer Mission in ausländische Krisengebiete, fasst der **Rat** einstimmig auf Vorschlag des „Hohen Vertreters für Außen- und Sicherheitspolitik" (s. Abb. 2) oder eines Mitgliedstaats. Die Durchführung einer Mission kann er einer Gruppe von Mitgliedstaaten übertragen, die sich dazu anbieten und über die erforderlichen Fähigkeiten verfügen. Mitgliedstaaten, die bei der Entwicklung ihrer militärischen Fähigkeiten und zur Bewältigung anspruchsvoller Missionen enger kooperieren wollen, können dies im Rahmen einer **Ständigen Strukturierten Zusammenarbeit** tun. Sie müssen sich zu besonderen Anstrengungen beim Aufbau und bei der Ausrüstung rasch einsetzbarer Truppenverbände, gegebenenfalls auch durch Teilnahme an multinationalen Verbänden, verpflichten. Der Rat muss einer solchen Zusammenarbeit mit qualifizierter Mehrheit zustimmen. Die seit 2004 bestehende **Europäische Verteidigungsagentur** soll die EU-Mitgliedstaaten bei der Entwicklung ihrer militärischen Fähigkeiten, in Fragen der Zielplanung, der Beschaffung und der Rüstung unterstützen.

Art. 42 des neu gefassten Vertrags über die Europäische Union enthält erstmals eine **Beistandsklausel**, die im Falle eines bewaffneten Angriffs auf ein Mitglied die anderen Mitgliedstaaten verpflichtet, ihm „alle in ihrer Macht stehende Hilfe und Unterstützung" zukommen zu lassen. Daneben will die EU im Fall einer Katastrophe oder eines Terrorangriffs alle ihr verfügbaren (auch militärischen) Mittel mobilisieren, um dem betroffenen Mitgliedstaat auf Anforderung beizustehen (Solidaritätsklausel, Art. 222 AEU-Vertrag).

(Zahlenbild 715 210)

Abb. 2: Die Britin Catherine Ashton, seit 2009 „Hohe Vertreterin für Außen- und Sicherheitspolitik"

M52 Einsatz weltweit – 22 GSVP-Missionen seit 2003

Abb. 1: Aus- und Weiterbildung afghanischer Polizisten durch einen Ausbilder der **EU-Mission Eupol** in Afghanistan

Im Jahre 2003 startete die Europäische Union ihren ersten militärischen Einsatz im Rahmen der ESVP. Inzwischen sind es 24 Einsätze, von denen 14 noch laufen (s. Abb. 2). Die meisten haben keine große Aufmerksamkeit in der Öffentlichkeit erregt. Einige dafür umso mehr, insbesondere, wenn die Bundeswehr oder deutsche Polizisten beteiligt sind. Man unterscheidet zwischen zivilen und militärischen Einsätzen.

Die Aufgaben der europäischen Soldaten und Polizisten sind vielfältig. Neben Beobachtermissionen handelt es sich um die Sicherung des Friedens in anderen Ländern oder die Überwachung von Wahlen. Auch Ausbildungsmaßnahmen wie zum Beispiel in *Afghanistan* (s. Abb. 1) gehören dazu. Außerdem unterstützt die EU mit sogenannten Rechtsstaatsmissionen den Aufbau von Verwaltung

Abb. 2: Friedenserhaltende und friedenschaffende Missionen der EU*

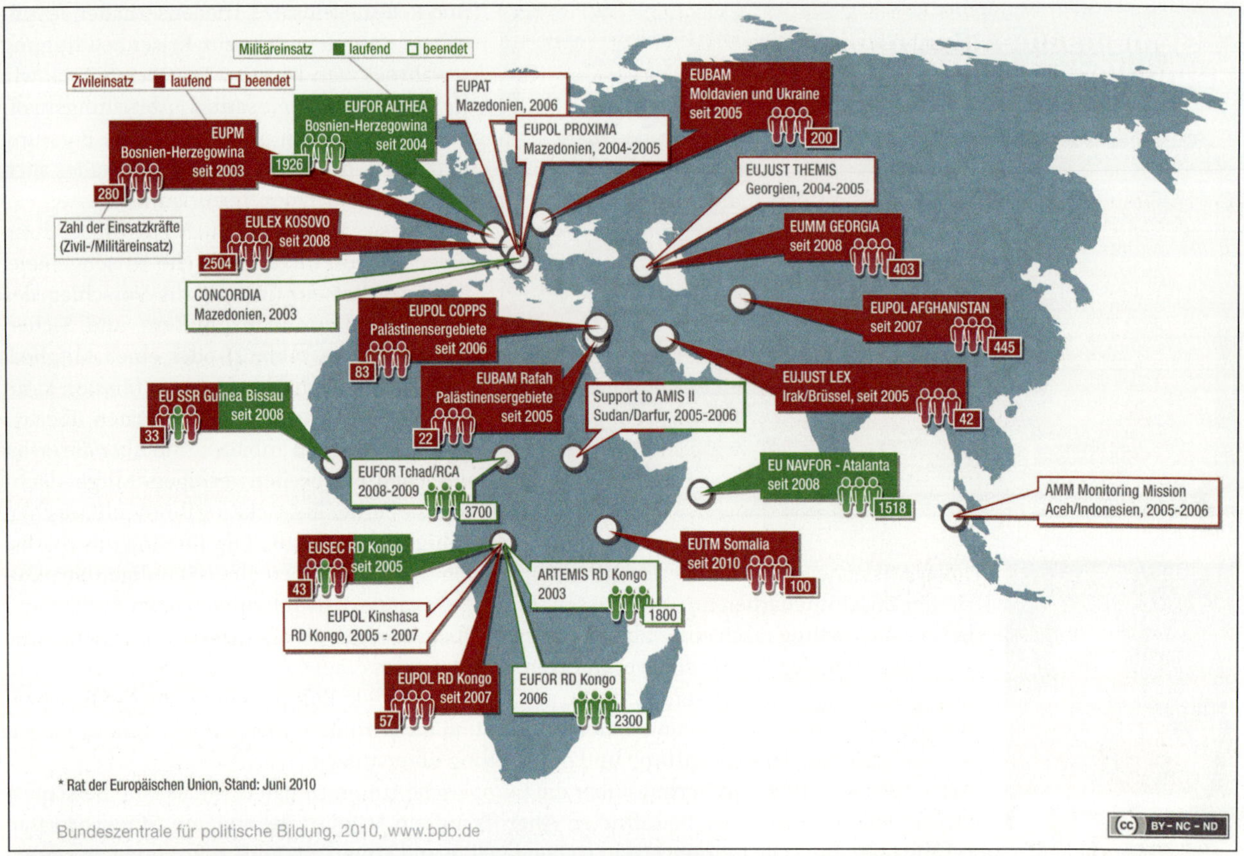

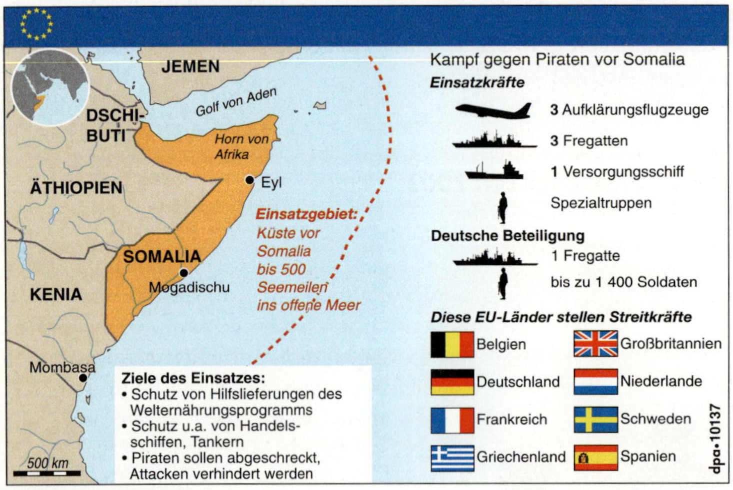

Abb. 3 (Stand: 2008)

und Justiz in anderen Ländern. Mit dem Kampf gegen die Piraterie vor der *Küste Somalias* (s. Abb. 3) und im Indischen Ozean ist eine neue Kategorie von Einsätzen hinzugekommen.

Bereits die erste Mission „Concordia" in *Mazedonien* 2003 konnte mit Erfolg abgeschlossen werden. Die Konflikte zwischen den Volksgruppen in diesem Land konnten entschärft werden. Reguläre Wahlen wurden durchgeführt. Die Militäroperation wurde anschließend von einer europäischen Polizeimission abgelöst. Überhaupt sind die Länder des ehemaligen Jugoslawiens ein Schwerpunktgebiet der GSVP. Es gilt, die verfeindeten Volksgruppen in *Bosnien-Herzegowina* und im *Kosovo* voreinander zu schützen, den Aussöhnungsprozess und den Aufbau funktionierender staatlicher Strukturen zu unterstützen. Die Aktion Althea in *Bosnien-Herzegowina* ist nach wie vor die größte der GSVP. Die größte zivile Mission ist EULEX in *Kosovo* zum Aufbau einer funktionierenden Verwaltung und Justiz.

Weitere Einsatzschwerpunkte waren und sind die Palästinensergebiete, Georgien und einige Länder Afrikas. Ein wenig beachteter Erfolg war die Beobachtermission in Aceh/Indonesien 2005/2006, bei der ein Friedensabkommen zwischen der Regierung und Rebellen erfolgreich umgesetzt wurde. Die Anforderung von Soldaten und Polizisten aus der EU zeigt das große Vertrauen der betroffenen Länder in die Zuverlässigkeit und Neutralität der Europäer.

Derzeit sind der Einsatz der Marine gegen Piraten vor Somalia und im Indischen Ozean von besonderem Interesse. Das gilt auch für die Polizeiausbildung in Afghanistan sowie die Beobachtermission in Georgien. Letztere dient der Überwachung des Waffenstillstands nach dem Krieg zwischen Russland und Georgien im letzten Jahr. An allen Einsätzen sind Bundeswehr und deutsche Polizei maßgeblich beteiligt.

(http://www.bundesregierung.de/Content/DE/Magazine/MagazinEuropapolitik/060/sw-2-einsatz-weltweit.html)

VERTIEFUNG M 53 EU und NATO – Probleme der EU-Militärpolitik

a) Eine „europäische Armee" wird es nicht geben

Die militärische Seite der Gemeinsamen Außen- und Sicherheitspolitik befindet sich erst im Aufbau. Heute verfügt die Gemeinschaft über einen eigenen Militärstab und einen Militärischen Planungsausschuss. Die meisten EU-Mitglieder sind zugleich Mitglieder der NATO (s. Abb.). Um ihre Politik abzustimmen, beschlossen 2003 die NATO und die EU auf einer Konferenz in Berlin (*„Berlin Plus"*), künftig in der Sicherheitspolitik und in Militärfragen enger zusammenzuarbeiten. Sie vereinbarten vor allem, dass

- bei militärischen Aktionen die Kommando- und Planungseinrichtungen der NATO, z. B. die Hauptquartiere, von der EU genutzt werden können,
- NATO-Ausstattungen – etwa Einrichtungen zur Kontrolle des Luftraumes oder Transportflugzeuge – der EU bei militärischen Einsätzen zur Verfügung stehen,
- NATO und EU bei Krisen und Konflikten Informationen austauschen und sich gegenseitig konsultieren.

(Herbert Uhl [Hg.], Grundwissen Politik, Ernst Klett Schulbuchverlag, Stuttgart 2007, S. 260 f.)

Eine eigene Armee oder auch nur eine Doppelung der bereits bestehenden NATO-Strukturen war in der ESVP (seit 2010: GSVP) nicht geplant. Die militärischen Mittel werden von den Streitkräften der europäischen Mitgliedstaaten bereitgestellt. Die militärischen Fähigkeiten der EU sollen so ausgelegt sein, dass sie in der Lage sein muss, mindestens 60 000 Soldaten für ein Jahr zu verlegen (Headline Goal).
Für schnelle Einsätze sind sogenannte *„Battle Groups"* vorgesehen. Sie sind die schnellen und flexiblen Eingreiftruppen der EU für internationale Krisen. Mit etwa 1 500 Soldaten sind sie innerhalb von fünf bis zehn Tagen einsatzbereit – unter anderem für Missionen im Auftrag der Vereinten Nationen. Ein 2003 abgeschlossenes Rahmenabkommen mit der NATO (s. o.) gibt der EU die Möglichkeit, auf Mittel und Fähigkeiten der NATO zurückzugreifen.

(Die Bundesregierung, Magazin zur Europa-Politik Nr. 60, 7/2009, S. 4; http://www.bundesregierung.de/Webs/Breg/DE/Magazine/magazine.html)

b) EU-Militäreinsätze an den Grenzen der Leistungsfähigkeit?

Auf den ersten Blick scheint die noch junge europäische Sicherheitspolitik recht erfolgreich zu sein. Zwanzig Einsätze auf drei Kontinenten, militärisch wie zivil, hat sie schon hervorgebracht. Derzeit laufen allein vier größere Operationen: je ein Militäreinsatz in Bosnien und in Tschad sowie je eine zivile Mission im Kosovo und in Georgien. Außerdem läuft ein Marineeinsatz zur Bekämpfung der Piraterie vor der Küste Somalias. Damit kann sich die EU zugutehalten, an wesentlichen Brennpunkten mit eigenen Kräften ihren Einfluss geltend zu machen.
In der EU sind sich aber alle bewusst, dass Europa damit an die Grenzen seiner Leistungsfähigkeit stößt. Gerade bei den Militäreinsätzen fehlt es an Soldaten und Gerät, sodass Truppenstellerkonferenzen in Brüssel vor allem immer wieder große Defizite ans Licht bringen (s. Kasten). So sind Hubschrauber, die in schwierigem Terrain eingesetzt werden können, Mangelware in allen Auslandseinsätzen. [...]

[Der europäische Rat hat Ende 2008] zwölf Bereiche festgelegt, an denen jetzt mit besonderem Nachdruck gearbeitet werden soll. Darunter finden sich nebeneinander sehr unterschiedlich komplexe Fähigkeitsfelder, wie tragbare Flugabwehrwaffen, Aufklärungsmittel auf allen Ebenen [...], Operationen mit und in Computernetzen, medizinische Unterstützung, höhere Verfügbarkeit von Hubschraubern [...]. Bei real eher fallenden Verteidigungsbudgets der 27 Mitgliedstaaten [lassen sich] kaum deutliche quantitative oder qualitative Leistungssteigerungen erkennen. Dies wird den realen Anspruchrahmen für ESVP-Operationen begrenzen und manche Hoffnung auf ein wirksames Eingreifen der EU in Krisenlagen enttäuschen müssen.

(Klaus Olshausen, Zehn Jahre ESVP. In: Der Mittler-Brief Nr. 3/2009, S. 8 f.)

Deutschland ist beileibe nicht das einzige Land, das auf die Bremse tritt, wenn es ums Geld geht. Die ehrgeizigen Franzosen selbst haben in der NATO gerade einen Offenbarungseid leisten müssen, weil sie nicht 15 bis 20 Millionen Euro übrig haben, um eine geplante Awacs*-Mission in Afghanistan zu bezahlen. Zieht man bei Briten und Franzosen, die als die größten Militärmächte des Kontinents gelten, die Aufwendungen für die sehr teuren Atomstreitkräfte ab, dann bleiben für die konventionelle Rüstung Mittel übrig, die den deutschen Wehretat ganz gut aussehen lassen. [...]

Diplomaten befürchten deswegen, dass die Mitgliedstaaten bald nicht mehr bereit sein werden, Soldaten für die „Battle Groups“ (s. o.) abzustellen. [Sie sind teuer in der Unterhaltung, aber bisher noch nicht zum Einsatz gekommen.] „Use it or lose it“, lautet eine Weisheit in der vom Englischen geprägten Verteidigungswelt – setze die Einheiten ein, sonst verlierst du sie. In der NATO ist eine ähnliche Eingreiftruppe schon eingeschlafen.

(Süddeutsche Zeitung v. 13.7.2009, S. 2; Verf.: Jeanne Rubner)

Dass die Battle Groups noch nicht eingesetzt wurden, ist vor allem auf unterschiedliche Positionen der Mitgliedstaaten zur Rolle der EU in der internationalen Sicherheitspolitik, zu ihren strategischen Zielen und zum Einsatz von Militär allgemein zurückzuführen. Diese Unterschiede erschweren grundsätzlich die Fassung eines notwendig einstimmigen Beschlusses über eine militärische Operation.

Angesichts dieser Bilanz stellt sich die Frage, wie die Battle Groups weiterentwickelt werden sollen. Aus den Operationserfahrungen der EU, jüngsten Herausforderungen wie der Erdbebenkatastrophe auf Haiti 2010, aber auch aus dem 2008 vereinbarten Ambitionsniveau und dem Lissabon-Vertrag lässt sich ableiten, wie sich die EU für die nächste Dekade sicherheitspolitisch ausrichten muss und welche Instrumente sinnvoll sind: mehr und vor allem gesichert verfügbare Einheiten sowie solche, die in integriert zivil-militärischen Szenarien eingesetzt werden können.

(Claudia Major/Christian Mölling: EU-Battlegroups. SWP-Studie Berlin, August 2010, S. 6; http://www.swp-berlin.org/fileadmin/contents/products/studien/2010_S22_mjr_mlg_ks.pdf)

1. Organisation und Entscheidungswege der GSVP sind eingebunden in das Institutionensystem der EU, auf das wir hier nicht näher eingehen können (kurzer schematischer Überblick: http://www.bpb.de/files/VTRXFK.pdf, S. 35 und 36 [Schema]). Klären Sie anhand des Textes (M 51, Z. 15 ff.) die Bedeutung der in Abb. 1 genannten „Akteure“ der GSVP. Weitere Informationen zur GSVP finden Sie ggf. unter den Internetadressen http://de.wikipedia.org/wiki/Gemeinsame_Sicherheits-_und_Verteidigungspolitik und http://www.auswaertigesamt.de/diplo/de/Europa/Aussenpolitik/ESVP/ESVP-Start.html sowie http://www.bpb.de/themen/Z6BR76.html.
2. Welche Möglichkeiten und Maßnahmen stehen der GSVP in der Praxis zur Verfügung?
3. Wo liegen die Schwerpunkte der bisherigen militärischen und zivilen GSVP-Operationen (M 52)? Eine vollständige Übersicht über Art und Umfang der GSVP-Operationen finden Sie unter der Internetadresse http://de.wikipedia.org/wiki/Gemeinsame_Sicherheits-_und_Verteidigungspolitik.
4. Das Nebeneinander von NATO und dem Aufbau von EU-Militäreinheiten hat jahrelang zu Diskussionen und Abstimmungsproblemen geführt. Beschreiben Sie anhand der Grafik in M 53 a, wie es sich mit der Mitgliedschaft der europäischen Länder in den beiden Organisationen verhält und in welcher Weise die Zusammenarbeit im „Berlin-Plus“-Abkommen (Z. 7) geregelt wurde.
5. Erläutern Sie die Bedeutung des sog. „Headline Goal“ und der 2004 beschlossenen und seit 2007 einsatzbereiten „Battle Groups“, von denen pro Halbjahr zwei zur Verfügung stehen sollen (M 53 a, Z. 17 ff., Näheres: http://de.wikipedia.org/wiki/EU_Battlegroup).
6. Zeigen Sie auf, inwiefern der Aufbau der EU-Militäreinheiten und die Durchführung von Militäreinsätzen die EU an die Grenzen ihrer Leistungsfähigkeit zu führen scheinen (M 53 b).
7. Erläutern Sie, welche Probleme die EU bisher mit dem Einsatz ihrer „Battle Groups“ hat (Z. 52 ff. und Kasten). Eine ausführliche Darstellung dazu finden Sie unter der als Quelle im Kasten angegebenen Internetadresse.
8. Nehmen Sie aus Ihrer Sicht Stellung: Sollte die EU ihre militärischen Kapazitäten eher weiter ausbauen oder sollte sie sich damit eher beschränken bzw. auf eine eigene Militärmacht ganz verzichten?

V Gefahren für Frieden und Sicherheit durch internationalen Terrorismus

1. Merkmale, Strukturen und Entwicklung des neuen internationalen Terrorismus seit dem 11. September 2001

M 54 Der 11. September 2001 erschüttert die Welt

Der Platz des World Trade Center ein Jahr nach dem Anschlag (heutige Bezeichnung: „Ground Zero")

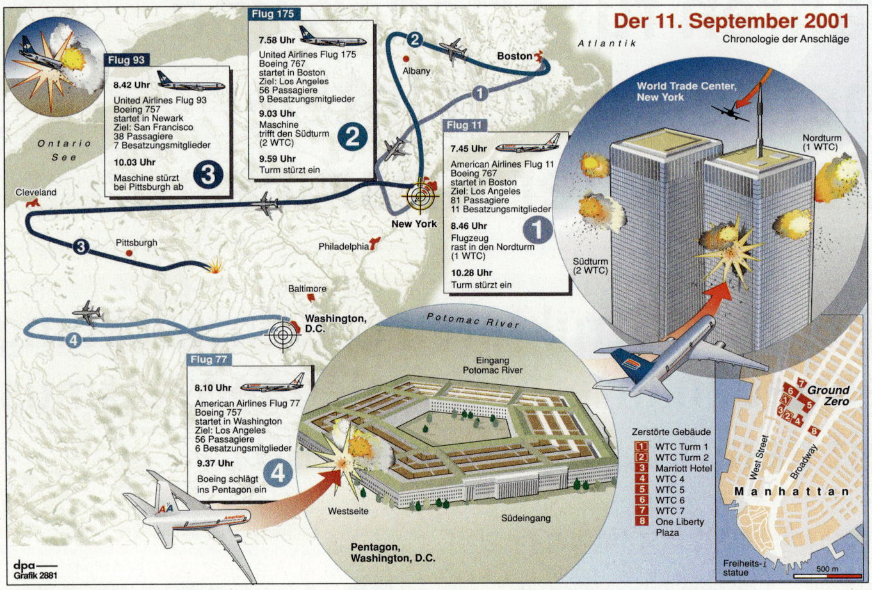

Am 11. September 2001 verübten islamistische Terroristen mehrere Anschläge in den USA, die rd. 3 000 Todesopfer forderten. Die Attentäter kaperten kurz nach dem Start vier Verkehrsflugzeuge. Um 8.45 Uhr Ortszeit stürzte die erste Maschine in den nördlichen Turm des *World Trade Center* in New York, eine Viertelstunde später eine zweite Maschine in den südlichen Turm. Die beiden 110 Stockwerke hohen Häuser gerieten im oberen Drittel in Brand und stürzten wenig später ein (s. Abb. S. 97). Die *Twin Towers* galten als Symbole nicht nur der Finanzmetropole New York, sondern auch der Wirtschaftsmacht USA.

Ein weiteres Verkehrsflugzeug wurde um 9.45 Uhr in das US-Verteidigungsministerium bei Washington (D. C.) gesteuert und zerstörte einen Teil des *Pentagon*. Ein viertes Flugzeug hätte den Landsitz des amerikanischen Präsidenten in Camp David oder ein Regierungsgebäude in Washington treffen sollen. Doch die Maschine stürzte zuvor ab. Dabei kamen alle Insassen ums Leben. Offenbar hatten Passagiere die Entführer überwältigen können. Insgesamt starben am 11. September 2 973 Menschen, davon 2 749 in New York, die übrigen im Pentagon in Washington und beim Absturz der vierten Maschine in Pennsylvania. Von den rd. 13 000 in den beiden Türmen des World Trade Center Beschäftigten konnten sich rd. 10 000 noch rechtzeitig in Sicherheit bringen.

„Globalisierte Unsicherheit"

Die Terroranschläge vom 11. September 2001 zerstörten schlagartig die Überzeugung von der eigenen Unverwundbarkeit und führten aller Welt eine „globalisierte Unsicherheit" vor Augen, ein Eindruck, der durch Attentate an anderen Orten noch verstärkt wurde. Was in New York und Washington, in Madrid oder auf Java geschah, offenbarte die Verletzlichkeit der technischen Zivilisation, die in aller Welt einen ebenso hohen wie teuren Überwachungs- und Kontrollaufwand erforderlich machte. „9/11" veränderte schlagartig die Weltpolitik und leitete einen weltweiten „Krieg gegen den Terror" ein, weil der transnational organisierte Terrorismus mit punktuellen Aktionen die Verwundbarkeit des globalen Systems vorführte.

(Tobias Debiel/Franz Nuscheler, Globalisierung und Verwundbarkeit. In: Praxis Politik 1/2008, S. 8, Westermann Verlag, Braunschweig 2008)

Die Anschläge lösten in den Vereinigten Staaten und bei ihren Verbündeten einen Schock aus. Hinzu kam, dass mit Ausnahme des japanischen Angriffes auf Pearl Harbor, der zum Eintritt des Landes in den Zweiten Weltkrieg* geführt hatte, die USA in ihrer gesamten Geschichte noch nie zuvor auf ihrem Staatsgebiet von ausländischen Gegnern angegriffen worden waren. Die Terrorangriffe machten deutlich, dass die hochgerüstete Supermacht, und darüber hinaus alle modernen Industriestaaten, durch derartige Terrorangriffe verwundbar waren. Der amerikanische Präsident sprach von einer Kriegserklärung an die gesamte zivilisierte Welt und kündigte einen lange dauernden Kampf gegen den internationalen Terrorismus an. Die Vereinten Nationen verurteilten in einer Resolution (2001/861) die terroristischen Gewalttaten als *Bedrohung des Weltfriedens und der internationalen Sicherheit.* (Autorentext)

1. Beschreiben Sie anhand von M 54 den Ablauf und die unmittelbaren Folgen des Terroranschlags vom 11. September in New York. Ziehen Sie dazu ggf. das **Video** http://bibliothek.phoenix.de/videobeitrag, 79.html# und die **Internetseiten** http://de.wikipedia.org/wiki/Terroranschläge_am_11._September_2001 und http://www.agenda21-treffpunkt.de/thema/terror-usa.htm hinzu.

2. Worin lag für die Menschen in den USA und der ganzen Welt das Neue und Furchtbare dieses Anschlags (s. Kasten)?

3. Als wichtige unmittelbare weltpolitische Folgen des „11. September" können der Afghanistan-Krieg, der wenige Wochen nach dem Anschlag begonnen wurde, und der Irak-Krieg (2003) betrachtet werden. Vergleichen Sie dazu ggf. M 14 und M 58.

M 55 Merkmale des neuen transnationalen Terrorismus

Seit Beginn der 1990er-Jahre hat sich mit dem transnationalen Terrorismus eine neue Form globaler politisch-militärischer Gewalt nicht staatlicher (z. T. aber staatlich unterstützter) Akteure entwickelt, als dessen Prototyp [Urbild, Muster] das von Osama bin Laden geschaffene Al-Qaida-Netzwerk angesehen werden kann.

Eine allgemein anerkannte Definition des Terrorismusbegriffs gibt es bislang nicht.

In Anlehnung an H. Hess lässt sich **Terrorismus** am ehesten als Reihe punktueller, unvorhersehbarer, aber systematisch ausgeführter massiver Gewaltakte mit dem Ziel nicht nur der physischen Vernichtung der (oft willkürlich ausgesuchten) Opfer, sondern v. a. der größtmöglichen psychischen Wirkung auf Regierungen und Öffentlichkeit im Rahmen einer politischen Gesamtstrategie beschreiben.

Von *internationalem Terrorismus* spricht man, wenn terroristische Gruppen Anschläge grenzüberschreitend verüben, um die Aufmerksamkeit der Weltöffentlichkeit auf ihr Anliegen zu lenken, das im Wesentlichen aber lokalisierbar ist.

Der **transnationale Terrorismus** ist dagegen sowohl hinsichtlich seiner Organisation als auch hinsichtlich seines Aktionsradius und seiner Ziele entgrenzt. Wichtigstes Wesensmerkmal ist seine *Netzwerkstruktur*: Seine dezentralen, halb autonom organisierten und unterschiedlich eng miteinander verknüpften Zellen erstrecken sich (mit regionalen Schwerpunkten) über die ganze Welt.

Zu den *Strategien* des Terrorismus [...] gehört es, durch die besonders schockierende, demütigende und symbolisch aufgeladene *Inszenierung von Gewalt* „das Denken zu besetzen" (Carl Schmitt). Für die Mobilisierung von Sympathisanten und die Rekrutierung neuer Kämpfer, die bereit sind, für die vermeintlich gute Sache ihr Leben zu geben, setzt die terroristische Strategie unter Einbeziehung der unfreiwilligen Mithilfe des Feindes auf *Eskalation:* Durch die kompromisslose Brutalität der Attentate soll der Feind zu extremen Gegenmaßnahmen herausgefordert werden, die wiederum der eigenen Basis die moralische Rechtfertigung liefern und die Notwendigkeit vor Augen führen sollen, diesen Feind mit allen Mitteln zu bekämpfen.

Im 19. und v. a. 20. Jh. haben sich zahlreiche antikoloniale Befreiungsbewegungen und ethnisch-nationalistisch, separatistisch, sozialistisch-revolutionär oder religiös-fundamentalistisch motivierte ideologische Kampfgruppen der Strategie des Terrorismus bedient. Die neue Qualität des transnationalen gegenüber früheren Formen des Terrorismus besteht darin, dass er sich *grundsätzlich gegen die gesamte westlich-demokratische Kultur* wendet (s. M 56 a) und damit eine wirkliche globale Bedrohung darstellt.

Während Terrororganisationen wie etwa die baskische ETA*, die kurdische PKK*, die palästinensische Hamas oder die deutsche RAF* mit ihren Anschlägen (im In- und Ausland) politische Veränderungen in ihrem jeweiligen Land erzwingen woll(t)en – wie etwa die staatliche Unabhängigkeit der von ihnen repräsentierten Volksgruppen oder die Revolution des bestehenden politischen Systems –, ist das erklärte Ziel des transnationalen Terrorismus kein geringeres als die *Revolution der gegenwärtigen Weltordnung.*

Im Verständnis der fundamentalistisch*-islamistischen Ideologie (nicht des Islam!) stellt die Dominanz der westlichen Demokratien und das Einsickern ihres Lebensstils in zahlreiche noch islamistisch geprägte Gesellschaften eine kulturimperialistische Bedrohung der islamischen Identität insgesamt dar, die zum Wohlgefallen Allahs mit allen Mitteln ohne jedes Tabu, auch unter Hingabe des eigenen Lebens *(Mythos vom Märtyrertod;* s. Abb. und Kasten*)*, abgewehrt werden muss.

Ziele für ihre Anschläge finden die sich im „Heiligen Krieg" (Dschihad) wähnenden islamistischen Terroristen nicht nur in der westlichen Welt, sondern auch in den islamistischen Gesellschaften, denen sie selbst entstammen und deren Führungsschichten sie vorwerfen, sich von den Verlockungen des sündigen Westens korrumpieren zu lassen und der allgemeinen Verwestlichung Vorschub zu leisten.

Potenzielle palästinensische Selbstmordattentäter im Libanon mit Sprengstoff im Gürtel; auf dem Stirnband steht „Der Tod im Namen Gottes ist unser Wunsch".

Grundsätzlich gilt im Islam der Selbstmord als schwere Sünde, denn nur Gott allein hat das Recht, das Leben, das er gegeben hat, auch wieder zu nehmen. Stirbt jedoch „für die Sache Gottes" im Dschihad* (s. M 56 a) ein Kämpfer (des Glaubens), erhält er den ehrenvollen Titel eines Märtyrers (arab. shahid = Zeuge) und gelangt als solcher ohne Warten auf die Auferstehung und das Jüngste Gericht in das Paradies.

(Berndt Georg Thamm, „Märtyrer" – Waffengattung im „Heiligen Krieg" [Dschihad]; in: Der Mittler-Brief, Informationsdienst zur Sicherheitspolitik Nr. 2/2009, Verlag E. S. Mittler, Hamburg 2009, S. 1)

Für die Planung und Ausführung des vermeintlichen Dschihad werden die durch die Globalisierung sich ergebenden *Bewegungs- und Kommunikationsmöglichkeiten* ebenso professionell genutzt wie sämtliche im Rahmen des freien bzw. nur unzureichend kontrollierbaren Kapital- und Warenverkehrs möglichen legalen wie illegalen Quellen für die Finanzierung. Die Koordination zwischen den vielen kleinen, quer über den Globus verteilten Zellen erfolgt mithilfe modernster Kommunikationstechnologien, was diese u. a. in die Lage versetzt, zur gleichen Zeit Anschläge an verschiedenen Orten durchzuführen.

(Andreas Vierecke/Bernd Mayerhofer/Franz Kohout, dtv-Atlas Politik, Deutscher Taschenbuch Verlag, München 2010, S. 221; Verf.: Franz Kohout)

Stellen Sie in einer stichwortartigen Übersicht wichtige Merkmale des transnationalen Terrorismus heraus, wie er sich seit dem „11. September" darstellt, und gehen Sie dabei besonders auch auf die Selbstmordanschläge und auf die Bedeutung des Internet für die „schwer fassbare" Organisation ein (M 55). Welche dieser Merkmale waren schon für den „11. September" maßgeblich?

VERTIEFUNG **M 56 a**

Islamismus und islamistischer Terrorismus

Islamismus – Missbrauch einer Religion

Während der Islam eine Religion ist, ist der Islamismus im Gegensatz dazu eine politische Ideologie. Islamisten benutzen die Sprache der Religion, um politische Botschaften zu verbreiten. Sie nehmen für sich in Anspruch, den „wahren Islam" zu vertreten. Sie behaupten, nur sie selbst oder Gleichgesinnte könnten die Religion „richtig" auslegen. Abweichende Auslegungen lassen sie nicht gelten. [...]

Doch sind die Denkmuster und Konzepte der verschiedenen islamistischen Gruppierungen nicht gleich. Es gibt große Unterschiede, und keineswegs alle wenden Gewalt an. Manche distanzieren sich ausdrücklich von Terrorakten. [...] Einige islamistische Bewegungen sind vor allem in sozialer und karitativer Arbeit engagiert. Damit gelingt es ihnen, Sympathien für ihre Aktivitäten zu gewinnen. Andere Organisationen dagegen unterhalten sowohl einen bewaffneten Zweig als auch soziale Einrichtungen. [...]

Der Begriff des **Dschihad** nimmt einen wichtigen Platz in der Debatte um den militanten Islamismus ein. Dschihad bezeichnet eine Anstrengung oder Bemühung, die auf ein bestimmtes Ziel gerichtet ist. Zunächst bedeutet dies, dass sich der Gläubige religiös (gegenüber Gott) und moralisch (gegenüber den Menschen) so verhält, wie es der Islam vom Gläubigen verlangt. Die meisten heutigen islamischen Gelehrten unterscheiden zwischen einem geistigen sogenannten „großen Dschihad" und einem „kleinen Dschihad". Der kleine Dschihad schließt die Ausübung von Gewalt ein. Diese Unterscheidung soll durch den Propheten Muhammad selbst getroffen worden sein. Allerdings ist ein entsprechender Ausspruch in keiner der großen Traditionssammlungen zu finden. Möglicherweise ist diese Unterscheidung also erst später eingeführt worden.

Die Terrorgruppen, die gegenwärtig im Namen des Islam weltweit aktiv sind, benutzen jedoch ausschließlich diese zweite Bedeutung des Begriffs Dschihad. Sie behaupten, dass sich alle Muslime weltweit in einem *Verteidigungskampf gegenüber dem Westen* befänden. Sie sagen, dass der Westen den Islam bekämpfen oder sogar ausrotten wolle. Daher nehmen sie sich das Recht, mit Gewalt für ihre Ziele zu kämpfen.

Mit ihrer Brutalität terrorisieren sie sowohl Nicht-Muslime als auch alle Muslime, die nicht ihrer Auffassung sind. Sie dulden keinen Widerspruch und töten jeden, der sich ihnen in den Weg stellt. Damit entsteht der Eindruck, der Islam als Religion sei grundsätzlich gewalttätig.

(Innenministerium Nordrhein-Westfalen, Islamismus – Missbrauch einer Religion; www.im.nrw.de/imshop/shopdocs/missbrauch_einer_religion.pdf, S. 9 f., 18, 23 – 25)

M 56 b

Das Terrornetzwerk Al-Qaida

Zu den bedeutendsten der islamistisch-terroristischen Organisationen zählt Osama bin Ladins Organisation „Al-Qaida" („Die Basis"). Sie entstand im Zuge der sowjetischen Invasion in Afghanistan (1979 – 1989; vgl. M 14). Damals wurden in speziellen Trainingslagern in Pakistan und Afghanistan Araber unterschiedlicher Herkunft zur Unterstützung der afghanischen Mujahedin („Glaubenskämpfer"; vgl. M 14) ausgebildet. Osama bin Ladin finanzierte und gründete eine

Abb. 1: Osama bin Ladin (l.), gebürtiger Saudi-Araber, und sein Stellvertreter Al-Sawahiri (r.) auf einem Foto aus dem Jahre 2001. Im amerikanischen Länderbericht „Terrorismus 2007" heißt es: „Obwohl Bin Ladin weiterhin der ideologische Kopf blieb, stieg Al-Sawahiri zum strategischen und operationellen Planer auf."

Abb. 2: Anti-amerikanische Proteste von rd. 6000 Demonstranten in der 1,2-Millionen-Stadt Üeshawar im Nordwesten Pakistans (an der Grenze zu Afghanistan) am 21.9.2001. Auf den Transparenten ist u.a. zu lesen: „Wir werden kämpfen bis zur Zerstörung der USA", „Amerika ist der Terrorist Nr. 1", „Osama bin Ladin ist der Held Nr. 1".

Vielzahl dieser Ausbildungscamps. Er war selbst als Kommandeur in einigen Lagern tätig. Durch dieses Engagement und den späteren Sieg der Mujahedin über die militärisch überlegene Sowjetarmee gelangte Osama bin Ladin innerhalb seiner Kreise zu erheblichem Ruhm. In den Neunzigerjahren entwickelte sich „Al-Qaida" zu einer *international tätigen Organisation mit neuer Zielsetzung.* [...] Gemeinsam mit dem damaligen Führer der Terrorgruppe „Jihad Islami" („Islamischer Heiliger Krieg"), Aiman al-Zawahiri (s. Abb. 1), der seinerseits gegen das ägyptische Regime kämpfte, einigte er sich auf eine *neue Terrorstrategie.* Fortan wollte man vor allem die *Amerikaner* intensiv bekämpfen, um sie auf diese Weise von islamischem Boden zu vertreiben. Nach und nach entwickelte sich daraus die Idee des Kampfes gegen „den Westen" generell mit dem Ziel möglichst hoher Opferzahlen, vor allem in der Zivilbevölkerung. Zu diesem Zweck gründete Bin Ladin 1998 mit anderen Vertretern islamistischer Organisationen die „Islamische Weltfront zum Jihad gegen Juden und Kreuzritter". Gemeinsam gaben sie eine Erklärung heraus, in der es als Pflicht eines jeden Muslims bezeichnet wurde, Amerikaner und ihre Verbündeten (s. Abb. 2), Zivilisten und Militärs, zu töten, wo immer sich dazu die Gelegenheit böte – so lange, bis sie sich von islamischem Boden zurückziehen würden. Genau diesem Zweck dienten die Anschläge des 11. September 2001 sowie weitere spektakuläre Terroranschläge, die bis in die jüngste Zeit reichen (s. M 57).

„Al-Qaida" hat seit dem 11. September 2001 und dem folgenden weltweiten Anti-Terror-Kampf ihre Struktur und Arbeitsweise verändert. Viele führende Mitglieder wurden verhaftet oder getötet, andere sind untergetaucht. Eine unbekannte Zahl von Jihadisten ist unterdessen aus Afghanistan oder anderen Krisenregionen in ihre Herkunftsländer zurückgekehrt und hat dort neue terroristische Zellen aufgebaut. Wenn wir heute vom **internationalen Terrornetzwerk** sprechen, so sind damit im Grunde einzelne, unterschiedlich große Netzwerke gemeint, die nur zum Teil miteinander verknüpft sind. Eine unbestimmte Anzahl steht in direkter Verbindung zu „Al-Qaida", andere wiederum unterhalten nur lose Kontakte zu Mittelsmännern der Terrororganisation oder weisen keinerlei organisatorische Verbindung zu ihr auf. Solche *eigenständigen Terrorzellen* sind aber nicht weniger gefährlich, denn ihre Mitglieder stimmen mit den Auffassungen Bin Ladins überein und sind jederzeit bereit, terroristische Angriffe durchzuführen. Dies trifft ebenso auf unorganisierte Extremisten, sogenannte „non-aligned Mujahedin" zu, die keiner bestimmten Organisation oder Gruppe angehören. Für sie alle ist Osama bin Ladin vor allem eine Leitfigur, ein geistiger Mentor [Berater, Erzieher], der sie zu Hass und Gewalt inspiriert.

(Innenministerium Nordrhein-Westfalen, Islamismus – Missbrauch einer Religion; www.im.nrw.de/imshop/shopdocs/missbrauch_einer_religion.pdf, S. 9 f., 18, 23–25)

1 Für die allermeisten Anschläge des internationalen Terrorismus seit dem „11. September" sind „islamistische" Täter verantwortlich. Der Analyse von M 56 a kommt daher besondere Bedeutung zu. Achten Sie dabei auf die wichtigen Unterscheidungen zwischen „Islam" und „Islamismus" sowie zwischen „Islamisten" und „islamistischen Terroristen". Erstellen Sie dazu eine kleine stichwortartige Gegenüberstellung. Näheres finden Sie ggf. in der auf S. 100 abgebildeten Broschüre, die im Internet zur Verfügung steht (Internetadresse: s. Quellenangabe zu M 56 a). Weitere Informationen zum Thema „Terrorismus/Islamismus" finden Sie auch auf der Internetseite http://www.agenda21-treffpunkt.de/thema/terrorismus.htm.

2 Eine wichtige Rolle in der Diskussion über den islamistischen Terrorismus spielt der Begriff des Jihad (Dschihad = Bewegung). Was wird darunter verstanden? Von welchen Überzeugungen lassen sich „Dschihadisten" leiten?

3 Bis heute bekennen viele islamistische Attentäter ihre Zugehörigkeit zum Terrornetzwerk „Al-Qaida" (andere Schreibweise: Al Kaida), das für die Anschläge des „11. September" verantwortlich war und von Osama bin Ladin (andere Schreibweise: Usama Bin Laden) bzw. seinem Stellvertreter Al-Sawahiri (s. Foto S. 101 o.) gelenkt wird. Beschreiben Sie die Geschichte dieser Organisation, ihre spezifischen Feindbilder und ihre heutige organisatorische Struktur (M 56 b; s. dazu www.im.nrw.de/sch/563.html).

M 57 Bilanz des Schreckens – Anschläge islamistischer Terroristen seit dem 11. September 2001 – 2009 (Auswahl)

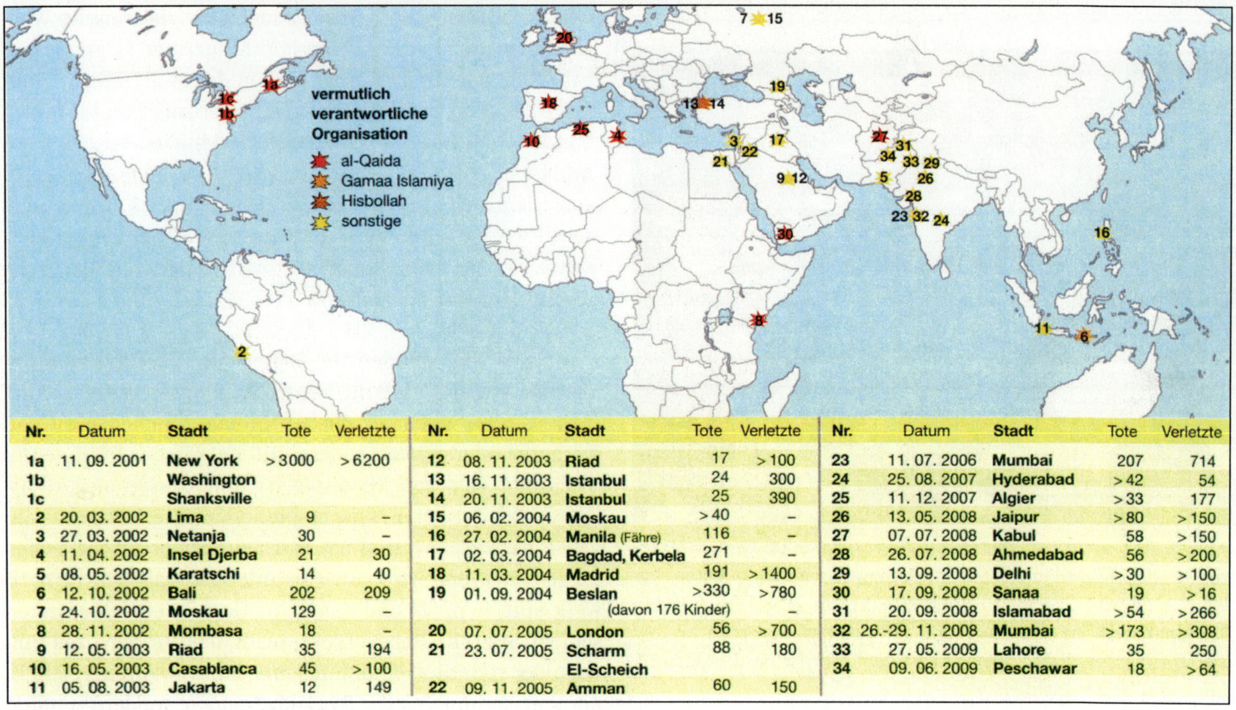

Nr.	Datum	Stadt	Tote	Verletzte
1a	11. 09. 2001	New York	> 3000	> 6200
1b		Washington		
1c		Shanksville		
2	20. 03. 2002	Lima	9	–
3	27. 03. 2002	Netanja	30	–
4	11. 04. 2002	Insel Djerba	21	30
5	08. 05. 2002	Karatschi	14	40
6	12. 10. 2002	Bali	202	209
7	24. 10. 2002	Moskau	129	–
8	28. 11. 2002	Mombasa	18	–
9	12. 05. 2003	Riad	35	194
10	16. 05. 2003	Casablanca	45	> 100
11	05. 08. 2003	Jakarta	12	149
12	08. 11. 2003	Riad	17	> 100
13	16. 11. 2003	Istanbul	24	300
14	20. 11. 2003	Istanbul	25	390
15	06. 02. 2004	Moskau	> 40	–
16	27. 02. 2004	Manila (Fähre)	116	–
17	02. 03. 2004	Bagdad, Kerbela	271	–
18	11. 03. 2004	Madrid	191	> 1400
19	01. 09. 2004	Beslan	>330	>780
		(davon 176 Kinder)		–
20	07. 07. 2005	London	56	> 700
21	23. 07. 2005	Scharm El-Scheich	88	180
22	09. 11. 2005	Amman	60	150
23	11. 07. 2006	Mumbai	207	714
24	25. 08. 2007	Hyderabad	> 42	54
25	11. 12. 2007	Algier	> 33	177
26	13. 05. 2008	Jaipur	> 80	> 150
27	07. 07. 2008	Kabul	58	> 150
28	26. 07. 2008	Ahmedabad	56	> 200
29	13. 09. 2008	Delhi	> 30	> 100
30	17. 09. 2008	Sanaa	19	> 16
31	20. 09. 2008	Islamabad	> 54	> 266
32	26.-29. 11. 2008	Mumbai	> 173	> 308
33	27. 05. 2009	Lahore	35	250
34	09. 06. 2009	Peschawar	18	> 64

(Andreas Vierecke/Bernd Mayerhofer/Franz Kohout, dtv-Atlas Politik, Deutscher Taschenbuch Verlag, München 2010, S. 220)

Die Internetseite http://de.wikipedia.org/wiki/Al-Qaida führt eine nach Jahren (seit 1993) geordnete, ständig aktualisierte Liste der bekanntesten Al-Quaida-Terroranschläge. Die tatsächliche Zahl wird auf mehrere Tausend geschätzt. Die Anzahl der Todesopfer sei „praktisch unmöglich zu bestimmen". Unter Einbezug Al-Qaida-naher Organisationen im Irak, Afghanistan, Pakistan, Nordafrika, Indien und Südostasien sei von „einer hohen fünfstelligen Zahl" auszugehen.

Am 29.11.2008 überfiel eine islamistische Terrorgruppe gleichzeitig zwei Luxushotels und andere Einrichtungen in der indischen Stadt Bombay (Mumbai); es kamen über 170 Menschen ums Leben; im Bild das Taj-Mahal-Hotel, in dem nach mehreren Explosionen ein Brand ausbrach.

Weltweit lag Indien im Jahr 2009 mit 663 Todesopfern terroristischer Anschläge an 6. Stelle nach Irak (3654), Pakistan (2670), Afghanistan (2778), Somalia (1441) und Dem. Rep. Kongo (1346) (vgl. http://www.nctc.gov/witsbanner/docs/2009_report_on_terrorism.pdf).

Die Terroranschläge am Morgen des 7.7.2005 erschütterten ganz **England**. Vier Bombenträger (sog. „Rucksackbomber") hatten sich gleichzeitig in London in drei U-Bahn-Zügen und einem Doppeldeckerbus in die Luft gesprengt. 56 Menschen kamen zu Tode, über 700 wurden z. T. schwer verletzt.

Schon im Jahr zuvor hatte ein furchtbarer Anschlag die Menschen im Herzen Europas in Angst und Schrecken versetzt: Am Morgen des 11. März 2004 explodierten in **Spanien** fast zeitgleich zehn Bomben in Pendlerzügen und in Bahnhöfen. Nahezu zweihundert Menschen starben, mehr als 1400 wurden mit zum Teil schweren Verletzungen in die Krankenhäuser eingeliefert. Spezialeinheiten der Polizei brachten eine Reihe weiterer Sprengsätze, die in Rucksäcken versteckt waren, kontrolliert zur Explosion.

M 58 Seit 2003: Blutige Gewalt im Irak

Bild des Grauens: Am 21. Juni 2009 tötete in der nordirakischen Stadt Kirkuk eine Autobombe 72 Menschen und zerstörte Dutzende von Häusern. Es war der vorläufige Höhepunkt einer plötzlich einsetzenden **Welle von Terroranschlägen**, die sich insbesondere gegen schiitische Gläubige richteten. Seit Ende April waren mehr als 250 Menschen zu Tode gekommen. Weitere Terrorwellen sorgten dafür, dass auch 2009 der Irak das Land mit der höchsten Zahl (3674) der Terroropfer war (vgl. M 57, S. 102). Mit dem schrittweisen Abzug der amerikanischen Truppen ging die Verantwortung für die Sicherheit entsprechend in die Hände der irakischen Sicherheitskräfte über. Bis zum Mai 2010 kam es zu mehreren Anschlagserien (im Februar starben dabei 100 schiitische Pilger, im April und Mai fielen zusammen rd. 300 Menschen in Bagdad und im ganzen Lande den Anschlägen (vor allem von Al-Qaida-Terroristen) zum Opfer. Für das gesamte Jahr 2010 wurden 4038 zivile Gewaltopfer gezählt (www.iraqbodycount.org/database).

Der von den USA am 20.3.2003 ohne Zustimmung des UN-Sicherheitsrates (Russland und China hatten ihr Veto angekündigt) begonnene, u. a. von Großbritannien unterstützte Irak-Krieg führte am 9.4.2003 zur Einnahme der Hauptstadt Bagdad und wurde am 1.5.2003 offiziell für beendet erklärt. US-Präsident Bush begründete das Vorgehen mit dem Hinweis, dass der Irak den internationalen Terrorismus unterstütze und über Massenvernichtungswaffen verfüge. Der für seine Brutalität bekannte irakische Diktator Saddam Hussein wurde Ende Juni 2004 in einem Versteck entdeckt, am 5. November 2006 von einem irakischen Gericht zum Tode verurteilt und am 30.12.2006 hingerichtet (Näheres zur Vorgeschichte und zum Ablauf des Krieges: http://de.wikipedia.org/wiki/Irak-Krieg).

Die Folgezeit war gekennzeichnet einerseits durch die Entdeckung furchtbarer Gräueltaten (u. a. Massenhinrichtungen) aus der Zeit des Saddam-Regimes und andererseits durch Versuche der amerikanischen und britischen Militärverwaltung, für Ordnung und Sicherheit zu sorgen und die Voraussetzungen für den Wiederaufbau des unter massiven Zerstörungen leidenden Landes zu schaffen. Zahlreiche, fast tägliche Anschläge islamistischer Terroristen und Saddam-Anhänger auf amerikanische Soldaten, irakische Sicherheitskräfte, die irakische Zivilbevölkerung und Mitglieder internationaler Hilfsorganisationen hatten Zigtausende von Todesopfern zur Folge.
Die Gewaltakte (ganz überwiegend Selbstmordattentate) gingen sowohl von islamistischen (vermutlich vom Al-Qaida-Netzwerk [s. M 56 b] gesteuerten) terroristischen Gruppen als auch von Widerstandskämpfern gegen die Besatzungstruppen aus. Besonders viele Todesopfer forderte aber die zunehmend gewaltsame, ebenfalls durch Selbst-

mordattentate gekennzeichnete Auseinandersetzung zwischen dem kleineren sunnitischen Teil der Bevölkerung, der vom Saddam-Regime gestützt worden war, und dem größeren, von Saddam unterdrückten schiitischen Teil. Gelegentlich wird von einem „konfessionellen Bürgerkrieg" gesprochen.
Seit Ende 2007 kam es zu einer relativen Stabilisierung der Situation. Die Zahl der Terroranschläge ging von 6 210 im Jahr 2007 auf 3 258 im Jahr 2008 zurück. Zur Entwicklung in den Jahren 2009/2010 s. den Text zum Foto.

(Autorentext)

1 Es vergeht kaum ein Tag, an dem nicht in den Medien über terroristische Anschläge irgendwo in der Welt berichtet wird; die Übersicht (M 57) enthält nur einige der schwerwiegendsten bis zum Jahr 2008. Welche beiden europäischen Länder waren bisher am schwersten betroffen?

2 Von der Situation im Irak war in den vorangehenden Materialien wiederholt die Rede. Anhand von M 58 können Sie sich etwas näher über den Irak-Krieg informieren und über die Entwicklung, die sich seit dem Ende des Krieges in diesem Land vollzogen hat. Erkundigen Sie sich nach dem neuesten Stand dieser Entwicklung.

M 59 Terrorgefahr in Deutschland

M 59 a „Gefährder", islamische Extremisten, Gruppierungen

In Deutschland gibt es nach den Erkenntnissen des Bundesamtes für Verfassungsschutz zwar offiziell weniger als einhundert sogenannte „Gefährder": Personen, die Kontakte zu Terrororganisationen pflegen, eine terroristische Ausbildung durchlaufen oder am Dschihad in Bosnien, Afghanistan oder Irak teilgenommen haben. Tatsächlich aber liegt ihre Zahl deutlich höher, denn in den vergangenen Monaten wurden eine Reihe von Gefährdern wieder aus der Kategorie herausgenommen, da die aufwendigen Überwachungsmaßnahmen personell und finanziell nicht mehr tragbar waren. Die Gefährder sind eingebettet in eine Szene von mehr als 32 000 islamischen Extremisten, organisiert in 28 Gruppierungen. Auch unter diesen sinkt die Hemmschwelle zur Ausübung von Gewalt, und zwar in dem Maße, wie der Terrorismus der Al-Qaida als legitime Selbstverteidigung angesehen wird, zum Beispiel gegen israelische Soldaten in Palästina, russische Soldaten in Tschetschenien und amerikanische Soldaten im Irak.
Bei ihren Ermittlungen stoßen die Sicherheitsbehörden immer wieder auf Hinweise, dass auch weiterhin Vorbereitungen für Anschläge innerhalb Deutschlands laufen.

(Elmar Theveßen, Unter den Augen der Ermittler; In: Das Parlament Nr. 50 v. 10.12.2007, S. 12; der Autor ist Terrorismusexperte und stellvertretender Chefredakteur des ZDF.)

Abb. 1

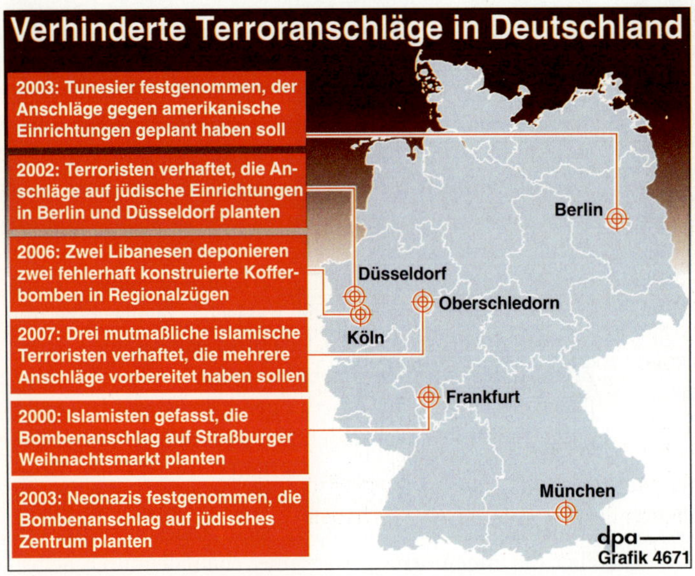

Abb. 2: Aufnahmen der Überwachungskameras auf dem Kölner Hauptbahnhof führten 2006 zur Identifizierung der „Kofferbomber" von Köln: Der Libanese Youssef El H. und sein Komplize Jihad H. hatten am 31.7.2006 auf dem Kölner Hauptbahnhof in zwei Regionalzügen selbst gebastelte Bomben in Koffern deponiert, die aber wegen technischer Fehler nicht explodierten. Jihad H. wurde im Libanon, Youssef El H. am 9.12.2008 in Deutschland zu lebenslanger Haft verurteilt.

M 59 b „Homegrown-Terrorismus" – Das Geständnis der „Sauerland-Gruppe" vor Gericht

Abb. 1: Die drei Terroristen der „Sauerland-Gruppe" nach ihrer Verhaftung (o.) und bei Prozessbeginn am 22.4.2009: v. l.: Adem Yilmaz, Daniel Schneider, Fritz Gelowicz.

● Ihre Entschlossenheit und ihre Verachtung für die staatliche Ordnung schockierte die Fahnder, die den Mitgliedern der mutmaßlichen Terrorzelle über Monate auf den Fersen waren. Am 4. September 2007 verhafteten die Ermittler in Oberschledorn im Sauerland die jungen Muslime beim Mischen von Sprengstoff. Zwei der Männer sind Konvertiten, Deutsche, die zum Islam übergetreten sind. Die drei Festgenommenen und sieben weitere Mitwisser sollen Schreckliches geplant haben – mehrere Bomben mit der Sprengkraft von insgesamt 550 Kilogramm TNT wollten sie einsetzen, verteilt auf zwei bis drei PKW, platziert vor Diskotheken, Cafés und amerikanischen Militäreinrichtungen in Deutschland. Zum Vergleich: Bei den Anschlägen von Madrid im März 2004 explodierten zwölf Sprengsätze mit je fünf Kilogramm – 191 Menschen wurden getötet.
Die Gruppe um Fritz Gelowicz aus Ulm, Daniel Schneider aus Saarbrücken und Adem Yilmaz aus Langen steht exemplarisch für die Art der Bedrohung, mit der es Deutschland jetzt zu tun hat – *Terrorverdächtige mit deutscher Staatsbürgerschaft* mitten aus der Bevölkerung.

(Elmar Theveßen [= M 59 a], S. 12)

Abb. 2

Klar ist für die meisten Experten, dass Heimkehrer, die in Afghanistan oder Pakistan in Milizen gekämpft haben, eine große Gefahr darstellen. So geht das BKA davon aus, dass sich derzeit mehr als 400 Islamisten in Deutschland aufhalten, von denen etwa 130 als harter Kern gelten. Schätzungsweise 70 könnten in Terrorcamps ausgebildet worden sein. Alle Fachleute warnen zudem vor den „homegrown terrorists", die in den USA oder in Europa geboren sind, dort leben und im Internet durch dschihadistische Hasspropaganda zu potenziellen Terroristen werden.

(Süddeutsche Zeitung v. 6.10.2010, S. 5; Verf.: Hans Leyendecker)

● Seit Beginn des 21. Jahrhunderts bezeichnen Sicherheitskreise Deutschlands mit **Homegrown-Terrorismus** eine Spielart des islamistischen Terrorismus, dessen Akteure nicht mehr traditionell aus islamischen Ländern stammen oder Nachkommen islamischer Immigranten sind. Der „neue" Homegrown-Terrorismus rekrutiert sich vielmehr aus gebürtigen deutschen Staatsangehörigen, vor allem Jugendlichen, die zum Islam konvertiert und ins Fahrwasser des Islamismus geraten sind. Sie werden in speziellen Trainingscamps islamischer Länder ausgebildet und mit den technischen wie ideologischen Voraussetzungen zur Durchführung von Terroraktionen ausgestattet.

● In seinem umfassenden Geständnis vor dem Düsseldorfer Oberlandesgericht vermittelte der „Kopf" der „Sauerland-Gruppe", Fritz Gelowicz (s. Abb. 1), Einblicke in die Motivation der Gruppe und das Netzwerk der „Islamischen Dschihad Union" (s. Abb. 3, S. 106). Er habe der Führung der Islamischen Dschihad-Union in Pakistan die Treue geschworen und sei zum „Leiter der Operation in Deutschland" bestimmt worden, sagte Gelowicz vor dem Düsseldorfer Oberlandesgericht. „Das Hauptziel sollten amerikanische Soldaten in Deutschland sein", gestand Gelowicz. Zweitens sollte ein US-Ziel mit politischer Bedeutung wie ein Konsulat auserkoren werden. Drittens sollte laut Gelowicz mit Autobomben in den Parkdecks von zwei oder drei deutschen Flughäfen eine „allerletzte Warnung an die deutsche Bevölkerung" ergehen, um den Truppenabzug aus Afghanistan und Usbekistan zu bewirken.
Ursprünglich habe er im Irak in den „Heiligen Krieg" ziehen wollen, das sei jedoch nicht gelungen, berichtete der zum Islam konvertierte Deutsche. Bei seiner dreimonatigen Terror-und-Kampf-Ausbildung in der pakistanischen Grenzregion Waziristan sei er aber davon überzeugt worden, dass es besser sei, Anschläge in Europa zu begehen. „Auch bei El Kaida gab es damals keinen Europäer, der die Möglichkeit hatte, Anschläge in Europa zu begehen. Wir haben uns bereit erklärt, weil es niemand anderen gab."

Außerdem seien Anschläge auf US-Amerikaner im benachbarten Afghanistan „sehr schwer" gewesen. Auf einen gelungenen Anschlag kämen zehn gescheiterte. Der Chef der Gruppe, der sie ausbildete, ein gewisser „Ahmed", habe argumentiert, dass ein Anschlag auf die Amerikaner im Ausland „mit viel weniger Aufwand viel größere Wirkung erzielt". Das habe ihn überzeugt, sagte Gelowicz.
Zuvor seien er und seine Kumpane über Istanbul und Teheran nach Pakistan gereist und dort von „pakistanischen Taliban" und schwer bewaffneten Mudschahedin empfangen worden. Nahe der Stadt Mil Ali seien sie wochenlang in Lehmhäusern ausgebildet worden, etwa im Schießen mit einer Kalaschnikow. Dabei habe er auch schon als Test einen 100-Gramm-Sprengsatz auf Wasserstoffperoxid-Basis gezündet. Auch der Bau von Schaltkreisen und Zündern habe auf dem Lehrplan gestanden.

(http://www.schaumburger-zeitung.de/portal/startseite_Sauerland-Prozess-erstes-Gestaendnis-vor-Gericht-arid,165194.html; © dpa)

Abb. 3: In einem Ende Januar 2009 im Internet verbreiteten „Drohvideo" der „Islamischen Dschihad Union" (IJU) kündigte einer der drei Vermummten in deutscher Sprache Anschläge in Deutschland für das Jahr 2009 an.

Auch Yilmaz behauptete, er habe zunächst um Bedenkzeit gebeten. Nach einem Vieraugengespräch wollen die beiden entschieden haben, sich dem Auftrag nicht entziehen zu können – und dann umgehend das konkrete Anschlagsziel bestimmt haben: Deutschland. Das sei nicht von Ahmed gekommen, „das legten wir fest", sagte Yilmaz dem BKA. Nur dort hätten sie sich eine solche Operation zugetraut. Von einer Gehirnwäsche durch die IJU könne nicht die Rede sein, sagte auch Gelowicz, sie seien von der Sache überzeugt gewesen. Auch darüber, dass es amerikanische Ziele sein sollten, sei man sich einig gewesen. Es sei um „gezielte Vergeltung" für die Vergehen der USA in Abu Ghureib und Guantanamo gegangen, sagte Yilmaz, der von einem „Verteidigungsdschihad" (vgl. M 56 a) sprach.

(Marcel Rosenbach, Yassin Musharbash: Explosionen im Sand, in: DER SPIEGEL v. 10.8.2009, S. 45)

Gelowicz' Schilderungen sind auch deswegen bedeutsam, weil die Angeklagten Teil eines weitverzweigten deutschen *Netzwerks von Islamisten* sind – Al-Qaida-Helfer oder Unterstützer der Islamistischen Dschihad-Union, in deren Lager die „Sauerländer" an der Kalaschnikow ausgebildet wurden. Dazu gehören auch Deutsche, die zuletzt wiederholt in Videos aus dem afghanisch-pakistanischen Grenzgebiet mit Anschlägen drohten (s. Abb. 3). Viele von ihnen dürften ähnlich denken wie die „Sauerländer".

(DIE ZEIT v. 13.8.2009, S. 5; Verf.: Christian Denso)

Das Oberlandesgericht Düsseldorf verurteilte am 4.3.2010 wegen Verabredung zum gemeinschaftlichen Mord und Mitgliedschaft in einer terroristischen Vereinigung Fritz Gelowicz und Daniel Schneider zu je 12 Jahren, Adam Yilmaz zu 11 Jahren und den Mitangeklagten Attila Selek als Helfer zu 5 Jahren Gefängnishaft.

(Autorentext)

1 Beschreiben Sie, wie für Deutschland die Gefährdung durch terroristische Anschläge eingeschätzt wird (in der Beurteilung des Bundesamtes für Verfassungsschutz und des Bundesinnenministeriums hat sich die Gefährdungslage in den Jahren 2008 bis 2010 noch verschärft), und erläutern Sie den versuchten Anschlag auf zwei Regionalzüge im Jahr 2006, der großes Aufsehen erregte (M 59 a mit Abb. 1 und 2).

2 Der geplante und 2007 aufgedeckte Anschlag der sog. „Sauerland-Gruppe" wurde als Beispiel für die neue Form des „Homegrown"-Terrorismus eingestuft. Erläutern Sie, was damit gemeint ist (M 59 b). Näheres finden Sie ggf. unter der Internetadresse www.zeit.de/2008/28/Homegrown.

3 Im August 2009 entschieden sich die Mitglieder der „Sauerland-Gruppe" überraschend dafür, vor Gericht ein umfassendes Geständnis abzulegen. Beschreiben Sie, von welcher Motivation sie angetrieben waren, wie ihre „Karriere" verlief, welche Rolle das genannte Terror-Netzwerk spielte und welche Anschläge sie planten (M 59 b). Stellen Sie Bezüge her zu dem, was Sie den Materialien M 55 ff. entnehmen konnten.

2. Handlungsfelder und Probleme der Terrorismusbekämpfung

M 60 Streitpunkte der Diskussion über die Terrorismusbekämpfung international und in Deutschland

a) Krieg gegen den Terror?

Nach den Attentaten von 2001 riefen die Regierungen zahlreicher Staaten, voran die USA, zum „Krieg gegen den Terror“ auf. Dies war eine in mehrfacher Hinsicht ungewöhnliche Bezeichnung. Anders als in den Kriegen vergangener Jahrhunderte und Jahrzehnte standen sich dabei nicht die Armeen feindlicher Staaten gegenüber. Vielmehr griff eine gewalttätige Gruppe die Zivilbevölkerung – am Arbeitsplatz, im Büro, auf der Straße, in der Wohnung – an. Der Feind kam dabei auch nicht von außen, aus einem anderen Land: Die Attentäter lebten seit Jahren in den USA oder in anderen Ländern der westlichen Welt. So hatte einer der Anführer in Hamburg studiert und dort als unauffälliger Zivilist gelebt.
Es gibt Zweifel daran, ob dieser „Krieg“ das richtige Mittel ist, die Terrororganisationen endgültig zu besiegen. Eine Untersuchung, die das Parlament der USA 2006 veröffentlichte, kommt zu dem Ergebnis, in den arabischen Staaten sei durch die Kriege in Afghanistan und im Irak unter Führung der USA die Bereitschaft gestiegen, dass sich mehr Menschen terroristischen Gruppen anschließen. Der „Krieg gegen den Terror“ bringe viel eher den terroristischen Gruppen Zulauf. Um die Länder im Nahen und Mittleren Osten von einer demokratischen Ordnung überzeugen zu können, sei mehr notwendig als „harte Macht“ – als Waffen und Geld. [...]
In Afghanistan war *harte Macht*, also Militärmacht nötig, um das Taliban-Regime zu besiegen. Aber damit besiegt man nicht Al-Qaida und deren Zellen in Hamburg oder Detroit. Man kann das Problem des transnationalen Terrorismus nur lösen durch enge internationale Zusammenarbeit, grenzüberschreitende polizeiliche Ermittlungen, Zusammenarbeit von Zollbehörden usw.

(Herbert Uhl [Hg.], Grundwissen Politik, Ernst Klett Schulbuchverlag, Stuttgart 2007, S. 291 f.)

b) Die Bundesregierung: Dilemma bei der Terrorismusbekämpfung

Das Dilemma, vor das sich Regierungen beim Kampf gegen den Terrorismus gestellt sehen, ist vor allem folgendes: Angesichts der heterogenen und sich schnell wandelnden Gestalt eines globalen Netzwerkes wie „Al-Qaida“ und seiner – oft weitgehend autonomen – Gruppen sowie der sehr unterschiedlichen Täterprofile ist die Verhinderung terroristischer Akte ein schwieriges Unterfangen. Umso mehr gilt, dass eine Verhinderung terroristischer Akte nur durch internationale Zusammenarbeit zu erreichen ist.
Die beachtliche Zahl der durch polizeiliche Zusammenarbeit vorzeitig aufgedeckten geplanten Anschläge ist ein deutlicher Indikator für den Erfolg abgestimmter Maßnahmen, wenn sie zielgerichtet durchgeführt werden. Nur ein ganzheitlich-umfassender und differenzierter Ansatz kann dabei Erfolge bei der Prävention und der Bekämpfung des internationalen Terrorismus bringen. Hierzu gehören zweifellos ebenso repressive, vor allem nachrichtendienstliche und polizeiliche Maßnahmen, die sowohl auf nationaler als auch auf internationaler Ebene erfolgen müssen. Die Europäische Union hat seit dem 11. September 2001, vor allem aber seit den Anschlägen in Madrid und London 2004 und 2005 (s. S. 103 o.), weitreichende Maßnahmen zu noch engerer polizeilicher und justizieller Zusammenarbeit ergriffen.
Die uneingeschränkte Wahrung und Achtung der Menschenrechte ist unverzichtbarer Teil der Terrorismusbekämpfung. Staatliche Maßnahmen, die die Menschenrechte und Grundfreiheiten einschränken, kommen für die Bundesregierung nicht infrage. Nur so können wir glaubwürdig und überzeugend für unsere Werte und unsere offenen Gesellschaften werben.

(http://www.auswaertigesamt.de/diplo/de/Aussenpolitik/Themen/TerrorismusOK/Terrorismus.html)

c) Bevölkerungsumfrage: Skepsis gegenüber verstärkten Überwachungsmaßnahmen

Die Mehrheit ist keineswegs grundsätzlich gegen eine verstärkte Kontrolle. So unterstützt die überwältigende Mehrheit die verstärkte Überwachung öffentlicher Plätze wie Flughäfen, Bahnhöfe (vgl. Abb. 2, S. 104) und Fußgängerzonen mit Videokameras, 52 Prozent auch die Ergänzung der im Reisepass enthaltenen Informationen durch Fingerabdrücke. Knapp jeder Zweite ist mit der Aufnahme weiterer biometrischer Daten in Reisepässen einverstanden, ebenso viele mit der Überprüfung von Fingerabdrücken aller Personen, die nach Deutschland einreisen. [...]
[Aber] das Misstrauen wächst, dass der Staat von der gezielten Überwachung Verdächtiger zu einer weiter ausgreifenden Kontrolle aller Bürger übergehen könnte. Heute ist dies nach dem Eindruck der großen Mehrheit nicht der Fall. [...] Die Frage, was im Konfliktfall Vorrang haben soll – größtmögliche Sicherheit oder die Freiheit der Bürger (vgl. Karikatur S. 107 u.) und ihr Schutz vor einer Ausweitung von Kontrollen und Überwachung –, spaltet die Bevölkerung. 46 Prozent entscheiden sich im Konflikt für den Vorrang der Sicherheit, 45 Prozent für den Vorrang von Freiheit und Schutz vor staatlicher Überwachung. Die Frage ist jedoch, ob dieses Meinungsbild in einer Phase Bestand hätte, in der Terrorismus stärker als akute Bedrohung empfunden wird.

(Frankfurter Allgemeine Zeitung v. 17.10.2007, S. 5; Verf.: Renate Köcher, Leiterin des Instituts für Demoskopie Allensbach)

Das Bundeskriminalamt kann zur Terrorismusbekämpfung künftig private Computer ausspähen. Nach langem Streit in der Koalition stimmte auch der Bundesrat mit der denkbar knappsten Mehrheit von 35 gegen 34 Stimmen dem geänderten BKA-Gesetz zu, das die sogenannten **Online-Durchsuchungen** zulässt. [...] Es erlaubt zur Gefahrenabwehr auch Telefonüberwachung, Rasterfahndung und das Abhören und Filmen von Verdächtigen in Wohnungen. [...]
Der Bundesrat hatte Ende November wegen Widerstands aus der SPD dem **BKA-Gesetz** in seiner ursprünglichen Form nicht zugestimmt, worauf der Vermittlungsausschuss angerufen wurde. Der Ausschuss beschloss als Reaktion auf den Widerspruch der Länderkammer, dass bei der heimlichen Online-Durchsuchung immer ein Richter die Genehmigung erteilen muss. Die Möglichkeit für das BKA, in Eilfällen bei „Gefahr im Verzug" diese Durchsuchung zu starten und die richterliche Genehmigung erst im Nachhinein einzuholen, wurde gestrichen.
Geändert wurde auch die Regelung, wonach die Feststellung, ob gesammelte Daten den Kernbereich des Privatlebens betreffen und dann nicht verwendet werden dürfen, nur im Streitfall einem Richter überlassen wird. Jetzt steht die Auswertung durch zwei BKA-Beamte und einen BKA-Datenschützer unter der „Sachleitung" eines Richters.
FDP, Grüne und die Linke lehnen das Vorhaben weiter als verfassungswidrig ab. Die rot-rote Koalition in Berlin und die Länder mit FDP-Regierungsbeteiligung stimmten dem Gesetz nicht zu. Berlins Justizsenatorin Gisela von der Aue (SPD) sagte im Bundesrat, das absolute Auskunftsverweigerungsrecht müsse für alle Berufsgeheimnisträger gelten, also für alle Rechtsanwälte sowie Ärzte und Journalisten. Das Gesetz sieht diesen Schutz nur für Abgeordnete, Geistliche und Strafverteidiger vor. [...] Der frühere Bundesinnenminister Gerhart Baum (FDP) will vor dem Bundesverfassungsgericht in Karlsruhe dagegen klagen.
Bundesinnenminister Wolfgang Schäuble sieht der angekündigten Verfassungsklage gegen das Gesetz gelassen entgegen. „Ich bin ganz sicher, dass dieses Gesetz in allen Punkten dem Grundgesetz entspricht", sagte er im ZDF. [...]

(Thomson Reuters [Markets] Deutschland GmbH; http://www.n-tv.de/politik/BKA-Gesetz-kommt-article43054.html)

1. Formulieren Sie mit eigenen Worten die Bedenken, die gegen den von der US-Regierung unter Präsident Bush nach dem „11. September" ausgerufenen „Krieg gegen den Terror" („war on terrorism") geäußert werden (M 60 a). Vergleichen Sie dazu ggf. noch einmal die Entwicklung im Irak (M 58) und in Afghanistan (M 14).
2. Worin besteht aus der Sicht der Bundesregierung die besondere Schwierigkeit bei der Bekämpfung des internationalen Terrorismus (M 60 b)?
   - Worauf führt sie ihren bisherigen Erfolg bei der Verhinderung von Anschlägen in Deutschland zurück?
   - Was meint sie mit dem Hinweis auf die Beachtung der Menschenrechte und Grundfreiheiten?

   Über die in Deutschland geltenden Gesetze zur Terrorismusbekämpfung informiert das Bundesinnenministerium auf der Internetseite http://www.bmi.bund.de/cln_145/DE/Themen/Sicherheit/Terrorismus/SichBehoerden/SichBehoerden_node.html.
3. Erläutern Sie die Aussageabsicht der Karikatur (S. 107 u.) und setzen Sie sie in Beziehung zum Text.
4. Wie lässt sich die Einstellung der deutschen Bevölkerung zu einer Verstärkung von Sicherheitsmaßnahmen beschreiben (M 60 c)?
5. Wie hätten Sie selbst die Fragen des Meinungsforschungsinstituts beantwortet?

6 Für parteipolitischen Streit sorgte der Gesetzentwurf des Bundesinnenministers zur Stellung und den Kompetenzen des Bundeskriminalamtes („BKA-Gesetz"; s. Kasten S. 108). Darin sind Möglichkeiten der „Online-Durchsuchung" vorgesehen, für die das Bundesverfassungsgericht im Februar 2008 enge Grenzen gesetzt hatte. Erläutern Sie die Bedeutung der Änderungen, mit denen der Gesetzentwurf im Bundesrat verabschiedet wurde. Mit einer Entscheidung des Bundesverfassungsgerichts über die von verschiedenen Seiten eingelegte Klage gegen das Gesetz wird im Frühjahr 2011 gerechnet. Nehmen Sie aus Ihrer Sicht zu den umstrittenen Punkten Stellung (Näheres zum Problem der Online-Durchsuchung: http://de.wikipedia.org/wiki/Online-Durchsuchung).

VERTIEFUNG **M 61**

Droht der „nukleare Terrorismus"?

Abb. 1: Mohamed El Baradei (l.) und sein Nachfolger als Chef der Internationalen Atomenergiebehörde (International Atomic Energy Agency, IAEA), der Japaner Yukiya Amano

Der Ägypter Mohamed El Baradei, 66, stand von 1997 bis 2009 an der Spitze der Internationalen Atomenergiebehörde in Wien, einer Unterorganisation der Vereinten Nationen. Sein Nachfolger ist seit November der Japaner Yukiya Amano (s. Abb. 1).

SZ: *Herr El Baradei, Sie sind seit elf Jahren Generaldirektor der Internationalen Atomenergiebehörde. Ist die Welt in dieser Zeit sicherer geworden, oder ist das Risiko gestiegen, dass irgendwo auf der Welt eine Atombombe explodiert?*

Mohamed El Baradei: Die Gefahr eines Atomkrieges zwischen dem früheren Sowjetblock und den USA existiert nicht mehr; ich hoffe auf Dauer. Aber die Bedrohung durch einen möglichen Einsatz von Atomwaffen ist gestiegen. Es gibt eine wachsende Zahl von Ländern, die Atomwaffen besitzen. Zudem haben wir feststellen müssen, dass Wissen über Atomtechnik viel leichter verfügbar geworden ist. Das Rezept für Atomwaffen ist auf elektronischen Datenträgern verbreitet worden. Deswegen nehme ich an, dass inzwischen viele Länder es besitzen. Ob sie die Zutaten haben, ist die andere Frage. Wir versuchen, durch unsere Inspektionen zu verhindern, dass sie sich das spaltbare Material verschaffen. Zudem sind wir mit dem relativ neuen Phänomen des **nuklearen Terrorismus** konfrontiert. Das ist derzeit die schwerwiegendste Bedrohung, denn Terroristen sind der traditionellen Abschreckung nicht zugänglich. Für sie ist es Teil der Ideologie, ihr Leben für ihre Sache zu opfern – anders als Staaten, die ihre Zerstörung vermeiden wollen. Wir haben die Gefahr des nuklearen Holocaust [Massenvernichtung] getauscht gegen ein höheres Risiko, dass Atomwaffen tatsächlich eingesetzt werden.

SZ: *Würden Sie angesichts dieser Lage sagen, dass der Atomwaffensperrvertrag in der Krise ist?*

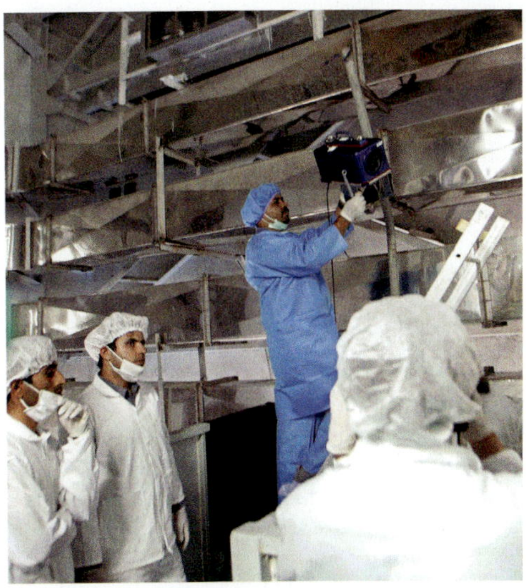

Abb. 2: Ein Inspektor der IAEA bei der Installation von Überwachungskameras in einer Anlage des umstrittenen iranischen Atomprogramms in Isfahan

El Baradei: Der Sperrvertrag (s. M 63) wurde 1970 entwickelt. Sein Ziel ist – das wird oft vergessen – eine Welt ohne Atomwaffen. Das umfasst, dass keine weiteren Staaten diese Waffen erlangen, aber ebenso, dass die Atommächte abrüsten. Davon sind wir offensichtlich weit entfernt. Der Sperrvertrag war trotzdem erfolgreich in der Hinsicht, dass er die mögliche Verbreitung von Atomwaffen verhindert hat, über das Maß hinaus, das wir heute haben. Neben den Atommächten gibt es eine ganze Reihe Länder, die über die Zutaten verfügen, um in wenigen Monaten Atomwaffen herstellen zu können, also spaltbares Material besitzen oder die Technik zu dessen Herstellung. Auch Iran befindet sich auf diesem Weg. Die Hoffnung ist: Solange diese Länder im Sperrvertrag bleiben, werden sie von unseren Inspektoren kontrolliert, und die Wahrscheinlichkeit ist gering, dass sie die internationale Isolierung riskieren, die ihnen bevorsteht, wenn sie aus dem Sperrvertrag austreten.

SZ: *Welche Schwächen des Atomwaffensperrvertrags müssten behoben werden, um solche Krisen künftig vermeiden zu können?*

El Baradei: Fünf Punkte! Erstens: Die Atommächte müssen endlich ihre Abrüstungsverpflichtung ernst nehmen (s. M 64). Zweitens: Wir müssen den Brennstoffzyklus* internationalisieren, um zu verhindern, dass Anreicherungs- und Wiederaufarbeitungstechnologie sich weiter verbreiten. Drittens: Kollektives Handeln gegen die Möglichkeit des nuklearen Terrorismus. Viertens: Die Atomenergiebehörde muss das Recht und die Ausstattung bekommen, um überall verlässliche und vollständige Kontrollen vorzunehmen (vgl. Abb. 2, S. 109), auch in Bezug darauf, ob es nicht deklariertes nukleares Material oder Anlagen gibt. Fünftens: Wir brauchen einen UN-Sicherheitsrat, der die moralische Autorität hat, Länder zu konfrontieren, die sich nicht an die Spielregeln halten. Das alles muss geschehen, wenn der Atomwaffensperrvertrag den Herausforderungen des 21. Jahrhunderts standhalten soll.

(Süddeutsche Zeitung v. 26.9.2008, S. 10; Interview: Paul-Anton Krüger)

VERTIEFUNG M 62

„Der Unsicherheit ausgeliefert"

Passend zum Atomgipfel in Washington hat US-Präsident Barack Obama die Gefahr einer nuklearen Bedrohung durch Terroristen beschrieben. Atomwaffen in den Händen von Al-Qaida-Terroristen seien die größte Gefahr für die Sicherheit der Vereinigten Staaten. Sind hochangereichertes Uran und Plutonium überhaupt erhältlich auf dem schwarzen Markt? Sind Terroristen wirklich so weit, eines Tages eine Atomwaffe zu bauen?

[...] Die Experten sind sich mittlerweile weitgehend einig, dass „Terroristen eine improvisierte Atomwaffe bauen könnten", sagt David Albright, Chef des unabhängigen Institute for Science and International Security in Washington. Sie wären seiner Meinung nach wohl auf die Unterstützung kundiger Ingenieure oder Wissenschaftler angewiesen. „Aber niemand kann ausschließen, dass es in Iran oder Nordkorea einen Typen wie Abdul Qadir Khan gibt, der bereit ist, für genug Geld auch Terroristen zu helfen", sagt Albright mit Blick auf den Atomschmuggler aus Pakistan, der Baupläne für die Bombe an Libyen und offenbar auch an Iran verkauft hat.

Schwieriger sei es, an genug hochangereichertes Uran oder Plutonium zu gelangen. Während die militärischen Bestände meist „gut geschützt" seien, „ist ziviles Plutonium in der Welt unterwegs", warnt Albright – zwischen Kernkraftwerken, Wiederaufbereitungsanlagen, Brennstabfabriken. Mit solchem Material lasse sich eine Bombe mit einigen Hundert Tonnen Sprengkraft fabrizieren. Dieses Plutonium so sicher zu machen „wie das Gold in Fort Knox", hält Albright für schwierig. Die Kosten würden enorm steigen, daran habe die Nuklearindustrie kein Interesse.

Attacken auf Atomanlagen in Pakistan haben zudem die Aufmerksamkeit jüngst auf ein anderes Szenario gelenkt: Terroristen könnten gleich versuchen, dem Militär einen kompletten Sprengkopf zu stehlen. Sie könnten sich Zugang verschaffen, indem sie korrupte Offiziere bestechen oder Sympathisanten in der Armee suchen. Dem Militär sei dieses Risiko bewusst, sagt Bruce Riedel von der Brookings Institution, ein früherer CIA-Analyst. Inzwischen habe Pakistan die Waffen besser gesichert und mit Sicherheitscodes ausgerüstet, die verhindern sollen, dass Unbefugte sie zünden.

Umstritten ist, wie wahrscheinlich es ist, dass es Terroristen trotz der Schwierigkeiten beim Bau gelingt, eine Atombombe zu zünden. Harvard-Professor Graham Allison, Autor eines Buchs über Nuklearterrorismus, hält es „für wahrscheinlicher, dass es in den nächsten fünf Jahren auf der Welt zu einem nuklearen oder biologischen Anschlag kommt", als dass dies nicht geschieht. Das aber schließt schmutzige Bomben ein, die strahlende Stoffe durch konventionellen Sprengstoff in der Umwelt verteilen.

David Albright sieht die Wahrscheinlichkeit einer von Terroristen verursachten echten Nuklearexplosion wie in Hiroshima „bei weniger als einem Prozent". Zugleich warnt er, die Folgen würden „derart katastrophal ausfallen, dass die Welt danach nicht mehr die gleiche wäre". Im Vergleich mit einer Atomexplosion in einer Metropole wie New York würde selbst der 11. September verblassen – Zehntausende würden sterben, Hunderttausende verletzt und verstrahlt werden. Für Albright ist daher klar, dass der Nukleargipfel von US-Präsident Barack Obama nötig ist: „Wenn die Wahrscheinlichkeit, mit einem Flugzeug abzustürzen, nur ein halbes Prozent betrüge – niemand würde mehr fliegen", sagt er.

(Süddeutsche Zeitung v. 13.4.2010, S. 2; Verf.: Paul-Anton Krüger)

M 63 Die „Atom-Mächte" und der Atomwaffensperrvertrag

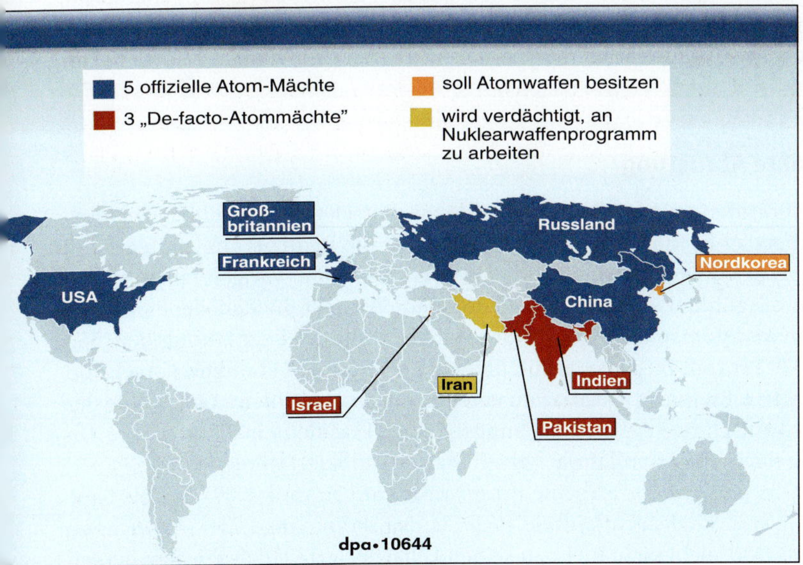

Abb. 1: Zu den „De-facto-Atommächten" wird oft auch Nordkorea gezählt. Nähere Informationen zur Situation in den einzelnen Ländern: http://www.atomwaffena-z.info/atomwaffen-heute/index.html

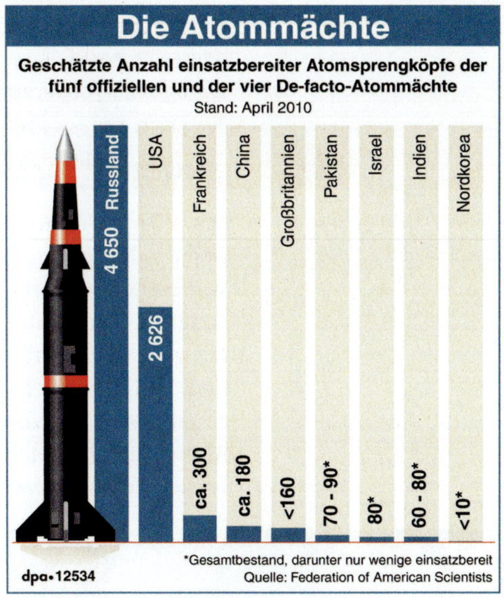

Abb. 2

Hauptpunkte des Atomwaffensperrvertrages

- Keine Weitergabe von Kernwaffen durch die Atom-Mächte
- Keine Herstellung oder Beschaffung von Kernwaffen durch die Nicht-Atom-Staaten. Kontrolle durch die IAEA
- Uneingeschränkte Erforschung und friedliche Nutzung der Kernenergie
- Verpflichtung der Atom-Mächte zur nuklearen Abrüstung (Autorentext)

Der 1968 unterzeichnete und 1970 in Kraft getretene **Vertrag über die Nichtverbreitung von Kernwaffen** (Treaty on the Non-Proliferation of Nuclear Weapons/NPT; kurz: Atomwaffensperrvertrag) gesteht den fünf „ursprünglichen Atomwaffenstaaten" (d.h. den Staaten, die vor dem 1.1.1967 Atomwaffen hergestellt oder gezündet haben, s. Abb. 1) VR China, Frankreich, Großbritannien, Russland und USA den Besitz von Kernwaffen zu, verpflichtet sie aber, Atomwaffen und atomwaffenfähiges Material an niemanden weiterzugeben; die dem Vertrag beigetretenen Nichtkernwaffen-Staaten haben das Recht zur friedlichen Nutzung der Kernenergie; dem von der Internationalen Atomenergie-Agentur (IAEA) überwachten Vertrag gehören inzwischen 188 Staaten, einschließlich Iran, an, nicht jedoch Indien, Israel und Pakistan („inoffizielle Atomwaffenstaaten") sowie die 2003 ausgetretene DVR Korea.

(Der Fischer Weltalmanach 2009, © Fischer Taschenbuch Verlag in der S. Fischer Verlag GmbH, Frankfurt am Main 2008, S. 40; Verf.: Mario von Baratta)

1. Nach allgemeiner Einschätzung können Terroristen das spaltbare Material einer Atombombe nicht selbst herstellen, aber sie könnten es von einem Staat mit entsprechenden Möglichkeiten erwerben oder von Dieben, die es einer Atommacht gestohlen haben. Stellen Sie heraus, wie unter diesem Gesichtspunkt der Leiter der Internationalen Atomenergiebehörde (IAEA) die Gefahr eines „nuklearen Terrorismus" einschätzt. (M 61, Z. 9 – 22)

2. Beschreiben Sie, wie z. T. unterschiedlich die Gefahren des „nuklearen Terrorismus" von amerikanischen Experten eingeschätzt werden. (M 62)

3. Welche Bedeutung kommt in diesem Zusammenhang dem „Atomwaffensperrvertrag" von 1970 (s. M 63) zu? Wie beurteilt der Leiter der IAEA seine Wirksamkeit? (M 61, Z. 24 ff.)
   Nähere Informationen zum Thema „Atomwaffen/Abrüstung" finden Sie unter den Internetadressen:
   http://www.agenda21-treffpunkt.de/thema/atomwaffen.htm
   http://www.agenda21-treffpunkt.de/lexikon/NPT.htm
   http://de.wikipedia.org/wiki/Atomwaffensperrvertrag
   http://www.atomwaffena-z.info

4 Im Bemühen um die Einhaltung des Atomwaffensperrvertrags spielt seit Jahren der Streit um das Atomprogramm des Iran eine zentrale Rolle. Näheres darüber und über die in M 61 (Z. 47 f.) angesprochene Rolle des UN-Sicherheitsrates finden Sie ggf. unter der Internetadresse http://www.auswaertiges-amt.de/DE/Aussenpolitik/RegionaleSchwerpunkte/NaherMittlererOsten/Iran/Iranisches-Nuklearprogramm_node.html

M 64 „New Start" für atomare Abrüstung

kps. PRAG, 8. April. Die Präsidenten Amerikas und Russlands, Barack Obama und Dmitrij Medwedjew, haben am Donnerstag in Prag den neuen Vertrag über die Reduzierung strategischer Waffen („New Start") unterzeichnet (s. Foto). Er ersetzt den im Dezember vorigen Jahres ausgelaufenen Start-Vertrag und legt unter anderem eine neue Obergrenze für die Zahl der einsatzbereit gehaltenen strategischen Atomsprengköpfe beider Seiten fest. Diese liegt künftig bei 1550 und damit um mehr als 70 Prozent niedriger als im alten Start-Vertrag. Medwedjew sprach von einem „wahrhaft historischen Ereignis", Obama von einem „Meilenstein" in der Geschichte der Abrüstung und der amerikanisch-russischen Beziehungen. Beide Präsidenten äußerten ihre Zuversicht, dass der Vertrag noch in diesem Jahr in beiden Staaten ratifiziert werden könne.

Obama erinnerte an seine Prager Rede vom 5. April 2009. Damals habe er eine nuklearwaffenfreie Welt als das „langfristige Ziel" bezeichnet, das vielleicht nicht mehr zu seinen Lebzeiten erreichbar sei, aber dessen Verfolgung die Welt sicherer machen werde. Zu Beginn seiner Präsidentschaft habe er ferner einen Neustart in den amerikanisch-russischen Beziehungen in Aussicht gestellt, und auch Medwedjew habe sich dafür eingesetzt. Beide Staaten, sagte Obama, verfügten gemeinsam über 90 Prozent aller Nuklearwaffen, was sie zu einer verantwortungsvollen globalen Führung verpflichte. Der neue Abrüstungsvertrag sehe die Verifizierung der in ihm festgelegten Vereinbarungen vor, was das gegenseitige Vertrauen stärken werde. Er sei von großer Bedeutung und dennoch nur „ein Schritt auf einer längeren Reise", die zu einer weiteren Reduzierung der strategischen und taktischen Waffen führen müsse.

(Frankfurter Allgemeine Zeitung v. 9.4.2010, S. 1)

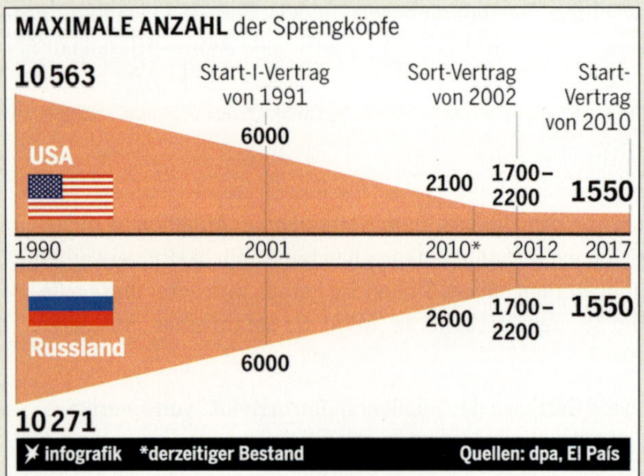

(stern Nr. 15 v. 8.4.2010, S. 26; © Picture Press)

Der neue Vertrag über eine Verringerung strategischer Waffen („New Start") tritt an die Stelle des Start-Vertrags aus dem Jahre 1991, der im vergangenen Dezember ausgelaufen ist. Das neue Abkommen sieht gegenüber dem Vorgänger eine Verringerung der strategischen Atomsprengköpfe um mehr als siebzig Prozent vor. Künftig liegt die Obergrenze für beide Seiten bei jeweils 1550 einsatzbereiten Sprengköpfen. Auch die Zahl der Trägersysteme wird deutlich verringert, und zwar gegenüber dem ersten Start-Vertrag um rund die Hälfte. Künftig sollen beide Seiten jeweils über nicht mehr als 800 einsatzbereite oder eingelagerte Langstreckenraketen, strategische U-Boote und Langstreckenbomber verfügen. Die Zahl der einsatzbereiten Trägersysteme wird auf 700 begrenzt, wobei jede Seite die Struktur ihrer strategischen Streitkräfte selbst bestimmen darf, also zum Beispiel das Verhältnis von Interkontinentalraketen, die von Land aus gestartet werden können, zu seegestützten ballistischen Raketen. Der Vertrag schreibt damit eine Senkung der beiderseitigen Arsenale etwa auf das Niveau in der Mitte des vergangenen Jahrhunderts vor.

Mit dem Inkrafttreten erlischt auch die Gültigkeit des Moskauer Vertrages über eine Reduzierung strategischer Offensivwaffen (Sort) von 2002, der im Vergleich zum ersten Start-Vertrag bereits deutlichere Abrüstungsschritte vorsah. Spätestens sieben Jahre nach Inkrafttreten des jetzt unterzeichneten Vertrags müssen die neuen Reduktionsziele erreicht sein.

(Frankfurter Allgemeine Zeitung vom 9.4.2010, S. 1 f.)

M 65 „Immer noch zu viele Atomsprengköpfe"

US-Präsident Obama und der russische Präsident Medwedew unterzeichnen an diesem Donnerstag in Prag den neuen Start-Vertrag zur Reduzierung strategischer Atomwaffen. Drei Fragen an Friedensforscher Götz Neuneck vom Institut für Friedensforschung und Sicherheitspolitik an der Uni Hamburg.

Herr Neuneck, Obama sagt, der Vertrag sei ein Meilenstein bei der atomaren Abrüstung. Hat er Recht?

Na ja, es ist seit langer Zeit endlich wieder ein wichtiges Abkommen auf diesem Gebiet. Man kann nur hoffen, dass es von den Parlamenten ratifiziert wird. Dann hat die Welt immerhin gut 25 Prozent weniger Atomsprengköpfe, die auf Bombern, Interkontinentalraketen oder U-Booten stationiert sind. Aber auch das sind zu viele. Es ist daher nur ein Übergangsvertrag hin zu drastischen Einschnitten.

Was muss noch passieren?

Es müssen neben den strategischen auch die kleineren taktischen Atomwaffen reduziert und abgezogen werden. Vermutlich 20 davon befinden sich in Büchel in Rheinland-Pfalz. Zudem lagern die USA und Russland noch etwa 15 000 Sprengköpfe in ihren Arsenalen. Auch das ist viel zu viel und schnell aktivierbar.

Wo sind die Hauptwiderstände gegen mehr Abrüstung?

Die russischen Militärs wollen die Nuklearwaffen behalten, weil sich die NATO nach Osten ausgeweitet hat und inzwischen auch konventionell weit überlegen ist. Auch die US-Militärs blocken ab. Als erstes Zeichen müsste der US-Kongress endlich den Kernwaffenteststopp-Vertrag ratifizieren. Verträge wie der zum Stopp der Produktion von atomwaffenfähigem Material müssen folgen.

(stern Nr. 15 v. 8.4.2010, S. 26; Interview: Matthias Weber)

1. Zum Verständnis und zur Beurteilung des neuen Abrüstungsvertrags „New Start" muss man zum einen die Bedeutung des Begriffs „Start" kennen, der Bezug nimmt auf den START-Vertrag von 1991 (START = Strategic Arms Reduction Talks; vgl. M 45, Abb. 4, S. 84). Zum anderen ist die Unterscheidung zwischen „strategischen" (auf eine große Reichweite ausgerichteten, mit großer Sprengkraft und Zerstörungswirkung verbundenen) Kernwaffen (Trägersysteme: „Interkontinentalraketen", Langstreckenbomber, U-Boote) und sog. „taktischen" Kernwaffen („Gefechtsfeldwaffen" mit kurzer Reichweite und begrenzter Zerstörungswirkung) wichtig (Näheres: http://de.wikipedia.org/wiki/Kernwaffe).
Beschreiben Sie auf diesem Hintergrund den Inhalt und Stellenwert des Abrüstungsvertrags zwischen den USA und Russland (M 64; vgl. Abb. 2 in M 63).
2. Wie beurteilt der deutsche Friedensforscher Götz Neuneck den Vertrag? Welche Schwierigkeiten sieht er für weitere Abrüstungsfortschritte (M 65)?

B Internationale Wirtschaftsbeziehungen

Tagung der Finanzminister und Notenbankchefs der G-20-Staaten am 20.10.2010 in Seoul (Südkorea)

Produktion von Sportschuhen des deutschen Unternehmens adidas in China

Containerschiff im Hamburger Hafen

Börsenhändler in Chicago

I Strukturen und Theorien internationaler Handelsbeziehungen

1. Der internationale Handel vernetzt die Welt

M 1 „Die freie Auswahl“ – Waren aus aller Welt

Früh morgens klingelt der Wecker – made in China. Während wir zum Frühstück Kaffee aus Südamerika trinken und ein Brötchen mit holländischem Käse essen, hören wir im Radio Lieder englischer oder amerikanischer Bands. Auf dem Weg zur Arbeit begegnen uns Autos deutscher, japanischer, schwedischer oder französischer Hersteller. Im Büro schalten wir den Computer ein und arbeiten mit US-amerikanischer Software und chinesischer Hardware. Auf dem Weg nach Hause halten wir noch kurz im Supermarkt und stehen vor einer großen Palette heimischer und ausländischer Produkte. Wir haben die freie Auswahl: Der griechische Spargel und das argentinische Rindfleisch sind im Angebot; die spanischen Orangen sehen sehr gut aus und ein französisches Shampoo wirbt mit Bestnoten der Stiftung Warentest. Wenn wir das Nötigste in den Einkaufswagen gepackt haben, suchen wir noch schnell das besonders leckere englische Weingummi und die original-italienische Pastawürzmischung.
Wieder zu Hause angekommen, stellen wir noch eine Waschmaschine mit unserer in Taiwan produzierten Kleidung an und läuten den Feierabend ein. Wir machen es uns auf dem Sofa einer schwedischen Möbelhauskette bequem, schauen einen Film aus Hollywood, trinken ein Glas von dem südafrikanischen Wein und überlegen inspiriert durch die ausländische Tourismuswerbung, welches Land wir in unserem nächsten Urlaub gerne mal erkunden würden.

(Informationen zur politischen Bildung, Nr. 299, 2. Quartal 2008: Internationale Wirtschaftsbeziehungen, Bundeszentrale für politische Bildung. Bonn 2008, S. 4; Verf.: Klaus-Peter Kruber, Anna Lena Mees, Christian Meyer)

Abb. 1

Abb. 2: Die Welt in meinem Zimmer

Bei manchen importierten Produkten ist uns die Herkunft zwar bekannt, doch im Alltag selten bewusst. Denn die Bestandteile eines Frühstücks verbergen bereits ungeahnte Welthandelsbezüge. Fast 80 Prozent unseres Orangensaftes kommen aus Brasilien. Die Erdbeeren der Marmelade stammen vielleicht aus Polen, die Butter aus Holland oder Irland. Wissen Sie, ob Ihre Wurst aus belgischen, holländischen, britischen oder deutschen Mastrindern oder Schweinen gemacht wird? Essen Sie im Winter gerne Obst? Sind die Kiwis aus Neuseeland oder Spanien, die Äpfel aus Südafrika, Israel oder Chile?

(Frank Braßel u. Michael Windfuhr: Welthandel und Menschenrechte, Dietz, Bonn 1995, S. 9)

1. M 1 nimmt überwiegend Bezug auf den Alltag eines Berufstätigen bzw. einer ganzen Familie. Fassen Sie zusammen, in welchen Bereichen des täglichen Lebensablaufes bzw. des Konsumverhaltens Güter aus aller Welt eine entscheidende, oft unersetzliche Rolle spielen.

2. Überlegen Sie, ggf. in Gruppen, auf welche Weise Sie selbst als Schüler/Jugendliche in Ihrer eigenen Lebenswelt (Schule, Freizeit innerhalb und außerhalb der Familie) mit Gütern aus dem internationalen Handel zu tun haben.

3. Stellen Sie fest, woher im Einzelnen die Ausstattung Ihres häuslichen Zimmers (Mobiliar, Geräte aller Art) stammen (vgl. Abb. 2).

4. Haben Sie bei selbst gekauften Gegenständen bewusst auf das Herstellungsland geachtet bzw. Ihre Kaufentscheidung danach (ggf. nach welchen Kriterien) ausgerichtet?

M 2

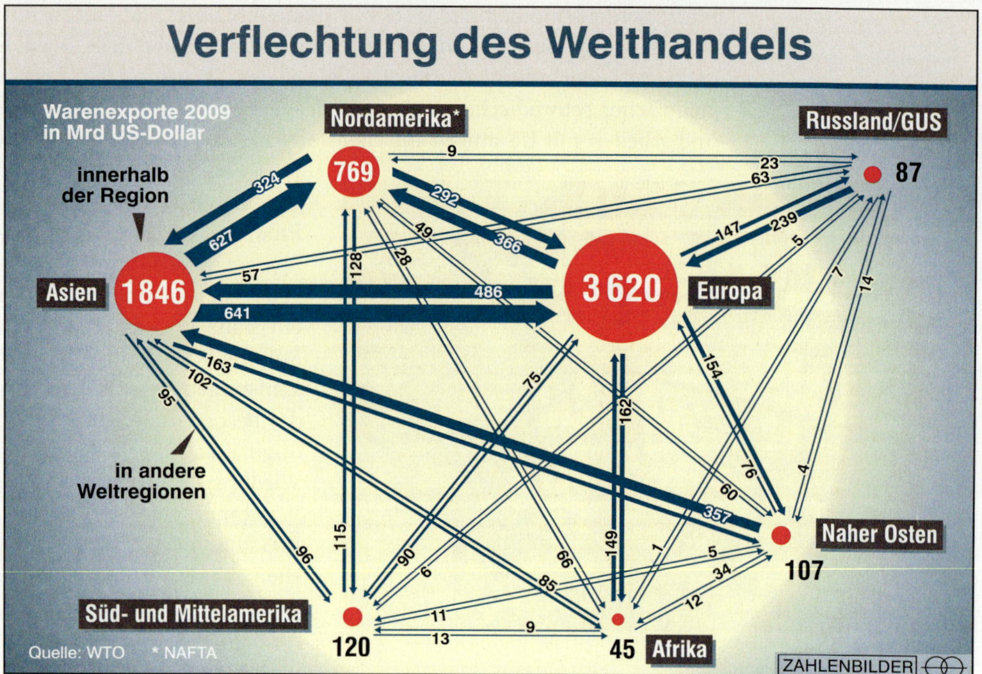

© Bergmoser + Höller Verlag AG 681 133

Machen Sie sich ein Bild davon, was „Verflechtung" des Welthandels bedeutet (M 2), und berücksichtigen Sie bei der Analyse der Grafik auch folgende Fragen:

- Was fällt im Hinblick auf die Einbeziehung der einzelnen Erdteile in den internationalen Handel besonders auf?
- Wie (unterschiedlich) stellt sich bei den Handelsbeziehungen einzelner Regionen (Pfeile) das Verhältnis von Exporten zu Importen dar?
- Welches (unterschiedliche) Gewicht kommt dem Handel **innerhalb** der einzelnen Regionen (Angaben in den Kreisen) zu?

M 3 Struktur und Entwicklung des internationalen Handels

M 3 a Warenhandel

Internationale Wirtschaftsbeziehungen umfassen den Austausch von Waren und Dienstleistungen, Kapital und Arbeit. Den eigentlichen Kern und den quantitativen Schwerpunkt bildete bis in die Gegenwart der Handel mit Waren.

Der Welthandel hat in der Nachkriegszeit mit hohen Wachstumsraten zugenommen. Gegenüber 1950 (60 Milliarden US-Dollar) ist der Wert aller Exporte um mehr als das 260-Fache auf ca. 15,9 Billionen Dollar im Jahr 2008 gestiegen. Auch wenn man die in diesem nominalen Wachs-

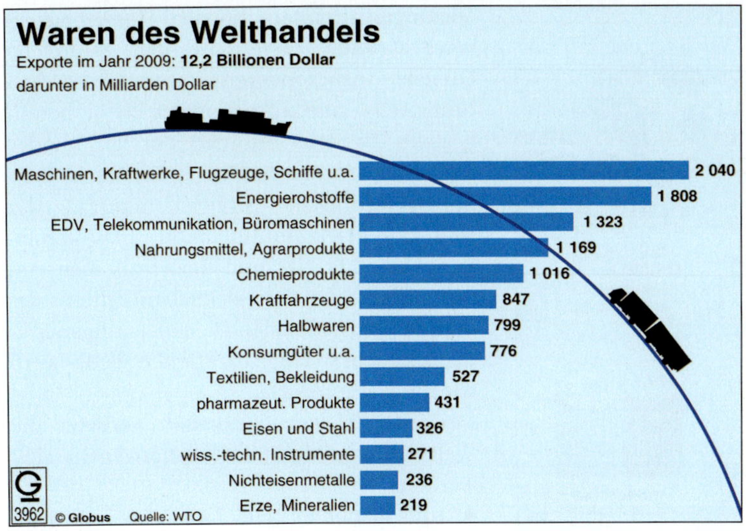

tum steckende Geldentwertung abzieht, bleibt ein enormes reales Wachstum, das deutlich über der Wachstumsrate des Welt-Sozialprodukts liegt.

Im Handel zwischen Industrie- und Entwicklungsländern überwiegt der Austausch von Rohstoffen und Agrarprodukten gegen industrielle Fertigwaren. Dieser Handel und der Handel der Entwicklungsländer untereinander sind von weit geringerem Umfang als der Handel zwischen den entwickelten Ländern. Allerdings haben die zum Ende dieses Jahrzehnts zum Teil deutlich gestiegenen Preise für Rohstoffe (nicht zuletzt aufgrund der wachsenden Nachfrage durch Staaten wie China und Indien) dazu beigetragen, dass ein wieder größerer Anteil des Welthandels auf den Ex- bzw. Import dieser Gütergruppe entfällt.

Die wichtigsten Waren des Welthandels sind heute
- Maschinen und Fahrzeuge,
- Erdöl und bergbauliche Rohstoffe,
- Agrarprodukte und verarbeitete Nahrungsmittel,
- EDV und Büromaschinen,
- Telekommunikationseinrichtungen,
- Haushaltsgeräte,
- Unterhaltungselektronik,
- Chemie- und Arzneimittelprodukte,
- Textilien und Bekleidung.

Die Auflistung macht deutlich, dass der weitaus größte Teil des Warenhandels auf industriell gefertigte oder bearbeitete Produkte entfällt. Entsprechend konzentriert sich der Handel auf den intra-industriellen Austausch zwischen den entwickelten Ländern.

M3b Handel mit Dienstleistungen

Jahrhundertelang war Welthandel gleichbedeutend mit dem Handel von Warengütern. Dienstleistungen waren – abgesehen von den mit dem Warenhandel verbundenen Transport- und Versicherungsdienstleistungen – im Wesentlichen Binnengüter. Das hat sich geändert: Die vergangenen Jahrzehnte haben einen starken Aufschwung des Dienstleistungssektors gesehen. Er profitierte von der Globalisierung der Wirtschaft und der Liberalisierung internationaler Märkte. Der internationale Handel mit Dienstleistungen ist gegenüber dem weltweiten Warenhandel allerdings noch von geringerem Gewicht. [...]

Der Dienstleistungshandel konzentriert sich noch stärker auf die wichtigen Handelsnationen, als dies beim Warenaustausch der Fall ist. Mehr als 65 Prozent des statistisch erfassten Dienstleistungshandels entfallen auf die führenden Industrieländer sowie auf Singapur und Hongkong: Mit Abstand führender Exporteur sind die USA.

Der im Vergleich zu seiner Bedeutung auf den Binnenmärkten niedrige Anteil der Dienst-

Abb. 1

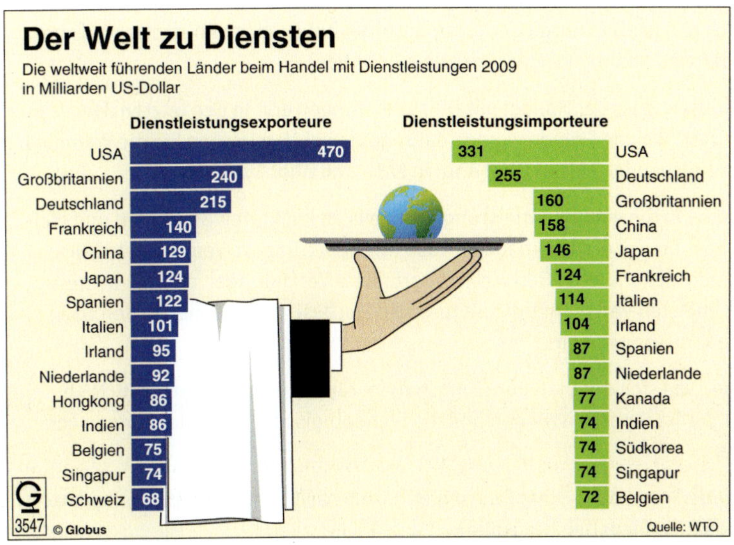

Abb. 2: Beispiel Deutschland

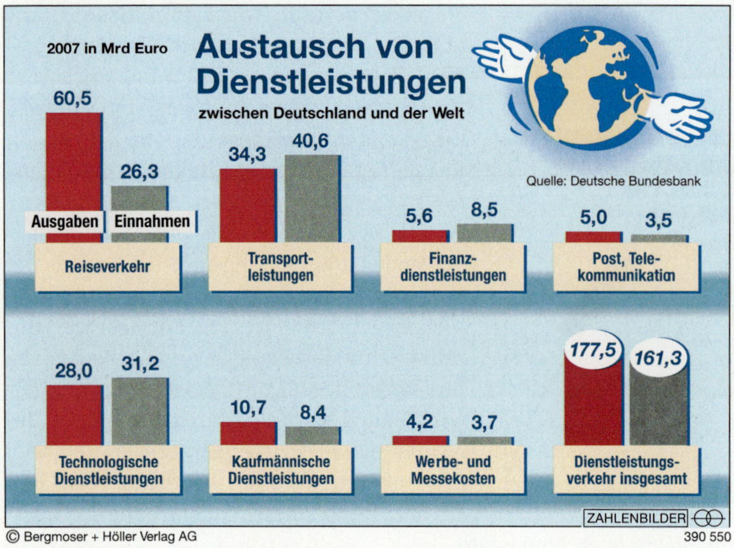

Die *Transportleistungen* umfassen den Frachtverkehr und die Personenbeförderung, die *technologischen Dienstleistungen* u.a. den Handel mit Patenten und Lizenzen, mit Forschungs-, Ingenieurs- und EDV-Dienstleistungen.

leistungen am internationalen Handel hat diverse Gründe. Erstens werden zahlreiche Dienste – insbesondere solche staatlicher Institutionen – nur auf nationaler Ebene bereitgestellt. Zweitens erfordert ein florierender Handel mit nicht lagerfähigen Diensten einen hohen technischen Entwicklungsgrad, der sich mit Telekommunikation, EDV-Vernetzung sowie Fracht- und Reisefazilitäten erst seit jüngerer Zeit durchsetzt. Und drittens stehen die internationalen Dienstleistungsmärkte noch nicht so lange im offenen Wettbewerb wie die Warenmärkte.

Moderne Telekommunikation vernetzt die Welt zu einem Markt. International gehandelt werden:

- Informationen (Telefon-, Fax-, E-Mail-Dienste, Nutzung von Datenbanken),
- Transport- und Versicherungsdienstleistungen, Dienstleistungen im Tourismus,
- Finanzdienstleistungen,
- Dienstleistungen der Werbe- und Unterhaltungsbranche (Vermarktung von Sport- und Musikveranstaltungen, von Filmen und Fernsehproduktionen),
- produktionsbezogene Dienstleistungen (Lizenzen für die Anwendung von Erfindungen, Erstellung von Software-Programmen, Konstruktionszeichnungen usw.).
- Nachrichtenkonzerne wie CNN und Reuters beliefern nationale und regionale Sender mit Informationen aus aller Welt, für die Nutzungsrechte für Filme und TV-Serien und für die Auftritte von Popstars wie Madonna werden Hunderte Millionen Dollar überwiesen, Fluggesellschaften lassen ihr Buchungssystem in Indien erstellen und warten. Anlagebaufirmen vergeben Konstruktionsaufträge an indische und mexikanische Ingenieure, mit denen sie über Internet kommunizieren.

(M 3 a und b: Bundesverband deutscher Banken [Hg.], Wirtschaft. Materialien für den Unterricht, Schul/Bank, Berlin 2009, Teil 8.2, S. 13 ff.)

1. Verschaffen Sie sich einen Überblick über den wertmäßigen Umfang des weltweiten Warenhandels (vgl. M 2) sowie über die Art und die schwerpunktmäßige Verteilung der einzelnen Warengruppen (M 3 a). Wie erklären Sie sich den großen Anteil der „Energierohstoffe"? Welche Rohstoffe sind konkret gemeint? Welche Länder sind an ihrem Export vor allem beteiligt?

2. In M 3 b wird darauf hingewiesen, dass der Handel mit Dienstleistungen erst in den letzten Jahrzehnten stark angewachsen ist. Welche Gründe werden dafür genannt? Vergleichen Sie die Volumina von Waren- und Dienstleistungshandel 2008/2009 (Abb. in M 3 a und Abb. 1 in M 3 b).

3. Erläutern Sie die aufgeführten Arten von Dienstleistungen jeweils an konkreten Beispielen und stellen Sie die Position der USA im Dienstleistungshandel (auch im Export-Import-Vergleich) heraus. Vielleicht können Sie anhand von konkreten Beispielen begründete Vermutungen darüber anstellen, bei welchen der aufgeführten Arten von Dienstleistungen die USA (bestimmte Firmen in den USA) eine überragende Export-Stellung einnehmen.

4. Beschreiben Sie etwas näher, wie sich der Dienstleistungshandel für Deutschland darstellt (M 3 b, Abb. 2). Versuchen Sie, für die Transportleistungen und die technologischen Dienstleistungen konkrete Beispiele zu benennen.

5. Worin liegt der entscheidende Grund dafür, dass Deutschland insgesamt mehr Dienstleistungen exportiert als importiert („negative Dienstleistungsbilanz", vgl. M 17)?

M 4 Die „Kraftzentren" der Weltwirtschaft und ihre Bedeutung für den internationalen Handel

a)

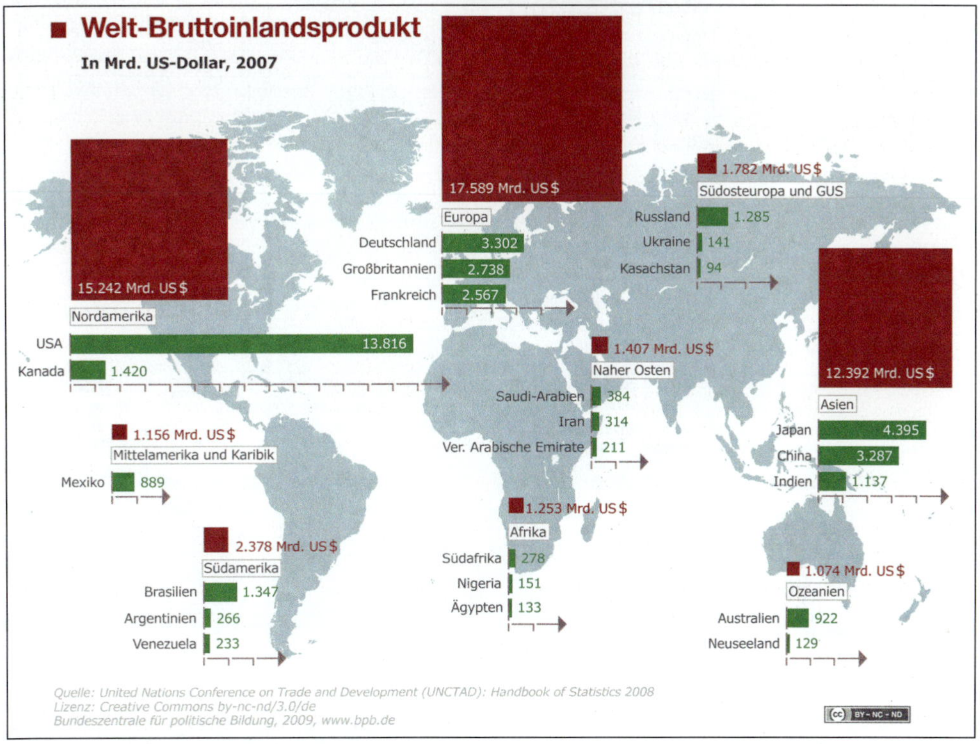

b)

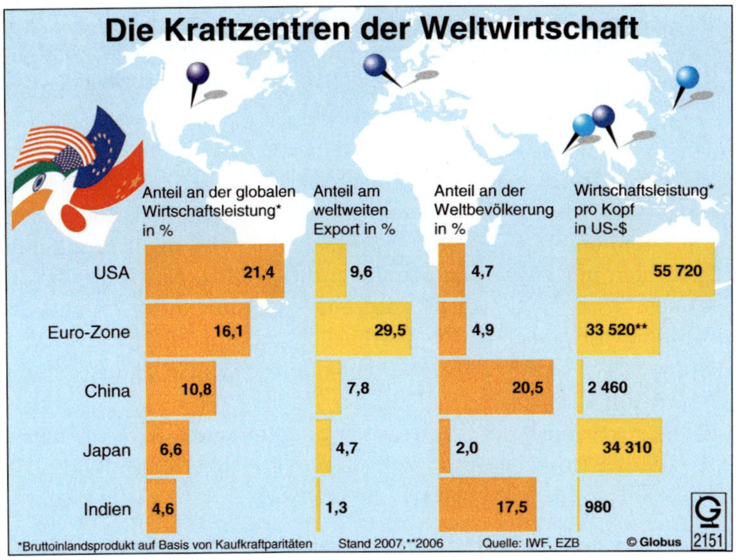

1 Der Wert der gesamten Welt-Wirtschaftsleistung (des „Welt-Bruttoinlandsprodukts", s. M 4 a) lag im Jahr 2007 bei 54 300 Mrd. Dollar. Machen Sie sich ein Bild von seiner regionalen Verteilung und berechnen Sie,
- welcher Prozentanteil daran auf die drei großen „Blöcke" entfällt und
- welcher Anteil jeweils innerhalb der drei Blöcke auf die Länder USA (für Nordamerika), Deutschland, Großbritannien, Frankreich (für Europa) und Japan, China, Indien (für Asien) entfällt.

2 Welche Daten zur Verteilung des Welt-BIP fallen Ihnen darüber hinaus auf bzw. sind für Sie überraschend?

3 Klären Sie die Bedeutung der vier wirtschaftlichen Größen, die in der Grafik M 4 b für die vier angegebenen Länder und die Euro-Zone miteinander in Beziehung gesetzt werden, und erläutern Sie dazu auch, was es bedeutet, dass die BIP-Werte in Kaufkraftparitäten* berechnet sind.

4 Analysieren Sie die Daten (M 4 b) in Partner- oder Gruppenarbeit und erstellen Sie dazu einen kurzen Bericht, in dem Sie die Gesichtspunkte herausstellen, die Ihnen beim Vergleich der Länder/Daten am bemerkenswertesten erscheinen.

M5 Handel im Wandel – „Schwellenländer" verändern die Welt

a)

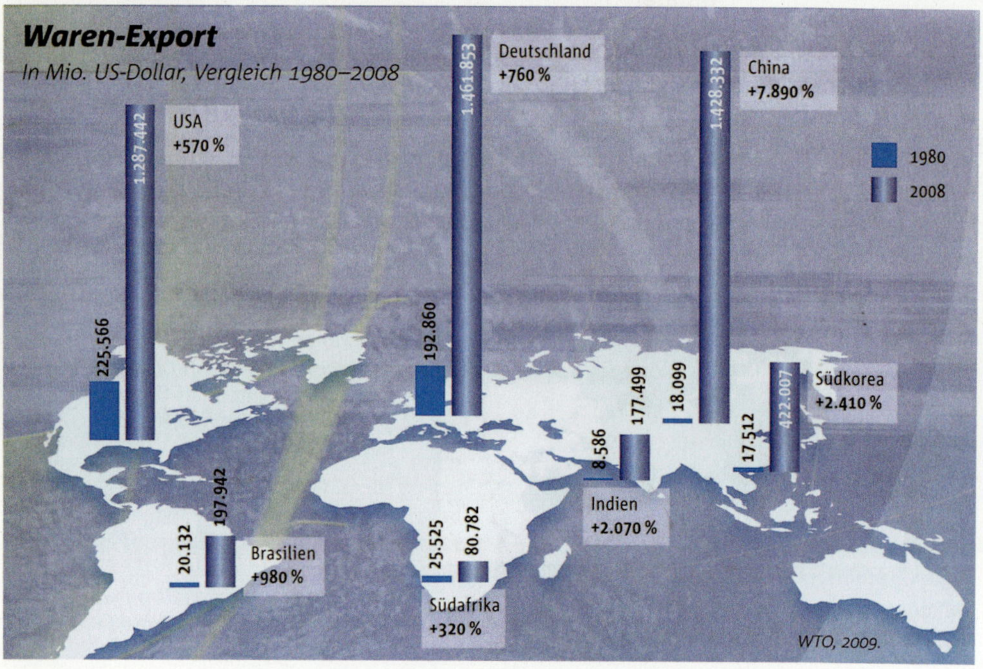

b) Asien, das neue Schwergewicht

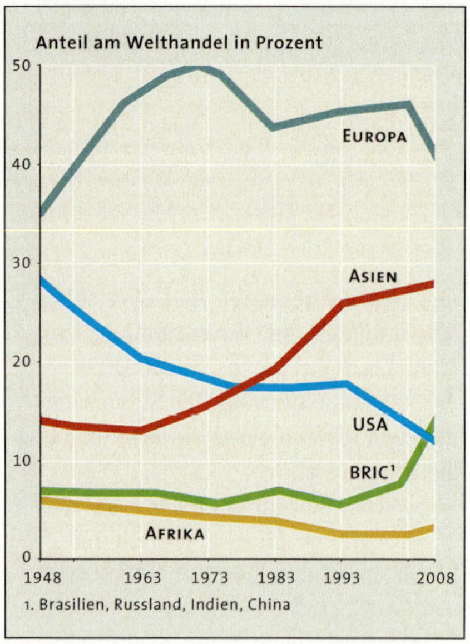

[Trotz des weiterhin bestehenden riesigen Wohlstandsgefälles zwischen reichen Industrieländern und armen Entwicklungsländern (vgl. auch M 4 a)] konnten zwei Staatengruppen den Abstand zu den wohlhabenden Industrieländern – gemessen am Bruttoinlandsprodukt (BIP) pro Kopf – beträchtlich verringern. Es handelt sich zum einen um Staaten im Nahen Osten, die seit Ende der 1970er-Jahre hohe Einnahmen aus dem Erdölexport erzielen, und zum andern um einige ehemalige Entwicklungsländer, die sich seit den 1980er-Jahren zu *Schwellenländern** entwickelten. Letztere zählen zu den global am raschesten wachsenden Volkswirtschaften. Dazu gehören einige Staaten Ost- und Südostasiens – insbesondere die Volksrepublik China, Südkorea, Taiwan, Singapur und Malaysia. Ihr Wachstumserfolg wird vor allem auf ihre Öffnung für den internationalen Handel zurückgeführt. So konnte *China*, indem es sein Wirtschaftswachstum auf eine exportorientierte Produktion stützte, große wirtschaftliche Erfolge verbuchen und Anfang 2007 mehr Waren exportieren als die USA [2009 löste China Deutschland in seiner Stellung als „Exportweltmeister" ab].

(Informationen zur politischen Bildung Nr. 299, 2. Quartal 2008: Internationale Wirtschaftsbeziehungen, Bundeszentrale für politische Bildung, Bonn 2008, S. 7; Verf.: Klaus-Peter Kruber, Anna Lena Mees, Christian Meyer)

Mit dem Aufstieg Chinas und – etwas später – auch Indiens ist innerhalb von nur dreißig Jahren eine neue Weltkunde der weltweiten Produktion von Wohlstand entstanden. Die Neuordnung der Welt ist keine rein wirtschaftliche Angelegenheit. Sie spielt sich auch auf diplomatischer und militärischer Ebene ab – zwei wichtige Aspekte in der neuen nationalistischen Rhetorik in Asien. Während Japan aus historischen Gründen politisch ein Zwerg geblieben ist, sind China und Indien sowohl regionale als auch globale Schwergewichte. China ist ständiges Mitglied im UN-Sicherheitsrat und übernimmt zunehmend internationale Verantwortung, wie seine Beziehungen zu Nordkorea und dem Iran zeigen. Indien strebt eine ähnliche Verantwortung an und kann dabei auf die Unterstützung der US-Regierung zählen, die ihrerseits Wert darauf legt, den chinesischen Aufschwung in Grenzen zu halten.

(Le Monde diplomatique, Atlas der Globalisierung, Taz Verlag, Berlin 2009, S. 42; Verf.: Martine Bulard)

1 Analysieren Sie anhand von M 5 a und b die Entwicklung des Welthandels in den letzten Jahrzehnten.
- Vergleichen Sie die Steigerungsraten des Exports zwischen 1980 und 2008 in den dargestellten Ländern (M 5 a) und formulieren Sie dazu einige wesentliche Aussagen.
- Beschreiben Sie die Welthandelsanteile der angegebenen Regionen und der USA seit dem Ende des 2. Weltkriegs und insbesondere in den letzten 15 Jahren (seit 1993). Welche Haupttendenzen werden deutlich (M 5 b)? Was haben sie mit der Entwicklung einiger großer Länder von Entwicklungs- zu Schwellenländern* zu tun?

2 Im Text (Z. 19) ist davon die Rede, dass die deutlich werdenden Veränderungen „keine rein wirtschaftliche Angelegenheit" sei. Vielleicht können Sie an einigen konkreten Beispielen den wachsenden Einfluss besonders Chinas, aber auch Indiens und zunehmend auch Russlands auf Entwicklungen und Entscheidungen in der internationalen Politik (z. B. in der Klimaschutzpolitik) verdeutlichen.

2. Theoretische Erklärungsansätze und Leitbilder des internationalen Handels

Internationalen Handel – wenn auch nicht in dem Ausmaß und der Verdichtung, wie er sich im 20. Jahrhundert bis heute entwickelt hat – gibt es seit Jahrhunderten. Die „Gründerväter" der ökonomischen Wissenschaft Ende des 18. Jahrhunderts haben ***modellartige theoretische Erklärungen*** *von bis heute grundsätzlicher Bedeutung dafür entwickelt, warum internationaler Handel für die beteiligten Länder von Vorteil ist. Wissenschaftler des 20. Jahrhunderts haben diese Ansätze weiterentwickelt und an die Realität heutiger Verhältnisse angepasst. Aber die Geschichte der internationalen Wirtschaftsbeziehungen ist bis heute auch immer geprägt von der Auseinandersetzung über die Frage, ob man alle Handelsbeschränkungen zwischen den Ländern aufgeben solle – die Position der Vertreter des* ***„Freihandels"*** *– oder ob sich für heimische Märkte durch einen ungehinderten internationalen Warenverkehr auch Nachteile und Gefahren ergeben, vor denen man sich schützen müsse – die Position der Vertreter des* ***„Protektionismus"*** *(von lat. protegere – schützen).*
In diesem Abschnitt wollen wir einen Überblick über die angesprochenen Aspekte geben, deren Kenntnis notwendig ist, wenn man die z. T. kontroverse Diskussion über den Globalisierungsprozess (Kapitel III) und über die politische Gestaltung heutiger internationaler Wirtschaftsbeziehungen (Kapitel IV) verstehen will.

M 6 Wozu überhaupt internationaler Handel? – Arbeitsteilung lohnt sich

Seit Beginn der Nationalökonomie Ende des 18. Jahrhunderts wird über Ursachen und Bestimmungsgründe der internationalen Arbeitsteilung geforscht. Theoretische Erkenntnisse bilden die Grundlage wirtschaftspolitischer Entscheidungen und sind notwendig, um die bis heute anhaltende Kontroverse um *Freihandel versus Protektionismus** (s. M 12) beurteilen zu können.

- Der Vorteil des internationalen Austauschs liegt auf der Hand, wenn es sich um Güter handelt, die jeweils nur in einem Land vorkommen. Man spricht hier von *Nicht-Verfügbarkeiten*. Die Ursache ist eine unzureichende Menge oder Qualität der benötigten Produktionsfaktoren* im betreffenden Land. Aufgrund unterschiedlicher Beschaffenheit des Faktors Boden, zu dem auch Klima und Rohstoffausstattung zählen, können einige Staaten manche Güter nicht selbst herstellen oder anbieten, Beispiele sind Erdöl oder tropische Früchte. Solche natürlichen Produktionsvoraussetzungen sind, wenn überhaupt, nur mit großem Kostenaufwand zu verändern. So müssten beispielsweise erst Gewächshäuser gebaut werden, um Bananen in Deutschland anbauen zu können.
- Aber auch wenn zwei Länder die gleichen Güter produzieren können, beispielsweise Kohle und Weizen, liegen oft erhebliche absolute *Kostenunterschiede bei der Herstellung* vor (bedingt zum Beispiel durch unterschiedliche Abbautiefen oder Klimazonen). Dann ist es für jedes der Länder von Vorteil, sich auf das Gut zu spezialisieren, bei dem es absolute Kostenvorteile aufweist, und einen Teil seiner Produktion zu exportieren sowie das im Inland nur sehr viel teurer herstellbare andere Gut zu importieren. Beide Staaten übertragen dadurch Produktionsfaktoren aus den jeweiligen kostenmäßig unterlegenen Bereichen in diejenigen, in denen sie Kostenvorteile haben.

Adam Smith, britischer Philosoph und Wirtschaftswissenschaftler (1723 – 1790; Hauptwerk: Der Wohlstand der Nationen. Eine Untersuchung seiner Natur und seiner Ursachen, 1776)

Adam Smith betrachtete die menschliche Arbeit und die Arbeitsteilung als Quellen des Wohlstands. Nur Arbeit vermehre den Wert eines Gutes und das umso wirksamer, je mehr sie nach ihrer Qualifikation und Spezialisierung arbeitsteilig eingesetzt werde. Voraussetzung für die Arbeitsteilung ist dabei ein funktionierender Marktmechanismus. Durch das wohlverstandene Eigeninteresse der Menschen stelle sich im freien Wettbewerb *wie von einer unsichtbaren Hand gesteuert* das Gleichgewicht zwischen Produktion, Verbrauch, Lohn und Preis ein. Ausgehend von seiner Theorie erhob er die Forderung nach Freihandel, Handels- und Gewerbefreiheit sowie weitgehender *Zurückhaltung des Staates.*

(Autorentext)

Auf diese Weise kann die Gesamtproduktion beider Länder gesteigert werden, was einen Wohlfahrtsgewinn darstellt.

- Bereits der Gründervater der Nationalökonomie, der *schottische Philosoph Adam Smith* (1723 – 1790), hat diese Vorteile der Spezialisierung durch internationale Arbeitsteilung 1776 in einem anschaulichen Beispiel begründet: *„Ein Familienvater, der weitsichtig handelt, folgt dem Grundsatz, niemals etwas herzustellen zu versuchen, was er sonst wo billiger kaufen kann. So sucht der Schneider nicht seine Schuhe selbst zu machen, er kauft sie vielmehr vom Schuhmacher. Dieser wiederum wird nicht eigenhändig seine Kleider nähen, sondern lässt sie vom Schneider anfertigen. Auch der Bauer versucht sich weder an dem einen noch an dem anderen, er kauft beides jeweils vom Handwerker. Alle finden, dass es im eigenen Interesse liegt, ihren Erwerb uneingeschränkt auf das Gebiet zu verlegen, auf dem sie ihren Nachbarn überlegen sind, und den übrigen Bedarf mit einem Teil ihres Erzeugnisses oder, was dasselbe ist, mit dem Erlös daraus zu kaufen. Was aber vernünftig im Verhalten einer einzelnen Familie ist, kann für ein mächtiges Königreich kaum töricht sein. Kann uns also ein anderes Land eine Ware liefern, die wir selbst nicht billiger herzustellen imstande sind, dann ist es für uns einfach vorteilhafter, sie mit einem Teil unserer Erzeugnisse zu kaufen, die wir wiederum günstiger als das Ausland herstellen können."* („Der Wohlstand der Nationen", zit. nach der von H. C. Recktenwald herausgegebenen Ausgabe, 6. Aufl. München 1993, S. 371 f.)
- Wie aber, wenn in einer Ausgangssituation ohne Handel zwischen zwei Ländern A und B das Land B *alle Güter kostengünstiger* herstellen kann als A? Dann gibt es doch – jedenfalls für B – keinen Anreiz, mit A zu handeln? Dennoch beobachten wir, dass Staaten wie Deutschland und Polen intensiven Handel betreiben, obwohl die meisten Güter in Polen billiger hergestellt werden könnten. Eine Antwort auf diese Frage fand der englische Nationalökonom David Ricardo (1772 – 1823) mit dem Theorem der *komparativen* [„vergleichsweisen"] *Kostenvorteile* (s. M 7).

(Informationen zur politischen Bildung [= M 1], S. 24 f.)

M 7 David Ricardos Theorie der „komparativen Kostenvorteile"

Die Theorie der absoluten Preisunterschiede von Adam Smith kann Exporte von Ländern, die keine absoluten Preisvorteile besitzen, nicht erklären. Gleiches gilt für Importe von Ländern, die keine absoluten Preisnachteile aufweisen. Jedoch erkannte David Ricardo (1772 – 1823) schon 1817, dass internationaler Handel auch dann für zwei Länder vorteilhaft sein kann, wenn das eine Land sämtliche Güter günstiger herstellen kann als das andere.

Ricardo zeigte dies anhand des damals zwischen England und Portugal bestehenden Abkommens über den zollfreien Austausch von britischem Tuch und portugiesischem Wein. Angenommen, in England benötige man 5 Arbeitsstunden, um einen Ballen Tuch zu produzieren, in Portugal seien hierfür nur 4 Stunden notwendig (siehe Abb. S. 123 o.). Des Weiteren braucht man in England für die Erzeugung eines Fasses Wein 10 Arbeitsstunden, in Portugal dagegen lediglich 2 Stunden. Wenn wir unterstellen, dass Arbeit der wichtigste Faktor ist, um Tuch oder Wein zu produzieren, dann kann also Portugal beides billiger herstellen. Es hat bei beiden Gütern einen *absoluten Kostenvorteil*, weil es sie in weniger Arbeitsstunden erzeugen kann.

(Herbert Sperber, Wirtschaft verstehen – nutzen – ändern, Schäffer-Poeschel Verlag, Stuttgart, 3. Aufl. 2009, S. 292)

Warum sollte dann Portugal überhaupt Handel mit England treiben? Die Antwort ergibt sich, wenn wir auf die *Opportunitätskosten** (die Kosten, die für den entgangenen Ertrag oder Nutzen eines alternativen Gutes entstehen, für das man sich nicht entschieden hat; nähere Erläuterung

David Ricardo
Der britische Wirtschaftswissenschaftler lebte von 1772 bis 1823. Als Bankier und Börsenmakler erwarb er ein großes Vermögen und zog sich 1814 vom Geschäftsleben zurück, um sich ganz seinen wissenschaftlichen Arbeiten zu widmen. Ricardo schuf, aufbauend auf Adam Smith, ein in sich geschlossenes System der Volkswirtschaftslehre, zu dessen Grundlagen eine Arbeitswertlehre (Arbeit sei der einzige wertbildende Faktor), eine Theorie der Bodenrente sowie eine Preis- und Geldtheorie zählen. Im Unterschied zu Smith, in dessen Arbeiten die Frage nach den Ursachen des Wohlstands im Mittelpunkt stand, war für Ricardo das Problem der Einkommensverteilung zentrales Anliegen. [...]
Die Vorteilhaftigkeit des Freihandels belegt Ricardo nicht nur für den Fall der absoluten Kostenunterschiede, sondern auch für den Fall komparativer Vorteile (Theorem der komparativen Kosten).

(Bundeszentrale für politische Bildung [Hg.], Das Lexikon der Wirtschaft, Bonn 2004, S. 27)

England		Portugal		
Tuch	**Wein**	**Tuch**	**Wein**	
5 1 Ballen	10 1 Fass	4 1 Ballen	2 1 Fass	Arbeitsstunden (21) Produktion (insgesamt: 4)
	Spezialisierung:			
15 3 Ballen	0	0	6 3 Fass	Arbeitsstunden (21) Produktion (insgesamt: 6)
	Tausch:			
2 Ballen	1 Fass	1 Ballen	2 Fass	Ergebnis nach Tausch: Beide Länder profitieren.

s. Glossar) beider Länder schauen. Dann sehen wir, dass Portugal für die Herstellung von 1 weiteren Ballen Tuch auf 2 Fässer Wein verzichten müsste und England lediglich nur auf 0,5 Fässer Wein. Wenn Portugal 1 Fass mehr Wein herstellen möchte, dann müsste es nur auf 0,5 Ballen Tuch verzichten und England dagegen auf 2 Ballen Tuch. Das heißt, Portugal hat einen komparativen Kostenvorteil bei Textilien, weil es bei der Herstellung von Wein auf weniger Textilien verzichten muss als England. England dagegen hat einen komparativen Kostenvorteil bei Wein, weil es bei der Herstellung von Textilien auf weniger Wein verzichten muss als Portugal. Demnach wird sich Portugal auf die Produktion von Wein und England auf die Produktion von Tuch spezialisieren (zu einem konkreten Beispiel für diese Überlegungen s. S. 124).

(Autorentext: Steffen Tuchardt, Jever)

Die Spezialisierung geschieht dadurch, dass in Portugal sämtliche Arbeitskräfte in die Weinproduktion und in England sämtliche Arbeitskräfte in die Tuchproduktion gelenkt werden. Im Ergebnis steht dann eine *insgesamt höhere Produktionsmenge* von beiden Gütern zur Verfügung (vorausgesetzt wird dabei, dass die für die Wein- bzw. Tuchproduktion neu eingesetzten Arbeiter genauso produktiv sind wie die ursprünglich dort beschäftigten). Anschließend werden jetzt die Portugiesen einen Teil ihrer Weinproduktion gegen englisches Tuch tauschen. Da insgesamt mehr produziert wird als im vorherigen Autarkiezustand [Zustand der Selbstversorgung], kann auf diese Weise der Konsum in beiden Ländern gesteigert werden.

(Herbert Sperber, Wirtschaft verstehen – nutzen – ändern, Schäffer-Poeschel Verlag, Stuttgart, 3. Aufl. 2009, S. 292 f.)

1. Erläutern Sie, was man unter „Nicht-Verfügbarkeiten" als Ursache für den Güteraustausch zwischen Ländern versteht. Nennen Sie dazu ein weiteres Beispiel. (M 6, Z. 5 ff.)

2. Was unterscheidet den Gesichtspunkt der Kostenvorteile von dem der Nicht-Verfügbarkeit? Worin kann es begründet liegen, dass ein bestimmtes Produkt in einem Land kostengünstiger hergestellt werden kann als in einem anderen? (Z. 13 ff.)

3. Beschreiben Sie, wie Adam Smith aus der beruflichen Arbeitsteilung innerhalb eines Landes die Vorzüge der internationalen Arbeitsteilung herleitete (M 6, Z. 26 ff.). Näheres zum Denken und zur Bedeutung des „Gründervaters" der Volkswirtschaftslehre und der Theorie des klassischen Liberalismus* finden Sie ggf. unter der Internetadresse http://de.wikipedia.org/wiki/Adam_Smith.

4. Worin liegt der Unterschied zwischen „absoluten" und „komparativen" (vergleichsweisen; von lat. comparare – vergleichen) Kostenvorteilen? (M 6, Z. 47 ff.)

5 Vollziehen Sie David Ricardos Theorie der komparativen Kostenvorteile nach, indem Sie bei der Erarbeitung die einzelnen Textaussagen jeweils mit der grafischen Darstellung verbinden (M 7). Die Hauptfrage lautet: Wie kommt es dazu, dass das gesamte Produktionsergebnis beider Länder (an Wein und Tuch) bei Arbeitsteilung (jedes Land spezialisiert sich auf eins der beiden Güter) höher liegt, als wenn beide Länder beide Güter produzieren?

6 Wir schlagen Ihnen vor, Ihr Verständnis der Theorie der komparativen Kostenvorteile anhand des folgenden Beispiels zu überprüfen, das die Überlegungen zu den „Opportunitätskosten*" (s. Z. 9 ff.) berücksichtigt. Verwenden Sie dazu eine Kopie des Arbeitsblatts oder schreiben Sie die Angaben für die einzelnen Lücken in Ihr Heft (Einzel- oder Partnerarbeit).
Ein anders angelegtes Beispiel für Ricardos Theorem finden Sie unter der Internetadresse http://www.sowi.rub.de/mam/content/Isip/vorlesungsfolien.pdf (S. 16).

Beispiel für einen komparativen Kostenvorteil

Land	Kosten für 10 t Textilien in Arbeitskräfte	Kosten für 10 hl Wein in Arbeitskräfte	Kostenverhältnis Textilien : Wein	Kostenverhältnis Wein : Textilien
Portugal	80	100	1 : 0,8	1 : 1,25
England	100	200	1 : 0,5	1 : 2

- ***Inwiefern hat Portugal bei beiden Gütern Kostenvorteile gegenüber England?***
  ______ ??? ______
- ***Was besagen die Angaben in den letzten beiden Spalten?***
  Wenn Portugal 1 ___?___ mehr herstellen möchte, dann verzichtet es auf die Produktion von 1,25 ___?___ .
  Wenn England 1 ___?___ mehr herstellen möchte, dann verzichtet es auf die Produktion von 2 ___?___ .
  Wenn Portugal 1 ___?___ mehr herstellen möchte, dann verzichtet es auf die Produktion von 0,8 ___?___ .
  Wenn England 1 ___?___ mehr herstellen möchte, dann verzichtet es auf die Produktion von 0,5 ___?___ .
- ***Bei welchem Gut hat England einen komparativen Kostenvorteil?***
  Demnach hat England einen komparativen Vorteil bei ___?___ , weil es bei der Herstellung von ___?___ auf weniger ___?___ verzichten muss als Portugal.
- ***Bei welchem Gut hat Portugal einen komparativen Kostenvorteil?***
  Demnach hat Portugal einen komparativen Vorteil bei ___?___ , weil es bei der Herstellung von ___?___ auf weniger ___?___ verzichten muss als England.

(Autorentext: Steffen Tuchardt, Jever)

VERTIEFUNG M8

Die Bedeutung der „Faktorproportionen"

*Natürlich ist die ökonomische Theorie des internationalen Handels nicht bei **Ricardo** stehen geblieben. Eine wichtige Weiterentwicklung erfuhr sie u. a. durch die schwedischen Ökonomen **Eli Heckscher** (1879–1952) und **Bertil Ohlin** (1899–1979). Sie ließen die von Ricardo noch gemachte Annahme fallen, dass es **nur einen** Produktionsfaktor (Arbeitskräfte) gibt, und konstruierten ein Zwei-Faktoren-Modell, z. B. mit Arbeit **und** Kapital. Dieses sieht folgendermaßen aus:*

[Heckscher und Ohlin erklären] internationalen Handel nicht durch Produktivitätsunterschiede, sondern durch unterschiedliche „Faktorpreisrelationen". Die Produktionskosten eines Landes

Eli Heckscher
(1879–1952)

Bertil Ohlin
(1899 –1979)

werden bestimmt durch die Preise der *Produktionsfaktoren* Arbeit, Boden und Kapital. Die Preisrelationen zwischen Arbeit, Boden und Kapital unterscheiden sich in verschiedenen Ländern. Ob der Preis für Arbeit im Verhältnis zu den Kapitalkosten teuer ist oder nicht, hängt ab von den Faktorproportionen, das heißt davon, *ob ein Produktionsfaktor verglichen mit den anderen* in einem Land reichlich zur Verfügung steht oder knapp ist. Ist beispielsweise in einem Land E Arbeit im Verhältnis zum Kapital reichlich vorhanden, werden die Kapitalkosten (Zinsen für Kredite) vergleichsweise zu den Löhnen hoch sein. Ist dagegen in einem Land I Arbeit im Verhältnis zum Kapitalbestand relativ knapp, werden die Löhne in Relation zu den Zinsen beträchtlich sein. Land E kann deshalb arbeitsintensive Produkte wie zum Beispiel Teppiche günstiger herstellen als I und hat bei solchen Gütern einen komparativen Kostenvorteil. In I werden die Arbeitsplätze eine relativ hohe Ausstattung mit Sachkapital aufweisen, und das Land hat komparative Kostenvorteile bei kapitalintensiven Gütern wie Maschinen.

(Informationen zur politischen Bildung [= M 1], S. 25)

Heckscher und Ohlin konnten zeigen, dass sich aus solchen Unterschieden in der *rein mengenmäßigen Verfügbarkeit* von Produktionsfaktoren in gleicher Weise Freihandelsvorteile ableiten lassen wie aus unterschiedlichen Produktionstechniken. Man bezeichnet ihre Entdeckung auch als das **Faktorproportionentheorem.** Wohlgemerkt, es geht hier nicht darum, welches Land absolut gesehen über mehr Arbeiter oder Kapital verfügt. Entscheidend ist allein das *Verhältnis, in dem diese Faktoren in den betreffenden Ländern jeweils zur Verfügung stehen.* Relativ kapitalreiche Länder sollten und werden nach Heckscher und Ohlin relativ kapitalintensive Güter exportieren, während relativ arbeitsreiche Länder sich eben auf relativ arbeitsintensive Güter konzentrieren werden.

(Ulrich van Suntum, Die unsichtbare Hand, Springer Verlag, Berlin, 2. Aufl. 2001, S. 190)

VERTIEFUNG M 9

Die „Produktlebenszyklus-Theorie"

Eine zeitraumbezogene Betrachtung (dynamisches Modell) entwickelte der Amerikaner Raymond Vernon (1913–1999) mit der **Produktlebenszyklus-Theorie** der internationalen Arbeitsteilung. Ausgangspunkt des Modells ist die Betrachtung des Lebenszyklus' eines neuen Produktes. Typischerweise durchläuft ein Produkt mehrere Phasen, in denen sich seine Produktionsfunktion, der Produktionsstandort und der Absatzmarkt in bestimmter Weise verändern. Die Theorie geht davon aus, dass verschiedene Länder je nach ihrer Faktorausstattung komparative Vorteile in verschiedenen Phasen des Zyklus aufweisen. Unterschieden werden dabei die Innovationsphase, die Ausreifungsphase und die Sättigungsphase eines Produkts. Die Argumentation lautet vereinfacht wie folgt: Da Innovationen kapital- und know-how-intensiv sind, erfolgen sie hauptsächlich in den hoch entwickelten Industrieländern. In der Innovationsphase ist das technologisch anspruchsvolle neue Produkt zunächst nur auf dem Inlandsmarkt präsent, es wird technisch entwickelt und neue Anwendungen werden erschlossen. In der Ausreifungsphase steigen die Produktions- und Absatzzahlen. Mit zunehmender Standardisierung der Produktion wird es möglich, die Herstellungskosten durch Massenproduktionsvorteile zu senken. Die Forschungs- und Entwicklungsarbeit an dem Produkt verliert an Bedeutung. Durch günstige Preise können neue Käuferschichten erschlossen werden, und die inzwischen entstandenen Kapazitäten stehen für Exporte ins Ausland zur Verfügung. Oft ist es bereits in dieser Phase lohnend, auch Teile der Produktion ins Ausland zu verlagern. Dies geschieht durch Errichtung von eigenen Unternehmen oder die Beteiligung an ausländischen Firmen (Direktinvestitionen). Auf diese Weise oder durch Lizenzvergabe gelangt die Technologie ins Ausland. Auch beginnen Firmen in Importländern, die Technologien zu kopieren und nicht selten illegal Imitate zu erstellen.

In der letzten Phase des Lebenszyklus sind die Märkte im Wesentlichen gesättigt, die Technologie ist standardisiert und stellt geringe Anforderungen an die Qualifikation von Arbeitskräften. Entwicklungsländer besit-

Arbeitsteilige Spezialisierungsmuster, die sich auf Kostenvorteile aufgrund der Produktzyklusthese zurückführen lassen, sind in der Realität durchaus zu beobachten. Rohstoffintensive Bereiche sind beispielsweise die Ledererzeugung und -verarbeitung oder die Holzbearbeitung, arbeitsintensiv war die Produktion in der Feinmechanik und Elektrotechnik sowie – vor einer beträchtlichen Kapitalintensivierung – die Produktion von Textilien und Bekleidung. In der dritten Produktzyklusphase ist z. B. die Produktion von Haushaltsgeräten, Elektronik, Büromaschinen oder Sportartikeln einzuordnen. Hieran wird deutlich, dass Schwellen- und Entwicklungsländer auch im industriellen Bereich in immer stärker zunehmendem Maße zu Konkurrenten der etablierten Anbieter aus Industrieländern werden.

(Jörn Altmann, Wirtschaftspolitik, Lucius & Lucius Verlag, Stuttgart, 8. Aufl. 2007, S. 476)

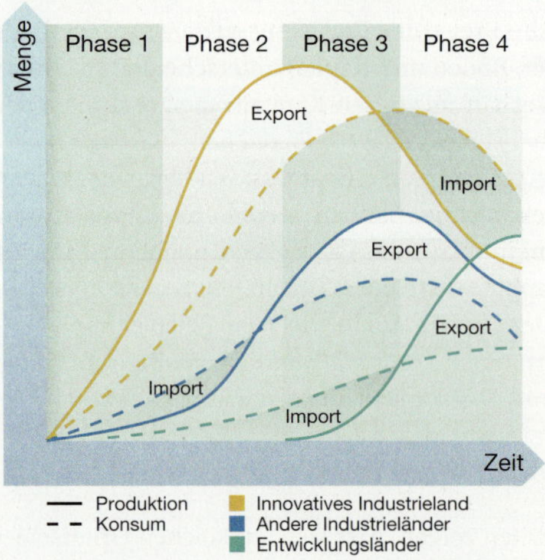

zen in dieser Phase komparative Kostenvorteile. Sie produzieren über den eigenen Markt hinaus und beginnen ihrerseits zu exportieren, darunter auch in das ursprüngliche Innovationsland. Von den verbliebenen Produzenten im Innovationsland, die der Konkurrenz aus den Niedriglohnländern nicht gewachsen sind, wird der Ruf nach Protektion laut. Häufig werden sie von den ausländischen Anbietern vom Markt verdrängt. Ein Beispiel ist die Verlagerung der Textil- und Lederindustrie in Entwicklungsländer: Waren 1970 noch 379 000 Arbeitskräfte in Deutschland in der Textilindustrie beschäftigt, betrug ihre Zahl 2007 nur noch 88 000.

(Informationen zur politischen Bildung [= M 1], S. 25 f.)

1 Stellen Sie heraus, durch welche wichtige Annahme sich die Theorie von Heckscher und Ohlin von der Theorie Ricardos unterscheidet. (M 8)

2 Das Verständnis der „Faktorproportionentheorie" dürfte Ihnen nicht schwerfallen, wenn Sie sich Klarheit über folgende Begriffe verschaffen: Produktionsfaktoren*, Preisrelationen, arbeitsintensiv, kapitalintensiv. Erläutern Sie diese Begriffe mit eigenen Worten und fassen Sie dann die Theorie von Heckscher und Ohlin in ein oder zwei Sätzen zusammen.

3 Verdeutlichen Sie den besonderen („dynamischen") Ansatz der Produktlebenszyklus-Theorie und stellen Sie heraus, welche Ländergruppen am Gesamtzyklus beteiligt sind und welche Aspekte sich in den vier „Lebensphasen" jeweils verändern (M 9; vgl. auch die Grafik).

4 Welche Rolle spielen komparative Vorteile in dieser Theorie? Erläutern Sie dazu die angeführten konkreten Beispiele (s. Kasten S. 125 u.).

M 10a Modell und Realität – kritische Einschränkungen zu den Außenhandelstheorien

[Abgesehen von einigen anderen, in der Realität nicht erfüllten Modellvoraussetzungen – der Austausch betrifft nur zwei Länder, auf den Märkten herrscht vollkommene Konkurrenz, die Produktionsfaktoren zwischen den Ländern sind nicht austauschbar, Transportkosten werden nicht berücksichtigt –] gibt die Theorie **Ricardos** von den komparativen Kosten aus folgenden Gründen die Realität nicht wieder:

- Waren werden nicht nur mit einem, sondern mit mehreren Produktionsfaktoren (Faktor = Erzeuger, Produktionsfaktor = Erzeuger von Produktion, Waren) hergestellt. Berücksichtigt man, dass zwei Produktionsfaktoren (Arbeit und Kapital) eingesetzt werden, die z. T. noch gegenseitig ersetzt werden können, sehen die Theorie und ihre Aussagen viel komplizierter aus.
- In der Theorie wird vorausgesetzt, dass der Produktionsfaktor Arbeit beliebig zur Produktion der beiden Waren eingesetzt werden kann. Das ist in der Realität nicht so: Arbeiter der Landwirtschaft (Weizenanbau) sind nicht unmittelbar in der Industrie (Autoproduktion) einsetzbar und umgekehrt. Was folgt aus diesen, die Realität nicht berücksichtigenden Bedingungen für den internationalen Handel?

Da Arbeitskräfte nicht so ohne Weiteres und vor allem nicht kurzfristig von einer Branche in eine andere und von einem Ort in einen anderen wechseln können, entweder weil sie für einen anderen Job gar nicht ausgebildet sind oder weil sie familiär an einen Ort gebunden sind und nicht von heute auf morgen einen Arbeitsplatz einnehmen können, der mehrere Hundert Kilometer von ihrem Wohnort entfernt liegt, wird es bei Aufnahme von Handelsbeziehungen zu Arbeitslosigkeit in der Branche kommen, in der das andere Land einen komparativen Kostenvorteil hat. [...]

Das Faktorproportionentheorem von **Heckscher/Ohlin** ist zwar insofern etwas näher an der Realität, als es zwei Produktionsfaktoren einbezieht. Gleichwohl unterstellt es bezüglich der Faktormobilität die gleichen Bedingungen wie Ricardo: Innerhalb des jeweiligen Landes sind Arbeitskräfte und Maschinen beliebig in den einzelnen Wirtschaftsbranchen und an verschiedenen

Orten kurzfristig einsetzbar und stehen auch zur Verfügung. Die Wirklichkeit ist aber nicht so: Bergarbeiter aus dem Ruhrgebiet sind nicht als Köche in einem Seebad auf Usedom einsetzbar, und auch die Kohleförderanlage aus Castrop-Rauxel ist nicht in einem Badeort zu gebrauchen.

(Hermann Adam, Bausteine der Politik, VS Verlag für Sozialwissenschaften, Wiesbaden 2007, S. 319 f., 321 f.)

Wie die Modelle von Ricardo und Heckscher/Ohlin geht auch der Ansatz des **Produktlebenszyklus** von einer Spezialisierung der Länder entsprechend den komparativen Kostenunterschieden der gehandelten Güter aus. Die Tatsache, dass heute der Großteil des internationalen Handels (Import und Export) zwischen den Industrieländern mit ähnlichen Wirtschafts- und Produktionsstrukturen stattfindet, lässt sich damit kaum erklären. Zur Erklärung dieser Entwicklung s. M 11.

(Autorentext)

1. Stellen Sie mit eigenen Worten heraus, welche beiden Gesichtspunkte nach der Darstellung in M 10 a (Z. 1 – 20) in Ricardos Betrachtung nicht oder zu wenig berücksichtigt werden.
2. Erläutern und diskutieren Sie den kritischen Einwand des Autors gegenüber der Theorie von Heckscher und Ohlin (Z. 21 ff.). Gibt es aus Ihrer Sicht Möglichkeiten, die genannte fehlende Mobilität der Arbeitskräfte wesentlich zu verbessern?
3. Welche Strukturen des Welthandels in den letzten Jahrzehnten kann die Produktlebenszyklus-Theorie nicht hinreichend erklären?
4. Welche Unterschiede sehen Sie im Hinblick auf das Maß des empirischen Bezugs (der „Realitätsnähe") der drei Theorien?

Wie die vorangehende Darstellung gezeigt hat, liegen allen drei Erklärungsansätzen des internationalen Handels modellartige, d. h. auf bestimmten Annahmen (Prämissen) beruhende Überlegungen zugrunde (bei unterschiedlicher Ausprägung empirischer Bezüge). Modelle spielen in allen Wissenschaften eine wichtige Rolle. Anhand der folgenden Darstellung können Sie sich über den spezifischen Charakter und die Funktion ökonomischer Modelle informieren.*

METHODE M 10 b Ökonomische Modelle

Wer seine Freizeit mit Modellbau verbringt, ob mit Schiffen, Flugzeugen oder Eisenbahnen, versucht, die Realität möglichst detailgetreu, nur in kleinerem Maßstab wiederzugeben. Ein gelungenes Schiffsmodell sieht bis ins kleinste Detail genauso aus wie das reale Vorbild – jedenfalls von außen betrachtet.
Ökonomen bauen mehrheitlich Modelle anderer Art. Mit ihren Modellen versuchen sie, die hochkomplexe wirtschaftliche Realität möglichst weitgehend zu vereinfachen. Sie wollen nur das aus der Realität im Modell abbilden, was sie als unbedingt notwendig betrachten, um eine Situation oder einen Vorgang zu analysieren. [...] Ökonomen beurteilen die Qualität eines Modells vor allem danach, ob es in diesem Sinne „sparsam" ist und ob man es formal mathematisch darstellen kann.

(Reinhold Hedtke, Wirtschaftliche Denkweisen, Wochenschau Verlag, Schwalbach/Ts. 2008, S. 34)

[...] Sie werden bemerken, dass Modelle mit Annahmen konstruiert sind. Wie ein Physiker am Anfang seiner Analyse der herabfallenden Marmorkugel die Existenz von Reibungswiderstand per Annahme beseitigt, schließen auch Ökonomen viele Details, die für die Untersuchung einer bestimmten Frage irrelevant sind, mithilfe von Annahmen aus. Alle Modelle – in der Physik, in der Biologie und in den Wirtschaftswissenschaften – simplifizieren [vereinfachen] die Realität, um unser Verständnis von der Wirklichkeit zu verbessern.

(Gregory N. Mankiw/Mark P. Taylor, Grundzüge der Volkswirtschaftslehre, Schäffer-Poeschel, Stuttgart, 4. Aufl. 2008, S. 26)

Es ist deshalb unsinnig, ein Modell zu kritisieren, weil es zu einfach und nicht „realistisch" genug sei. Modelle sind naturgemäß nicht „realistisch", und kein Ökonom ist so blind, das nicht zu sehen. Er überlegt sich ja gerade eine Theorie, um jene Phänomene, die zu komplex für unsere Hirne sind, in ihrem Kern zu erfassen; von daher auch die zwingende Notwendigkeit, sich eine vereinfachte, „unrealistische" Darstellung dieser Phänomene auszudenken. [...] Physiker verwenden extrem vereinfachte Modelle von Atomen, Wirtschaftswissenschaftler benutzen nicht weniger vereinfachte Modelle von Märkten.
Daraus lässt sich allerdings nicht ableiten, dass alle Theorien gleichermaßen gültig sind. Es gilt auch nicht, Modelle zu konstruieren, die so einfach sind, dass sie absurd werden. Oder, um es mit Paul Valéry zu sagen: Was einfach ist, ist falsch, was komplex ist, ist nicht brauchbar. Eine Theorie sollte so gestaltet sein, dass darin alle unwichtigen Aspekte eines Phänomens unbeachtet bleiben.

(André Fourçans, Die Welt der Wirtschaft, Campus Verlag, Frankfurt/New York 1997, S. 20 f.)

1 Bei den dargestellten Außenhandelstheorien handelt es sich um ökonomische Modelle. Fassen Sie zusammen, wozu ökonomische Modelle dienen sollen (M 10b). Worin liegen ihre wichtigsten Merkmale? Welche Bedingungen müssen sie erfüllen, um ihrer Funktion gerecht zu werden?

2 Wie ist Ihre eigene Einschätzung? Könnte man sagen, dass die in M 6 – M 9 beschriebenen Theorien (Modelle) trotz der beschriebenen kritischen Einschränkungen wichtige Grundeinsichten zu den internationalen Wirtschafts- und Handelsbeziehungen vermitteln? Begründen Sie Ihre Antwort auf diese Fragen.

M 11 Schweizer Uhren, französischer Käse, italienische Sportwagen – „Konsumpräferenzen" und „Produktdifferenzierung" befördern den „intraindustriellen" Handel

Die bisherigen Erklärungsansätze gehen von einer Spezialisierung der Länder entsprechend den komparativen Kostenunterschieden der gehandelten Güter aus. Der größte Teil des *Handels der Industrieländer untereinander* lässt sich damit aber heute kaum erklären. Immer bedeutender wird der Handel mit vergleichbaren Gütern derselben Art, die sowohl im- als auch exportiert werden (intra-industrieller Handel). Dieser Handel konzentriert sich vor allem auf entwickelte Länder mit ähnlicher Wirtschaftsstruktur; hier macht er häufig über zwei Drittel des gesamten Außenhandels aus. Wesentliche Ursachen sind subjektive Vorlieben (*Präferenzen*) der Nachfrager für bestimmte Güter und *Produktdifferenzierung* (Produktvielfalt) seitens der Anbieter. Durch technische oder ästhetische Modifikationen, begleitet von Werbung und anderen Marketingmaßnahmen, versuchen Anbieter, ihr Produkt von anderen abzuheben und das Interesse der Nachfrager auf sich zu ziehen. Ziel ist es, Marktsegmente zu schaffen und mit der eigenen Marke zu besetzen. Kaufkräftige und anspruchsvolle Konsumenten schätzen ein differenziertes Angebot, das ihnen vielfältige Auswahlmöglichkeiten eröffnet: Neben deutschen Käsesorten kaufen einheimische Kunden auch französischen oder italienischen Käse, viele deutsche Autokäufer schätzen Renault oder Fiat, und zahlreiche französische Autofahrer entscheiden sich für Volkswagen oder BMW.

(Informationen zur politischen Bildung [= M 1], S. 27)

Die Übersicht über die wichtigsten Export- und Importgüter (s. Abb. in M 15, S. 134) lässt erkennen, dass diese sehr ähnlich sind. Deutschland exportiert beispielsweise Jahr für Jahr mehrere Hunderttausend Autos und importiert ebenfalls Jahr für Jahr mehrere Hunderttausend Autos. Auf mangelnde Liefermöglichkeiten kann der Austausch offenbar nicht zurückgeführt werden. Es werden Autos zu Preisen von 10 000 €, 15 000 € oder 20 000 € sowohl exportiert als auch importiert. Dem Inländer, der für ein Mittelklasseauto z. B. 15 000 € ausgeben will, steht ein entsprechendes Inlandsangebot zur Verfügung. Warum kauft er trotzdem ein ausländisches Mittelklasseauto für 15 000 €? Auch Preisunterschiede vermögen also den Warenaustausch nicht vollständig zu erklären; es wird noch ein weiterer Beweggrund benötigt.

Der Nachfragewunsch lautet allerdings auch nicht einfach „ein Mittelklasseauto für 15 000 €", sondern umfasst detaillierte Wünsche hinsichtlich Aussehen, Komfort, Ausstattung, Motor, Antriebsart usw. Die Nachfrager haben also ganz unterschiedliche Vorlieben (Präferenzen). Das gewünschte Auto findet sich möglicherweise nicht im inländischen Angebot und der Kaufwunsch kann nur durch Rückgriff auf eine größere, internationale Angebotspalette mit entsprechend differenzierten Produkten befriedigt werden.

Die **Präferenzenvielfalt** auf der Nachfrageseite und die **Produktdifferenzierung** auf der Angebotsseite führen oft dazu, dass eine **Entsprechung der Tauschwünsche** nur im internationalen Rahmen realisierbar ist. Die Präferenzen der Nachfrager können sich aus tatsächlichen oder vermeintlichen Qualitätsunterschieden oder aus Unterschieden bei bestimmten Eigenschaften ergeben. So genießen oft Produkte eines bestimmten Landes ein gewisses internationales Ansehen (z. B. Schweizer Uhren, italienische Weine, englische Stoffe usw.). Häufig kommt einer bestimmten Präferenz sogar ein größeres Gewicht zu als dem Preis, sodass auch ein höherer Preis akzeptiert wird, wenn nur die gewünschte Präferenz erfüllt ist. Besonders deutlich wird dies, wenn sich die Nachfragepräferenz auf einen bestimmten Markennamen richtet. Wer – aus welchen Gründen auch immer – eine bestimmte Automarke fahren oder eine Handtasche mit einem bestimmten Emblem tragen will, ist zwangsläufig auf Importe angewiesen und ist oft auch bereit, einen Preisaufschlag zu zahlen, der nicht unbedingt durch Qualitätsmerkmale begründbar ist. [...] Das Produkt ist in der gewünschten spezifischen Art nicht im Inland vorhanden. Der Handel zwischen *Industrieländern* erklärt sich zum größten Teil aus dieser Präferenzenvielfalt der Nachfrager.

(Hans Jürgen Albers u. a., Volkswirtschaftslehre, Verlag Europa-Lehrmittel, Haan Gruiten, 6. Aufl. 2005, S. 312 f.)

1 Erläutern Sie, was man unter „intraindustriellem Handel" versteht und inwiefern die bisher dargestellten Außenhandelstheorien (Ricardo, Heckscher/Ohlin) diesen wichtigen Bereich des internationalen Handels nicht erklären.

2 Vergleichen Sie zu der Tatsache, dass sich in Industrieländern Import- und Exportgüter weithin entsprechen, die Darstellung in M 15, Abb. 1 und 2.

3 Erläutern Sie, inwiefern für den „intraindustriellen" Handel die Vielfalt der Vorlieben (Präferenzen) der Verbraucher für ganz bestimmte (ihren besonderen Wünschen entsprechende) Produkte verantwortlich ist. Sicherlich können Sie aus Ihrem eigenen Erfahrungsbereich Beispiele dafür nennen, dass Ihnen oft inländische Produkte nicht das bieten, was Sie gerne möchten.

4 Was ist für Sie beim Kauf importierter Produkte entscheidend? Sind es der Preis, die besondere Qualität und technische Ausstattung oder das „Image", das mit einem bestimmten Produkt verbunden ist?

M 12 Die Idee des Freihandels und ihre Verwirklichung in der Wirtschaftsgeschichte

Die Geschichte der internationalen Wirtschaftsbeziehungen ist geprägt durch die Auseinandersetzung zwischen Vertretern des **Freihandels** und des **Protektionismus***. Erstere plädieren für den *Abbau von Handelshemmnissen und die gegenseitige Öffnung der Märkte*. Protektionisten befürworten den *Schutz des heimischen Marktes durch Aufbau von Handelshemmnissen*. In der Wirtschaftsgeschichte lassen sich Phasen unterscheiden, in denen mal das eine, mal das andere Prinzip stärker dominierte. Im Zeitalter des Merkantilismus (16. bis 18. Jahrhundert; s. Kasten) war die Außenhandelspolitik der europäischen Staaten beispielsweise geprägt vom Protektionismus. Mit der Industrialisierung und der Verbesserung des Transportwesens begann ab Ende des 18. Jahrhunderts eine Phase intensiver Ausdehnung des internationalen Handels. Vorreiter des Freihandels war zunächst England, die stärkste Wirtschaftsnation des 19. Jahrhunderts. Bereits 1817 schrieb David Ricardo (s. S. 123): „Unter dem System von vollständig freiem Handel widmet natürlicherweise jedes Land sein Kapital und seine Arbeit solchen Verwendungen, die jedem am segensreichsten sind. Dieses Verfolgen des individuellen Nutzens ist wunderbar mit der allgemeinen Wohlfahrt der Gesamtheit verbunden." Zwischen 1850 und 1880 setzte sich der Freihandel in Europa und Nordamerika weitgehend durch, der Welthandel erlebte bis zum Ersten Weltkrieg eine Blütezeit.

Merkantilismus: Bezeichnung für eine durch massive Staatseingriffe in die Wirtschaft gekennzeichnete Wirtschaftspolitik während der Zeit des Absolutismus zwischen dem 16. und 18. Jahrhundert. Ziel war die Steigerung der nationalen Wirtschaftskraft und die Erhöhung der Staatseinkünfte z. B. durch die Erhebung von Schutzzöllen und die Förderung der frühindustriellen Produktion.
(Autorentext)

Von 1914 bis 1945 dominierte wiederum der Protektionismus. Die beiden Weltkriege und die Weltwirtschaftskrise* führten zu einem starken Rückgang des Handels, die Staaten schotteten sich gegeneinander ab, der Welthandel schrumpfte auf einen Bruchteil des Standes von vor 1914. Nach dem Zweiten Weltkrieg ging die Initiative zur Wiederbelebung der Weltwirtschaft von den USA aus. Instrument der Handelsliberalisierung war das GATT bzw. ab 1995 die Welt-

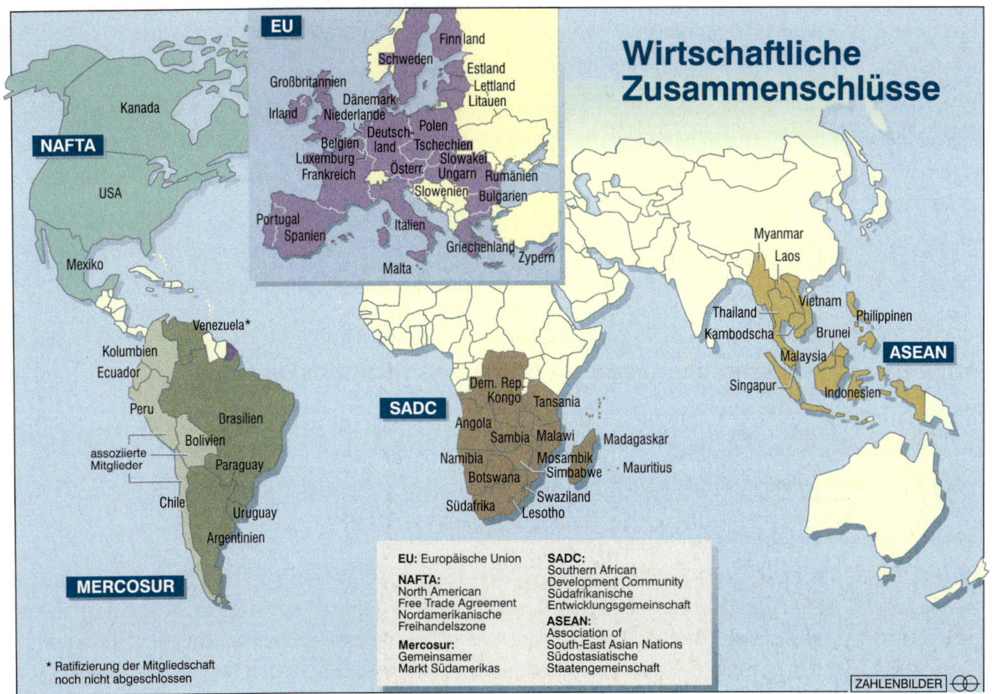

© Erich Schmidt Verlag

handelsorganisation (WTO; s. M 49). Auch die Bildung *regionaler Freihandelszonen* (s. Grafik S. 129 u.) hat zum Abbau von Zöllen und anderen Handelshemmnissen beigetragen. Bekanntestes Beispiel ist die wirtschaftliche Integration im Gemeinsamen Markt der Europäischen Union.

(Informationen zur politischen Bildung [= M 1], S. 28 f.)

Bis in die heutige Zeit hinein ist das Spannungsverhältnis zwischen Freihandel und Protektionismus ein Kernpunkt von Meinungsverschiedenheiten in Wissenschaft, Politik und öffentlicher Meinung. [...] Die Grundlage der **Freihandelsidee**, der Idee vom völlig unbehinderten internationalen Güteraustausch, ist der **Wirtschaftsliberalismus**: Freiheit und Selbstverantwortung der Menschen sowie eine Weltwirtschaftsordnung nach marktwirtschaftlichen Grundsätzen stehen im Vordergrund. [...]

Demnach lautet die Grundeinstellung der Wirtschaftsliberalen, dass sich im uneingeschränkten Leistungswettbewerb die besten Güter und Produktionsmethoden durchsetzen, die freie Preisbildung nach Angebot und Nachfrage für den bestmöglichen Ausgleich zwischen den unterschiedlichen Interessen der Produzenten und Konsumenten sorgt sowie die Nutzung der Arbeitsteilung in Verbindung mit Freihandel den Wohlstand der Länder erhöht. Obwohl jeder sein Eigeninteresse verfolgt, gewinnen alle: Internationale Arbeitsteilung kann den beteiligten Ländern neue und zusätzliche Beschäftigungsmöglichkeiten bieten und durch Wirtschaftswachstum zur Steigerung des materiellen Wohlstands beitragen. Wettbewerb fördert Produktivität* und Innovation*; Wettbewerb bewirkt letztlich Wachstumsdynamik.

Vertreter des Freihandels sind hauptsächlich die marktwirtschaftlich geordneten Industrienationen. Auch die Außenhandelspolitik der Bundesrepublik Deutschland ist vom Leitbild des Freihandels geprägt; allerdings nicht vom Prinzip des uneingeschränkten Freihandels.

(Klaus Peter Kruber, Internationale Wirtschaftsbeziehungen, Ökonomische Bildung kompakt 6, Westermann Verlag, Braunschweig 2005, S. 44, 47)

1. Erläutern Sie mit eigenen Worten die Bedeutung der Begriffe „Freihandel“ und „Protektionismus“ (von lat. protegere – schützen). (M 12, Z. 1 – 4)

2. „Grundlage der Freihandelsidee ist der Wirtschaftsliberalismus.“ (M 12, Z. 48 f.) Stellen Sie die Grundgedanken heraus, die diese von den ökonomischen „Klassikern“ (u. a. Adam Smith, David Ricardo; vgl. M 6 und M 7) ausgehende Wirtschaftstheorie kennzeichnet. Welche Rolle spielen die Selbstverantwortung des Einzelnen und der freie Wettbewerb? Wie wird das Verhältnis zwischen dem Eigeninteresse des Einzelnen und dem Gemeinwohl gesehen (Z. 56 f.; vgl. Kasten zu Adam Smith, S. 122 o.)? Was wird vom Freihandel zwischen den Ländern erwartet?

3. Erstellen Sie eine kurze Übersicht über die Phasen der Wirtschaftsgeschichte, in denen entweder der Freihandel oder der Protektionismus vorherrschte (Z. 16 – 45). – Die Diskussion über die beiden Prinzipien und der Streit zwischen den Vertretern beider Positionen in der heutigen Zeit (besonders auch in der Welthandelsorganisation) werden in den folgenden Materialien näher dargestellt.

4. Inwiefern handelt es sich bei der Europäischen Union – im Unterschied zu anderen Freihandelszonen (s. Grafik S. 129) – nicht nur um eine Freihandelszone, sondern um einen „Binnenmarkt“?

M 13 Argumente für Beschränkungen des Freihandels in der Diskussion

Argumente für regulierende Eingriffe in den Freihandel und für die Protektion von Wirtschaftszweigen gegenüber ausländischer Konkurrenz können sowohl aus wirtschaftstheoretischen wie aus politischen Überlegungen begründet werden.

Schutzzölle für „infant industries“

Bereits der deutsche Ökonom Friedrich List (1789 – 1846) hat mit dem Argument, unterentwickelte Länder müssten eine Chance haben, ihr Wachstumspotenzial zu entwickeln, bevor sie sich auf den freien Wettbewerb mit hoch entwickelten Industrienationen einlassen könnten, zeitweilige Schutzzölle für die damals noch in den Kinderschuhen steckende deutsche Industrie gegen die überlegene Konkurrenz Englands gefordert (*infant industry argument*). Theoretisch spricht viel

Abb. 1

Ein Transrapid auf der Teststrecke im Emsland (2008) – Wegen der hohen Kosten von über 3 Mrd. € wurde die Planung einer 37 km langen Strecke vom Münchener Hauptbahnhof zum Flughafen im März 2008 aufgegeben. In China soll ab 2010 zusätzlich zur bestehenden 30 km langen eine weitere Strecke (200 km) gebaut werden.

für das Argument, allerdings ist es schwierig für Wirtschaftspolitiker, das zukünftige Entwicklungspotenzial einer *infant industry* im Vergleich zur internationalen Konkurrenz vorherzusehen. Häufig genug haben sie „aufs falsche Pferd gesetzt" und in Sackgassen oder Prestigeprojekte investiert. Zudem hat sich gezeigt, dass viele einmal eingeführte Handelshemmnisse außerordentlich zäh von Unternehmerverbänden und Gewerkschaften verteidigt werden und dass die hinter Zollmauern geschützten „infant industries" sich häufig schwertun, erwachsen, sprich wettbewerbsfähig zu werden. Beispiele sind Stahlwerke in Entwicklungsländern, die nie kostendeckend betrieben werden konnten, oder staatlich geförderte Technologieprojekte in Industrieländern, die Schwierigkeiten haben, sich am Markt durchzusetzen, wie beispielsweise die Magnetschwebebahn Transrapid (s. Abb. 1).

Soziale Abfederung des Strukturwandels*

Importe können Arbeitsplätze im Inland vernichten. Dies geschieht dann, wenn es sich um Wirtschaftszweige handelt, die einen relativen Preisnachteil haben. Ihre inländische Produktion und die Beschäftigung gehen zurück.

[...] Die damit verbundenen Umstellungen sind jedoch für die unmittelbar Betroffenen problematisch. Unternehmen müssen ihre Produktion umstrukturieren oder werden ganz geschlossen. Für die dort beschäftigten Arbeitskräfte sind diese Veränderungen mit hohen Belastungen verbunden wie dem Verlust des Arbeitsplatzes, Umschulungen oder Umzügen. Die Anforderungen an Flexibilität, Mobilität und Lernfähigkeit nehmen durch die internationale Arbeitsteilung deutlich zu.

Oftmals wird der Ruf nach dem Staat laut, den Strukturwandel durch Subventionen* und Schutzzölle zeitlich zu strecken und für die betroffenen Arbeitnehmer sozial abzufedern. Doch auch hier ist davon auszugehen, dass Protektion langfristig der Volkswirtschaft schadet, wenn dadurch volkswirtschaftliche Ressourcen* gebunden werden, die für andere Zwecke wie beispielsweise für den Ausbau des Bildungswesens oder der Forschung fehlen. Ein Beispiel, wie jahrzehntelange Subventionierung erhebliche Mittel bindet, letztlich aber den Strukturwandel und den Abbau von Arbeitsplätzen doch nicht aufhalten kann, ist die deutsche Steinkohle (s. Abb. 2).

Abb. 2

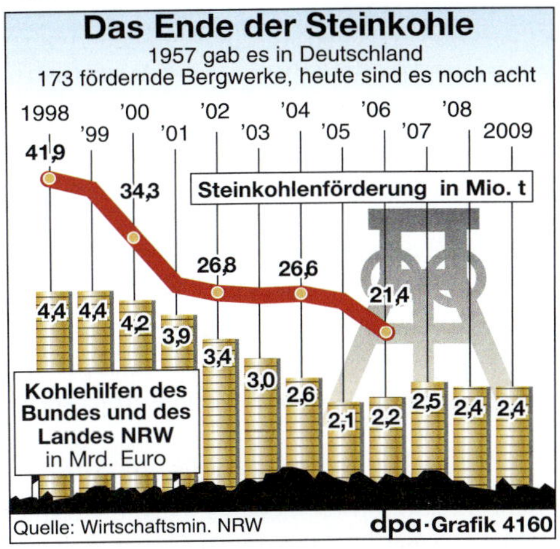

Bis zu dem für 2019 geplanten Ausstieg aus der Steinkohleproduktion sind weitere Subventionen in Höhe von rd. 20 Mrd. Euro vorgesehen.

Versorgung in Krisenzeiten

Wenn ein Land im Zuge der Spezialisierung auf die Herstellung wichtiger Güter wie Weizen, Kohle und Stahl verzichtet, könnte die Versorgung in Krisenzeiten gefährdet sein. Der Staat wäre dann möglicherweise ausländischem Druck ausgesetzt und erpressbar. So stoppte das OPEC*-Kartell in den 1970er-Jahren die Erdöllieferungen. Daher streben Wirtschaftspolitiker häufig ein gewisses Maß an Autarkie [„Selbstversorgung"], also Unabhängigkeit von Einfuhren, an. Dabei gilt es jedoch sorgfältig zu prüfen, ob den damit verbundenen hohen volkswirtschaftlichen Kosten – für die inländischen Konsumenten des Gutes, aber auch für die inländischen Produzenten, deren Exportchancen zum Beispiel durch hohe Energie- oder Vorproduktkosten beeinträchtigt werden, – tatsächlich eine sicherere Versorgung gegenübersteht. So deckt deutsche Kohle gewiss nicht den deutschen Energiebedarf, verteuert aber den Strom.

Neben internationalen Protesten gegen Produktpiraterie sah sich die Volksrepublik China auch mit vermehrten Vorwürfen mangelhafter Produktsicherheit konfrontiert. **Großflächige Rückruf-Aktionen** aus den USA, Europa, Japan, Australien und anderen Staaten wegen giftiger Inhaltsstoffe oder gefährlicher Teile betrafen u.a. Zahnpasta, Tierfutter, Lebensmittel, Kleidung und Spielzeug und sorgten seit Frühjahr 2007 für einen erheblichen **Imageschaden der Exportwirtschaft**. Der weltgrößte Spielzeughersteller Mattel (USA), der in China produzieren lässt, rief mehrfach weltweit große Produktchargen zurück. [...]

(Der Fischer Weltalmanach 2009, © Fischer Taschenbuch Verlag in der S. Fischer Verlag GmbH, Frankfurt am Main 2008, S. 108)

Beachtung von Verbraucher- und Umweltschutz

Die Notwendigkeit von Vorschriften zum Verbraucherschutz (Gesundheit, Sicherheit von Produkten; vgl. Kasten) und zum Umweltschutz ist heute unbestritten und Gegenstand internationaler Verhandlungen. [...] Einfuhrkontrollen und gegebenenfalls Einfuhrverbote für gesundheitsgefährdende Produkte liegen im Interesse der Verbraucher, beispielsweise im Falle von BSE-verseuchtem Rindfleisch in der EU oder bei gesundheitlich bedenklichem Spielzeug aus China. Werden solche Vorschriften jedoch diskriminierend in dem Sinne eingesetzt, dass ausländische Anbieter höheren Anforderungen unterliegen als inländische, werden sie zu protektionistischen Instrumenten, sogenannten regulatorischen Handelshemmnissen.

(Informationen zur politischen Bildung [= M 1], S. 30–32)

M 14 Instrumente zur Beschränkung des Freihandels: „tarifäre" und „nicht tarifäre" Handelshemmnisse

Obwohl in den Wirtschaftswissenschaften die Ansicht vorherrscht, dass Freihandel für die allgemeine Wohlfahrt am förderlichsten ist, sind Protektionen doch häufig die dominanten Strategien. Jedes Land hat Anreize, sich durch Protektionsmaßnahmen einen Vorteil gegenüber anderen Handelspartnern zu verschaffen. [...]

Staaten greifen in erheblichem Umfang in den internationalen Handel ein, um Importe zu beschränken und Exporte zu fördern (regulative Handelspolitik). Solche Eingriffe zur Beschränkung des Freihandels bedienen sich verschiedener Instrumente. Sie können in tarifäre und nicht tarifäre Instrumente unterschieden werden.

Tarifäre Handelshemmnisse werden in öffentlichen Verzeichnissen (Tarifen), Gesetzen oder Verordnungen veröffentlicht; hierzu zählen in erster Linie Zölle. Dies sind Abgaben, die Staaten beim grenzüberschreitenden Handel auf die Einfuhr von Gütern erheben (Zölle auf die Ausfuhr sind seltener und werden hier nicht betrachtet). [...]

Zölle sollen Einfuhren hemmen (sie schützen in diesem Fall inländische Anbieter des gleichen Gutes) und/oder dem Staat Einnahmen verschaffen, dementsprechend wird zwischen *Schutzzöllen* und Finanzzöllen unterschieden. [...]

Zu den **nicht tarifären Handelshemmnissen** gehören Kontingente, Ein- bzw. Ausfuhrverbote und regulatorische Vorschriften sowie Dumping:

- *Kontingente* sind mengenmäßige Einfuhrbeschränkungen; durch die Begrenzung der Importmenge sollen die Absatzchancen der heimischen Produzenten gesichert werden. So dürfen zum Beispiel nur 13 000 Tonnen Knoblauch aus China zollfrei in die EU eingeführt werden, um in diesem Fall besonders die spanische Produktion zu schützen.
- *Ein- bzw. Ausfuhrverbote* sollen den Handel mit bestimmten Gütern ganz unterbinden. Nach deutschen Gesetzen ist beispielsweise die Lieferung von Kriegswaffen in Spannungsgebiete verboten. Einfuhrverbote richten sich gegen im Inland „unerwünschte" Produkte (beispielsweise Drogen). In Diktaturen wird nicht selten auch die Einfuhr von politischer Literatur oder von Zeitungen verboten.
- *Regulatorische Handelshemmnisse* sind häufiger auf den ersten Blick nicht zu erkennen. So sind Grenzformalitäten, technische Standards und Normen, Gesundheits- oder Umweltschutzvorschriften oder ähnliche Regelungen meistens sachlich begründet und dienen der Abwicklung des Handels oder dem Nutzen von Konsumenten. Sie können aber auch willkürlich oder diskriminierend zulasten ausländischer Anbieter gehandhabt werden. Müssen deren Produkte beispielsweise spezielle, teure Zulassungsverfahren durchlaufen, von denen einheimische Hersteller befreit sind, werden Prüf- und Verfahrensvorschriften zu Instrumenten des Protektionismus. Regulatorische Handelshemmnisse sind ein besonders heikles Problemfeld der Außenhandelspolitik. Inwieweit von Staaten erlassene Vorschriften und bürokratische Verfahren tatsächlich den vorgegebenen Zielen Sicherheit, Gesundheit, Umweltschutz dienen oder ob sie die Einfuhr ausländischer Erzeugnisse behindern sollen, ist häufig schwer zu beurteilen und Gegenstand heftiger Diskussionen zwischen Staaten, in der Welthandelsorganisation (WTO*) oder in der Europäischen Union.

Ein Beispiel betraf das deutsche Reinheitsgebot für Bier. Bestimmte britische Biersorten enthielten zwar die gleichen Inhaltsstoffe wie deutsches Bier, ihre in Großbritannien vorgeschriebene Kennzeichnung als „Zusatzstoff" wurde jedoch als Verstoß gegen das deutsche Reinheitsgebot gewertet. Deutsches Bier darf keine „Zusatzstoffe" enthalten (vgl. Karikatur S. 133). Das deutsche Importverbot wurde (1987) als nicht tarifäres Handelshemmnis im europäischen Binnenmarkt eingestuft und von der EU untersagt.

- Ein Instrument aggressiver Exportförderung ist das *Dumping*. Es liegt vor, wenn ein Produkt auf Auslandsmärkten systematisch und nachhaltig zu Preisen verkauft wird, die nicht die Herstellungs- und Transportkosten decken oder deutlich unter dem Inlandspreis liegen. Die Produzenten decken die Verluste aus den Gewinnen bei anderen Produkten. Die ruinöse Konkurrenz zielt darauf, den Markt des Importlandes zu erobern. Gelingt dies, kann das Dumping-Unternehmen den Preis anheben und vorherige Verluste ... ausgleichen. Man spricht in diesem Falle auch von „räuberischem" Dumping.

Dumping wird jedoch auch als Instrument staatlicher Exportförderung zur Eroberung von Auslandsmärkten eingesetzt. In diesem Fall gleicht der Staat die Verluste des Dumping-Unternehmens auf den Auslandsmärkten durch Subventionen* aus dem Staatshaushalt aus. Ein Beispiel für diese Art des Dumping ist die Eroberung des Schiffbaumarktes durch südkoreanische Werften, die nicht allein auf Standortvorteile zurückzuführen ist, sondern auch auf Subventionen durch die Regierung.

(Informationen zur politischen Bildung [= M 1], S. 33, 34 – 36)

Der Dammbruch

Streit in der EU um Strafzölle gegen Schuhe aus China und Vietnam

Die EU steht vor einer Neuauflage des erbitterten Streits um Strafzölle auf Schuhe aus China und Vietnam. Eine Mehrheit der Mitgliedstaaten, darunter auch Deutschland, fordert das Auslaufen der vor zwei Jahren eingeführten Zölle. EU-Handelskommissar Peter Mandelson plant dagegen eine neue Untersuchung, ob China und Vietnam Schuhe zu unfairen Dumpingpreisen exportieren. Dies würde bedeuten, dass die Strafzölle bis zu 15 Monate weitergelten.

Italienische Schuhhersteller haben die neue Untersuchung beantragt. Sie wollen erreichen, dass die Zölle bestehen bleiben. Die EU hatte 2006 nach heftigem internen Streit die Strafmaßnahme gegen Lederschuhe aus China und Vietnam statt für die üblichen fünf Jahre nur bis zum 7. Oktober 2008 verhängt. Wird Mandelson nicht erneut tätig, laufen die Zölle zu diesem Datum aus.

[...] Sieht die Kommission den Dumpingvorwurf bestätigt, kann die Strafmaßnahme um Jahre verlängert werden. Die Zölle betragen zurzeit 16,5 Prozent auf chinesische und zehn Prozent auf vietnamesische Schuhe.

Bis Anfang Oktober muss Mandelson endgültig über eine neue Dumping-Prüfung entscheiden. Egal, ob er dem Antrag stattgibt oder ihn ablehnt, er wird dabei zwischen die Fronten geraten. Denn die EU ist tief gespalten in Befürworter und Gegner der Strafzölle. In den Ländern Süd- und Osteuropas sowie in Frankreich, wo es noch eine heimische Schuhproduktion gibt, fordern die Regierungen Schutzmaßnahmen. Andere EU-Länder wie Deutschland, deren Schuhindustrie überwiegend in Asien produzieren lässt, lehnen die Zölle dagegen entschieden ab.

(Handelsblatt v. 19./20./21.9.2008, S. 19; Verf.: Helmut Hauschild)

1. Fassen Sie abschnittsweise die vier Begründungen für eine mögliche Beschränkung des Freihandels zusammen und stellen Sie jeweils heraus, welche Probleme damit verbunden sein können. (M 13)

2. Erläutern Sie mit eigenen Worten etwas näher die angeführten konkreten Problembeispiele (Transrapid, Steinkohlesubventionen, mangelnde Produktsicherheit bei Waren aus China). Stimmen Sie den Beurteilungen zu, die der Text (M 13) dazu enthält?

3. In M 14 werden die einzelnen Instrumente (Maßnahmen) dargestellt, mit denen Staaten ihre Wirtschaft schützen bzw. sich wirtschaftliche Vorteile verschaffen wollen. Ihre Kenntnis ist wichtig, wenn man z. B. den in M 52 dargestellten Streit vor allem zwischen Industrie- und Entwicklungsländern in der Welthandelsorganisation (WTO) verstehen will. Ziel Ihrer Erarbeitung könnte eine gegliederte **Übersicht** (Tafelschema) sein, in der Sie stichwortartig die Bedeutung der einzelnen Maßnahmen festhalten.

4. Analysieren Sie das Beispiel des Streits um die Einfuhr chinesischer und vietnamesischer Schuhe in die Länder der Europäischen Union (Kasten oben).
   - Welche Instrumente spielen hier eine Rolle?
   - Wie kommt es zu den Meinungsverschiedenheiten zwischen den EU-Ländern?
   - Wie beurteilen Sie aus Ihrer Sicht das dargestellte Problem?

II Der Außenhandel in der Zahlungsbilanz und die Bedeutung der Wechselkurse

1. Aufbau und Bedeutung der Zahlungsbilanz

M 15 Deutschlands Exporte und Importe

Abb. 1

Abb. 2

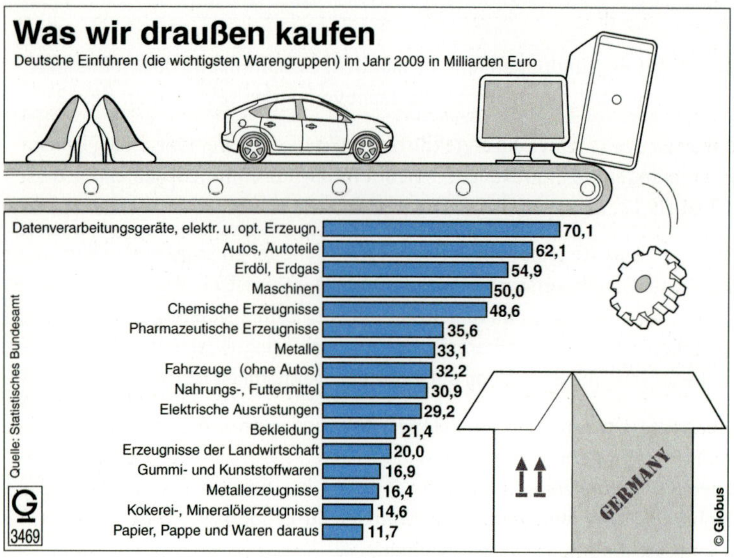

Deutschland ist neben China und den USA die weltweit führende Handelsnation [seit 2009 ist China „Exportweltmeister" vor Deutschland, den USA und Japan], was natürlich auch eine starke Abhängigkeit von der Weltwirtschaft bedeutet. Der Anteil der Exporte und der Importe von Waren und Dienstleistungen am deutschen Bruttoinlandsprodukt betrug 2008 rund 47 Prozent (Exportquote) bzw. 41 Prozent (Importquote). Abb. 1 und 2 sowie die Abb. auf S. 140 zeigen, mit welchen Gütern und mit welchen Ländern die BRD heute internationalen Handel treibt.

Deutschland ist offenbar auf die Einfuhr von Energie und landwirtschaftlichen Gütern angewiesen. Das wird an den großen Importüberschüssen bei diesen Waren sichtbar. Mit der heutigen Produktions- und Konsumstruktur könnten wir uns nicht selber ernähren! Erhebliche Importüberhänge finden sich auch bei einzelnen Konsumgütern, insbesondere Bekleidung und Schuhen sowie im Reiseverkehr (die Deutschen sind Weltmeister im Urlaub machen!). Die größten Exportüberschüsse erzielt Deutschland mit Kraftwagen und Kraftwagenteilen, Maschinen und chemischen Erzeugnissen. Betrachtet man den Warenhandel nach Ländergruppen, so wird deutlich, dass der weit überwiegende Teil des deutschen Außenhandels mit den europäischen Ländern, insbesondere den EU-Ländern, stattfindet. [2009 gingen 73,7 % des deutschen Exports in europäische Länder (Asien und Pazifik: 11,6 %; USA: 7,9 %; Naher/Mittlerer Osten: 2,8 %; Afrika: 2,1 %; Lateinamerika: 1,7 %]

(Herbert Sperber, Wirtschaft verstehen, Schäffer-Poeschel Verlag, Stuttgart, 3. Aufl. 2009, S. 294)

1. Beschreiben Sie die große Bedeutung, die der Außenhandel für Deutschland hat, anhand der Export- und Importquote und der Stellung Deutschlands als Handelsnation in der Welt. (M 15)

2. Machen Sie sich ein Bild von der Struktur der Export- und Importgüter (Abb. 1 und 2) und überprüfen Sie an einigen Beispielen die Angaben des Textes zu Export- und Importüberschüssen.

3. Gehen Sie gesondert auf die Fragen ein,
   - worin der Grund für den riesigen Importüberschuss bei der Gütergruppe Energie/Erdöl/Erdgas liegt (vgl. ggf. M 6, Z. 5 ff.),
   - wie sich erklären lässt, dass die übrigen Spitzenpositionen bei Export und Import zum großen Teil dieselben Gütergruppen betreffen (vgl. ggf. M 11), und
   - wie (auf welche Länder bezogen) der Importüberschuss bei der Gütergruppe EDV/Elektronik/Optik erklärt werden kann (begründete Vermutung).

M 16 Der Außenhandel in der Zahlungsbilanz

Die wirtschaftlichen Beziehungen eines Landes mit der übrigen Welt schlagen sich in seiner Zahlungsbilanz nieder. Die Zahlungsbilanz ist die wertmäßige Gegenüberstellung aller wirtschaftlichen Transaktionen (= Vorgänge) eines Landes mit der übrigen Welt für einen bestimmten Zeitraum. Sie wird von der *Zentralbank* errechnet.

Welche Arten von Transaktionen kann man im Außenhandel unterscheiden? Wichtig für das Verständnis der wirtschaftlichen Wirkungen des Außenhandels auf ein Land ist zu wissen, ob bei einer bestimmten Transaktion ausländische Zahlungsmittel (= *Devisen*) in das Land hereinfließen oder aus dem Land abfließen. Wir wollen deshalb im Folgenden darauf unser besonderes Augenmerk richten.

Warenexport und Warenimport

Den Verkauf eines im Inland produzierten Gutes an das Ausland nennt man *Warenexport* (z. B. den Verkauf eines Fasses Münchner Bieres oder eines Golf an die USA), den Kauf eines im Ausland produzierten Gutes *Warenimport* (z. B. eines japanischen Toyota durch einen deutschen Autofahrer). Beim Warenexport fließen der Bundesrepublik ausländische Zahlungsmittel zu: Der deutsche Exporteur erhält für das gelieferte bayerische Bier oder den verkauften Golf amerikanische Dollars und tauscht diese bei seiner deutschen Bank in Euro um. Diese wiederum überweist die US-Dollars an die Zentralbank, die ihr dafür den entsprechenden Euro-Betrag gutschreibt. Man sagt, die Zahlungsbilanz hat sich *aktiviert*, weil der Bestand an Devisen bei der Zentralbank gestiegen ist.

Umgekehrt sagt man, die Zahlungsbilanz hat sich *passiviert*, wenn der Devisenbestand bei der Zentralbank schrumpft. Dies tritt ein, wenn ein deutscher Autofahrer sich einen japanischen Toyota kauft. Er bezahlt ihn zwar in Euro, der deutsche Importeur besorgt sich dafür bei seiner Geschäftsbank Japanische Yen, die diese wiederum bei der Zentralbank kauft. Oder: Der deutsche Importeur bezahlt seinen japanischen Geschäftspartner, bei dem er den Toyota einkauft, in Euro, dieser tauscht den Euro-Betrag bei einer japanischen Geschäftsbank in Japanische Yen, die ihrerseits der japanischen Zentralbank Euro zum Umtausch in Japanische Yen gibt. Die japanische Zentralbank wird diese Euro in eine Währung umtauschen wollen, die japanische Importeure benötigen, um Waren nach Japan einführen zu können, also z. B. amerikanische Dollar. Früher oder später landen die aus einem deutschen Import stammenden Euro wieder bei der Deutschen Zentralbank, und sie muss dann dafür ausländische Zahlungsmittel abgeben.

Die Gegenüberstellung aller Warenexporte und -importe nennt man **Handelsbilanz**.

Exporte und Importe von Dienstleistungen

Nicht nur Güter, sondern auch Dienstleistungen werden im internationalen Handel zwischen den Ländern ausgetauscht. Zwei Beispiele:

Eine Verkaufsdelegation japanischer Fotoartikel-Hersteller reist zur Photokina nach Köln. Die Damen und Herren mieten mehrere Zimmer in einem Kölner Hotel, nehmen Speisen und Getränke zu sich, führen zahlreiche Telefongespräche usw. Wirtschaftlich betrachtet importieren sie damit deutsche Dienstleistungen nach Japan oder anders ausgedrückt: Die Bundesrepublik exportiert Dienstleistungen. Dabei fließen ebenso wie beim Verkauf einer Ware, wie z. B. eines Autos nach Japan, ausländische Zahlungsmittel in die Bundesrepublik. Die Zahlungsbilanz aktiviert sich.

Abb.: Aufbau der Zahlungsbilanz

I. Leistungsbilanz	
Handelsbilanz	
Warenexporte	Warenimporte
Dienstleistungsbilanz	
Einnahmen aus geleisteten Diensten	Ausgaben für empfangene Dienste
Bilanz der Erwerbs- und Vermögenseinkommen	
empfangene Erwerbs- und Vermögenseinkommen	geleistete Erwerbs- und Vermögenseinkommen
Bilanz der laufenden Übertragungen	
empfangene Übertragungen	geleistete Übertragungen
II. Kapitalbilanz	
Kapitalexport { Abnahme der Forderungen; Zunahme der Verbindlichkeiten	Zunahme der Forderungen; Abnahme der Verbindlichkeiten } Kapitalimport

(Nach: Günter Ashauer, Grundwissen Wirtschaft, Ernst Klett Schulbuchverlag, Leipzig 2005, S. 181)

Anderer Fall: Eine deutsche Familie fliegt für drei Wochen nach Miami in Florida in Urlaub. Hier werden von den Deutschen Dienstleistungen des Auslands gekauft (Übernachtung, Verpflegung usw.), es handelt sich also um einen Import von Dienstleistungen durch die Bundesrepublik. Folglich fließen ausländische Zahlungsmittel aus der Bundesrepublik ab, die Zahlungsbilanz passiviert sich.
Die Gegenüberstellung von Dienstleistungsexporten und -importen nennt man **Dienstleistungsbilanz**.

Erwerbs- und Vermögenseinkommen

Zwischen Ausländern und Inländern fließen auch Einkommen, die im Wesentlichen aus zwei Quellen stammen:
Zum einen sind es die Löhne und Gehälter (Erwerbseinkommen) von sog. „Grenzgängern“, d. h. von Personen, die im Inland (Ausland) ihren Wohnsitz haben, aber im Ausland (Inland) ihren Arbeitsplatz haben. Zum anderen sind es grenzüberschreitende Zinsen und Gewinne (Vermögenseinkommen, Kapitalerträge) aus Guthaben und Investitionen: Einkommen von Inländern (Ausländern), die im Ausland (Inland) Geld ausgeliehen oder Investitionen vorgenommen haben.

Übertragungen an das Ausland/des Auslands an uns

Nicht immer, wenn Gelder aus der Bundesrepublik abfließen oder ihr zufließen, müssen dem Verkäufe oder Käufe von Waren bzw. Dienstleistungen vorangegangen sein. Es kann sich vielmehr auch um unentgeltliche Übertragungen handeln. Beispielsweise erfährt die Bundesrepublik einen Devisenabfluss, wenn ein türkischer Arbeitnehmer einen Teil seines Einkommens an seine Familie in die Türkei überweist oder wenn die Bundesrepublik Beiträge an internationale Organisationen (EU, NATO usw.) leistet. Diese Zahlungen werden in der *Übertragungsbilanz* erfasst.

Kapitalanlagen im Ausland/des Auslands bei uns

Weitere, für die Zahlungsbilanz sehr wichtige Transaktionen sind der Kapitalexport und -import [Wertpapiere*, Kredite, Direktinvestitionen]. Wenn ein Inländer eine amerikanische Aktie* kauft, importiert er aus dem Ausland ein Wertpapier, dafür fließt Geld aus der Bundesrepublik ab (= *Kapitalexport*). Die Zahlungsbilanz passiviert sich also.
Wenn umgekehrt ein Amerikaner Kapital in der Bundesrepublik anlegt und beispielsweise Daimler-Aktien kauft, fließt ausländisches Geld in die Bundesrepublik (= *Kapitalimport*). Es handelt sich dann um den Export eines Wertpapiers, die Zahlungsbilanz aktiviert sich.
Die Gegenüberstellung der Kapitalanlagen von Inländern im Ausland und der von Ausländern im Inland bezeichnet man als **Kapitalbilanz** oder *Kapitalverkehrsbilanz*. Der Leser sollte sich bei dieser Bilanz nicht durch die Ausdrücke Export und Import in Verbindung mit Kapital irritieren lassen. Kapitalexport, also die Anlage von Kapital im Ausland, wirkt passivierend auf die Zahlungsbilanz, weil Gelder aus dem Inland abfließen; Kapitalimport, also die Anlage ausländischen Kapitals in der Bundesrepublik, wirkt hingegen aktivierend auf die Zahlungsbilanz, denn hierbei fließt ausländisches Geld in die Bundesrepublik.
Wir sind nun in der Lage, die einzelnen Positionen der Zahlungsbilanz zu verstehen, die in der Abbildung (s. o.) dargestellt sind. Handelsbilanz, Dienstleistungsbilanz und Übertragungsbilanz zusammengenommen werden als *Leistungsbilanz* bezeichnet. Die *Kapitalbilanz* zeigt – wie bereits erwähnt – die erfolgten Kapitalanlagen von Inländern im Ausland und von Ausländern im Inland. [...]

(Hermann Adam, Bausteine der Wirtschaft, VS Verlag für Sozialwissenschaften, Wiesbaden, 15. Aufl. 2009, S. 81–85)

1 Beschreiben Sie die Funktion und den Aufbau der Zahlungsbilanz und fassen Sie mit eigenen Worten zusammen, worauf sich jeweils die einzelnen Teilbilanzen beziehen (M 16).

2 Überprüfen Sie Ihr Verständnis durch die Zuordnung der folgenden konkreten Transaktionen zu den Teilbilanzen:
- Kauf (Verkauf) von Kraftfahrzeugen aus dem (an das) Ausland;
- eine deutsche Reederei lässt ihre Schiffe bei einem englischen Versicherungsunternehmen versichern;
- Ausgaben amerikanischer Touristen für eine Reise nach Deutschland und umgekehrt;
- Einkommen grenznah wohnender, in Deutschland arbeitender Franzosen („Pendler“);
- Katastrophenhilfe für ein von einem Erdbeben betroffenes Land;
- Entwicklungshilfekredit für ein Dritte-Welt-Land;
- Tilgung des Kredits durch das Entwicklungsland;
- Zinseinkünfte für im Ausland angelegtes Kapital.

M 17 Struktur und Entwicklung der deutschen Zahlungsbilanz

a) Wichtige Posten der Zahlungsbilanz der Bundesrepublik Deutschland 2005 – 2009

	Leistungsbilanz									
		Außenbeitrag zum BIP					Laufende Übertragungen			
		Handelsbilanz		Dienstleistungen[6]				darunter		
Zeit	Saldo der Leistungsbilanz[1]	Außenhandel [1,2,3]	Ergänzungen zum Warenhandel[4,5]	insgesamt	darunter Reiseverkehr	Erwerbs- und Vermögenseinkommen	insgesamt	Beitrag zum EU-Haushalt	Gastarbeiterüberweisungen	Kapitalbilanz
	Mio. DM									
2005	+ 114 630	+ 158 179	– 14057	– 25 677	– 36 317	+ 24 896	– 28 712	– 14 687	– 2 926	– 129 635
2006	+ 150 106	+ 159 048	– 12 888	– 13 740	– 32 771	+ 44 893	– 27 206	– 13 348	– 2 927	– 174 133
2007	+ 185 137	+ 195 348	– 9 907	– 11 603	– 343 241	+ 43 506	– 32 206	– 16 876	– 2 997	– 219 502
2008	+ 166 963	+ 178 297	– 12 618	– 7 031	– 34 644	+ 42 617	– 34 303	– 17 536	– 3 079	– 197 330
2009	+ 119 879	+ 136 697	– 9 225	– 9 662	– 33 299	+ 33 797	– 33 727	– 17 317	– 2 995	– 129 649

(Deutsche Bundesbank, Monatsbericht Dezember 2010, S. 69, 71)

b)

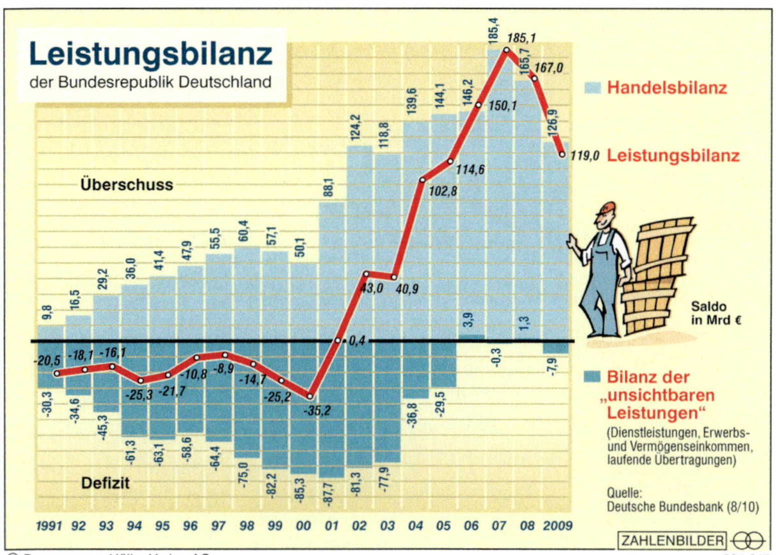

 394 015

Während es nach dem Zweiten Weltkrieg lange Jahre hindurch nur (zum Teil recht hohe) Leistungsbilanzüberschusse gegeben hat (**aktive** Leistungsbilanz), wies die Leistungsbilanz in den Jahren 1979–1981 erstmalig ein Defizit auf (**passive** Leistungsbilanz) – eine unmittelbare Folge der zweiten umfassenden Ölpreiserhöhung. Auch ab 1991 ergaben sich aufgrund der Wiedervereinigung hohe Leistungsbilanzdefizite: Der Importsog in den neuen Bundesländern löste eine entsprechende Verringerung des traditionellen Außenhandelsüberschusses aus. Da gleichzeitig erhebliche Übertragungen zu leisten waren – u.a. bedingt durch die Rückführung der sowjetischen Truppen und Nachzahlungen an den EU-Haushalt –, ergab sich ein kräftiges Leistungsbilanzdefizit auf anhaltend hohem, ungewohntem Niveau. [Erst ab 2001 ergaben sich aufgrund der aus der Abb. ersichtlichen stark ansteigenden Exportüberschüsse deutliche Leistungsbilanzüberschüsse.]

(Jörn Altmann, Wirtschaftspolitik, Lucius & Lucius Verlag, Stuttgart, 7. Aufl. 2000, S. 210)

1 Analysieren Sie anhand von M 17 a die besondere Struktur der deutschen Zahlungsbilanz und beachten Sie dabei auch folgende Fragen:
- Durch welche Teilbilanz wird der positive Saldo der Leistungsbilanz entscheidend bestimmt? Welches Verhältnis zwischen der Handelsbilanz einerseits und der Dienstleistungs- und Übertragungsbilanz andererseits muss dafür gegeben sein?
- Wie ist es zu erklären, dass die deutsche Dienstleistungs- und die Übertragungsbilanz i. d. R. deutlich negativ sind (zur Dienstleistungsbilanz vgl. ggf. Abb. 2 in M 3 b)?
- Welche Kapitalbewegungen zwischen Deutschland und dem Ausland spiegeln sich in der negativen Kapitalbilanz wider (s. M 16, letzter Abschnitt)?

2 Beschreiben Sie den auffälligen Verlauf der deutschen Leistungsbilanz (M 17 b, Text und Grafik) und erläutern Sie die Erklärung für die Entwicklung nach 1991 (deutsche Wiedervereinigung) und ab 2001.

VERTIEFUNG **M 18**

Die Bedeutung der „Terms of Trade"

Für die Außenhandelsbeziehungen und ihren statistischen Niederschlag, die Leistungsbilanz eines Landes, ist es sehr ungünstig, wenn die Preise für seine exportierten Waren am Weltmarkt sehr niedrig und für die importierten Waren sehr hoch sind; denn dann muss dieses Land große Mengen an Waren exportieren, um daraus so viel an Devisen zu erlösen, dass es die gewünschte und benötigte Menge importieren (und bezahlen) kann. In der Volkswirtschaftslehre gibt es ein Maß, das angibt, wie viel ein Land exportieren muss, um den Import einer Einheit finanzieren zu können: die sog. *Terms of Trade* (reales Austauschverhältnis). Rechnerisch sehen die Terms of Trade, oft abgekürzt als ToT, wie folgt aus:

$$\text{Terms of Trade} = \frac{\text{Durchschnittliche Exportgüterpreise}}{\text{Durchschnittliche Importgüterpreise}}$$

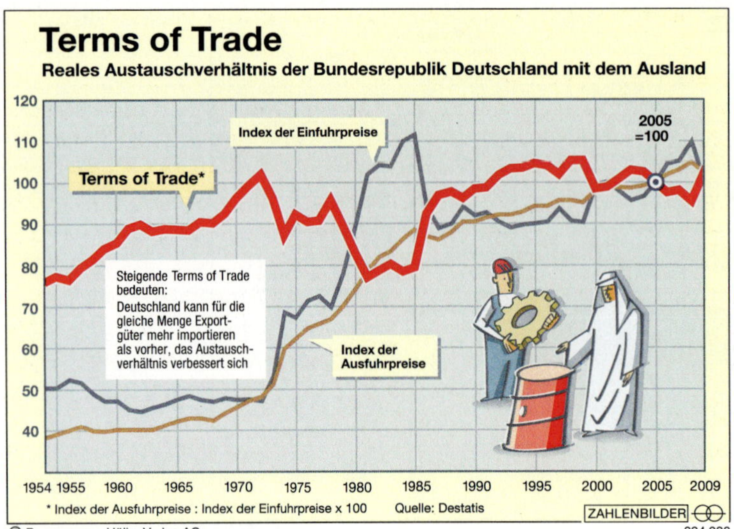

 294 920

Sinken die Terms of Trade, weil etwa die Importgüterpreise stärker gestiegen sind als die Exportgüterpreise, muss ein Land mehr exportieren, um die gleiche Menge wie vorher aus dem Exporterlös importieren zu können. Umgekehrt: Verbessert sich das reale Austauschverhältnis, kann ein Land mit seinen Exporterlösen mehr Waren im Ausland einkaufen.

Je günstiger die Terms of Trade sind, desto mehr kann dieses Land exportieren. Je mehr ein Land exportiert, desto mehr muss es produzieren, d.h., desto mehr Arbeitskräfte benötigt es. Umso geringer ist seine Arbeitslosigkeit. Gleichzeitig verdient es durch den Export so viele ausländische Zahlungsmittel, dass es sehr viel im Ausland einkaufen (importieren) kann. Das wiederum wirkt sich günstig auf das Güterangebot im Inland aus. Also: Je günstiger die Terms of Trade eines Landes sind, desto besser ist seine internationale Wettbewerbsposition und desto höher ist meist auch der Lebensstandard der Bevölkerung und umgekehrt.

(Hermann Adam [= M 16], S. 8)

1 Erläutern Sie mit eigenen Worten, was mit dem Begriff „Terms of Trade" bezeichnet wird, und beschreiben Sie die Bedeutung dieses Indikators für die Entwicklung der Leistungsbilanz eines Landes.

2 Beschreiben Sie, wie sich die beiden folgenden Phasen der weltwirtschaftlichen Entwicklung in der Entwicklung der Terms of Trade für Deutschland widerspiegeln (Grafik):
a) die Phase der Jahre 1973 – 1985, die wesentlich durch zwei „Ölpreisschocks*" geprägt war (sprunghafter Anstieg der Rohöl-Importpreise 1973 ff. wegen einer Verknappung der Ölmenge durch die OPEC* und 1979 ff. aufgrund des Golfkriegs* zwischen Iran und Irak);
b) die Phase Ende der 1990er-Jahre bzw. 2004 – 2008 (Anstieg der Energieträger- und Rohstoffimportpreise).

3 Erkunden Sie, ob sich die für das Jahr 2008/2009 erkennbare Entwicklung fortgesetzt hat.

M 19 Deutschlands Exportstärke auf Kosten seiner Nachbarn?

In der Folge der internationalen Finanz- und Wirtschaftskrise (s. M 39), die u. a. in einigen Ländern der Europäischen Union zu schlimmeren Folgen führte als in Deutschland – es kam u. a. zu einer dramatischen „Verschuldungskrise" in Griechenland und Spanien –, kam es im Frühjahr 2010 vor allem von französischer, später auch von amerikanischer Seite zu lebhafter Kritik an den hohen deutschen Exportüberschüssen. Da sich in dieser Diskussion grundsätzliche Probleme von hohen Ungleichgewichten im Außenhandel widerspiegeln, wollen wir an dieser Stelle kurz darauf eingehen und dem Bericht darüber (Abschnitte b und c) zunächst eine kurze allgemeine Information über wichtige Vor- und Nachteile hoher Exportüberschüsse (Abschnitt a) voranstellen.

a) Vor- und Nachteile hoher Exportüberschüsse

Aus **binnenwirtschaftlicher Sicht** bringt ein Exportüberschuss zunächst eine Reihe von (tatsächlichen oder vermeintlichen) **Vorteilen** für die exportstarke Volkswirtschaft:

- Exporte sichern Arbeitsplätze; dieser Tatbestand ist gerade für eine Exportnation wie die Bundesrepublik Deutschland von großer Bedeutung. Die Ausfuhren leisten damit einen wesentlichen Beitrag zur Erreichung und Sicherung eines **hohen Beschäftigungsstandes**;
- mit der Abwicklung von Exportaufträgen ist die Erzeugung von Gütern verbunden. Diese Mehrproduktion erhöht das Inlandsprodukt einer Volkswirtschaft und sorgt damit für **Wachstum**. Mit der Erzeugung von mehr Gütern ist untrennbar ein **Anstieg des Einkommens** verbunden. [...]

Zu den möglichen **Nachteilen** von Exportüberschüssen für das Inland [gehört vor allem]:

- Mit steigenden Exporten nimmt auch die Gefahr der **Abhängigkeit vom Ausland** zu. Die Erfahrungen in der Bundesrepublik zeigen, wie leicht eine Volkswirtschaft in das Schlepptau der nachlassenden Konjunktur wichtiger Abnehmerstaaten geraten kann [...].
- [Im Hinblick auf die Folgen für das Ausland] ist zu bedenken, dass dem Exportüberschuss des Inlandes immer ein Importüberschuss des Auslandes entgegensteht, der dort eine Reihe negativer Konsequenzen nach sich zieht:
- Die Güter, welche das Ausland [z. B. Frankreich] im Inland [z. B. Deutschland] kauft, werden logischerweise nicht im Ausland nachgefragt. Die ausländischen Unternehmen erhalten also weniger Aufträge, als dies potenziell möglich wäre. Dadurch erreicht die Produktion im Ausland ein geringeres Volumen. Der Exportüberschuss des Inlandes wirkt sich somit für das Ausland **wachstumshemmend** aus.

(Gerhard Mussel/Jürgen Pätzold: Grundfragen der Wirtschaftspolitik, Verlag Franz Vahlen, München, 7. Aufl. 2008, S. 189–191)

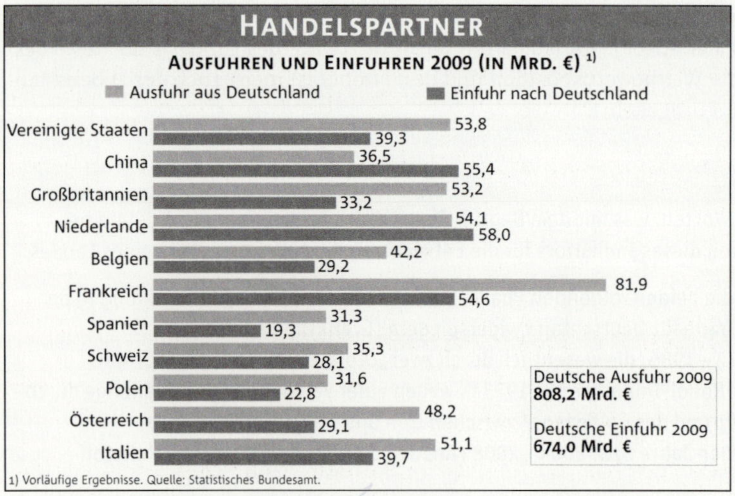

Handelsbilanzdefizite hatte Deutschland 2009 außer mit China und Niederlande auch mit Russland (–4,4 Mrd.), Japan (–7,3), Irland (–10,1) und Norwegen (–10,9).

b) Deutschlands Handelsbilanzen mit wichtigen Partnern

Geht Deutschlands Exportstärke auf Kosten seiner europäischen Nachbarstaaten? Diese These wurde in jüngerer Zeit häufiger formuliert, denn in der Tat verzeichnet Deutschland gegenüber den meisten EU-Mitgliedsländern und auch den meisten anderen Staaten einen Handelsbilanzüberschuss (s. Abb.). Und da des einen Überschüsse des anderen Defizite sind, ist die verlorene Balance in Europa tatsächlich ein Problem, über das zu diskutieren lohnt. Ein Vorwurf steht dabei im Raum: Die schwache deutsche Inlandsnachfrage, hervorgerufen u. a. durch die Lohnzurückhaltung der vergangenen Jahre, hätte dazu geführt, dass die Importe nicht in gleichem Maße wie die Exporte deutscher Unternehmen gestiegen sind.

(iwd Nr. 34 v. 26.8.2010, S. 3)

c) Die deutsche „Exportstärke" in der Kritik

EU-Kommissar Günther Oettinger hat die Kritik der französischen Regierung an der deutschen Exportwirtschaft zurückgewiesen. Deutschland stehe in hartem Wettbewerb und sei deshalb auf konkurrenzfähige Produkte angewiesen, rechtfertigte Oettinger den hohen Überschuss in der Außenhandelsbilanz. Die These, dass Deutschlands starke Exportwirtschaft den anderen EU-Staaten schade, sei falsch, sagte Oettinger der „Süddeutschen Zeitung". Europa stehe im harten Wettbewerb mit Japan, den USA und anderen großen Volkswirtschaften. „Wir sind darauf angewiesen, dass Produkte auch wettbewerbsfähig sind. Das führt bei Industrienationen wie beispielsweise Deutschland zu Außenhandelsüberschüssen", sagte der EU-Energiekommissar.
Frankreich hatte die Exportstärke seines wichtigsten Handelspartners Deutschland an den Pranger gestellt. Der hohe Handelsüberschuss Deutschlands schade anderen Staaten, hatte die französische Finanzministerin Christine Lagarde am Montag kritisiert. In einem deutlichen Appell forderte sie Berlin auf, die Binnennachfrage anzukurbeln. Allein steht Paris mit der Kritik nicht: Mehrere wirtschaftlich schwache EU-Staaten verlangen nach einem Bericht der „Bild"-Zeitung, dass Deutschland Reformen zurückdreht, um ihre Marktchancen zu verbessern. Einem Frühwarnbericht der deutschen EU-Vertretung zufolge werde Berlin vorgeworfen, mit seinem exportorientierten Wirtschaftsmodell Wachstum auf Kosten anderer zu erreichen.
Kanzlerin Angela Merkel widersprach den Forderungen nach deutscher Exportzurückhaltung. Es sei nicht zielführend, wenn sich „einzelne Länder zurücknehmen, sondern gewinnbringender, wenn in Europa in eine gemeinsame Wachstumsstrategie investiert" werde, beschrieb der stellvertretende Regierungssprecher Christoph Steegmans die Haltung der Regierungschefin. Deutschland sei kein Land, in dem der Staat Löhne oder Konsum festlege. Die „Exportwirtschaft anzuhalten, dass sie unattraktive Güter herstellt, würde dem Wettbewerbsgedanken widersprechen". Es müsse eher die Frage gestellt werden, wie andere Länder größere Exportanteile erreichen könnten.

(http://nachrichten.t-online.de/oettinger-verteidigt-deutschlands-exportpolitik/id_41069674/index, 16.3.2010)

1. Erläutern Sie die in M 19 a aufgeführten Vor- und Nachteile hoher Exportüberschüsse für das „Überschussland" und die möglichen Folgen für das „Defizitland".

2. Beschreiben Sie anhand von M 19 b (Abb.) die Handelsbilanz-Situation zwischen Deutschland und seinen wichtigsten Export-Partnerländern, insbesondere in Europa.

3. Erläutern Sie – ggf. unter Rückgriff auf M 19 a – die Kritik der französischen Ministerin und anderer EU-Staaten an der „Exportstärke" Deutschlands. Worauf zielt die Ministerin mit ihrer Forderung, Deutschland solle „die Binnennachfrage ankurbeln" (z. B. durch Lohnerhöhungen der Beschäftigten)?

4 Stellen Sie heraus, was der deutsche EU-Kommissar und die Bundeskanzlerin der Kritik entgegenhalten, und nehmen Sie aus Ihrer Sicht zu der Auseinandersetzung Stellung.
Hinweis: In den Jahren 2008 bis 2010 (Finanz- und Wirtschaftskrise) zeigten sich für Deutschland sowohl der Nachteil als auch der Vorteil der hohen Exportorientierung: Ebenso schlagartig, wie die Konjunktur wegen des starken Rückgangs der Auslandsnachfrage 2008/2009 einbrach (BIP 2009: –4,8 %), so relativ schnell erholte sie sich (BIP 2010: 3,5 %) wegen des Wiederanstiegs der Exportnachfrage (vgl. M 25).

2. Außenhandel und Wechselkurse

M 20 Der Wechselkurs: Preis für fremde Währungen

Das Geld, das in einem Land als gesetzliches Zahlungsmittel benutzt wird, bezeichnet man auch als Währung. Fast jedes Land hat eine eigene Währung; staatliche Grenzen und Währungsgrenzen sind in der überwiegenden Zahl der Fälle identisch. Mit der Europäischen Wirtschafts- und Währungsunion wurde dieser Zusammenhang erstmals in größerem Rahmen aufgegeben.
Bei Geschäften über die Grenzen hinweg wird also in aller Regel – wenn man von dem Gebiet der Europäischen Währungsunion absieht – zumindest einer der beiden Geschäftspartner mit einer für ihn ausländischen Währung konfrontiert, entweder als Zahlender oder als Zahlungsempfänger. Mit grenzüberschreitenden Geschäften ist damit in der Regel ein Tausch von Währungen verbunden.
Wenn beispielsweise ein deutscher Exporteur von seinem Geschäftspartner außerhalb des Eurogebiets eine fremde Währung erhält, muss er diese in Euro wechseln. Möchte der Exporteur von seinem Geschäftspartner allerdings Euro erhalten, muss der ausländische Importeur für seine Landeswährung Euro kaufen.
Solche Tauschgeschäfte von Währungen erfolgen zum jeweils gültigen **Wechselkurs**. Ein Wechselkurs ist das Austauschverhältnis zweier Währungen, das auf zwei verschiedene Arten dargestellt werden kann (Zahlenbeispiele frei gewählt):

Mengennotierung	Preisnotierung
1 Euro = 1,30 US-Dollar	1 US-Dollar = 0,77 Euro
1 Euro = 1,52 Schweizer Franken	Schweizer Franken = 0,66 Euro
1 Euro = 0,92 Britische Pfund	1 Britisches Pfund = 1,09 Euro

Die Mengennotierung zeigt an, wie viel Fremdwährung man für eine Einheit der eigenen Währung bekommt. Die Preisnotierung gibt an, wie viel eine Einheit der Fremdwährung kostet. Mathematisch sind die beiden Notierungen jeweils der Kehrwert der anderen. Im professionellen Devisenhandel ist es weithin üblich, den Euro stets in *Mengennotierung* anzugeben.
Häufig wird der Begriff Wechselkurs nur für die Mengennotierung gebraucht und die Preisnotierung als *Devisenkurs* bezeichnet. Vielfach werden diese beiden Begriffe gleichberechtigt nebeneinander benutzt.
Steigt der Devisenkurs einer Währung gegenüber einer anderen Währung, spricht man von *Aufwertung*, sinkt er, von *Abwertung* dieser Währung. Beispiel:

Devisenkurs des Dollar am **30. November 2005**: 0,8497 Euro

Devisenkurs des Dollar am **1. Juli 2009**: 0,70942 Euro

→ **Aufwertung** des Euro gegenüber dem Dollar um 19,7 %

→ **Abwertung** des Dollar gegenüber dem Euro um 16,5 %

Vom Wechsel- bzw. Devisenkurs ist der *Sortenkurs* zu unterscheiden. Sorten sind ausländische Banknoten und Münzen. Üblicherweise werden an den Bankschaltern aber nur ausländische

Banknoten verkauft (wenn ein Kunde z. B. Geld für eine Reise in ein Land mit fremder Währung braucht).

(Bundesverband deutscher Banken [Hg.]: Wirtschaft. Materialien für den Unterricht, Schul/Bank, Berlin 2009, Teil 3.11, S. 120 und [Z. 10–19] Deutsche Bundesbank [Hg.], Geld und Geldpolitik, Frankfurt am Main 2009, S. 167)

M 21 Wechselkurs- und Währungssysteme

Die Austauschbeziehungen zwischen zwei Währungen können auf verschiedene Weise geregelt sein. Man unterscheidet zwischen konvertiblen und nicht konvertiblen Währungen sowie zwischen Systemen mit festen bzw. flexiblen Wechselkursen.
Bei **freier Konvertibilität** ist es Wirtschaftssubjekten erlaubt, die Währung ihres Landes jederzeit in fremde Währungen bzw. fremde Währungen in die eigene umzutauschen. Freie Konvertibilität ist Voraussetzung für Freihandel und freien internationalen Kapitalverkehr. Beschränkungen der Konvertibilität können sich auf bestimmte Verwendungszwecke beziehen wie beispielsweise die Beschränkung des Umtauschbetrags für Ferienreisen, für die Einfuhr bestimmter Luxusgüter oder für den Kauf ausländischer Wertpapiere.
Werden nahezu alle Außenhandelstransaktionen von solchen Beschränkungen erfasst, spricht man von *Devisenbewirtschaftung*. Im Außenhandel verdiente Devisen müssen zu einem von der Regierung festgelegten Kurs an die Währungsbehörde (bzw. an die vom Staat kontrollierte Zentralbank) verkauft werden. Für Importe benötigte Devisen müssen bei der Währungsbehörde beantragt werden und werden nach politisch gesetzten Prioritäten nur für bestimmte Zwecke zugeteilt. Devisenbewirtschaftung ist ein Instrument staatlicher Außenhandelslenkung, das in zentralen Planwirtschaften wie im nationalsozialistischen Deutschland und in den ehemaligen kommunistischen Planwirtschaften und auch derzeit noch in manchen Entwicklungsländern praktiziert wird. Die Währungen der meisten entwickelten Länder sind heute konvertibel.

- Im Falle **fester Wechselkurse** vereinbaren die Regierungen von zwei oder mehr Staaten einen fixen Wechselkurs (Parität) zwischen ihren Währungen (bei den historischen Goldwährungen ergab sich der Wechselkurs durch den Goldgehalt der Münzen). In der Regel legen sie zugleich eine Bandbreite (zum Beispiel ± 2,5 Prozent) fest, innerhalb derer der Wechselkurs entsprechend den Marktkräften schwanken darf. Erreicht der Wechselkurs die obere oder untere Bandbreite, sind die Zentralbanken der Länder verpflichtet zu intervenieren, um den Kurs innerhalb des Bandes zu stabilisieren.
- In einem System **flexibler Wechselkurse** bestimmen Angebot und Nachfrage auf Devisenmärkten den Wechselkurs. Da er den Marktkräften überlassen wird, trägt der Wechselkurs zum Ausgleich unterschiedlicher wirtschaftlicher Entwicklungen zwischen Staaten bei. So führen beispielsweise zunehmende Importe in einem Land zu einer steigenden Devisennachfrage. Diese treibt den Wechselkurs der ausländischen Währung in die Höhe. Dadurch wird die Importnachfrage gedämpft; gleichzeitig verbessern sich die Exportchancen des Inlands. Beide Tendenzen führen zu einem neuen Wechselkurs, bei dem sich Devisenangebot und Devisennachfrage wieder ausgleichen. [...]

Die Frage nach den *Vor- und Nachteilen* unterschiedlicher Währungssysteme führt zu keinem einheitlichen Ergebnis. In jedem Falle müssen die Funktionsbedingungen beachtet werden. Mit Vorsicht lässt sich formulieren: Ein System flexibler Wechselkurse hat seine Stärken dort, wo stark auf nationale Politik ausgerichtete Staaten internationalen Handel betreiben. Ein System fester Wechselkurse (oder gar die Abschaffung von Wechselkursen durch Einführung einer gemeinsamen Währung) hat Vorteile, wenn es sich um sehr eng miteinander verflochtene Volkswirtschaften handelt, die eine hohe Konvergenz ihrer wirtschaftlichen Entwicklung erreicht haben. Es kann nur bestehen, wenn die beteiligten Länder zu enger Harmonisierung ihrer Wirtschaftspolitiken bereit sind.
In der *Weltwirtschaft* finden wir gegenwärtig *verschiedene Währungssysteme* gleichzeitig vor. Zwischen den Währungen der *großen Handelsnationen* USA (Dollar), Japan (Yen) und den EU-Ländern, die den Euro eingeführt haben, bestehen *flexible Wechselkurse*. So wurde zum Beispiel der Euro gegenüber dem Dollar seit seiner Einführung 1999 (1 Euro = 1,17 US-Dollar) zunächst deutlich abgewertet (bis auf 1 Euro = 0,83 US-Dollar), seit 2001 stieg der Eurokurs an den Devisenmärkten wieder und hatte im Juli 2008 mit 1 Euro = 1,59 US-Dollar seinen bisherigen Höchststand erreicht (vgl. M 23). Flexible Wechselkurse existieren auch gegenüber dem britischen

Pfund und zahlreichen weiteren Währungen. Einige Staaten haben ihre Währungen an den Dollar oder an den Euro angebunden, das heißt, sie richten ihre Geld- und Währungspolitik an der Bezugswährung aus, um den Wechselkurs stabil zu halten. Beispiele sind einige südostasiatische (z. B. China) und lateinamerikanische Länder, die ihre Währungen an den Dollar „angehängt" haben.

(Informationen zur politischen Bildung [= M 1], S. 46 f., 48 f.)

1. Machen Sie deutlich, welcher Sachverhalt mit dem Begriff „Wechselkurs" bezeichnet wird (M 20).
2. Wann spricht man von Preis-, wann von Mengenorientierung? Vollziehen Sie an einem der aufgeführten Beispiele die einfachen Rechenoperationen nach, mit der man aus der Mengen- die Preisorientierung und umgekehrt feststellen kann.
3. Was versteht man unter der Aufwertung, was unter der Abwertung einer Währung gegenüber einer anderen? Vollziehen Sie auch hier die Rechenoperationen für die Beispiele nach.
4. Stellen Sie in einer kurzen Übersicht stichwortartig die Unterschiede zwischen der „freien Konvertibilität" einer Währung und einer „Devisenbewirtschaftung" sowie zwischen einem System „fester" Wechselkurse und einem solchen „flexibler" Wechselkurse gegenüber (M 21).
5. Inwiefern ist durch die vier Währungen Dollar, Euro, Yen und britisches Pfund der allergrößte Teil des internationalen Handels durch flexible Wechselkurse geregelt (vgl. dazu ggf. M 2)? – Zu den Ländern, die ihre Währung stabil zum Dollar halten, gehört auch China, auf dessen Währungspolitik* wir in M 26 näher eingehen. Nähere Informationen zu den Wechselkurssystemen finden Sie unter der Internetadresse www.bpb.de/publikationen/M510LG.html.

M 22 Die Wirkungen von Wechselkursveränderungen auf den internationalen Handel

Veränderungen der Wechselkurse beeinflussen wiederum den internationalen Handel und den Kapitalverkehr. Kommt es zu einer Aufwertung des Euro – US-Bürger müssen nun mehr für den Euro, Europäer weniger für den Dollar zahlen –, bedeutet das aus deutscher Sicht, dass unsere Ausfuhrgüter, gerechnet in Auslandswährung, teurer werden. Dadurch wird der Export tendenziell gebremst. Andererseits wird das Einkaufen im Dollarraum günstiger, sodass Importe von dort tendenziell steigen und ausländische Produktionsstandorte wechselkursbedingte Kostenvorteile erlangen. Problematisch ist dies für Unternehmen, die ihre Belegschaft und Zulieferer größtenteils in Euro bezahlen und ihre Produkte in US-Dollar verkaufen, wie zum Beispiel der europäische Flugzeughersteller Airbus. In diesem Falle sind Produktionsverlagerungen in den Dollarraum ein Ansatz, diesem Problem zu begegnen. Eine Abwertung des Euro und damit gleichzeitig eine Aufwertung des Dollar führt umgekehrt tendenziell zu einer Verbesserung der Exportchancen des Inlands und zu einer Verteuerung der Einfuhren.

(Informationen zur politischen Bildung [= M 1], S. 44)

Die Wirkung von Wechselkursänderungen:

Sinkender Kurs gegenüber anderen Währungen: ↓	**Steigender Kurs** gegenüber anderen Währungen: ↑
Exporteinnahmen steigen. Konkurrenzfähigkeit auf dem Weltmarkt steigt.	Exporteinnahmen sinken. Konkurrenzfähigkeit auf dem Weltmarkt wird schlechter.
Für Importe muss mehr bezahlt werden.	Für Importe muss weniger bezahlt werden.

(Bundesverband deutscher Banken [Hg.], Wirtschaft auf einen Blick, Berlin 2009, S. 174; Autoren: Ulrich Fritsch, Karl Knappe)

Die Erhöhung des Außenwerts einer Währung führt aber nicht zwangsläufig zu einer Verringerung des Handelsbilanzüberschusses bzw. einer Erhöhung des Handelsbilanzdefizits des betreffenden Landes. Dies hängt davon ab, *wie elastisch Einfuhr und Ausfuhr auf Preisänderungen reagieren* bzw. inwieweit Wechselkursänderungen sich überhaupt im Preis der Produkte niederschlagen. In einer rezessiven Phase fällt es beispielsweise dem Exporteur sehr viel schwerer, die Aufwertung seiner Währung an seine ausländische Kundschaft weiterzugeben; er muss diesen Effekt unter Umständen über eine Senkung seines Gewinns auffangen. Senkt er die Preise nicht, ist mit einem Nachfragerückgang zu rechnen. Auf der anderen Seite gibt es Fälle, in denen Exporteure eine so starke Marktposition haben, dass ihre ausländischen Abnehmer die Höherbewertung der Währung mitbezahlen (müssen). Auch darf nicht vergessen werden, dass eine Aufwertung der eigenen Währung zu sinkenden Importpreisen für Vorprodukte führt, die damit den Produktionsprozess verbilligen und sich mäßigend auf den Preis des Endprodukts auswirken.

(Bundesverband deutscher Banken [= M 20], Teil 3.11, S. 128)

1 Klären Sie am Beispiel der Beziehung zwischen Euro und Dollar die *grundsätzliche* Bedeutung von Wechselkursveränderungen für den internationalen Handel (Export/Import zwischen den betr. Ländern) (M 22). Wie entwickeln sich z. B. bei einer Euro-Aufwertung tendenziell der Export aus dem Euro-Land in die USA und der Import aus den USA in das Euro-Land?

2 Der zweite Abschnitt von M 22 (Z. 13 ff.) gibt wichtige Hinweise darauf, inwiefern die Realität der Folgewirkungen von Wechselkursveränderungen von der grundsätzlichen Tendenz (s. Arbeitshinweis 1) abweichen kann.
- Welche Rolle spielt die „Preiselastizität*" der Nachfrage (d. h. das Ausmaß, in dem die Nachfrage bei steigenden/fallenden Preisen abnimmt/zunimmt)? Welche Entwicklung könnte z. B. in den USA dazu führen, dass die Nachfrage nach deutschen Gütern trotz einer Euro-Aufwertung gleich bleibt (die Elastizität der Nachfrage also gering ist)?
- Welche Überlegungen muss z. B. bei einer Euro-Aufwertung der Exporteur anstellen, wenn sich die USA in einer wirtschaftlichen Rezession befinden? Welche alternativen Entscheidungsmöglichkeiten mit welchen jeweiligen Konsequenzen ergeben sich für ihn?
- In der Produktion deutscher Exportgüter werden z. T. hohe Anteile von Vorprodukten verarbeitet, die die betr. Unternehmen von Zulieferern aus dem Dollarraum beziehen. Welche Bedeutung hat dies bei einer Euro-Aufwertung für die Kostensituation eines Unternehmens und damit für die Preisgestaltung seiner Exportgüter?

M 23 Die Entwicklung des Euro-Dollar-Kurses 1989 – 2009

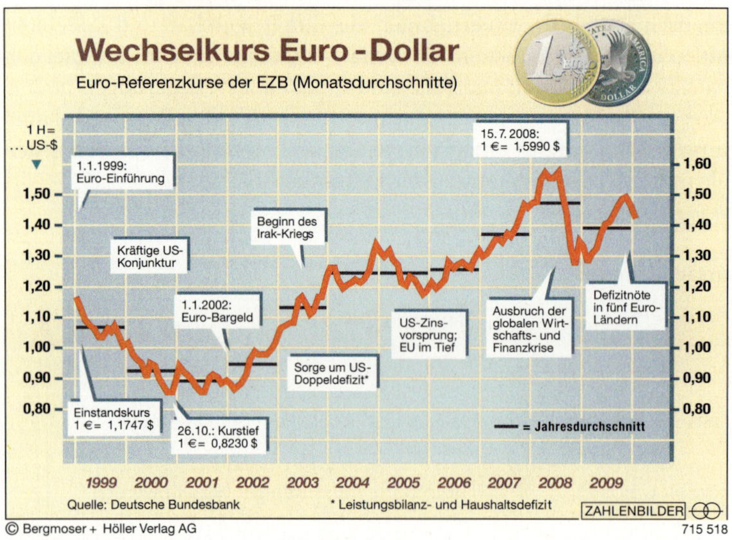

Euro-Wechselkurse im Juli 2010		Veränderung in Prozent gegenüber ...	
1 Euro sind ...		Juli 2009	Euro-Start 4.1.1999
Dollar (USA)	1,277	–9,4	8,3
Yen (J)	111,7	–16,0	–16,5
Franken (CH)	1,346	–11,5	–16,8
Pfund (UK)	0,836	–2,9	17,5
Kronen (S)	9,495	–12,3	0,3
Kronen (DK)	7,452	0,1	0,0

Zur Entwicklung im Jahr 2010 s. Abb. S. 146 oben.

M 24 Euro-Kurs und Außenhandel in der Sicht vor Karikaturisten

a)

b)

„Hallo, Nachbarn ...“

c)

Die Höhenangst fliegt mit

d)

Wieder Weltmeister

M 25 „Gebannter Blick auf den Dollar“ – Deutsche Unternehmen angesichts der Euro-Schwäche im Sommer 2010

München – Die deutschen Unternehmen leben von den Ausfuhren – und damit hängen sie am Euro-Kurs. Im März sind die deutschen Exporte so stark gestiegen wie seit 18 Jahren nicht mehr. Ein schwacher Euro könnte das Geschäft stimulieren, aber die Nervosität steigt.

In der **Automobilindustrie** freut man sich über einen schwachen Euro. „Wie alle exportorientierten Unternehmen würden dauerhaft niedrigere Euro-Kurse auch für Daimler durchaus Vorteile bringen“, heißt es aus Stuttgart. „Das Exportgeschäft läuft gut“, teilt auch VW mit. Derzeit jedenfalls – was morgen ist, wissen die Hersteller nicht, und in vielen Konzernbüros geht die Angst um, der jüngste Aufschwung am Automarkt könnte in der nächsten Krise schon wieder ersticken. „Es ist nicht so, dass da jetzt vor Jubel sofort die Sektkorken knallen“, sagt einer aus der Autoindustrie. Der Euro bewege sich hoch und runter – „Wissen wir schon, was in zwei Wochen ist?“ Bei BMW setzt man daher Prioritäten: Sicherheit geht vor günstigem Euro-Kurs. „Die Stabilität des Euroraums ist aus unserer Sicht sehr wichtig“, teilt der Autobauer mit. „Daher begrüßen wir

Anstrengungen, die Situation im Euroraum zu stabilisieren und den Unternehmen dadurch Planungssicherheit zu verschaffen."

Bei **Lufthansa** spielen gegenläufige Effekte eine Rolle. Zwar werden Leasingraten und Treibstoff mit steigendem Dollar-Kurs teurer, allerdings hat die Fluggesellschaft auch vergleichsweise hohen Anteil an Einnahmen in US-Dollar oder in Währungen, die an den Dollar gekoppelt sind. Dies kann die höheren Kosten zum Teil wieder ausgleichen. [...] Zudem hat sich die Lufthansa mit Währungs- und Treibstoffsicherungsgeschäften (Hedging*) eingedeckt.

Beim deutschen **Maschinenbau** hält sich der Jubel über den schwächeren Euro noch in Grenzen. Und das, obwohl die Branche neben der Autoindustrie zu den größten Exporteuren der Nation gehört. „Für uns ist der Euro bei seinem derzeitigen Stand noch keineswegs schwach", sagt Olaf Wortmann, Konjunkturexperte des Verbandes Deutscher Maschinen- und Anlagenbauer (VDMA). Einen gemessen an der Kaufkraft fairen Wechselkurs zum Dollar sehen die Maschinenbauer bei einem Stand von etwa 1,20 Dollar. „Wir bewegen uns gerade erst langsam auf diesen fairen Kurs zu", sagt der VDMA-Mann.

Bei **BASF**, größter Chemiekonzern der Welt, sorgt die Talfahrt der europäischen Gemeinschaftswährung (s. Abb.) eher für Probleme. Der Grund ist, dass der starke Dollar die Rohstoffe verteuert, von denen ein Chemieunternehmen wie BASF besonders stark lebt. Der derzeit schwache Euro schaffe nur „einen Zufallsgewinn", der seinen Grund darin habe, dass es Griechenland schlecht gehe.

Gelassen gibt sich **Adidas**. Der weltweit zweitgrößte Sportartikelkonzern, der vorwiegend in Asien fertigen lässt, bezahlt Rohmaterial und Produkte durch Zulieferer fast ausschließlich in US-Dollar. Ein starker Euro bedeutet also günstige Beschaffungskosten. Umgekehrt werden alle im Dollarraum erwirtschafteten Umsätze negativ beeinflusst. „Da wir den Großteil unseres Umsatzes nicht im Dollarraum machen, profitieren wir grundsätzlich mehr von einem schwachen US-Dollar und einem entsprechend starken Euro", sagte eine Adidas-Sprecherin. Um sich gegen die Risiken aus Währungsschwankungen abzusichern, betreibt der Konzern ein Währungsmanagement über ein in der Regel längerfristig zwischen 12 und 24 Monate ausgerichtetes Hedging*-System.

(Süddeutsche Zeitung v. 11.5.2010)

1 Beschreiben Sie die Entwicklung, die der Wert des Euro gegenüber dem Dollar (Wechselkurs/Mengennotierung) in den 10 Jahren seit seiner Einführung im internationalen Zahlungsverkehr und an den Börsen (1.1.1999) genommen hat (M 23). Welche Berechnungen liegen den Aussagen zugrunde, dass der Euro
- vom 1.1.1999 bis zum 26.10.2000 fast ein Drittel (30 %) seines Wertes verloren hatte,
- vom 26.10.2000 bis zum 15.7.2008 seinen Wert fast verdoppelt hatte?

2 Welche Entwicklung hat sich seit dem Herbst 2009 vollzogen (vgl. Abb. oben)? War sie für die Erholung der deutschen Export- und damit auch Gesamtwirtschaft grundsätzlich hilfreich oder erschwerend?

3 Interpretieren Sie die Darstellungen der Karikaturen in M 24 a – d.
- Zu welchen verschiedenen Zeitpunkten (vgl. M 23) könnten M 24 a und M 24 b jeweils erschienen sein? Was wollen die Darstellungen jeweils zum Ausdruck bringen?
- Die beiden Karikaturen M 24 c und d erschienen am 22.5.2003 (c) und am 5.12.2004 (d). Welche unterschiedlichen Sichtweisen bzw. Konsequenzen aus der Euro-Kursentwicklung dieser Phase (vgl. M 23) vermitteln sie?
- Auf welche besondere Leistung ist der deutsche „Exportweltmeister" (bis 2009) so stolz (d)?

4 Analysieren Sie, wie sich die Euro-Dollar-Kursentwicklung von Januar bis Mai 2010 (s. Abb.) in den fünf dargestellten deutschen Unternehmen bzw. Branchen ausgewirkt hat und wie sie von den Unternehmensleitungen beurteilt wird (M 25). Gehen Sie dabei auch auf Unterschiede ein und erklären Sie die beschriebene Situation des jeweiligen Unternehmens vor dem Hintergrund Ihrer Kenntnisse aus M 22 bis M 24.

VERTIEFUNG M 26

„Weltkrieg der Währungen"?

Die Jahrestagung des Internationalen Währungsfonds (IWF; s. M 53) ist ohne eine Lösung im Streit um die Wechselkurse zu Ende gegangen. „Es gibt offenkundige Reibungen", sagte der Vorsitzende des IWF-Lenkungsausschusses, Youssef Boutros-Ghali, in Washington. Bei dem Streit geht es um den Vorwurf der USA und der EU, China halte seine Währung künstlich niedrig und verzerre so in großem Maßstab den Welthandel.
In der Abschlusserklärung des Ausschusses war von „wachsenden globalen Ungleichgewichten" und „Bewegungen bei den Wechselkursen" die Rede. Diese führten zu „Spannungen". Der IWF-Lenkungsausschuss empfahl keine konkreten Schritte, sagte aber eine eingehende Untersuchung des Problems zu. Der IWF sei „der richtige Ort", um diese Fragen zu lösen, sagte Boutros-Ghali. IWF-Chef Dominique Strauss-Kahn sagte, eine Lösung des Problem könne „nur auf dem Weg der Kooperation" erzielt werden.
In der IWF-Erklärung wurde kein Land namentlich genannt. Bei der Tagung in Washington zog aber vor allem China Kritik auf sich. Die USA und Europa halten der Volksrepublik vor, ihre Währung künstlich niedrig zu halten und so mit verbilligten Waren den Weltmarkt zu überschwemmen. US-Finanzminister Tim Geithner kritisierte, dass sich Länder wie China dadurch Handelsvorteile zu verschaffen suchten. Geithner forderte den IWF auf, die Überwachung der Wechselkurspolitik seiner Mitgliedsländer zu „verschärfen". [...]
Südkoreas Zentralbank-Chef Kim Choong Soo äußerte die Hoffnung, dass die G-20-Länder bis zu ihrem Gipfel in Seoul im November (s. M 59) eine Lösung in der Währungsfrage finden. EZB-Chef Trichet zeigte sich in Washington zuversichtlich, „dass die internationale Gemeinschaft Wege zur Zusammenarbeit finden wird".
Chinas Zentralbank-Chef Zhou Xiaochuan widersetzte sich in Washington den Forderungen der USA und Europas nach einer Abwertung des chinesischen Yuan. Eine Kehrtwende in Chinas Währungspolitik wäre eine „Schocktherapie" mit schädlichen Folgen, sagte Zhou (vgl. M 59, Z. 45 ff.).

(http://de.news.yahoo.com/2/20101010/tbs-iwf-laender-finden-keine-loesung-im-f41e315.html 10.10.2010; AFP)

1. Beschreiben Sie, um welche z. T. heftigen Vorwürfe der USA (ihres Finanzministers) gegenüber China, aber z. T. auch gegenüber Deutschland es im September/Oktober 2010 auch im Rahmen des IWF ging und warum im Hinblick darauf in vielen Presseschlagzeilen (und auch Buchtiteln; vgl. Abb.) von einem „Weltkrieg der Währungen" die Rede war (vgl. dazu die Besonderheit des nicht flexibilisierten chinesischen Wechselkurssystems, M 21, Z. 49 ff.).

2. Erklären Sie einerseits die Forderung der USA (und auch Deutschlands und einiger europäischer Länder), China solle seine Währung abwerten, und andererseits die Weigerung Chinas, dieser Forderung nachzukommen.

3. In Z. 22 ff. ist von der Hoffnung die Rede, die G-20-Länder würden auf ihrem „Gipfel in Seoul" eine Lösung in diesem Streit finden können. Darüber können Sie sich ggf. in M 59 informieren.

M 27 Die Bedeutung des weltweiten Devisenhandels

M 27 a Devisenmarkt: Zahlungsverkehr, Finanztransaktionen, Akteure

Auf dem Devisenmarkt – Kenner sagen FX- oder Forex-Markt (von Foreign Exchange) – werden täglich Devisen im Gegenwert von etwa 3 Billionen Dollar gehandelt.
Der Handel mit Kassadevisen findet im Telefonverkehr oder über elektronische Handelssysteme statt. Mit der Einführung des Euro wurden die Devisenbörsen für den Kassahandel* abgeschafft. Damit entfiel auch das amtliche Kursfixing an der Frankfurter Börse, das die Banken früher als Basis für ihre Kundenabrechnungen verwendeten. Allerdings werden nach wie vor verbindliche Kurse für Dollar, Japanische Yen, Schweizer Franken etc. benötigt. Zu diesem Zweck ermitteln die Kreditinstitute sowie die EZB sogenannte *Referenzkurse.*
Devisenangebot und -nachfrage resultieren zum einen aus dem währungsraumübergreifenden *Zahlungsverkehr*. Wenn Unternehmen im- oder exportieren, müssen sie Devisen beschaffen bzw. in heimische Währung umtauschen. Hinzu treten Geldbewegungen im Zusammenhang mit

internationalen *Finanztransaktionen*. Sie machen bis zu 98 Prozent des globalen Devisenumsatzes aus.

[...] Als **Ursache** für Finanztransaktionen lassen sich im Wesentlichen **drei Motive** erkennen: Zum einen ist dies die Ausnutzung von Marktunvollkommenheiten (*Devisen- und Zinsarbitrage*). Ein weiteres Motiv ist die *Devisenspekulation* (zusätzlich zur Devisenspekulation kann noch auf Kursgewinne bei den gekauften Wertpapieren spekuliert werden). Drittens resultieren Devisentransaktionen daraus, dass Marktteilnehmer versuchen, Währungsrisiken *abzusichern*.

- [Unter *Arbitrage* versteht man das Ausnutzen von Kursunterschieden an verschiedenen Finanzplätzen.] Kostet etwa ein Euro (Briefkurs) bei Bank A in London weniger, als eine Bank B in New York dafür zu zahlen bereit ist (Geldkurs), so werden die Händler sofort versuchen, davon zu profitieren. Die erhöhte Nachfrage in London wird dort sehr rasch den Kurs steigen lassen, während das erhöhte Angebot in New York hier den Kurs dämpft.
- Im Gegensatz zur Arbitrage ist die *Devisenspekulation* immer mit Risiken verbunden. [...] Erwartet beispielsweise ein amerikanischer Spekulant eine Aufwertung des Euro im Laufe des nächsten Vierteljahres, so kann er sich am Kassamarkt* Euro (gegen Dollar) beschaffen und diese so lange auf dem Konto liegen lassen, bis sie im Kurs gestiegen sind – wenn seine Erwartung tatsächlich eintrifft. Unser Spekulant kann aber auch Euro „per Termin drei Monate" kaufen, um sie zu diesem Zeitpunkt zu dem dann (hoffentlich) höheren Kurs gleich wieder verkaufen zu können [...].
- [Zur *Absicherung* von Finanztransaktionen gegen Wechselkursrisiken dienen den Marktteilnehmern Termingeschäfte, d. h. Käufe oder Verkäufe, die erst zu einem späteren Zeitpunkt, aber zu den am Tag des Vertragsabschlusses festgelegten Bedingungen vollzogen werden.] Das könnte zum Beispiel ein deutsches Unternehmen sein, das in drei Monaten Dollar zur Bezahlung von Importen aus den USA benötigt und befürchtet, dass sich bis dahin der Euro ab- bzw. der Dollar aufwertet.

Die bei Weitem wichtigsten **Akteure** am Devisenmarkt sind die *Geschäftsbanken*. Sie betreiben den Handel sowohl im Kundenauftrag als auch im Eigengeschäft. Zur Gruppe der Geschäftsbanken kann man auch die Broker (Makler) zählen, die als Vermittler zwischen den Banken auftreten. Zahlreiche große *multinationale Unternehmen* haben eigene Devisenhandelsabteilungen. Kleinere Firmen und Privatleute brauchen dagegen Banken, da sie keinen direkten Marktzugang haben. Als weitere Teilnehmer am Devisenhandel sind schließlich die *Notenbanken* (s. M 39 b, S. 169) zu nennen. Anders als Unternehmen und Geschäftsbanken agieren sie aus gesamtwirtschaftlichen, das heißt geld- und währungspolitischen Motiven.

(Herbert Sperber, Wirtschaft verstehen, Schäffer-Poeschel Verlag, Stuttgart, 3. Aufl. 2009, S. 337)

Erstellen Sie bei der Erarbeitung des Textes M 27 a eine stichwortartige Übersicht (Tafelschema), die anschaulich macht,

- was man unter Devisenhandel versteht und wo er abgewickelt wird, welche beiden unterschiedlichen Bereiche daran beteiligt sind,
- aus welchen Motiven heraus der dominierende Bereich der Finanztransaktionen sich ergibt (diese Motive sollten Sie im Unterrichtsgespräch im Einzelnen erläutern; s. Kasten) und
- welche Akteure am Devisenhandel beteiligt sind.

VERTIEFUNG **M 27 b**

Preisbildung im Modell

Der Devisenmarkt gilt in der Ökonomie als Musterexempel der „vollständigen Konkurrenz". Die gehandelten Produkte sind jeweils völlig gleichartig – jeder Euro ist gleich schön, ebenso jeder Dollar etc. Nirgendwo sonst besteht eine höhere Transparenz der Marktdaten. Neue Informationen verbreiten sich in Sekundenschnelle. Und die Zahl der Marktteilnehmer ist sehr groß. (Herbert Sperber [= M 27 a], S. 339)

Die Preisbildung auf dem Devisenmarkt – einem der vollkommensten Märkte der Welt – vollzieht sich nach den Regeln der Preisbildung einer Börse bei vollkommener Konkurrenz. Wir tragen in einer Zeichnung die Angebots- und Nachfragekurven für Dollar in Abhängigkeit des preisnotierten Wechselkurses e ab. Der Wechselkurs gibt dann den Europreis eines Dollar an.

Im Schnittpunkt von Angebot und Nachfrage ergibt sich der **nominale Gleichgewichtswechselkurs**, der sich täglich auf den Devisenmärkten einstellt (e_0 in Abb. 1).
Dies ist die charakteristische Eigenschaft eines Währungssystems mit frei flexiblen Wechselkursen: Ohne Eingreifen einer staatlichen Stelle gibt es immer einen Wechselkurs, der die geplante Nachfrage nach Devisen und das geplante Angebot von Devisen ausgleicht.

Abb. 1: Angebot und Nachfrage auf dem Devisenmarkt

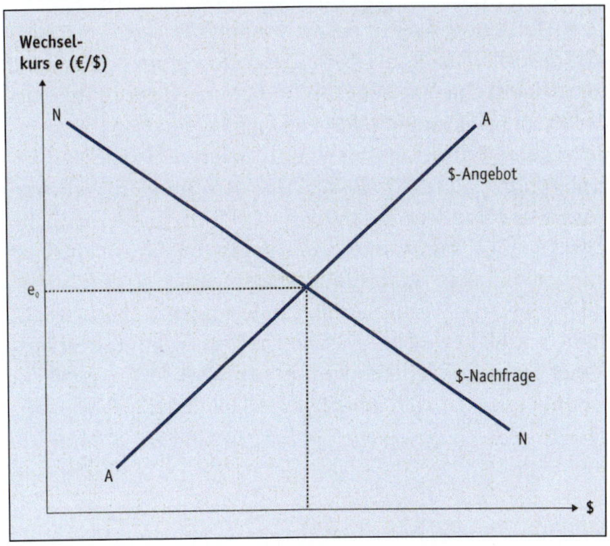

Abb.2 : Veränderung des Gleichgewichtswechselkurses bei einer Verschiebung der Devisennachfrage

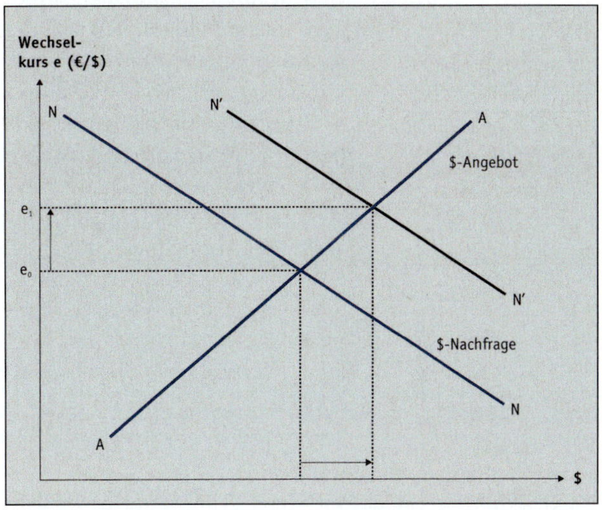

Fragen wir uns, was geschehen wird, wenn Euroland – aufgrund einer Geschmacksänderung, aufgrund einer Missernte oder aufgrund starker inländischer Preissteigerungen – seine Importe ausweiten möchte. Die Nachfrage nach Dollar zur Bezahlung dieser Importe wird steigen, d. h., die Nachfragekurve verschiebt sich nach rechts (von NN nach N'N' in Abb. 2). Bleibt die Angebotskurve unverändert, so ergibt sich folgende Situation: Bei unverändertem Wechselkurs e_0 ergibt sich eine Überschussnachfrage nach Dollar und damit gleichzeitig ein Überschussangebot an Euro auf dem Devisenmarkt. Infolgedessen wertet der Euro ab, d. h., der Wechselkurs steigt auf e_1. Nun wissen wir bereits, dass bei einer Abwertung (der Euro wurde „billiger") die Nachfrage der Ausländer nach Euroland-Gütern zunehmen wird, die Exportwerte von Euroland also steigen. Andererseits wird der Dollar „teurer", Euroland schränkt den Wert seiner Importe ein, nur ein Teil des Zuwachses der Importgüternachfrage, welcher die Wechselkurserhöhung ausgelöst hat, bleibt im Devisenmarktgleichgewicht erhalten. Gegenüber der Ausgangssituation vor der Erhöhung der Importgüternachfrage steigen damit die Im- und Exportwerte von Euroland letztlich im selben Umfang an. Auf diese Weise sorgt der gestiegene Wechselkurs wieder für einen Ausgleich von Angebot und Nachfrage.

(Ulrich Baßeler/Jürgen Heinrich/Burkhard Utecht, Grundlagen und Probleme der Volkswirtschaft, Schäffer-Poeschel Verlag, Stuttgart, 19. Aufl. 2010, S. 606 f.)

M 27 c Ursachenfaktoren für Kursschwankungen

- Wechselkursschwankungen sind das Ergebnis von *Preis- und Zinsunterschieden* zwischen In- und Ausland. Steigt zum Beispiel das *Preisniveau* im Inland stärker als im Ausland, so führt dies zu steigender Nachfrage der Inländer nach Waren und Dienstleistungen im relativ preisstabileren Ausland – es ergibt sich ein Importsog. Devisen werden stärker nachgefragt. Zugleich geht die Nachfrage des Auslands nach inländischen Gütern zurück: Sie werden vergleichsweise teurer, die Exportchancen verschlechtern sich, weniger Devisen werden verdient. Im Ergebnis verschieben sich die Angebots- und Nachfragekurve auf dem Devisenmarkt und gleichen sich bei einem neuen Wechselkurs aus. [...]

Ebenso können *unterschiedliche Zinsniveaus* zwischen zwei Ländern Kapitalbewegungen auslösen, die sich über Veränderungen von Devisenangebot und Devisennachfrage auf den Wechselkurs auswirken.

- Neben diesen eher langfristig dominanten realwirtschaftlichen Faktoren spielen *spekulative und politische Faktoren* eine wichtige Rolle. *Erwartungen* über zukünftige Preis- und Zinsentwicklungen üben maßgeblichen Einfluss auf Angebot und Nachfrage an Devisenmärkten aus (s. Kasten unten). Ein Preisanstieg auf Rohstoffmärkten (etwa bei Erdöl) ist oft weniger die Auswirkung einer bereits eingetretenen Angebotsverknappung, sondern vielmehr das Ergebnis befürchteter Engpässe als Folge einer politischen Krise.
Öl wird auf internationalen Märkten in US-Dollar abgerechnet. Um erwarteten Preissteigerungen zuvorzukommen, kaufen Händler und Konsumenten jetzt US-Dollar, dadurch steigern sie die Nachfrage auf den Devisenmärkten und bewirken einen Anstieg des Dollarkurses, der, in Inlandswährung gerechnet, den Preisanstieg bei Erdöl noch multipliziert (*self fulfilling prophecy*).
- Erwartungsänderungen können „ansteckend" wirken und sich rasch ausbreiten („Herdenverhalten"). Wenn eine *Spekulationsblase* platzt und plötzlich alle aus der betreffenden Währung „aussteigen" wollen, kann das kurzfristig enorme Verkaufswellen auslösen und erhebliche Wechselkursschwankungen verursachen. Ebenso kann eine durch politische Entwicklungen ausgelöste Kapitalflucht den Wechselkurs eines Landes zum Einbruch bringen. [...]

Es zeigt sich, dass eine Vielzahl von Erklärungen für Wechselkursveränderungen zu berücksichtigen ist, monokausale [auf eine einzige Ursache bezogene] Ansätze greifen zu kurz. Realwirtschaftliche Einflussfaktoren erklären eher längerfristige Tendenzen der Wechselkursentwicklung, kurzfristige Wechselkursschwankungen lassen sich stärker mit spekulativen Einflüssen erklären.

(Informationen zur politischen Bildung [= M 1], S. 45)

Die Erwartungen sind das wichtigste Element bei der Preisbildung am Devisenmarkt. Hier schlagen sich neben objektiven Daten in starkem Maße subjektive Empfindungen nieder. Entscheidend für die Kursbildung sind dabei neben der eigenen Einschätzung der Konsequenzen bestimmter neuer Daten die Erwartungen, wie die anderen Devisenmarktteilnehmer hierüber denken und wie sie als Reaktion hierauf ihre Preise am Devisenmarkt stellen. Denn die Wechselkursentwicklung wird davon bestimmt, in welche Richtung sich die Mehrheit der Marktteilnehmer bewegt. Für einen erfolgreichen Händler ist es deshalb sehr wichtig, einschätzen zu können, welche Schlüsse die Mehrheit am Markt aus bestimmten Entwicklungen zieht.

Von daher ist es auch nicht verwunderlich, dass gesamtwirtschaftliche Entwicklungen Wechselkursbewegungen nur begrenzt erklären können. Insbesondere gibt es keinen mathematisch festen Zusammenhang zwischen gesamtwirtschaftlichen Größen und Wechselkursen.

(Bundesverband deutscher Banken [= M 20], Teil 3.11, S. 128)

1. Das Modell der Marktpreisbildung aus Angebot und Nachfrage wird Ihnen aus vorangehendem Unterricht vertraut sein. Erläutern Sie die beiden Abbildungen in M 27 b mithilfe des Textes und zeichnen Sie in Ihr Heft analog zu Abb. 2 eine Darstellung für den Fall einer *Senkung* der Nachfrage nach Dollar.

2. Die Frage, welche Faktoren für die – oft überraschenden und häufig kurzfristigen – Änderungen der Wechselkurse (Wechselkursschwankungen) verantwortlich sind, ist unter Ökonomen äußerst umstritten bzw. kann erfahrungsgemäß nicht in einer Weise beantwortet werden, die kurz- oder längerfristige Prognosen möglich machen könnte. Erläutern Sie zunächst die „realwirtschaftlichen" Faktoren, die für solche Veränderungen verantwortlich sein können (M 27 c, Z. 1 – 11).

3. Stellen Sie sodann die zentrale Rolle der „spekulativen" Faktoren heraus und beschreiben Sie mit eigenen Worten, was damit gemeint ist, welches Verhalten und welche Motive von (im Auftrag von Unternehmen, Banken und Investmentfonds* tätigen; vgl. M 38 a/b) Devisenhändlern zu einer „Spekulationsblase" führen können (vgl. Kasten). Inwiefern kann man hier von „subjektiven" bzw. „psychologischen" Faktoren sprechen?

III Globalisierung – Einstellungen, Ursachen und Antriebskräfte, Erscheinungsformen

1. Begriff, Vorstellungen und Einstellungen

Hinweise auf weiterführende Informationen werden zu den einzelnen Abschnitten und Materialien gegeben. Besonders hingewiesen sei auf die folgenden im Internet zur Verfügung stehenden Veröffentlichungen der Bundeszentrale für politische Bildung (www.bpb.de): *pocket global – Globalisierung in Stichworten* (http://www.bpb.de/files/YYLODQ.pdf, auch als Klassensatz beziehbar)
Globalisierung – Informationen zur politischen Bildung Nr. 280 (www.bpb.de/ publikationen/U1INL3,0,Globalisierung. html).
„Zahlen und Fakten: Globalisierung“ (umfassende, aktuelle Informationen zu zahlreichen Aspekten der Globalisierung; http://www.bpb.de/wissen/Y612DP,0, Globalisierung.html)

M 28 Was heißt „Globalisierung"?

• „Globalisierung" ist ein schillernder Begriff – jeder Wirtschaftschef führt ihn im Munde, kaum eine politische Rede kommt ohne ihn aus. Gemeint ist die *weltweite Verflechtung von Staaten, Märkten, Gütern, Kapital, Informationen und Menschen.* [...] Globale Einflüsse erreichen uns von allen Seiten: Kapital, Waren, Ideen, Nachrichten und auch Menschen sind in immer kürzerer Zeit rund um den Globus unterwegs.

• Global tätige Unternehmen prägen die Lebens- und Konsumgewohnheiten der Menschen hier wie in fernen Regionen. Die Medien heben mit ihrer aktuellen Berichterstattung die räumlichen Distanzen auf, sie lassen uns gleichzeitig hier und weit entfernt vor Ort sein. Wir leben in einer Epoche, in der das, was in Südamerika, in Afrika oder in Südostasien passiert – von demokratischen Fort- oder Rückschritten bis zu Waldrodungen oder dem Kampf gegen AIDS –, auch das Leben in Deutschland beeinflusst. Entscheidungen, Handlungen und auch Unterlassungen an einer Ecke der Erde wirken sich auf alltägliches Handeln und Leben am anderen Ende der Erde aus. Globalisierung ermöglicht es den Individuen, Unternehmen und Staaten, schneller, weiter, durchdringender und zu geringeren Kosten rund um den Globus aktiv zu werden.

• Alle reden von Globalisierung – und verbinden damit nur in den seltensten Fällen dasselbe: Mal erscheint sie als Schreckbild, mal als Zauberformel, mal als Inbegriff aller Chancen oder als Ausdruck allen Übels. Die Globalisierung bringt Veränderungen und Ungewissheiten mit sich, vor denen viele Angst haben. Sie birgt aber auch vielfältige Chancen für die Gestaltung einer friedlicheren und gerechteren Welt. Denn kein Nationalstaat ist mehr in der Lage, das globale Geschehen allein zu ordnen oder gar zu kontrollieren – oder auch nur abseits zu stehen. In einer ökologisch, wirtschaftlich und kulturell immer dichter verflochtenen Welt decken sich nationale politische Entscheidungen in ihrem sozialen und territorialen Umfang immer seltener mit den Personen und Gebieten, die von den Folgen dieser Entscheidungen potenziell betroffen sind.

• Globalisierung ist nicht nur ein wirtschaftlich und politisch prägendes Phänomen, sondern längst Teil unseres Alltags: Wir essen gerne Sushi aus Japan oder Steaks aus Argentinien, wir hören die Musik der US-Charts und World-Musik vom Balkan und aus Afrika. Für Freizeit und Sport sind uns die billigen Textilien aus Asien höchst willkommen. Wir freuen uns über unser Motorrad aus Japan, die wärmende Wolle aus Peru und die Kaffeebohnen aus Kenia. Weit weniger erfreut sind wir, wenn uns Flüchtlinge und Asylsuchende daran erinnern, wie sehr die Entfernungen auf unserem Planeten geschrumpft und die Barrieren gefallen sind, die einst Arm und Reich, Fremdes und Vertrautes, Nahes und Fernes auseinandergehalten haben. [...]

(Einführung zum Themenmodul „Globalisierung"; www.fes-online.akademie.de/modul.php?md=7&c=texte&id=179; Verf.: Anna Wolf und Peter Hurrelbrink)

Der das Kapitel einleitende Text (M 28) soll Ihnen einen Überblick über wichtige Aspekte und Probleme vermitteln, die sich mit dem Thema „Globalisierung" verbinden, und Ihnen dazu dienen, Ihr eigenes Vorverständnis zur „Globalisierung" und Ihre Einstellung dazu in den Unterricht einzubringen.

1 Fassen Sie die Aussagen abschnittsweise zusammen und benennen Sie dazu nach Möglichkeit jeweils konkrete Beispiele aus Ihrem eigenen Kenntnis- und Erfahrungsbereich.

2 Machen Sie sich klar, dass „Globalisierung" auch insofern ein „schillernder" Begriff ist, als er sich nicht nur auf den wirtschaftlichen, sondern auch auf den politischen und den kulturellen Bereich (Musik, Konsum, Kleidung, Alltagsleben usw.) bezieht. Ordnen Sie entsprechende Aussagen des Textes diesen Bereichen zu. Vielfältige, anschaulich aufbereitete Informationen dazu finden Sie unter der Internetadresse http://www.bpb.de/wissen/JSKFLK,0,0,Kulturelle_Globalisierung.html

In diesem Kapitel werden wir uns weitgehend auf den ökonomischen Globalisierungsprozess beschränken.

M 29 a Globalisierung in der Sicht von Karikaturisten

a)

b)

c)

d)

METHODE M 29 b Karikaturen analysieren

„Globalisierung" ist ein beliebter Gegenstand der Darstellung in Karikaturen. Die in M 29 a ausgewählten Karikaturen sollten Sie in **Partner- oder Gruppenarbeit** analysieren. Sie können sich dabei an den angegebenen Leitfragen orientieren (Schema ins Heft übertragen) und die Ergebnisse untereinander austauschen.

Karikaturen stellen eine besondere Form der Darstellung und Kommentierung von Sachverhalten dar. Vielleicht haben Sie sich im vorangehenden Unterricht mit den für das Verständnis unabdingbaren Besonderheiten solcher Darstellungen schon einmal vertraut gemacht und kennen sich darin aus.

1. Was stellt der Zeichner oder die Zeichnerin dar?
   ➤ Aussage oder Thema der Karikatur?
2. Wie und mit welchen Mitteln (Figuren, Objekten, Symbolen) wird das Thema dargestellt?
   ➤ zeichnerische Elemente
3. Ist aus der Karikatur eine bestimmte Einstellung, Meinung oder Deutung des Zeichners oder der Zeichnerin erkennbar?
   ➤ Tendenz der Karikatur?
4. Wie beurteilen Sie die Aussage der Karikatur?
   ➤ eigene Meinung
5. Welche Fragen ergeben sich für Sie aus der Karikatur?
   ➤ weitere Fragen

Aussage/Thema	zeichnerische Elemente	Tendenz der Karikatur	eigene Meinung	weitere Fragen

M 30 Vorteile oder Nachteile?

a)

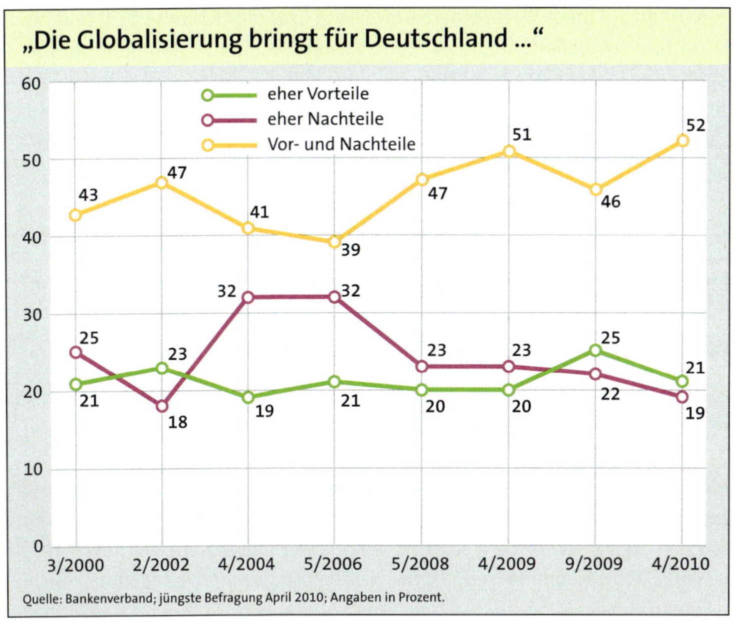

Quelle: Bankenverband; jüngste Befragung April 2010; Angaben in Prozent.

b) Bringt die Globalisierung für Sie persönlich mehr Vorteile oder mehr Nachteile?
(Umfrage 2006; in Klammern Ergebnisse der Umfrage vom Januar 2000; in Prozent)

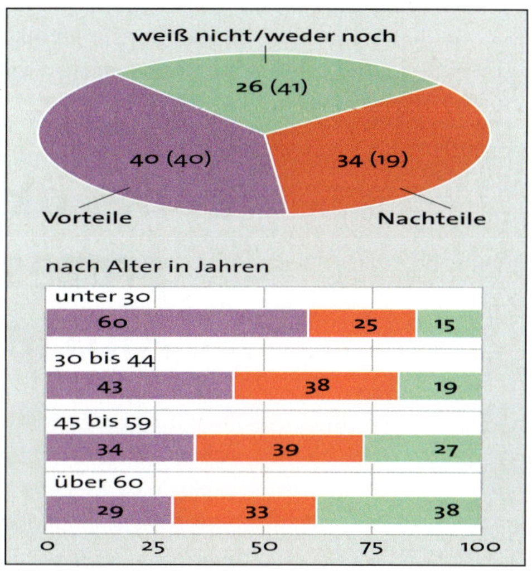

c) Ich möchte Ihnen im Folgenden einige Aussagen vorlesen. Sagen Sie mir bitte, ob Sie diesen Aussagen zustimmen oder nicht zustimmen.

1. Die Globalisierung eröffnet deutschen Unternehmen neue Absatzmöglichkeiten im Ausland.
2. Durch die Globalisierung werden immer mehr Arbeitsplätze in Billiglohnländer verlagert.
3. In dem Maße, wie die Weltwirtschaft wächst, verändert sich auch das Weltklima.
4. Arme Länder können bestimmte Produkte billiger herstellen und profitieren dadurch von der Globalisierung.
5. Infolge der Globalisierung sinken die Preise vieler Produkte und ich kann günstiger einkaufen.
6. Durch die Globalisierung gelangen gentechnisch veränderte Produkte in unsere Lebensmittel, ohne dass wir das kontrollieren können.
7. Die Globalisierung verringert internationale Konflikte.
8. Durch die Globalisierung hat die deutsche Regierung immer weniger Einfluss auf die Verhältnisse in Deutschland.
9. Wegen der internationalen Konkurrenz habe ich weniger Chancen auf dem Arbeitsmarkt.

(http://www.bvm.org/user/Presse/BVM_Trendmonitor_2007.pdf)

1 In M 28 hieß es, die Globalisierung bringe Veränderungen und Unsicherheiten, aber auch Chancen mit sich. Untersuchen Sie dazu die Befragungsergebnisse in M 30 a und b und stellen Sie in aussagekräftigen Formulierungen heraus, was den beiden Darstellungen zu entnehmen ist.
Achten Sie bei der Analyse auch darauf,
- wie die prozentualen Unterschiede in den Befragungsergebnissen von M 30 a und M 30 b zu erklären sind,
- wie in M 30 a die Entwicklung von 2000 bis 2010 erklärt werden könnte (begründete Vermutungen) und
- welche Erklärungen für die in M 30 b erkennbaren Unterschiede zwischen den Altersgruppen es Ihrer Meinung nach geben könnte.

2 Auf die meisten der in M 30 c formulierten Aussagen werden wir in den einzelnen Abschnitten dieses Kapitels näher eingehen und Ihnen auf diese Weise eine zuverlässige Grundlage für die Beurteilung dieser Behauptungen zu vermitteln versuchen. An dieser Stelle sollten Sie einmal ganz spontan sagen, ob die einzelnen Aussagen aus Ihrer Sicht berechtigt sind oder nicht. Erstellen Sie ggf. dazu ein **Meinungsbild Ihres Kurses**, indem Sie die „Ja"- und „Nein"-Antworten zu jeder Aussage auszählen und in Ihrem Heft festhalten. Gegen Ende der Arbeit an diesem Kapitel können Sie dann erneut „abstimmen" und die Ergebnisse mit Ihren hier gegebenen spontanen Urteilen vergleichen.

2. Der ökonomische Globalisierungsprozess – Charakter, Ursachen und Antriebskräfte

In M 28 wurde schon angesprochen, dass die Globalisierung viele Bereiche (Dimensionen) des menschlichen Zusammenlebens betrifft; sie hat ökonomische, (sicherheits-)politische, kulturelle, soziale und ökologische Aspekte. Zu den drei zuletzt genannten Dimensionen finden Sie ggf. auf der Internetseite http://www.bpb.de/wissen/Y6I2DP,0,0,Globalisierung.html vielfältige Informationsangebote. Im thematischen Rahmen dieses Arbeitsbuches müssen wir uns auf die ökonomische Dimension beschränken.

Sie stand schon immer im Mittelpunkt der Diskussion über die Globalisierung, ihrer Chancen und Risiken; seit die internationale ***Finanz- und Wirtschaftskrise 2008*** *die ganze Welt erschütterte (s. dazu später M 39), wurde das noch einmal überdeutlich.*

„Aus wirtschaftlicher Sicht versteht man unter Globalisierung die starke Zunahme internationaler Wirtschaftsbeziehungen und -verflechtungen und das Zusammenwachsen von Märkten für Güter und Dienstleistungen über die Grenzen einzelner Staaten hinaus. […] Globalisierung bedeutet also Zunahme der Intensität und der Reichweite grenzüberschreitender wirtschaftlicher Austauschbeziehungen, damit auch Intensivierung des Wettbewerbs durch Vergrößerung der Märkte bis hin zum Entstehen globaler Märkte.“

In dieser kurzen Definition der ökonomischen Globalisierung (aus dem Fischer Weltalmanach 2009, Fischer Taschenbuch Verlag, Frankfurt am Main 2008, S. 630; Verf.: Marco Pütz) wird als zentrales Merkmal die „internationale Verflechtung“ hervorgehoben. Sie bezieht sich zum einen auf die weltweite arbeitsteilige ***Produktion****, zum anderen auf den weltweiten* ***Handel*** *mit produzierten Gütern.*

Den weltweit vernetzten Handel hatten wir bereits zu Beginn des ersten Kapitels anschaulich dargestellt; vielleicht sollten Sie an dieser Stelle die Grafik M 2 (S. 116) noch einmal heranziehen. Für die weltweite arbeitsteilige Produktion wollen wir zunächst ein konkretes Beispiel (M 31) betrachten, bevor wir dann auf die Ursachen für den ökonomischen Globalisierungsprozess etwas systematischer eingehen (M 32ff.).

M 31 Die internationale Arbeitsteilung am Beispiel der Produktion einer elektrischen Zahnbürste

Arbeiterin Cole in Manila: Ins Jeans-Business eingestiegen

● Es ist 4:25 Uhr. Mary-Ann blickt aus dem Fenster. Es ist ihre Frühschicht-Woche. Was heißt, dass sie sich am Nachmittag – um zwei hat sie Schluss, gegen drei Uhr ist sie zu Hause – um ihr eigenes kleines Business kümmern kann. Sie handelt seit Neuestem mit Blue Jeans, investieren, kaufen, verkaufen, es ist alles ziemlich aufregend. Mary-Ann Cole, 28 Jahre jung, Assembly Operator, also Arbeiterin in einem Zulieferwerk von Philips – aber sie hat durchaus eine Vorstellung davon, was Globalisierung ist. Globalisierung ist Business. Und Business ist Konkurrenz, man muss jeden Tag kämpfen. Oder man geht unter. Ist Globalisierung ungerecht, Mary-Ann? „Wieso?“ Ist es nicht ungerecht, dass Sie beispielsweise weniger verdienen als eine Arbeiterin in Amerika oder in Deutschland für die gleiche Arbeit? „Ungerecht? Ich mag meine Arbeit, sie ist eine sehr große Chance.“ Ein- bis zweimal in der Woche verlassen rund 100 000 Platinen (elektronische Leiterplättchen mit aufgelöteten Komponenten) das Werk in Manila (Philippinen), in dem Mary-Ann arbeitet. Vom Cargo-Flughafen Manilas werden sie via Tokio nach Seattle geflogen; eine Verzögerung von einem halben Tag kann alles durcheinanderbringen, man arbeitet mit einem Minimum an Lagerreserven, an Zeitreserven.

● Während Mary-Ann Cole im Jeepney sitzt, unterwegs zum Bus-Sammelpunkt, wo um 4:45 Uhr der Firmenbus ablegt, ist es in Klagenfurt (Österreich) Viertel vor elf abends, des Vortages wohlgemerkt. Peter Heindl, Ingenieur beim Klagenfurter Philips-Werk, leitet das Testlabor, wo

Testingenieur Heindl in Klagenfurt: Was hält die Bürste aus?

Vorarbeiter Kolley in Snoqualmie: zurück nach Afrika

Manager Lim Nam Onn in Zhuhai: China vorwärtsbringen

sie Maschinen entwerfen, um auszuprobieren, wie oft ein Rasierapparat aus dem ersten Stock fallen kann oder wie lange eine Zahnbürste am Nordpol durchhält. Peter Heindl und Mary-Ann Cole sind sich nie begegnet. Aber wenn Heindl in seinen Tests etwas auffallen sollte, was auf Fehler in Platinen zurückzuführen ist, könnte die philippinische Zulieferfirma den Auftrag verlieren und Mary-Ann würde wahrscheinlich arbeitslos. Ihre billige Arbeitskraft wiederum gestattet dem Global Player* Philips, sich für die Entwicklungs- und Testlabors in Klagenfurt teure, kreative Leute einzukaufen. Selbst in einem Riesenladen wie Philips, mit einem Umsatz von 30,3 Milliarden Euro, muss eine kleine unbedeutende Zahnbürste Gewinn einspielen. „Wenn nicht, wird die Sparte aufgelöst", sagt ein Manager.

● Wenige Monate, bevor Philips das Werk kaufte, trat Mamadou Kolley aus Gambia (Nordwestafrika) seinen Job an. 1980 schaffte er es mit einem Stipendium in die USA, zunächst nach Laurenburg, North Carolina. Tagsüber ging er aufs amerikanische College, nachts schuftete er in Druckereien, schlief vorzugsweise im Bus und war entsetzlich einsam. Nach der Übernahme durch Philips wurde Mamadou Vorarbeiter, zuständig je nach Schicht für 45 bis 75 Arbeiterinnen, die an der Lasersäge stehen oder Platinen in die Griffe einsetzen. Es ist ein internationales Proletariat* und Mamadou ist ein globaler Vorarbeiter. Bei den Russinnen bedankt er sich mit „Bolschoi spassiba", die koreanischen Arbeiterinnen begrüßt er mit „An Yong Schimny Ka". Mamadou, warum wollen Sie zurück? „Es ist nicht gut, was Amerika mit den Menschen macht. Jeder ist einsam, alles dreht sich nur um den Dollar. Kapitalismus und Globalisierung sind nicht gut für Menschen." In den zweieinhalb Jahren, die er noch da ist, könnten er und seine Kollegen in Snoqualmie (Bundesstaat Washington) erleben, wie die Produktion sukzessive nach China ausgelagert wird. Eine Arbeiterin in Mamadous Team verdient, je nach Position am Fließband, zwischen 9 und 14 Dollar die Stunde. Ein chinesischer Arbeiter bringt etwa 1000 Renminbi monatlich heim, etwa 100 Euro, der Stundenlohn liegt also bei 60 Cent. Das ist ein Zwanzigstel.

● Während Mamadou Kolley seine Nachtschicht vorbereitet, geht für Bernard Lim Nam Onn ein langer Arbeitstag zu Ende. Er ist ein Geschöpf der Globalisierung wie Mamadou. In Malaysia geboren, Maschinenbaustudium im schottischen Glasgow. Seit drei Jahren ist er in China. Er arbeitet zehn bis zwölf Stunden am Tag. Warum sind Sie so fleißig, Bernard? „Für meine Karriere, aber auch für mein Land. Es ist sehr, sehr wichtig, dass sich China entwickelt." Anders als sein Kollege Mamadou zweifelt Bernard Lim Nam Onn keine Sekunde am Segen der Globalisierung – er hat täglich vor Augen, wie die Städte aufschießen, wie zufrieden die Menschen sind, weil sie einen Job haben, einen Sinn. Und das in China – in einem Land, in dem die Erinnerung an die letzte Hungersnot noch hellwach ist.

(Nach: Ralf Hoppe, Die Weltbürste, in: SPIEGEL Special, Nr. 7/2005: Globalisierung – Die Neue Welt, S. 136 ff.)

1 An der Herstellung der elektrischen Zahnbürste Sonicare sind weltweit 4 500 Mitarbeiter in den im Schaubild (S. 155) aufgeführten Ländern (in drei Kontinenten mit fünf verschiedenen Zeitzonen) beteiligt. Beschreiben und vergleichen Sie die jeweilige Arbeits- und Lebenssituation der vier im Text genannten Mitarbeiter. Was bedeutet für sie „Globalisierung" im Hinblick auf Ausbildung/Qualifikation, Lohn und Sicherheit? Welche unterschiedlichen Sichtweisen und Einschätzungen zeigen sich? Worauf beruhen sie?

2 Stellen Sie im Text angesprochene Gründe heraus, aus denen der niederländische Elektrokonzern Philips (Sitz: Eindhoven) eine Zahnbürste „global" produzieren lässt, und zeigen Sie auf, welche Voraussetzungen (vor allem technischer Art) ihm diese internationale Arbeitsteilung zwischen 10 weit voneinander entfernten Ländern gewinnbringend ermöglichen.

Ursachen und Antriebskräfte des ökonomischen Globalisierungsprozesses

Worauf ist der aktuelle Globalisierungsprozess zurückzuführen? In der Literatur werden verschiedene ***Ursachen*** *diskutiert, von denen im Folgenden die drei aus unserer Sicht wichtigsten vorgestellt werden. Sicherlich handelt es sich bei diesen Faktoren nicht um die einzigen denkbaren Erklärungsgrößen der Globalisierung, jedoch scheinen sie im Rahmen einer ökonomischen Analyse die signifikantesten zu sein. Man könnte sagen, dass der ökonomische Globalisierungsprozess*

- *durch* ***wirtschaftspolitische Entscheidungen*** *vorangetrieben wurde, die die* ***„Liberalisierung"*** *(Befreiung von Beschränkungen) des Welthandels betreffen;*
- *durch* ***technologische Neuerungen*** *und Entwicklungen ermöglicht und beschleunigt wurde;*
- *durch* ***weltpolitische Veränderungen*** *erweitert und gefördert wurde.*

Diese drei Komplexe wollen wir im Folgenden etwas näher beschreiben (zur Erarbeitung der Materialien M 32–M 34 s. die Hinweise S. 161).

M 32 Die Liberalisierung des Welthandels und der Finanzmärkte

Globalisierung im Sinne internationaler Handelsbeziehungen ist ein weit zurückreichender Prozess, der sich bereits in den Jahren 1850 bis 1914 beobachten ließ, als sich der internationale Güterhandel (zwischen den Ländern Nordamerikas, Westeuropas und ihren Kolonien) jährlich um 25% ausweitete. Neu an der Globalisierung im heute gebräuchlichen Sinn ist zum einen die enorme *Beschleunigung und Intensivierung* dieses Prozesses seit den 1990er-Jahren und zum anderen seine (tendenzielle) *Ausdehnung* auf den „Globus", die gesamte Welt.
Eine wichtige Ursache der beschleunigten Globalisierung beruht auf frei getroffenen **politischen Entscheidungen**. Zahlreiche Länder entschlossen sich seit 1948 im Rahmen der Welthandelsorganisation (WTO*) in einer ganzen Reihe von Konferenzen („Welthandelsrunden") dazu, die „Handelsschranken" (Handelsbarrieren, Handelshemmnisse) zwischen den einzelnen Ländern nach und nach abzubauen und damit den Austausch von Waren entscheidend zu erleichtern („Liberalisierung*" des Welthandels). Mit den „Handelsschranken" sind vor allem die Zölle* gemeint, die die einzelnen Länder bei der Einfuhr und Ausfuhr von Waren erheben. Sie machten 1947 durchschnittlich ein Drittel des gesamten Güterwertes im Welthandel aus und lagen 2004 bei durchschnittlich 3%. Dadurch ist es zu einer enormen Ausdehnung des weltweiten Güteraustausches gekommen.
(Autorentext)

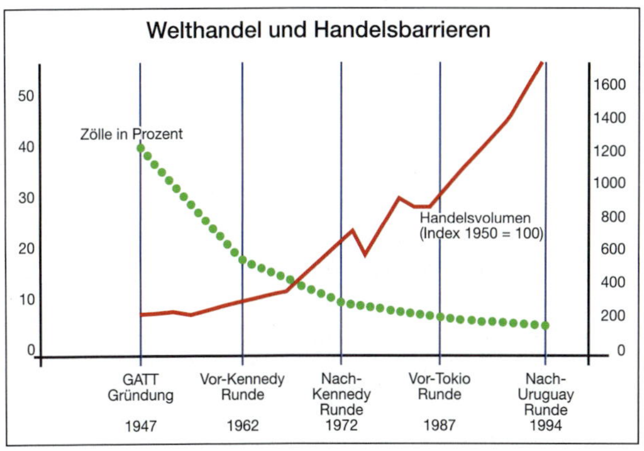

(Quelle: DIE ZEIT v. 14.5.1998, S. 32)

Weitere wichtige Globalisierungsimpulse stellen die zunehmende Abschaffung von Devisenbewirtschaftungsmaßnahmen und die **Liberalisierung der Finanzmärkte*** in vielen Ländern dar. Der weltweite Trend zum *staatlich* *unreglementierten Zahlungsverkehr* sowie die schrittweise Liberalisierung und Sicherung der *Konvertibilität* [der freien Austauschbarkeit in unbegrenzter Höhe; s. M 21] der Währungen seit dem Zweiten Weltkrieg* haben die internationale Tauschwirtschaft um eine internationale Zahlungsgemeinschaft ergänzt. Der *Abbau von Kapitalverkehrskontrollen* [staatliche Maßnahmen, die einen unerwünschten Geldabfluss ins Ausland oder Geldzufluss aus dem Ausland einschränken oder verhindern sollen], die Abschaffung staatlich festgelegter Zinshöchstgrenzen sowie die Freigabe des Bankensektors für die inländische und ausländische Privatwirtschaft in vielen Ländern haben wesentlich dazu beigetragen, dass ein zunehmend *ungehinderter weltweiter Marktzugang zu den Finanzmärkten* und somit ein freier Kapitalverkehr über Ländergrenzen hinweg realisiert wird.

(Hans-Rimbert Hemmer/K. Bubl/R. Krüger/H. Marienburg, Die Entwicklungsländer im Globalisierungsprozess – Opfer oder Nutznießer?, Literaturstudie im Auftrag der Konrad-Adenauer-Stiftung, St. Augustin, 2. Aufl. 2003, S. 4)

M 33 Technische Entwicklungen als Antriebskräfte und Beschleuniger des Globalisierungsprozesses

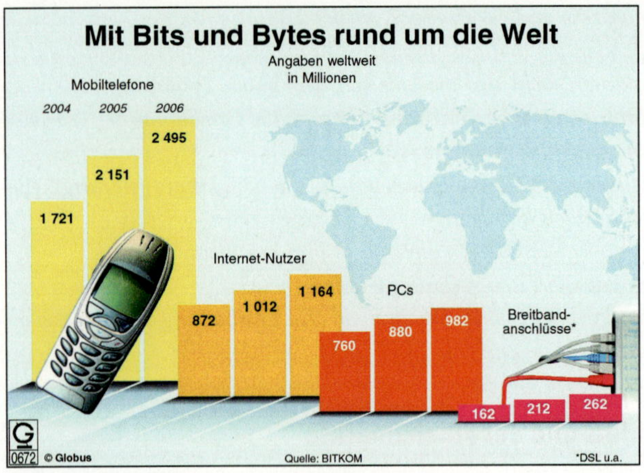

Zahlen 2008/2009:
Telefonanschlüsse: 1,3 Mrd. (2008; seit Jahren abnehmend)
Mobilfunkabonnenten: 4,6 Mrd. (2009; Marktsättigung in den meisten Industrieländern)
Internetnutzer: 1,7 Mrd. (2009; etwa je 30 % in Europa, Nordamerika und Ost-/Südostasien)

Ein typisches Merkmal aller Globalisierungsepochen ist, dass sie von technologischen Innovationen* vorangetrieben wurden. Jede dieser Erfindungen setzte für ihre Zeit neue Maßstäbe. Für die Globalisierung von besonderer Bedeutung waren jene Technologien, die zu einer Senkung der Kosten für die Überwindung von zeitlichen und räumlichen Distanzen führten. Gehörten hierzu in früheren Epochen z. B. der Verbrennungsmotor, das Dampfschiff, das Telefon und der Telegraf, so ist die „neue" Globalisierungswelle durch Informations- und Kommunikations-(IuK-)Technologien in einzigartiger Weise geprägt (Telekommunikation, Computer, Internet).
Obwohl auch hier z. T. jahrzehntelange Vorarbeiten für die Entwicklung erforderlich waren, hat sich der Zeitraum zwischen der Einführung dieser IuK-Technologien und ihrer Anwendung durch 50 Millionen Nutzer extrem verkürzt: Betrug er beim Radio noch 38 Jahre, beim Personal Computer 16 und beim Fernsehen 13 Jahre, so lag dieser Zeitraum beim Internet nur noch bei 4 Jahren. Der kommerzielle Durchbruch der neuen IuK-Technologien auf breiter Front erfolgte erst Anfang der 1980er- bzw. 1990er-Jahre.

Einige Beispiele:

- Die Kosten eines dreiminütigen *Telefongesprächs* von New York nach London sind von 1980 (US-$ 6,32) bis zum Jahr 2000 (US-$ 0,40) um 94 % gesunken (von 1960 bis 1980 um 90 %).

Kein Markt wächst so schnell wie der für Internet-Soft- und -Hardware, die sowohl von individuellen Verbrauchern nachgefragt werden als auch auf industrieller Ebene mit Serverzentren und der dazugehörigen Software eine große Rolle spielen. Mit interkontinentaler Online-Datenverarbeitung und Auftragsabwicklung über das Internet sind ganz neue Wirtschaftszweige entstanden. Doch die **digitale Kluft** ist tief.
In Afrika haben lediglich 5,3 Prozent der Bevölkerung Zugang zum Internet. Hier wirkten insbesondere die Monopole für Telefon- und Netzanbieter verheerend. All das verschärft die ohnehin bestehenden Probleme des Kontinents – schließlich ist ohne funktionierende Internet-Kommunikation kaum noch ein Zugang zu den internationalen Märkten möglich.
Auch zwischen den asiatischen Ländern bestehen große Gefälle: In Japan und Südkorea nutzen 70 Prozent der Bevölkerung das Internet. Seit Juni 2008 ist China mit 19 Prozent das Land mit den meisten Nutzern. In Indien mit seiner starken IT-Industrie steigt die Zahl der User ähnlich stark. Die Internet-Durchdringung liegt trotzdem bei nur 5,2 Prozent, und damit knapp unter dem afrikanischen Wert. Der Vergleich mit Russland (23 Prozent), Brasilien (24 Prozent), Südafrika (10 Prozent) oder Nigeria (20 Prozent) zeigt die Unterschiede zwischen den Schwellenländern*.

(Le Monde diplomatique, Atlas der Globalisierung, Berlin 2009, S. 35; Verf.: Hervé le Crosnier)

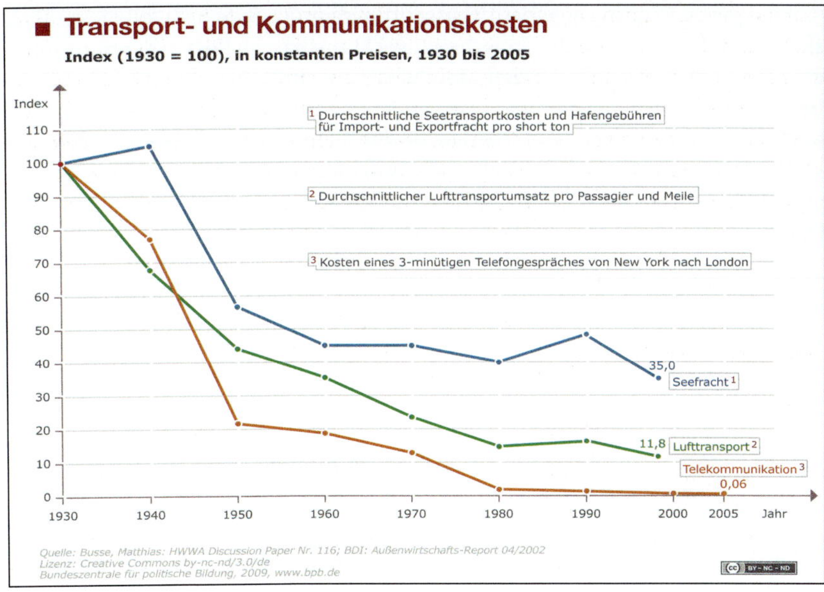

Die grafische Darstellung beruht auf Indexzahlen*. In absoluten Zahlen kostete das *Telefongespräch* 1930 245 Dollar und 2005 0,30 Dollar. Der *Seefrachtpreis* lag 1930 bei 60 Dollar, 2000 bei 21 Dollar, der Preis für den *Lufttransport* verringerte sich von 0,68 Dollar (1930) auf 0,08 Dollar (2000).

(http://www.bpb.de/wissen/5TRK99,0,0, Transport_und_Kommunikationskosten.html; Zugriff vom 27.11.2007; Verf.: Christian Hartmann)

- Der *Preis für Computer* einschl. Peripherie verbilligte sich von 1980 bis 2000 um rd. 94 % (in ähnlicher Größenordnung auch in den zwei Jahrzehnten zuvor).
- Die Anzahl der weltweiten *Internetanschlüsse* stieg von 1990 bis 1996 von 0,5 auf 9,5 Mio. und danach bis zum Jahr 2000 auf der Basis „Internetanschlüsse je 1000 Personen“ nochmals um das 9-Fache, dies allerdings mit riesigen Unterschieden in der weltweiten Internet-„Versorgung“ („digitale Spaltung*“; s. Kasten S. 158 u.).
- Die *Schiffs- und Flugtransportkosten* sowie die Satellitennutzungsgebühren verzeichneten dagegen – nach z. T. dramatischen Rückgängen von 1950 bis 1980 – im Betrachtungszeitraum nur noch geringfügige Änderungen.

So kann der Fortschritt der neuen IuK-Technologien und ihre weltweite Verbreitung und Vernetzung als prägendes Merkmal der jüngsten Globalisierungsepoche festgehalten werden. Der damit verbundene Rückgang der IuK-Kosten hat auch den internationalen Handel mit Dienstleistungen enorm beschleunigt, speziell den Austausch von Wissen, Know-how und Informationen. [...]

Diese neuen Technologien sind zu den zentralen Nervensträngen für praktisch jegliche Art von Globalisierungsaktivitäten geworden. Sie haben zu einer „Hochgeschwindigkeits-Ökonomie“ geführt und die Welt in einem bislang nicht gekannten Maße mit Wertschöpfungsketten* und internationaler Arbeitsteilung überzogen. Die weltweite Mobilität und Flexibilität der Unternehmen hat sich dadurch drastisch erhöht und eine rasche sowie kostengünstige Steuerung der internationalen Transaktionen* ermöglicht.

(Dieter Duwendag, Globalisierung im Kreuzfeuer der Kritik, Nomos Verlagsgesellschaft, Baden-Baden 2006, S. 20 f.)

Die technische Plattform liefert das **Internet**. Dank zunehmender Leistungsfähigkeit von Übertragungsnetzen und Computern rasen selbst große Datenmengen in Sekunden rund um den Globus. So können ganze Arbeitsprozesse digitalisiert, zerlegt und über den Globus verteilt werden. Computergestützte Konstruktionsarbeiten etwa, in San Francisco begonnen, werden einige Stunden später in Bangalore fortgesetzt, um wieder um einige Stunden später in London beendet zu werden. In diesen globalen Wertschöpfungsketten kooperieren die Menschen über Kontinente hinweg – und stehen zugleich in Konkurrenz zueinander.

Outsourcing, das Ausgliedern von Arbeitsprozessen und Unternehmenseinheiten an kostengünstigere Standorte, gibt es zwar schon länger. Doch erst der Siegeszug der modernen Informations- und Kommunikationstechnik hat daraus ein massenhaftes Phänomen gemacht. „Das Internet hat Dienstleistungen, die früher nicht handelbar waren, dem internationalen Wettbewerb ausgesetzt“, erklärt Rolf Langhammer, Handelsexperte des Instituts für Weltwirtschaft (IfW) in Kiel.

(Wirtschaftswoche Nr. 48 v. 29.11.2006, S. 287)

Die modernen **Transporttechnologien** haben nach einem ersten großen Entwicklungssprung im 19. Jahrhundert (Eisenbahn, Dampfschiff) in den Jahrzehnten nach dem Zweiten Weltkrieg eine neue Qualitätsstufe erreicht. Von besonderer Bedeutung waren dabei die Einführung regelmäßiger interkontinentaler Flugverbindungen sowohl für den Personen- als auch für den Güterverkehr, die Entwicklung von riesigen Massenguttransportschiffen (Stichwort „Supertanker“) und die Durchsetzung der **Containertech-**

nologie, die das Umladen von Gütern von einem Transportmedium (z. B. Schiff) auf ein anderes (z. B. Bahn) deutlich vereinfachte. Diese dynamische Entwicklung hat die Kosten der Raumüberwindung substanziell gesenkt und dadurch den Mobilitätsgrad von Rohstoffen und Zwischenprodukten spürbar erhöht. [...]

(Hans-Rimbert Hemmer/K. Bubl/R. Krüger/H. Marienburg, Die Entwicklungsländer im Globalisierungsprozess – Opfer oder Nutznießer?, Literaturstudie im Auftrag der Konrad-Adenauer-Stiftung, St. Augustin, 2. Aufl. 2003, S. 4)

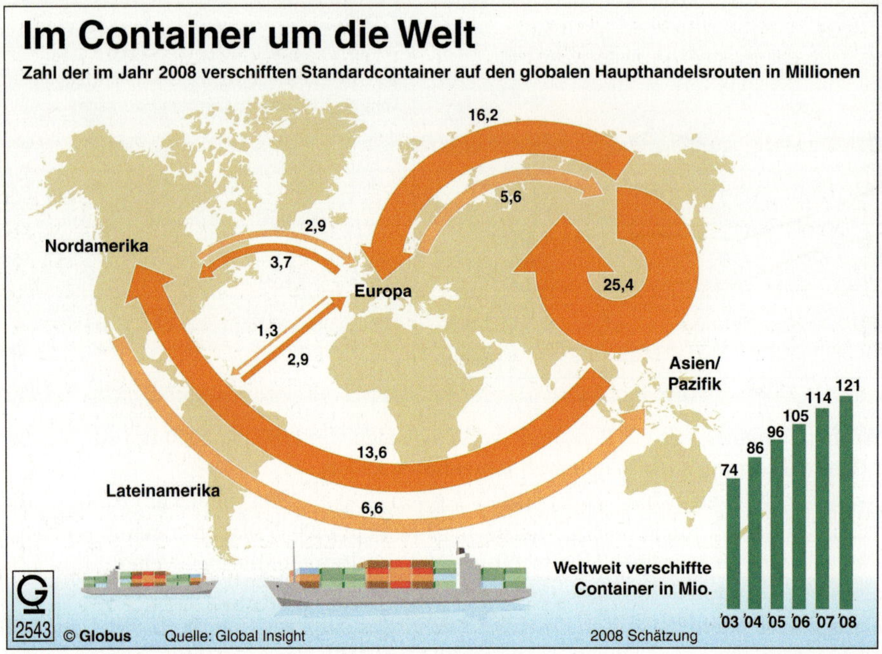

Die zunehmende Globalisierung hat vor allem dem Containerhandel zum Siegeszug verholfen. Sofern die Standard-Abmessungen nicht überschritten werden, geht heute fast alles in den stählernen Kisten auf die Reise übers Meer. Rund 120 Millionen Container wurden im Jahr 2008 weltweit verschifft. Davon entfällt allein ein Viertel auf den Containerverkehr aus dem asiatisch-pazifischen Raum zu europäischen und nordamerikanischen Häfen. Rund 20 Prozent aller Container werden innerhalb der asiatisch-pazifischen Region verschifft. Aber genauso sensibel reagiert die Containerschifffahrt auf die konjunkturelle Abkühlung. (Globus 2543)

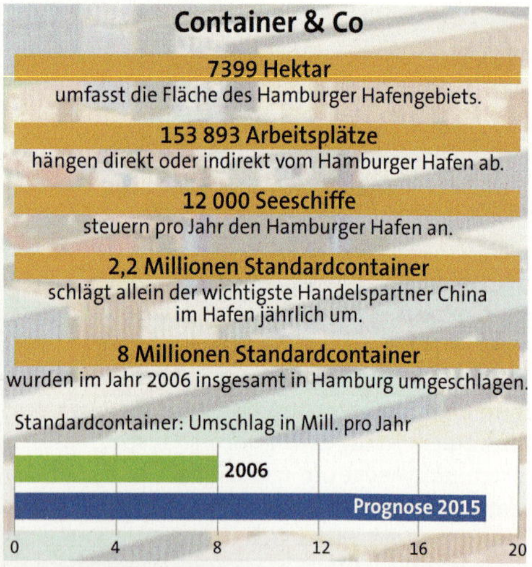

M 34 Politische Entwicklungen befördern den Globalisierungsprozess – das Ende des Ost-West-Konflikts, der Übergang ehemaliger Planwirtschaften zur Marktwirtschaft und die Marktöffnung der Entwicklungsländer

- Die Globalisierung im Sinne der Entstehung eines echten „Weltmarktes*" hat nicht nur technische Ursachen, sie hat sich in den Jahren nach 1990 entscheidend auch dadurch verstärkt, dass der bis dahin über fast 45 Jahre hin bestehende West-Ost-Gegensatz (der sog. „Kalte Krieg*"), der zwei große Teile der Welt voneinander abschottete, sich auflöste.
- Damit konnte sich das *System der Marktwirtschaft* auch in den Ländern entfalten, deren Wirtschaft zuvor durch staatliche Planung gelenkt wurde. In Europa führte das Ende des Ost-West-Konflikts* dazu, dass die Europäische Union sich von 12 auf inzwischen 27 Mitgliedstaaten erweiterte; 13 der neuen Mitglieder sind ehemals zum „Ostblock*" gehörige osteuropäische Länder.

(Autorentext)

Schuldenkrise. Extreme Auslandsverschuldung vieler Entwicklungsländer in den 1980er- und 1990er-Jahren, bedingt durch den Preisverfall wichtiger Rohstoffe, Zinsanstieg und unwirtschaftliche Verwendung von Kreditmitteln. Die Krise führte zu verschiedenen „Schuldeninitiativen" der Industrieländer, die u.a. den Schuldenerlass für die am stärksten verschuldeten Entwicklungsländer vorsahen.

(Autorentext)

- In etwa zeitgleich mit der Transformation [Umwandlung, Übergang zu Demokratie und Marktwirtschaft] der Ostblockstaaten* öffneten sich auch für die **Entwicklungsländer** neue Globalisierungsperspektiven. Aufgrund der tief greifenden Folgen der Schuldenkrise (s. Kasten) der Dritten Welt hatten sich die 1980er-Jahre als „verlorene Dekade" [Jahrzehnt] für viele Entwicklungsländer erwiesen. Damit einher ging für zahlreiche Entwicklungsländer eine Politik der Marktabschottung, die sie von den Weltmärkten zunehmend isolierte. Mit der weitgehenden Überwindung der Folgen dieser Krisen kehrten die Entwicklungsländer insbesondere in Lateinamerika ab Anfang der 1990er-Jahre mit einer „neuen" Strategie wieder verstärkt in den weltwirtschaftlichen Verbund zurück: Sie *öffneten ihre Märkte*, besannen sich auf ihre spezifischen Kostenvorteile und forcierten die Produktion arbeitsintensiver, exportfähiger Erzeugnisse. Bis zum Jahr 2000 hatten die Entwicklungsländer ihre vor dem Ausbruch der Schuldenkrise erreichten Anteile an der weltweiten Handels-, Investitions- und Finanzmarktglobalisierung deutlich überrundet und waren – neben den Reformstaaten [des früheren „Ostblocks*"] – zu einem weiteren Schrittmacher der „neuen" Globalisierungswelle geworden.

(Dieter Duwendag, Globalisierung im Kreuzfeuer der Kritik, Nomos Verlagsgesellschaft, Baden-Baden 2006, S. 19 f.)

Die klare Gliederung der Materialien M 32 – M 34 (vgl. auch Einleitungstext zu M 32) kann Ihnen die Erarbeitung erleichtern (ggf. in **Partner- oder Gruppenarbeit**). Stellen Sie dabei insbesondere folgende Gesichtspunkte heraus:

1. Inwiefern lässt sich im Hinblick auf die Ursachen der Globalisierung zwischen bewussten wirtschaftspolitischen Entscheidungen, technologischen Entwicklungen und weltpolitischen Veränderungen unterscheiden? (Einleitung zu M 32)
2. Was bedeutet der Begriff der „Liberalisierung" (manchmal wird auch von „Deregulierung*" gesprochen)?
3. Stellen Sie in einer kurzen *Übersicht* stichwortartig die wichtigsten technischen Entwicklungen zusammen, die den Globalisierungsprozess entscheidend beschleunigt haben (M 33). Welche Bedeutung hatte die Entwicklung der Internet-Kommunikation?
4. Machen Sie sich ein Bild von der Bedeutung der Containertechnologie für den internationalen Güteraustausch (M 33).
5. Erläutern Sie möglichst mit eigenen Worten die drei weltpolitischen Entwicklungen, die in den beiden letzten Jahrzehnten maßgeblich zur Globalisierung beigetragen haben (M 34).

Merkmale des Globalisierungsprozesses – Ausweitung des Welthandels, der ausländischen Direktinvestitionen und der internationalen Finanzmärkte

METHODE M 35 Gruppenarbeit zur Indikatoren-Analyse

• Die ökonomische Globalisierung ist ein fortlaufender *Prozess*, kein einmal erreichter Zustand. Um das Ausmaß und das Tempo dieses Prozesses **empirisch** (an in der Wirklichkeit nachweisbaren und überprüfbaren Daten) nachzuweisen und genauer zu beschreiben, braucht man **Indikatoren**, d. h. zahlenmäßig erfassbare und messbare „Kennziffern", Merkmale, an denen sich das Ausmaß und die zeitliche Entwicklung der Globalisierung ablesen lässt. Als wichtigste Indikatoren werden im Allgemeinen hervorgehoben

- das Wachstum des **Welthandels** (vgl. dazu schon M 32),
- das Wachstum der internationalen **Direktinvestitionen** und der **Unternehmenskooperationen** sowie
- das Wachstum des internationalen **Kapitalverkehrs** (die Globalisierung der „Finanzmärkte").

Diese Indikatoren werden im Folgenden anhand von Texten und statistischen Daten näher beschrieben (M 36 – M 38).

• Wir schlagen Ihnen vor, die Erarbeitung dieser Materialien in einer etwas umfangreicheren **Gruppenarbeit** vorzunehmen, die *arbeitsteilig* organisiert werden könnte: Für jede der drei Indikatoren-Beschreibungen (Welthandel: M 36; Direktinvestitionen und multinationale Konzerne: M 37 a/b; Finanzmärkte: M 38 a/b) bildet sich jeweils eine Gruppe (je nach Größe des Kurses auch zwei Gruppen), deren Aufgabe darin besteht, die entsprechenden Materialien zu analysieren und als Ergebnis dieser Analyse z. B. eine ***Übersicht*** zu erstellen, in der jeweils die wichtigsten Punkte (Sach- und Problemaspekte einschließlich der Ergebnisse der Statistik-Analysen) stichwortartig festgehalten werden.

• Zu empfehlen ist, diese Übersicht auf *Folien* zu übertragen. Sie können als Grundlagen für die *Gruppenberichte* dienen, mit denen nach Abschluss der eigentlichen Gruppenarbeit die Arbeitsergebnisse dem Kurs präsentiert werden sollten. Für die Berichte kommt es darauf an, dass die Stichworte der Übersicht *verständlich erläutert* werden. Daran können sich je ggf. auch zwei oder mehr Mitglieder der jeweiligen Arbeitsgruppe beteiligen.

• Nähere allgemeine Hinweise zur *Analyse von Statistiken* können Sie ggf. dem Anhang (S. 208 ff.) entnehmen. Je nachdem, wie weit Sie mit dieser Methode vertraut sind und Erfahrungen gesammelt haben, sollten Sie diese Hinweise noch einmal durchlesen.

Für die Gruppenarbeitsphase müssen etwa drei Unterrichtsstunden angesetzt werden. Auf besondere Arbeitshinweise zu den einzelnen Materialien haben wir bewusst verzichtet.

(Autorentext)

M 36 Die Ausweitung des Welthandels

Die Entwicklung des Welthandels zeigt sehr deutlich die fortschreitende Globalisierung der Wirtschaft. Während in den 1980er- und 1990er-Jahren das Exportvolumen ungefähr in gleichem Maße oder nur leicht stärker anstieg als das Weltwirtschaftsergebnis, liegt die Zunahme des Welthandels in den letzten Jahren sehr deutlich über dem Wachstum der Weltwirtschaft.

(Der Fischer Weltalmanach 2009, © Fischer Taschenbuch Verlag in der S. Fischer Verlag GmbH, Frankfurt am Main 2008, S. 693, Verf.: Marco Pütz)

• Der Gesamtumfang des Welthandels mit Waren stieg in der Zeit von 1948 (59 Milliarden US-Dollar) bis 2006 (11783 Milliarden US-Dollar nominal, ausgedrückt in den Preisen des jeweiligen Jahres) auf das knapp 200-Fache. Insbesondere seit 2000 hat der Welthandel noch einmal stark zugenommen. Wuchs das Exportvolumen in den 1980er- und 1990er-Jahren ungefähr in dem gleichen Maß oder nur leicht stärker als die weltweite Warenproduktion insgesamt, hat es sie seither deutlich hinter sich gelassen. Auch wenn man zur realen Berechnung übergeht und die im Wachstum steckenden Preissteigerungen von den nominalen Werten abzieht, bleibt dieses Verhältnis bestehen. So nahm von 2000 bis 2006 der weltweite Warenhandel jahresdurchschnittlich um circa sechs Prozent zu, während das Weltwirtschaftsergebnis („Welt-Bruttosozialprodukt") insgesamt um nur circa drei Prozent anstieg (vgl. Abb. 1). Dieser Sachverhalt kann als Indiz für die fortschreitende Internationalisierung der Wirtschaft gedeutet werden. [...]

• Besonders spektakulär ist die Expansion des internationalen **Tourismus** seit den 1960er-Jahren (vgl. Abb. 2). Zwar führten die anhaltende Kriegs- und Terrorfurcht seit den Anschlägen vom 11. Sep-

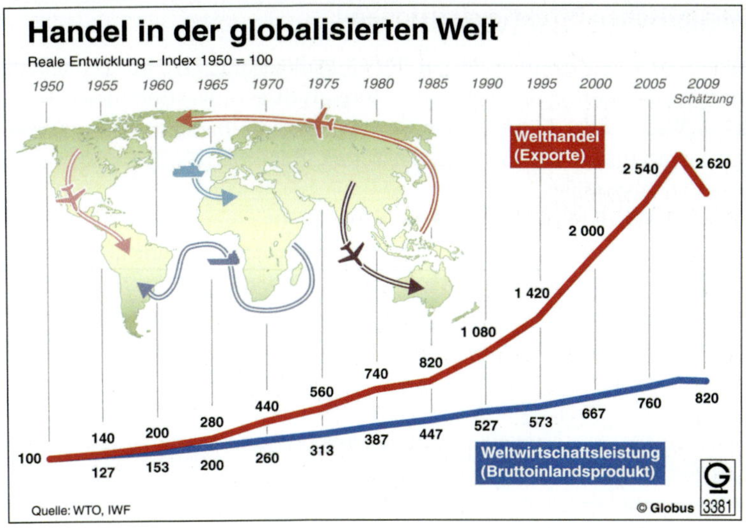

Abb. 1

Hinweis: Die Darstellung der Grafik beruht auf **Indexzahlen***: Die Werte der beiden Größen „Welthandel" (Exporte) und „Weltwirtschaftsleistung" (Welt-Bruttosozialprodukt) werden für das Jahr 1950 nicht in absoluten Zahlen angegeben, sondern beide = 100 gesetzt. Auf diese Weise lässt sich die *Entwicklung* beider Werte im *Zeitverlauf* und im *Vergleich* zueinander übersichtlich darstellen und leicht beschreiben (Beispiel: Die Zahl 200 zum Welthandel des Jahres 1960 bedeutet, dass sich der Weltexport gegenüber 1950 verdoppelt hatte.)

tember 2001 auf die USA und die schlechte Konjunkturlage vieler Industrieländer im Zeitraum von 2001 bis 2003 zu einer Stagnation des internationalen Reiseverkehrs. Doch bis 2005 erholte er sich wieder vollständig, und im Jahr 2006 wurden weltweit 693 Milliarden US-Dollar für Auslandsreisen ausgegeben. Eine besonders große Bedeutung haben Ausgaben für Tourismusdienstleistungen in Deutschland (s. Abb. 2). So zahlten die Deutschen im Jahr 2006 nach Angaben der International Trade Statistics der WTO* von 2007 75 Milliarden US-Dollar für Auslandsreisen. Ausländer ließen 33 Milliarden US-Dollar in der Bundesrepublik.

- Ein weiterer relativ junger Wachstumsmarkt sind internationale **Kommunikationsdienstleistungen**. Die moderne Telekommunikation hat die Welt zu einem globalen Markt vernetzt (vgl. Abb. 3). Multimedia und Internet haben einen Entwicklungssprung auf den internationalen Telekommunikationsmärkten bewirkt. International gehandelt werden Informationen (Nutzung von Datenbanken) und Dienstleistungen der Werbungs- und Unterhaltungsbranche (Vermarktung von Sport- und Popveranstaltungen, Film- und TV-Rechte) sowie Lizenzen für die Nutzung von Patenten. Für die USA ist mittlerweile die Film- und TV-Branche die zweitgrößte Einnahmequelle im Außenhandel geworden. Für die Nutzungsrechte an Spielfilmen oder Fernsehserien werden Hunderte Millionen US-Dollar in die USA überwiesen.

(Informationen zur politischen Bildung [= M 1], S. 7–9)

Abb. 2

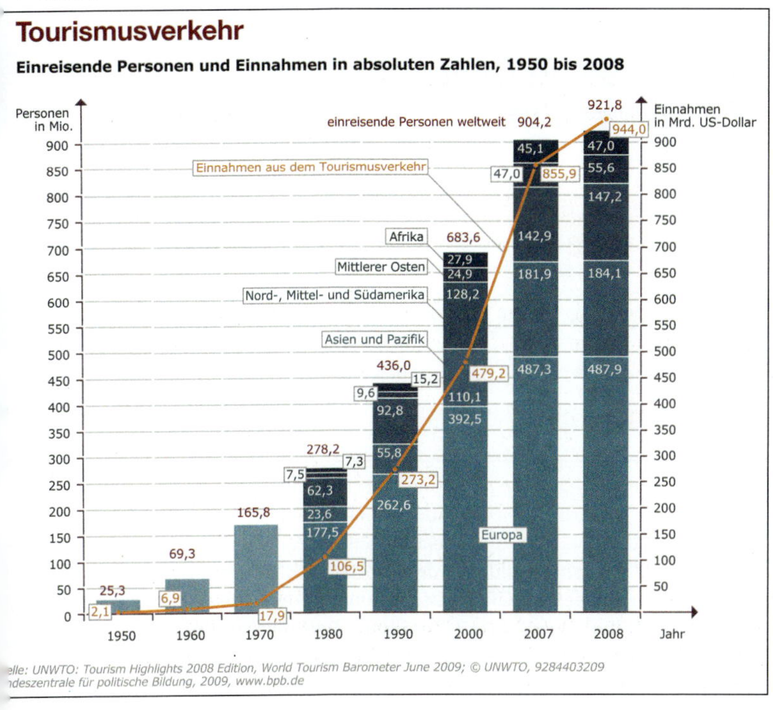

Abb. 3

M 37 a Das Wachstum der ausländischen Direktinvestitionen

Als eigentliches Kennzeichen und gleichzeitiger Motor der Globalisierung wird oft das rasante Anwachsen der ausländischen Direktinvestitionen (FDI = foreign direct investment) seit Mitte der 1980er-Jahre bezeichnet. Wesentliche Kennzeichen von FDI sind die Beteiligung am Eigenkapital der ausländischen Firma und die Absicht des Investors, dauerhaft Einfluss auf deren unternehmerisches Geschehen auszuüben.

Die **Direktinvestitionen der Wirtschaft** im Ausland machten auch 2009 einen beträchtlichen Anteil der internationalen Kapitalströme aus. Seit Beginn der 1980er-Jahre bis zur Jahrtausendwende sind Investitionen in ausländische Produktionsstätten – durch Gründung neuer Werke, Kauf bestehender Unternehmen oder Zusammenschluss von Unternehmen etwa sechsmal so schnell angestiegen wie das Welthandelsvolumen und haben zu intensiven globalen Finanzverflechtungen geführt. [...]

In den vergangenen Jahren entfielen rund 90 % der globalen FDI auf grenzüberschreitende Firmenkäufe und -zusammenschlüsse, sog. **Mergers & Acquisitions** (M&A). [...] Die Jahre 2003 – 07 markierten dabei Höchststände der weltweiten FDI. Allerdings gab es von 2007 auf 2008/09 infolge der Wirtschafts- und Finanzkrise und der globalen Rezession 2009 einen deutlichen Einbruch.

(Der Fischer Weltalmanach 2011, © Fischer Taschenbuch Verlag in der S. Fischer Verlag GmbH, Frankfurt am Main 2010, S. 639 f.)

Abb. 1: Direktinvestitionen in Mrd. Dollar 1980 – 2006

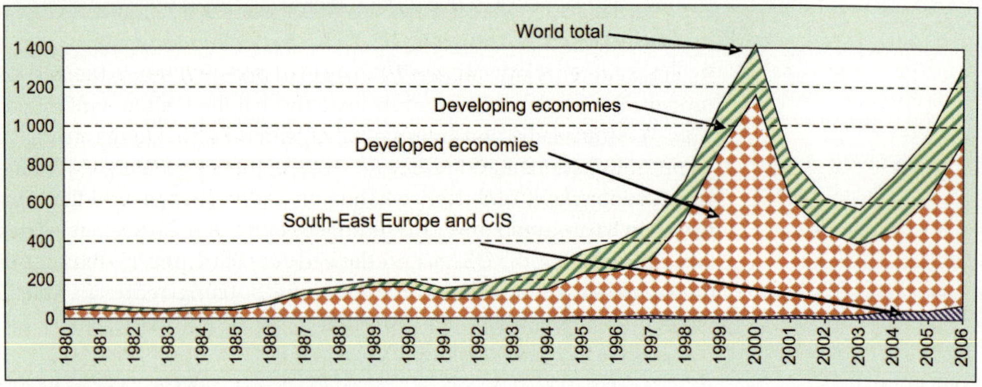

Developing economies – Entwicklungsländer; Developed economies – Industrieländer; South-East Europe and CIS – Südosteuropa und Gemeinschaft Unabhängiger Staaten (Länder der früheren Sowjetunion*)

(www.unctad.org/en/docs/wir2007p1_en.pdf, S. 3)

Abb. 2

Die Übernahme der europäischen Stahlfirma Arcelor durch den weltweit größten Stahlproduzenten Mittal Steel (ein ursprünglich indisches Unternehmen in Rotterdam) im Jahr 2006 war die größte je erfolgte Übernahme eines Unternehmens in einem Industrieland durch ein Unternehmen mit Wurzeln in einem Entwicklungsland. Das neue Unternehmen, der mit Abstand größte Stahlproduzent der Welt und eines der größten multinationalen Unternehmen, verfügt über 60 Werke in rd. 25 Ländern und beschäftigt 310 000 Mitarbeiter. Foto: der frühere Arcelor-Chef Josef Knisch (r.) und der Inder Lakshmi Mittal (l.) nach Vertragsabschluss

Abb. 3

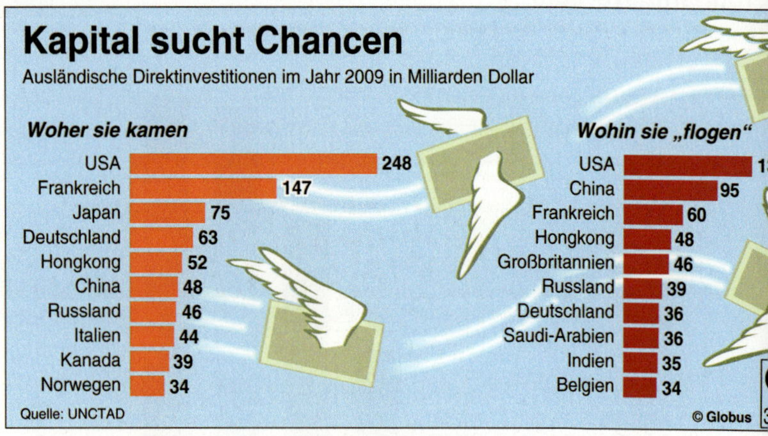

Die internationalen Direktinvestitionen sind im Jahr 2009 als Folge der weltweiten Wirtschaftskrise kräftig gesunken. Nach einem Rückgang um 16 Prozent im Jahr 2008 brachen die Direktinvestitionen im vergangenen Jahr noch einmal um 37 Prozent gegenüber dem Vorjahr ein. Insgesamt erreichten sie nach Erhebungen der UNCTAD, der Konferenz der Vereinten Nationen für Handel und Entwicklung, eine Höhe von 1114 Milliarden Euro (2007: 1979 Mrd.).

(Globus 3729)

M 37 b Die Expansion der multinationalen Unternehmen

Multinationales Unternehmen (transnationales Unternehmen): international tätiges Unternehmen, das durch Tochtergesellschaften oder Betriebsstätten sowie Niederlassungen in mehreren Staaten präsent ist. Sein Absatzmarkt ist auf mehrere Länder verteilt; es steuert seine Aktivitäten von einer Zentrale im Heimatland aus.

(Autorentext)

Ohne die in M 32 – M 34 beschriebenen Globalisierungskräfte wäre auch das immense Wachstum der trans- bzw. multinationalen Unternehmen („Multis“, „Global Players“) nicht möglich gewesen, wurden dadurch doch erst die Voraussetzungen für ihre verstärkten Globalisierungsaktivitäten geschaffen. Andererseits sind die Multis die hauptsächlichen Akteure im Globalisierungsprozess, wodurch sie wiederum ihrerseits die weltwirtschaftliche Integration vorangetrieben haben. Nach Erhebungen der UNCTAD* (UN-Konferenz für Handel und Entwicklung)

- hat sich die Anzahl der Multis von Anfang der 1990er-Jahre mit 37 500 Mutter- und 207 000 ausländischen Tochtergesellschaften bis Anfang der 2000er-Jahre auf 61 600 bzw. 927 000 erhöht (+ 64 % bzw. + 348 %),
- wickeln die Multis heute etwa ein Drittel des gesamten Welthandels untereinander ab und
- leisteten allein die ausländischen Töchter im Jahr 2001 einen Beitrag zur Entstehung des Weltsozialprodukts in Höhe von etwa 11 % (1990: 7 %).

Die Aktivitäten der Multis erstrecken sich auf praktisch alle Bereiche der internationalen Produktion, des Außenhandels und der Weltfinanzen. Für die Außenhandels-Multis steht im Vordergrund die weltweite Erschließung neuer kostengünstiger Beschaffungsmärkte (Import) und wachstumsstarker Absatzmärkte (Export). Im Fokus der **Industrie-Multis** steht die Errichtung kostengünstiger Produktionsstandorte durch Direktinvestitionen, Betriebs- und Arbeitsplatzverlagerungen ins Ausland. Dabei gehen die Markterschließung und die Verlagerung von Produktions-, Service- und Vertriebsstätten zunehmend Hand in Hand, d. h., sie sind weitgehend komplementär und ergänzen sich.

(Dieter Duwendag, Globalisierung im Kreuzfeuer der Kritik, Nomos Verlagsgesellschaft, Baden-Baden 2006, S. 21 f.)

Die Geschäfte der multinationalen Unternehmen sind heute aus dem Welthandel nicht mehr wegzudenken: Unter anderem Nahrungsmittelkonzerne wie Unilever, Nestlé oder Coca Cola sind mit ihren im In- oder Ausland erzeugten Markenprodukten Teil unseres Alltags. Multinationale Banken wickeln den größten Teil des internationalen Kapitalverkehrs ab. Entscheidungen in den Führungsspitzen großer multinationaler Unternehmen, zum Beispiel über Produktionsstätten, Innovationen* und Marktstrategien, spielen eine wichtige Rolle für die wirtschaftliche, soziale und politische Entwicklung von betroffenen Staaten.

Bis zum Ende der 1960er-Jahre kamen fast alle multinationalen Unternehmen aus den USA. Seit Mitte der 1970er-Jahre geht ihr Wachstum jedoch nicht mehr nur von den Vereinigten Staaten aus (s. Abb. 1), und es sind auch nicht mehr nur Großunternehmen, die international tätig werden. Besonders europäische und japanische Unternehmen entwickelten sich zu multinationalen Unternehmen und dehnten ihre Aktivitäten auch auf den US-amerikanischen Markt aus.

(Informationen zur politischen Bildung [= M 1], S. 16 f.)

Abb. 1

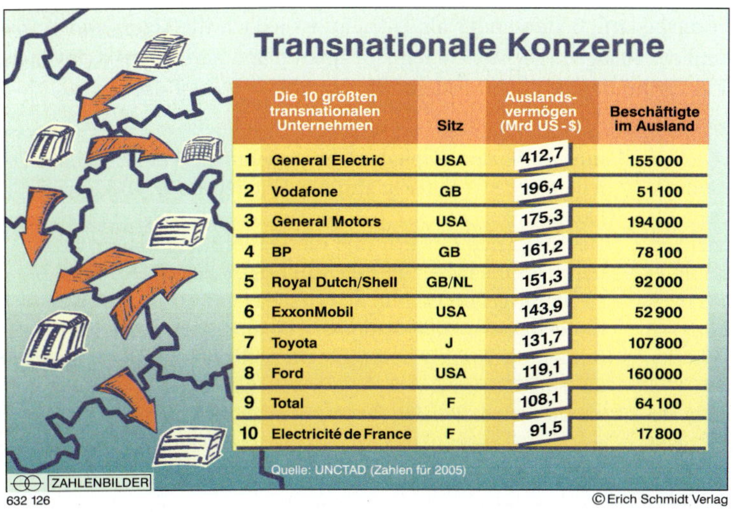

Transnationale Konzerne

	Die 10 größten transnationalen Unternehmen	Sitz	Auslands-vermögen (Mrd US-$)	Beschäftigte im Ausland
1	General Electric	USA	412,7	155 000
2	Vodafone	GB	196,4	51 100
3	General Motors	USA	175,3	194 000
4	BP	GB	161,2	78 100
5	Royal Dutch/Shell	GB/NL	151,3	92 000
6	ExxonMobil	USA	143,9	52 900
7	Toyota	J	131,7	107 800
8	Ford	USA	119,1	160 000
9	Total	F	108,1	64 100
10	Electricité de France	F	91,5	17 800

Quelle: UNCTAD (Zahlen für 2005)

ZAHLENBILDER 632 126 © Erich Schmidt Verlag

Die Grafik ordnet die Unternehmen (2005) nach der Höhe des Auslandsvermögens. Gemessen am *Umsatz* und der *Zahl der Mitarbeiter* war 2009 die amerikanische Einzelhandelskette Wal-Mart das größte Unternehmen (Umsatz: 408 Mrd €; Mitarbeiter: 2,1 Mio.). Die größten deutschen Unternehmen unter den größten Dreißig waren *Volkswagen* (Platz 16, Umsatz: 151 Mrd., Beschäftigte: 368 Tsd.; s. Abb. 2), *E.ON* (Platz 20, Umsatz: 117 Mrd., Beschäftigte: 88 Tsd.), *Daimler* (Platz 23, Umsatz: 113 Mrd., Beschäftigte: 256 Tsd.), *Siemens* (Platz 25, Umsatz: 112 Mrd., Beschäftigte: 405 Tsd.)

Abb. 2

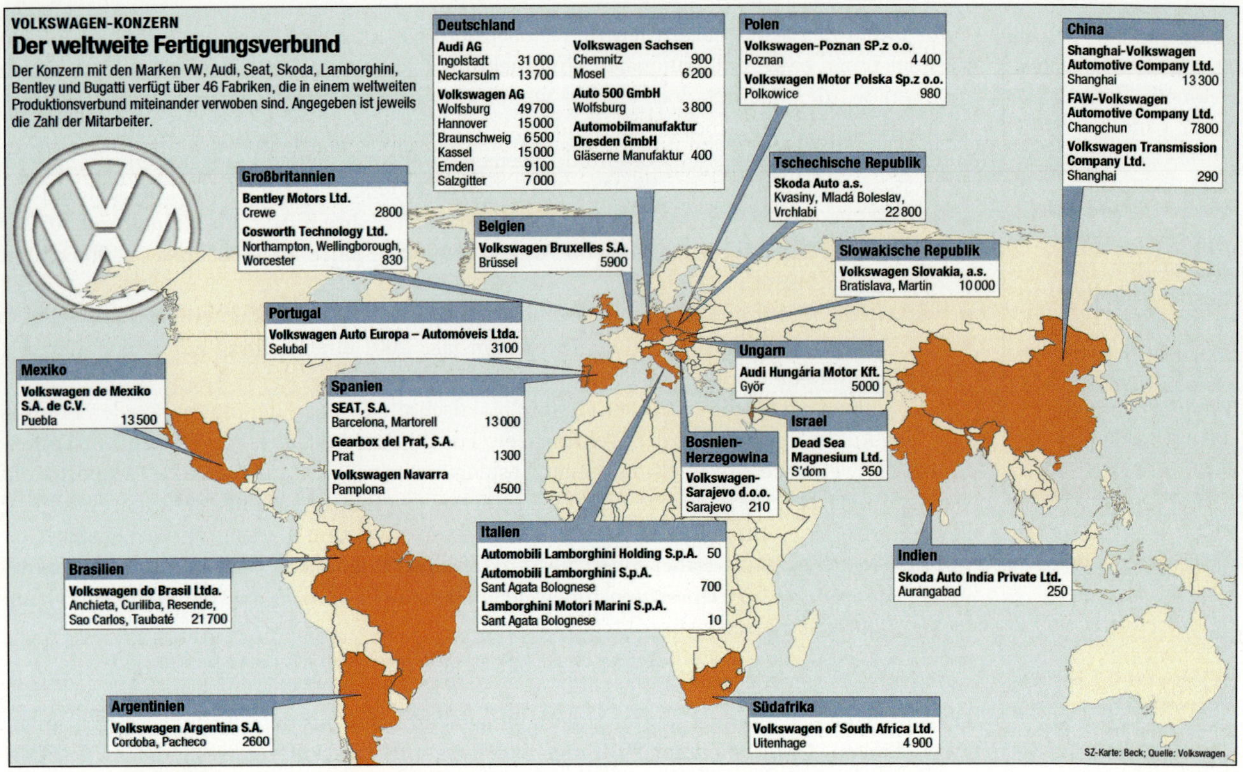

M 38 Die Globalisierung der Finanzmärkte

M 38 a „Täglich 3 000 Mrd. Dollar"

Der dritte, seit den 1970er-Jahren am schnellsten wachsende Teilbereich der internationalen Wirtschaftsbeziehungen – noch vor dem Waren- und dem Dienstleistungshandel – ist der internationale Kapitalverkehr, auf den sich die Globalisierung der Wirtschaft in besonders starkem Maß auswirkte: Als Folge der Liberalisierung der Finanzmärkte (s. M 32) und der wachsenden Bedeutung multinationaler Unternehmen (s. M 37b) häufte sich die Zahl der Finanztransaktionen [Kauf und Verkauf von Finanzierungsmitteln] und die internationalen Kapitalströme schwollen an (s. Abb. 1).

- Für die Zunahme der internationalen Kapitalbewegungen lassen sich mehrere **Gründe** anführen. So entsteht beispielsweise durch den wachsenden Waren- und Dienstleistungshandel ein zunehmender Finanzierungsbedarf. Bedeutender als Ursache ist jedoch die Internationalisierung der Finanzmärkte und der *Anlagemöglichkeiten*. Banken agieren heute in einem weltweiten, durch Telekommunikation verbundenen Finanzsystem und legen ihre Gelder dort an, wo sie –

[Ohne den rapiden technischen Fortschritt] wäre die Globalisierung der Finanzmärkte in den letzten Jahrzehnten undenkbar gewesen. Die intensive Nutzung der elektronischen Datenverarbeitung macht es möglich, komplizierte Finanzgeschäfte einfach „per Knopfdruck" auszuführen. Dabei ist es unerheblich, ob das Computerterminal in Frankfurt, New York oder Tokio steht. Die so gestiegene Leistungsfähigkeit der Finanzsysteme hat neben dem Tempo auch das Volumen der Transaktionen massiv ansteigen lassen. [...]
Das internationale Finanzsystem ist heute hochgradig vernetzt. Die Globalisierung der Finanzströme und das Entstehen neuer Teilmärkte haben dazu beigetragen, dass sich die internationalen Kapitalströme zunehmend vom internationalen Warenaustausch, also den Güterströmen, abgekoppelt haben. [...]
Das steigende Gewicht und die Verflechtung nationaler Finanzsysteme haben im Falle von Krisen die gegenseitige Ansteckungsgefahr erhöht. Schwierigkeiten von einzelnen Instituten, Ländern oder nationalen Finanzmärkten können sich schnell übertragen und ausbreiten. Risiken und Schwierigkeiten können nicht mehr nur national, sondern müssen in einem internationalen Zusammenhang gesehen werden.

(Deutsche Bundesbank [Hg.], Geld und Geldpolitik, Frankfurt am Main 2009, S. 185 f.)

unter Berücksichtigung von Wechselkurs*- und politischen Risiken – die günstigsten Renditen, das heißt die den größten Erfolg versprechende Verzinsung des eingesetzten Kapitals finden. Geldinstitute decken ihren Geldbedarf dort, wo die Zinsen am niedrigsten sind.

- Täglich werden circa 3 000 Milliarden US-Dollar auf den internationalen Finanzmärkten gehandelt, wobei nur fünf Prozent davon auf die Finanzierung des Handels selbst entfallen. Doch nicht nur die Banken haben ihre internationalen Geschäfte ausgedehnt; auch die privaten Auslandsgeschäfte haben zugenommen. So sind die Aktien- und Wertpapierkäufe* von Privatpersonen und die von multinationalen Unternehmen im Ausland aufgenommenen Bankkredite seit den 1970er-Jahren um das 16-Fache gestiegen.
- Die Ausweitung des internationalen Kapitalverkehrs ist auch auf das Auftreten *neuer Akteure* auf dem internationalen Kapitalmarkt zurückzuführen. Neben Banken, Versicherungen und „klassischen" *Investmentfonds* geraten neuerdings die sogenannten *Hedgefonds* (s. Kasten) als bedeutende Investoren auf den internationalen Kapitalmärkten in den Blick der Öffentlichkeit.

(Informationen zur politischen Bildung [= M 1], S. 9 f.)

Fonds* sind gewissermaßen Kapitalsammelstellen, in die Menschen Geld einzahlen, um es gewinnbringend anzulegen (zu investieren).
„Investmentfonds" kaufen von dem eingezahlten Geld der Anleger Wertpapiere* verschiedener Art, z. B. Aktien verschiedener Unternehmen. Aus diesem „Korb" von Wertpapieren geben die Fonds an ihre Anleger „Zertifikate" (Bescheinigungen, Anteilsscheine) aus, die also einen Teil des Fondsvermögens („Korbes") repräsentieren. Auf diese Weise wird das Risiko, dass z. B. die Aktienkurse fallen, auf mehrere Aktien (oder andere Wertpapiere) verteilt. Durch Spezialisierung auf bestimmte Wirtschaftsbranchen oder Länder bieten Investmentfonds den Anlegern Wahlmöglichkeiten mit unterschiedlichen Gewinnchancen und Risiken.
Hedgefonds sind solche Investmentfonds, die eine äußerst flexible, radikal am Gewinn orientierte, aber damit auch äußerst *risikoreiche Anlagestrategie* verfolgen. Dazu gehören u. a. „Termingeschäfte", mit denen z. B. auf eine Entwicklung von Aktienkursen* spekuliert („gewettet") wird: Sie leihen sich (gegen eine Leihgebühr) z. B. Aktien, die sie sofort weiterverkaufen, aber erst zu einem späteren Zeitpunkt zurückkaufen und dann an ihre Leihgeber zurückgeben. Ist der Wert der Aktien gegenüber dem Preis, zu dem man die Aktien verkauft hat, in der Zwischenzeit (bis zum Rückkauf) gefallen, hat man ein gutes Geschäft, anderenfalls Verlust gemacht (Näheres dazu: http://de.wikipedia.org/wiki/Leerverkauf; zu Termingeschäften s. M 38 b). Hinzu kommt, dass Hedgefonds nicht nur das eigene Geld („Eigenkapital") in solche und andere Geschäfte investieren, sondern dazu in hohem Maße kurzfristig geliehene Finanzmittel (Kredite, „Fremdkapital") verwenden („Hebel"), wobei sie davon ausgehen, dass sie diese Kredite aus den zu erzielenden hohen Gewinnen zurückzahlen können. Wegen ihrer *riskanten Geschäftspraktiken* und ihrer *Undurchsichtigkeit* stehen Hedgefonds seit einiger Zeit in der Kritik. Gefordert wird z. B., dass sich die Fondsmanager einer strengeren Kontrolle ihrer Geschäftspraktiken unterziehen und für mehr Transparenz (Durchsichtigkeit) sorgen müssen.
(Autorentext)

VERTIEFUNG M 38 b Neue Finanzinstrumente: Handel mit „Derivaten"

„Finanzmarkt ist der Oberbegriff für drei Teilmärkte: Die *Kreditmärkte*, die *Devisenmärkte* (vgl. dazu M 27) und die *Wertpapiermärkte*. Die Bedeutung der Wertpapiermärkte für das internationale Finanzsystem hat im Vergleich zum Kredit- und Devisenmarkt stark zugenommen. Ein Großteil der Kapitalflüsse ist auf den Handel mit Wertpapieren zurückzuführen. Deren wichtigste Formen sind

- Anleihen (Staatsanleihen*, Schuldverschreibungen* u. Ä.),
- Aktien* und
- die verschiedenen Formen von Derivaten, die zu den Termingeschäften gehören. Terminmärkte sind die größten und wachstumsstärksten Finanzmärkte der Welt.

„In Termingeschäften wird heute vereinbart, zu einem in der Zukunft liegenden Zeitpunkt einen bestimmten ‚Basiswert' (etwa eine Aktie) zu einem bestimmten Preis abzunehmen bzw. zu liefern. Da sich Termingeschäfte immer auf einen zugrunde liegenden (originären) Basiswert beziehen, nennt man sie ‚derivative', das heißt abgeleitete Finanzprodukte oder schlicht *Derivate*. Sie lassen sich nach verschiedenen Kriterien einteilen: Zum einen kann man diese Instrumente danach systematisieren, auf welche Marktpreise (Basiswerte) sie sich beziehen. Hier kommen insbesondere Zinssätze, Wechselkurse, Aktienkurse oder Warenpreise in Betracht. Ein weiteres Unterscheidungsmerkmal betrifft die Frage, ob die Verträge für beide Vertragspartner verpflichtend sind (*unbedingte Terminkontrakte*) oder ob eine Seite ein Wahlrecht hat (*Optionen*)." (Herbert Sper-

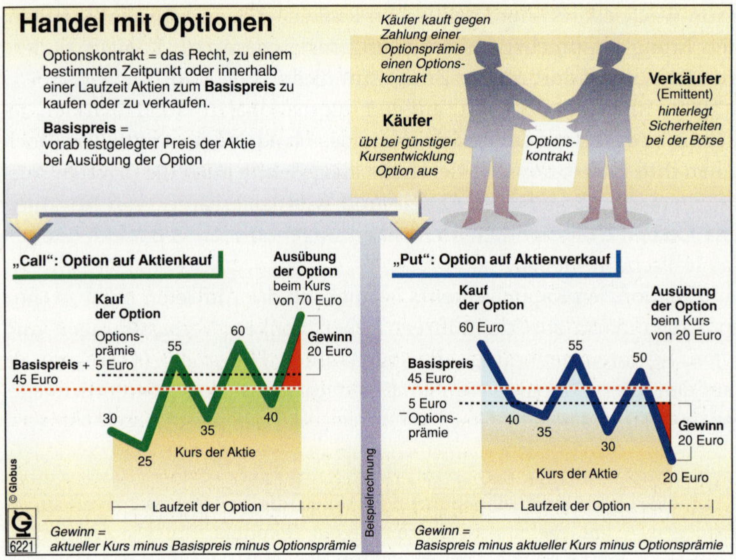

ber [= M 15], S. 271) Sie dienen an sich dazu, sich gegen Risiken von Preis- und Kursschwankungen (zwischen Vertragsabschluss und Ausführung des Geschäfts) abzusichern, werden aber zunehmend zur **Spekulation** genutzt.

- Unter Spekulation versteht man Geschäfte, die eine günstige Entwicklung zwischen zwei Zeitpunkten ausnutzen wollen (z. B. der Kauf von Devisen mit der Absicht, sie zu einem späteren Zeitpunkt, wenn ihr Kurs gestiegen ist, wieder zu verkaufen). Jede Spekulation enthält das Risiko, dass die erwartete Preis- oder Kursentwicklung* nicht eintritt. Im Unterschied zu Spekulationen spricht man von *Arbitrage*, wenn (geringe) Kursunterschiede ausgenutzt werden, die *zum selben Zeitpunkt* bestehen (jemand kauft Dollars in New York und verkauft sie sofort wieder in Frankfurt, wo der Preis etwas höher liegt).

- Verbreitete Arten von Derivativgeschäften sind **Futures** und **Optionen** (s. Grafik). Bei einer Option („bedingtes Termingeschäft“) erwirbt ein Käufer das Recht, vom Verkäufer (Stillhalter) innerhalb einer festgelegten Frist zu einem bei Vertragsabschluss vereinbarten Preis (Kurs) die Lieferung (Kaufoption) oder die Abnahme (Verkaufsoption) einer bestimmten Leistung zu fordern. Für diese Möglichkeit (für den Erwerber des Rechts keine Verpflichtung) zahlt der Erwerber dem Verkäufer die sogenannte Optionsprämie.

Der Käufer einer Kaufoption rechnet damit, dass z. B. der Kurs einer Aktie nach oben gehen wird; seine Rechnung geht auf, wenn der Kurs über die Summe von „Basispreis“ (Kurswert bei Vertragsabschluss) und gezahlter Optionsprämie steigt. Tritt das nicht ein, wird er sein Recht nicht ausüben und verliert höchstens die Optionsprämie. Der Verkäufer der Kaufoption gewinnt in diesem Fall wenigstens die Optionsprämie. Wenn der Käufer sein Recht ausübt, weil die erhoffte Kurssteigerung eingetreten ist, entgeht dem Verkäufer die Chance, die betreffenden Aktien am Markt zu verkaufen. Beim Erwerb einer Verkaufsoption ergeben sich spiegelbildlich entsprechende Konsequenzen (s. Grafik). **Futures** sind echte („unbedingte“) **Termingeschäfte** (Terminkontrakte); sie unterscheiden sich von Optionen vor allem dadurch, dass beide Seiten die **Verpflichtung** zur Erfüllung des Geschäftes eingehen. Der Preis wird bei Abschluss des Vertrags festgelegt. (Autorentext)

VERTIEFUNG

Exkurs: Die internationale Finanz- und Wirtschaftskrise 2007–2009

M 39 a Schlagzeilen im Herbst 2008

„Schlimmste Krise seit 1945“
Süddeutsche Zeitung, 5.10.2008

Am Anfang waren es faule Hypothekenkredite
Börsenzeitung, 27.9.2008

Lehman-Pleite trifft Fondsanleger
Süddeutsche Zeitung, 15.10.2008

Amerikas Krisenlawine rollt rund um den Globus
Handelsblatt, 30.9.2008

Deutsche Banken in Gefahr
Handelsblatt, 22.10.2008

Wo ist das Geld noch sicher?
Frankfurter Allgemeine Zeitung, 27.10.08

Krise zieht immer weitere Kreise
Frankfurter Allgemeine Zeitung, 27.10.2008

Wir brauchen wieder Vertrauen
Handelsblatt, 1.10.2008

Finanzkrise kommt in China an
Süddeutsche Zeitung, 18./19.10.2008

Wieder Panik an der Börse
Westfälisches Volksblatt, 25.10.2008

Die Lehren aus der Krise
Süddeutsche Zeitung, 22.9.2008

Weltwirtschaft am Rande des Abgrunds
Frankfurter Allgemeine Zeitung, 9.10.2008

Die Industrie gerät in den Sog der Finanzkrise
Frankfurter Allgemeine Zeitung, 5.11.2008

Ringen um Rettungsplan
Handelsblatt, 23.9.2008

Welt-Finanzgipfel soll die Märkte bändigen
Süddeutsche Zeitung, 16.10.2008

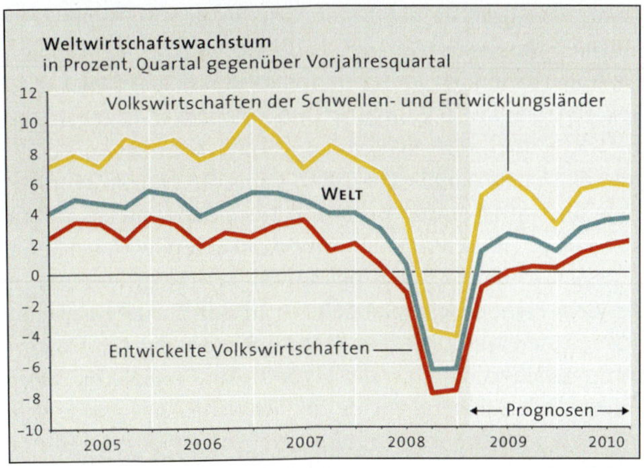

Die Schlagzeilen können Ihnen einen Eindruck davon vermitteln, wie sehr die „Finanzkrise", die sich zu einer allgemeinen Weltwirtschaftskrise entwickelte, im Herbst 2008 die ganze Welt erschütterte. Ihre Auswirkungen bestimmten in fast allen Ländern in hohem Maße die wirtschaftliche Entwicklung (s. Grafik), sind bis heute nicht völlig überwunden und bestimmen die politische Diskussion in vielen Ländern.

Wo die Ursachen für die „schlimmste Krise seit 1945" lagen, warum sie „immer weitere Kreise" zog und die „Weltwirtschaft am Rande des Abgrunds" stand, diese und weitere Fragen verweisen darauf, dass es sich um ein äußerst komplexes Problem handelt, das wir an dieser Stelle nicht in allen Einzelheiten analysieren können (zahlreiche Bücher sind inzwischen darüber erschienen). Wir beschränken uns auf die wichtigsten Aspekte: Was hatte es mit der „Immobilienkrise" in den USA auf sich? Warum wurde daraus eine internationale „Bankenkrise"? Was führte dazu, dass die Krise nicht nur die Finanzwelt betraf, sondern auch die Ebene der realen Wirtschaft in allen Bereichen (Konjunktur, Beschäftigung, Staatsverschuldung) schwer erschütterte? (M 39b) Wer sind die „Schuldigen" an dieser Entwicklung? (M 39c) Für weiter gehende Informationen, die im Internet in größerer Zahl zur Verfügung stehen, sei auf folgende Adressen besonders hingewiesen:

- *http://de.wikipedia.org/wiki/Finanzkrise_ab_2007*
- *http://www.spiegel.de/wirtschaft/0,1518,583769,00.html*
- *http://www.bpb.de/files/PQYS6J.pdf*
- *http://www.deutschlandundeuropa.de/59_10/finanzkrise.pdf*

M 39 b Ursachenfaktoren und Entwicklung der Krise

Notenbanken (Zentralbanken) wie die amerikanische Federal Reserve Bank (Fed) bestimmen mit ihrem „Leitzins", zu welchem Zinssatz sich die Geschäftsbanken (Kreditinstitute) bei ihnen Geld leihen können, und beeinflussen damit auch das allgemeine Zinsniveau. Eine Senkung des Leitzinses* führt also dazu, dass Geld (Kredite) leichter (billiger) zu haben ist. Eine Anhebung des Leitzinses macht Kredite teurer. Näheres dazu: http://www.tagesschau.de/wirtschaft/leitzins16.html

(Autorentext)

Abb. 1: Ein verzweifelter Eigentümer bietet sein Haus zum Verkauf an (in Oregon, April 2007).

- Die globale Finanz- und Wirtschaftskrise, die 2008 erst die Kapitalmärkte und Finanzinstitute, später ganze Volkswirtschaften schwer erschütterte, hat mehrere Ursachen. Fest steht: Ihren Ausgangspunkt nahm sie in den USA. Dort hatte die amerikanische Notenbank (s. Kasten) über Jahre hinweg eine Politik der niedrigen Zinsen („Politik des billigen Geldes") betrieben, u.a. um die Wirtschaft anzukurbeln und breiten Bevölkerungsschichten z.B. den Erwerb von Immobilien zu ermöglichen. (1)
In dieser Situation traten *willige Geldgeber* auf den Plan: Immobilienfinanzierer und Regionalbanken verliehen viele Milliarden Dollar an Kreditnehmer mit zweifelhafter Bonität [Zahlungsfähigkeit]. Diese „zweitklassigen" Hypothekendarlehen* waren in der Regel teurer als herkömmliche Darlehen, dafür wurde großzügig darüber hinweggesehen, wenn Schuldner über wenig oder gar keine Sicherheiten verfügten. Für deutsche Verhältnisse unvorstellbar: Nicht wenige Häuser wurden ohne einen einzigen Cent Eigenkapital finanziert. (2)
- Die Banken gingen mit solchen Hypotheken zunächst sehr sorglos um, und zwar auch deshalb, weil die Immobilienpreise in den USA stetig stiegen. Konnte ein Schuldner nicht mehr zahlen, so die Logik der Banken, würde man einfach sein Haus übernehmen – und das wiederum würde immer wertvoller werden. Ein vermeintlich sicheres Geschäft. Niedrige Zinsen schufen neue Nachfrage nach Immobilien, diese wiederum ließ die Hauspreise steigen – eine Aufwärtsspirale kam in Gang.

Abb. 2

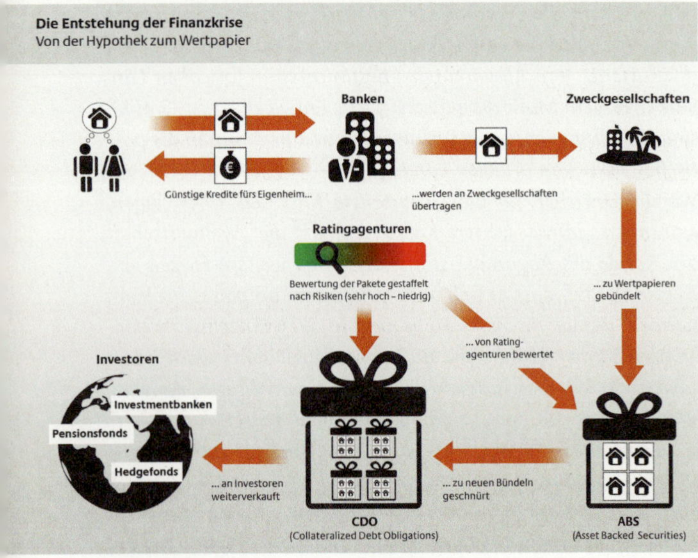

Abb. 3

Abb. 4

Als am 15. September 2008 („Schwarzer Montag") die große amerikanische Investmentbank Lehman Brothers pleiteging und von der amerikanischen Regierung nicht gerettet wurde, geriet die Finanzkrise in eine neue Dimension (s. SPIEGEL-Titel): Lehman-Papiere waren im internationalen Wertpapierhandel, gerade auch in Deutschland, in riesigem Ausmaß verbreitet und erwiesen sich nun als wertlose „Schrottpapiere".

Dann aber erhöhte die Notenbank in den USA die Leitzinsen*, aus Angst vor der Inflation. Auch die variablen (veränderbaren] Hypothekenzinsen der Häuslebauer stiegen plötzlich an. Es kam zu ersten Zwangsversteigerungen, weil Kreditnehmer nicht mehr zahlen konnten (s. Abb. 1 und 2). Der Immobilienmarkt in den USA war ohnehin bereits übersättigt, nun hörten die Immobilienpreise auf zu steigen, ja sie fielen sogar. Hunderttausende Hauskäufer mussten Insolvenz [Zahlungsunfähigkeit] anmelden. (3)

- Viele Hypotheken platzten. In diesen Strudel gerieten schnell diejenigen, die den Kreditnehmern das Geld leichtfertig geliehen hatten – die Hypothekenfinanzierer, unter ihnen auch Schwergewichte der Branche. Was genau war geschehen? Immobilienfinanzierer hatten in den Jahren des Booms ein scheinbar todsicheres Geschäft entwickelt, um die Risiken bei den „zweitklassigen" Krediten klein zu halten: *Sie verkauften die Kredite einfach als Wertpapiere* weiter.* (2)

Statt die Kreditansprüche gegen die Häuslebauer selbst zu halten und geduldig auf ihre Rückzahlung zu warten, „verbriefen" sie sie, d.h., sie machten daraus „hypothekenbesicherte Wertpapiere" (Mortgage Backed Securities, MBS), verkauften diese an Investmentbanken der New Yorker Wallstreet oder andere Finanzinvestoren und verschoben somit das mit den Hypotheken verbundene Risiko. Die Käufer der MBS-Papiere verfielen ihrerseits auf einen ähnlichen Trick wie die Hypothekenbanken, indem sie die bereits verbrieften Ansprüche abermals verbrieften: Sie gründeten sog. *Zweckgesellschaften*, in denen die MBS-Papiere zusammen mit anderen Forderungen (z.B. Unternehmensanleihen) zu neuen Wertpapierbündeln (Collateralized Debt Obligations, CDOs – „besicherte Schuldverschreibungen*") verpackt und weiterverkauft wurden (vgl. Abb. 2). (1)

So gingen die Kredite der armen Häuslebauer auf eine lange Reise. Die Sache hat nur einen Schönheitsfehler: Längst weiß keiner mehr so genau, welche Kredite mit welchen Risiken in den Wertpapieren stecken. Dass das Risiko zwar aus den Büchern der Kreditgeber verschwunden ist, aber nicht aus der Welt, wird vielen erst später klar werden.

Wenn die Immobilienkrise in den USA das Virus ist, dann sind CDOs einer seiner zuverlässigsten Überträger. Mithilfe der Wertpapiere gelangt die Krankheit nun tief hinein in die Bilanzen der großen Finanzhäuser. (4)

- Durch die Verflechtung der internationalen Finanzmärkte weitete sich die Krise auch auf Banken in Europa und Deutschland aus, die am US-Immobilienmarkt engagiert waren und hohe Kreditausfälle zu verzeichnen hatten (vgl. Abb. 4).

Die Finanzmarktkrise entwickelte sich zu einer Liquiditätskrise, da die Vergabe von Krediten der Banken, die über freie Liquidität* verfügen, an Banken, die flüssige Mittel in Form von Krediten benötigen, trotz Senkung der Leitzinsen durch die wichtigsten Zentralbanken auf unter 1% nahezu zum Erliegen kamen. Dieser Interbanken-Kreditverkehr

Abb. 5

(http://www.jugend-und-bildung.de/332/FS_Arbeitsblatt_08_03.pdf)

funktionierte aufgrund mangelnden Vertrauens der Banken untereinander nicht mehr. Aus der Liquiditätskrise wurde eine **Bankenkrise** (vgl. Abb. 3).
Funktioniert aber die gegenseitige Kreditvergabe der Banken nicht mehr, sind **Auswirkungen auf die Realwirtschaft** die Folge, da die Kreditversorgung für Industrie- und Dienstleistungsunternehmen und damit deren Liquidität nicht mehr gesichert ist. Die Folge einer solchen **Kreditklemme** können Liquiditätsengpässe und Insolvenzen von Unternehmen sein.

- Ausgehend von den Finanzmärkten pflanzte sich die Krise auf die Gütermärkte fort. Es kam zu einem weltweiten Rückgang der Nachfrage, zu einer weltweiten Rezession mit sinkender Wirtschaftsleistung gemessen am Bruttoinlandsprodukt, sinkendem Welthandel, was Deutschland als Exportweltmeister besonders trifft, steigender Arbeitslosigkeit. Die Schwere des Konjunktureinbruchs weckte Erinnerungen an die Depression der 1930er-Jahre; man sprach auch von einer neuen Weltwirtschaftskrise.
- Die Finanzmarktkrise und allgemeine **Wirtschaftskrise** zu bekämpfen, stellte die Regierungen vor neue Herausforderungen. Zum einen waren erhebliche *Finanzhilfen des Staates* in den wichtigsten Industrienationen erforderlich, um das Banken- und Finanzsystem zu stabilisieren, in Deutschland v. a. durch die Finanzmarktstabilisierungsfonds. Zum anderen wurden in fast allen Industriestaaten umfangreiche *Konjunkturprogramme* aufgelegt, in Deutschland v. a. die beiden sogenannten „Konjunkturpakete". Weiterhin wurden Voraussetzungen geschaffen, in Schieflage geratene Banken, Versicherungsunternehmen oder große Industrieunternehmen teilweise oder ganz zu verstaatlichen oder sich staatlicherseits vorübergehend an solchen Unternehmen zu beteiligen. Die staatlichen Maßnahmen führten allerdings zu einem sprunghaften *Anstieg der öffentlichen Schulden*. Verstärkt wurde auch die internationale Abstimmung von Maßnahmen auf Weltwirtschafts- bzw. Weltfinanzgipfeln etwa im Rahmen der G-20-Staaten (s. M 56). In Diskussion ist eine bessere Kontrolle der internationalen Finanzmärkte. (5)

(Zusammengestellt aus: Autorentext (1), http://www.tagesschau.de/wirtschaft/immobilienkrise16.html (2), http://www.spiegel.de/wirtschaft/0,1518,583769,00.html (3), Süddeutsche Zeitung v. 26.9.2008, S. 34 (4) und Landeszentrale für politische Bildung, Lexikon der Wirtschaft, Bonn 2009, S. 223 f. (5))

M 39 c Die „Schuldfrage"

- Der Ablauf der Krise hat gezeigt: Der Staat ist nicht nur Teil der Lösung, sondern auch Teil der Ursache des Problems. Die **Notenbanken*** haben mit einer zu großzügigen Geldversorgung zum Entstehen spekulativer Blasen auf Aktien- und Immobilienmärkten beigetragen. Die Regierungen haben über staatliche und halb staatliche Banken am großen Kreditrad mitgedreht und in ihrer Rolle als aufsichtsführende Eigentümer versagt. Mit der massiven Eigenheimförderung (vor allem in den USA) haben sie das Entstehen großer Mengen fauler Immobilienkredite begünstigt. Der notwendigen Anpassung der staatlichen Regulierung an die Möglichkeiten, die sich für Banken aus den neuen Finanzmarktinstrumenten ergaben, haben sie zu wenig Aufmerksamkeit geschenkt.

- Wo liegt die Schuld der **Banken**? Illegale Handlungen wie beispielsweise Anlegerbetrug kamen wohl vor, waren aber eher Begleitmusik als Hauptursache. Im großen Stil wurden vielmehr Regulierungslücken ausgenutzt; Banken handelten gegen den Geist der bestehenden Regulierung, was sich in der Gründung von außerbilanziellen Zweckgesellschaften (s. M 39b, Abb. 2). klar zeigt. Offensichtlich hat auch das bankinterne Risikomanagement versagt: Risiken, von denen man glaubte, sie ausgelagert zu haben, kamen durch die Hintertür (beispielsweise durch die Kreditlinien an Zweckgesellschaften) wieder in die Bilanz zurück. [...] Die starke Beteiligung an Gewinnen ohne entsprechende Beteiligung an Verlusten sowie eine zu kurzfristig orientierte erfolgsabhängige Entlohnung (Bonuszahlungen) haben *hoch riskante Strategien* begünstigt. [...]
- Welche Schuld trifft die **Finanzalchemisten**[1]? Grundsätzlich sind Verbriefungen* eine gute Sache: Sie verteilen Risiken auf mehrere Schultern, was die Finanzmärkte stabiler macht. Das Kernproblem der aktuellen Krise ist, dass die Verteilung des Risikos unzureichend war: Am Ende landete es wieder in der Bankbilanz. [...]

Problematisch an den Neuerungen der Finanzbranche waren zwei Dinge: Erstens existierten keine Erfahrungswerte im Umgang mit den neuen Produkten, weswegen es keine hinreichenden Möglichkeiten gab, deren Risiken angemessen zu bewerten. Zweitens war ein gehöriges Maß an Überheblichkeit im Spiel – die Banken glaubten, mittels mathematischer Methoden und hochkomplexer Schätzverfahren Risiken prognostizierbar machen zu können. Für diese Überheblichkeit hat die Branche teuer bezahlt. Dabei waren es weniger die Risiken aus dem Ausfall der verkauften Kredite, die falsch eingeschätzt wurden. Vielmehr hat man das Risiko ignoriert, dass sich diese Produkte nicht mehr verkaufen lassen könnten – was passiert ist, weil die Risikoaversion in ungeahntem Ausmaß anstieg und Ansteckungseffekte quer durch die gesamte Finanzbranche liefen.

Auf den Punkt gebracht waren es *Innovationen in der Finanzbranche*, gepaart mit *menschlicher Schwäche* und *regulatorischen Lücken*, die in die Krise geführt haben.

(Hanno Beck/Helmut Wienert, Anatomie der Weltwirtschaftskrise: Ursachen und Schuldige. In: Aus Politik und Zeitgeschichte, Nr. 20/2009, S. 11 f.; http://www.bpb.de/files/PQYS6J.pdf)

[1] **Finanzalchemisten**: Erfinder immer neuer, undurchsichtiger und risikoreicher Finanzinstrumente (wie z.B. der CDO: s. M 39b, Z. 58f). Die Bezeichnung, die auch für die Händler mit solchen Produkten (Fonds, Spekulanten usw.) gebraucht wird, nimmt Bezug auf den Begriff Alchemie. So wird die mittelalterliche Chemie bezeichnet, die als die geheime Kunst angesehen wurde, weniger wertvolle Stoffe in edle Stoffe, z.B. Gold, zu verwandeln.

Die Erarbeitung von M 39 a – c sollten Sie am besten in **Partner- oder Gruppenarbeit** vornehmen. Ziel könnte die Erstellung einer chronologisch geordneten Übersicht sein, in der Sie die einzelnen „Stationen" der Entwicklung der Finanzkrise in kurzen Sätzen oder stichwortartig zusammenfassen. Die Übersicht in Abb. 5 kann Ihnen dabei eine Hilfe sein; Sie können sie ggf. ergänzen oder auch verändern. Wichtig für das Verständnis der gesamten Krisenentwicklung ist die Klärung folgender Fragen:

- Worin liegen die Gründe für die „Aufwärtsspirale" auf dem amerikanischen Immobilienmarkt seit etwa 2002? Welche staatlichen und privaten „Akteure" trugen dazu bei?
- Auf welche Weise wurden aus den Hypothekenkrediten (Darlehen der Banken an Kunden zum Erwerb von Wohnhäusern) „Wertpapiere" (Wertpapierpakete), die in den weltweiten Handel gelangten? Was versteht man unter „CDOs"?
- Wie kam es, dass die Boom-Entwicklung auf dem Immobilienmarkt in ihr Gegenteil umschlug? In welche Lage gerieten einerseits die Kreditnehmer und andererseits die Kreditgeber und die Banken, die die genannten Wertpapiere gekauft und damit gehandelt (z. B. auf dieser Grundlage weitere Kredite aufgenommen) hatten?
- Wie ist zu erklären, dass die Krise sich weltweit so gewaltig ausdehnen konnte?
- Welche Rolle spielte in diesem Zusammenhang der Untergang der großen amerikanischen Investmentbank Lehman Brothers?
- Was ist mit der Vertrauenskrise im Handel zwischen den Banken („Interbankenhandel") gemeint, zu der die Krise führte? Warum war ein staatliches Eingreifen „dringend geboten"?
- Welche Maßnahmen wurden auf staatlicher und internationaler Ebene ergriffen, um die Krise zu bekämpfen bzw. ähnliche Krisen zu vermeiden?
- Worin wird in M 39 c jeweils das schuldhafte Versagen staatlicher Instanzen (insbesondere der US-Notenbank und der Regulierungsbehörden), der privaten Banken und Banker und der Erfinder immer neuer und risikoreicher Finanzinstrumente und -strategien („Finanzalchemisten") gesehen?

IV Der Wirtschaftsstandort Deutschland im Rahmen der Globalisierung

In diesem Abschnitt geht es um die Konsequenzen, die Chancen und Risiken, die sich für die deutsche Wirtschaft aus dem Globalisierungsprozess ergeben. Die wichtigste Herausforderung ist der ***internationale Wettbewerb****, der sich nicht nur für die Unternehmen, sondern auch für den „Wirtschaftsstandort" Deutschland, d. h. für die politische Gestaltung der Rahmenbedingungen ergibt, die für die wirtschaftlichen Akteure in Deutschland gelten.*

1. Die deutsche Wirtschaft im globalen Wettbewerb

M 40 Globaler Wettbewerb auf drei Ebenen

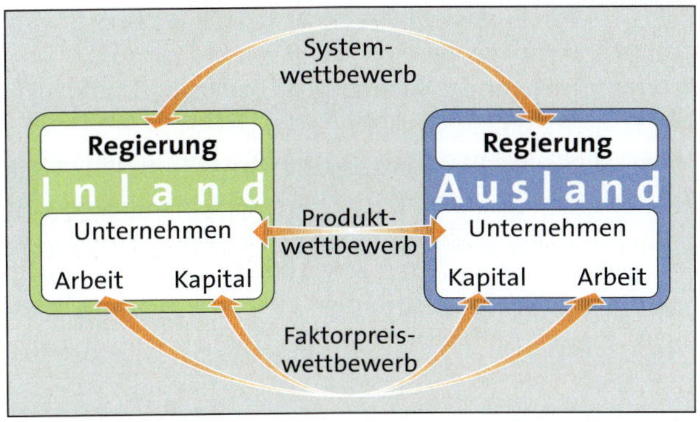

Abb. 1: Dimensionen des globalen Wettbewerbs

Welche **Konsequenzen** die Globalisierung für die verschiedenen wirtschaftspolitischen Akteure hat, ist im Schaubild (Abb. 1) schematisch illustriert. Dargestellt sind zwei Länder, die als Inland und Ausland bezeichnet werden. In jedem dieser Länder gibt es *Unternehmen*, die Kapital* und Arbeit als *Produktionsfaktoren** einsetzen. Daneben gibt es die gesellschaftlichen und politischen Kräfte, die hier vereinfachend als *Regierung* bezeichnet werden. Die Pfeile zwischen den Länderblöcken zeigen an, auf welche Weise die verschiedenen Akteure im grenzüberschreitenden Wettbewerb zueinander stehen.

- Auf den *Gütermärkten* treffen die Unternehmen des In- und Auslandes in einem internationalen **Produktwettbewerb** aufeinander. Er ist umso intensiver, je geringer die Handelsschranken sind – seien es natürliche Handelsschranken in Form von Transportkosten oder künstliche Handelsschranken in Form von Zöllen und anderen Importbehinderungen. Dieser Wettbewerb über den internationalen Handel stellt keine neue Entwicklung dar, sondern war auch in früheren Jahrzehnten schon sehr ausgeprägt.
- Neu hinzugekommen ist durch die erhöhte Kapitalmobilität ein *Wettbewerb zwischen verschiedenen Investitionsstandorten*, wobei der Produktionsfaktor Kapital* an jene Standorte streben wird, an denen die Renditen* am höchsten sind (vgl. M 38 a). Diese Form des Wettbewerbs kann als **Faktorpreiswettbewerb** bezeichnet werden […]. Da die Kapitalrenditen aber auch davon beeinflusst werden, wie hoch das *Produktivitäts- und das Lohnniveau* an den verschiedenen Investitionsstandorten ist, geraten auf indirekte Weise durch den Wettbewerb um international mobile Investoren auch die *Arbeitskräfte* an den inländischen und ausländischen Standorten in einen Faktorpreiswettbewerb, bei dem jene Standorte am besten abschneiden, an denen die Relation zwischen Lohn und Produktivität* besonders günstig ist.
- Die **Regierungen** in den beiden Ländern sind in dem einfachen Modell des Schaubilds verantwortlich dafür, wie die *Rahmenbedingungen für wirtschaftliches Handeln* ausgestaltet sind. Dazu gehören nicht nur die *Steuersätze*, die von den Unternehmen zu entrichten sind, sondern vor allem die öffentlich bereitgestellte *Infrastruktur** im weitesten Sinne. Zu dieser Infrastruktur zählen etwa die Transport- und Kommunikationsnetzwerke, die Schwerfälligkeit oder Flexibilität

der Bürokratie, die Innovationsimpulse* aus Forschung und Technologie und nicht zuletzt weiche Faktoren wie die kulturelle Vielfalt, Rechtssicherheit, sozialer Friede und andere Komponenten der Lebensqualität. Je intensiver der oben geschilderte Faktorpreiswettbewerb wird, desto stärker geraten auch die Regierungen des In- und Auslandes mit ihrer institutionellen Ausgestaltung der Rahmenbedingungen in einen Wettbewerb – den Systemwettbewerb, der auch als **Standortwettbewerb** bezeichnet wird. [...]

Abb. 2

- *Bildlich erläutern* lässt sich das Konzept des Standortwettbewerbs mit der *Situation von Gastwirten*, deren Gasthöfe an einer Straße entlang aufgereiht sind und die von den Reisenden im Hinblick auf das von ihnen gebotene Preis-Leistungs-Verhältnis inspiziert werden (vgl. Abb. 2). Wenn mehrere Gasthöfe zur Auswahl stehen und der Wechsel von einem zum anderen relativ leicht möglich ist, werden nur jene von ihnen bestehen können, die ein wettbewerbsfähiges Preis-Leistungs-Verhältnis bieten. Mit der internationalen Mobilität von Investoren* ergeht es den Regierungen ähnlich wie den Gastwirten. Nur jene Länder, die *attraktive Rahmenbedingungen für wirtschaftliches Handeln* bieten, werden Investoren anlocken können. Wer vergleichsweise schlechte Rahmenbedingungen bietet, wird sich im Standortwettbewerb nur durchsetzen können, wenn die Preise entsprechend niedrig sind, und dazu gehören aus Sicht der Investoren dann nicht nur die **Steuern**, sondern auch die an jenen Standorten zu zahlenden **Löhne**.
- Diese Form des Wettbewerbs zwischen verschiedenen wirtschaftspolitischen Systemen ist tatsächlich relativ neu und stellt eine der wichtigsten Konsequenzen der Globalisierung dar. Natürlich geht es hier nicht um eine Unterscheidung zwischen 0 und 1, denn eine gewisse Form des internationalen Standortwettbewerbs gab es schon immer – genau wie es schon immer ein gewisses Ausmaß an Globalisierung gab. In dem Maße aber, in dem die Globalisierung Fahrt aufnahm, hat sich auch der internationale Standortwettbewerb verschärft und eine historisch neue Dimension erreicht.

(Henning Klodt, Einkommens- und Beschäftigungseffekte der Globalisierung; http://www.fes-online-akademie.de/download.php?d=henning_klodt.pdf, S. 2 ff.)

Die Darstellung in M 40 ist von zentraler Bedeutung für das Verständnis der Konsequenzen, die sich aus dem Globalisierungsprozess für die Wirtschafts- und Sozialpolitik besonders in einem Industrieland wie Deutschland ergeben. Erläutern Sie mit eigenen Worten die drei Dimensionen des globalen Wettbewerbs als entscheidende Folge des Globalisierungsprozesses.

- Inwiefern stellt der Produktwettbewerb nicht das eigentlich Neue an der Globalisierungsentwicklung dar? (Z. 12 – 18)
- Auf welche Weise treten die Produktionsfaktoren Kapital (direkt) und Arbeit (indirekt) in verschärften Preiswettbewerb? Welche Bedeutung kommt der „Arbeitsproduktivität" zu ? Worauf kommt es den Investoren hauptsächlich an? (Z. 19 – 27)
- Inwiefern geraten durch den zunehmenden „Faktorpreiswettbewerb" auch die Regierungen der Länder im Hinblick auf die Schaffung günstiger Rahmenbedingungen in Konkurrenz zueinander? Was ist mit der vom Staat zu schaffenden günstigen „Infrastruktur" im Einzelnen gemeint? (Z. 28 – 38)
- Inwiefern befinden sich die Staaten aufgrund des Standortwettbewerbs „in der Situation von Gastwirten" (Z. 40 ff.)? Was müssen sie anbieten und garantieren, wenn sie „Gäste anlocken" wollen?

M 41 Deutsche Unternehmen unter Globalisierungsdruck – Beispiel: Stiebel Eltron passt sich an

STIEBEL ELTRON Werk in Eschwege

Jeder Fall hat zwei Seiten, sagt man, dieser hier hat noch eine dritte. Klaus Hanl sitzt am Besprechungstisch in seinem Büro, ein großer, schwerer Mann von 48 Jahren, der seit 15 Jahren bei der Firma ist und noch genau weiß, wie er von einem Kollegen bewundert wurde, als er dem damals von seinem Wechsel erzählte: „Zu Stiebel Eltron gehst du? Tolle Firma." Von der hatte der Kollege einen Warmwasserspeicher zu Hause, ein Gerät, das nun schon 25 Jahre lang funktionierte. Klaus Hanl erzählt die Anekdote mit dem Stolz des Mannes, der heute selber diesen Speicher bauen darf. Er leitet inzwischen das Werk der Firma in Eschwege, eine gute halbe Autostunde östlich von Kassel.[1] Dass er die Geräte immer noch bauen darf, liegt aber nicht nur an seinen Fähigkeiten als Ingenieur.

Kosten sparen durch Rationalisierungsmaßnahmen*

Klaus Hanl hat in Eschwege wegrationalisiert, was wegzurationalisieren war. In der Halle unten rollen Gabelstapler, die keine Fahrer mehr brauchen. Das Kantinenpersonal ist abgeschafft, stattdessen schickt eine Metzgerei jeden Morgen eine Mitarbeiterin, die vom Schnitzel bis zur Bild-Zeitung alles bringt, was die Arbeiter brauchen. Den Rasen lässt Hanl von Rentnern mähen, die das auf 400-Euro-Basis machen. Stiebel Eltron gehört zur Metallindustrie, die billigste Arbeitsstunde in der Branche kostet ein Unternehmen 20 Euro, alles in allem; fünfmal mehr als in dem Werk in der Slowakei, das die Firma vor drei Jahren erworben hat, von den beiden Fabriken in Thailand und China gar nicht zu reden.

Um sich gegen die zu behaupten, muss Klaus Hanl zusehen, dass er so viele Kosten wie möglich spart. Er sagt: „Wir haben die einfache Arbeit in Deutschland so stark verteuert, dass sie nicht mehr bezahlbar ist." Er hat auch den Pförtner abgeschafft. Die Arbeit wird von einer Schäferhündin erledigt. Tagsüber ist sie in ihrem Gehege, nachts und am Sonntag streicht sie übers Gelände; schlechter als ein Mensch macht sie es auch nicht.

Verlagerungen ins Ausland, aber auch zurück nach Deutschland

Das ist die eine Seite dieses Falls: Wie die Öffnung der Grenzen dazu geführt hat, dass eine Firma nun auch Geschäfte in Ländern machen kann, die ihr früher verschlossen waren, und wie sie so zu Fabriken gekommen ist, die nun den Fabriken zu Hause Konkurrenz machen. Und wie zahlreiche Arbeitsplätze hier nicht mehr zu halten sind.
Stiebel Eltron wurde im Jahr 1924 von dem Maschinenbauer Theodor Stiebel gegründet, der ihr zunächst den Kunstnamen Eltron gab; als er merkte, dass das Geschäft mit den elektrischen Tauchsiedern funktionierte, setzte er noch seinen Nachnamen davor. Acht Jahrzehnte später ist Stiebel Eltron weiterhin im Familienbesitz, mit Geräten wie Wärmepumpen, Händetrocknern, Durchlauferhitzern oder Warmwasserspeichern macht die Firma einen Umsatz von 417 Millionen Euro. In Deutschland betreibt sie zwei Standorte: Eschwege mit seinen 150 Beschäftigten ist das Zweigwerk; der Firmensitz liegt hundert Kilometer weiter nordwestlich, in Holzminden an der Weser. 1500 Menschen arbeiten dort, und wenn am Freitag kommender Woche die neue Wärmepumpenfabrik eröffnet wird, nach Angaben der Firma die größte und modernste in Europa, wird dies noch einmal 200 Arbeitsplätze schaffen.
Es ist ja keineswegs so, dass die teuren deutschen Standorte irgendwann gar keine Chance mehr haben, nur weil im Ausland auf den ersten Blick alles billiger ist. Das ist bloß das Klischee, gern auch das Kampfargument von Managern, denen keine neuen Produkte mehr einfallen und die dann versuchen, sich an der Belegschaft schadlos zu halten. Träfe das Argument zu, wäre ja jeder schlecht beraten, der nicht längst mit Sack und Pack in irgendeine Sonderwirtschaftszone in China gezogen ist.
Rudolf Sonnemann, 54, der Vorsitzende der Geschäftsführung von Stiebel Eltron, hat aber bereits vor Jahren das Ge-

Fertigungsplatz der DHE (Durchlauferhitzer)-Produktion

[1] Stand: Frühjahr 2007; Klaus Hanl ist seit November 2007 nicht mehr bei Stiebel Eltron tätig.

genteil gemacht: nämlich das Solarwerk der Firma in Griechenland geschlossen und nach Holzminden verlegt. Das griechische Werk war nur für die Endmontage ausgelegt; Glas, Rahmen, Blechstreifen – alles wurde jeweils in anderen Fabriken hergestellt und musste anschließend angeliefert werden. In Holzminden hingegen lassen sich sämtliche Arbeiten auf einem Gelände erledigen, letztlich ist es dadurch hier sogar billiger.

Rudolf Sonnemann erzählt aber auch von den Akquisitionen und Neugründungen in der Slowakei, in Thailand und in China; er war die treibende Kraft dabei. Wäre er im Export nicht vorangekommen, betrüge der Umsatz heute nicht 417 Millionen Euro, sondern er wäre bei 217 Millionen stehen geblieben. Sonnemann sagt: „Das kann man zwar machen, wäre aber keine Zukunftsstory." Also hat er den Prozess ausgelöst, im Zuge dessen in Eschwege der Pförtner keine Zukunft mehr hatte, in dem aber auch im Ausland nicht alles so lief, wie man es aus Deutschland gewohnt war. „Manchmal standen wir vor Qualitätsproblemen, an die man hier nicht einmal denkt", sagt Sonnemann. Mit der Folge, dass er die Kunststoffproduktion aus der Slowakei abgezogen und nach Nordhessen verlagert hat. Hin zu den deutschen Ingenieuren und ihren ultramodernen Spritzgießmaschinen, den Gasinnendruckformen und dem Erodierzentrum, das sich schon allein vom Wort her so imposant anhört, nach Hightech und deutscher Wertarbeit. In Eschwege wird nun auch der Kunststoff hergestellt, den das slowakische Werk benötigt. Im Hightech-Teil des Werkes sind die Arbeitsplätze entstanden, die bei den Pförtnern und den Gabelstaplerfahrern weggefallen sind. Das ist die zweite Seite des Falls.

Von der dritten erfährt man, wenn man mit Kurt Hauffe und Hartmut Meine spricht; dies allerdings getrennt, denn es handelt sich bei ihnen um zwei Männer, die einander nichts mehr zu sagen haben. Hauffe war 50 Jahre im Unternehmen, in Holzminden, fast die Hälfte davon als Vorsitzender des Betriebsrats, Ende April ist er in den Ruhestand getreten. Hauffe erzählt, wie das Unternehmen vor zwölf Jahren mal am Abgrund stand, durch falsche Geschäftspolitik, und er sagt, bevor er in Rente ging, wollte er sicherstellen, dass seine Kollegen nicht ein zweites Mal in diese Lage gerieten; es war ja schon kein gutes Zeichen, dass Stellen in Holzminden seit Jahren nicht wieder besetzt wurden. Und dann stellte die Firmenleitung auf einmal Investitionspläne vor, für die Wärmepumpenfabrik und die Kunststoffproduktion. Sie sprach aber auch von den Kostenunterschieden zur Slowakei und auch zu Schweden, wo sie über einen Zukauf nachdachte. Was die Belegschaft zu bieten habe?

Für den Erhalt der Arbeitsplätze: Verlängerung der Wochenarbeitszeit

Hauffe stand noch unter dem Eindruck eines Besuchs in dem slowakischen Werk. „Ich habe gesehen, wie heiß die Leute dort sind", sagt er. „Dass die wirklich weit nach vorne wollen." Der Betriebsrat antwortete, solange es nicht ans Geld gehe, könne man über alles reden. Am Ende bestand der Deal darin, dass die Beschäftigten in Holzminden täglich eine halbe Stunde länger arbeiten, in Eschwege sogar eine ganze.

Man kann das so bewerten, wie es die IG Metall bewerten musste, in Person von Hartmut Meine, ihres Bezirksleiters in Hannover: Da kämpft man seit Jahren gegen Bosse, die Errungenschaften streichen wollen, weil die Kosten dafür angeblich die Firma erdrücken. Und dann gibt in Holzminden der Betriebsrat mal eben die 35-Stunden-Woche her – bei einem schuldenfreien Marktführer. „Unsolidarisch", sagt Meine. Sind wir inzwischen so weit, dass nur noch investiert wird, wenn die Beschäftigten dafür zahlen? Meine sagt, Stiebel Eltron sei lange eine seriöse Firma gewesen. „Aber jetzt ist das für die IG Metall keine gute Adresse mehr."

Das ist die eine Sicht, die andere ist: Wie gut müssen wir es in Deutschland noch haben, solange hier nicht mehr auf dem Spiel steht, als erst um 16.30 Uhr anstatt um 16 Uhr nach Hause gehen zu dürfen? Kurt Hauffe, der Betriebsrat, fragt, warum es immer erst zur Krise kommen solle, bevor man sich für die Zukunft wappne. Aus der Gewerkschaft ist er ausgetreten, und als im April Betriebsversammlung war, zeigten die Beschäftigten von Stiebel Eltron auf ihre Weise, was sie von welchem Arbeiterführer halten: Als der Gewerkschaftssekretär der IG Metall ans Rednerpult trat, stand die Hälfte auf und ging.

(Süddeutsche Zeitung v. 18.5.2007, S. 10; Verf.: Detlef Esslinger)

Analysieren Sie auf dem Hintergrund Ihrer Erarbeitung von M 41 die Situation von „Stiebel Eltron":
- Um welche Produkte geht es in diesem Fall? Welche Produktionsfaktoren spielen für die Produktion eine wichtige Rolle?
- Was hat das Familienunternehmen dazu veranlasst, in anderen Ländern zu investieren? Wie stellt sich der „Faktorpreiswettbewerb" zwischen diesen Standorten (vgl. M 40, Z. 19 ff.) dar? Wie kommt es, dass das Unternehmen in Holzminden manches „sogar billiger" produziert als in Griechenland?
- Welche Maßnahmen hat das Unternehmen als Konsequenzen aus der internationalen Wettbewerbsposition getroffen? Wie werden sie von der Belegschaft einerseits, von der Gewerkschaft IG Metall andererseits bewertet?
- Wie beurteilen Sie selbst die beschriebene Situation und die unternehmerischen Entscheidungen von „Stiebel Eltron"? Näheres über das Unternehmen finden Sie unter den Internetadressen www.stiebel-eltron.de/unternehmen/ueber-stiebel-eltron und http://de.wikipedia.org./wiki/Stiebel_Eltron.

METHODE M 42 Erkundung eines international tätigen Unternehmens

Vielleicht gibt es in Ihrer Stadt oder in der näheren Umgebung ein Wirtschaftsunternehmen, das in irgendeiner Form auch im Ausland tätig ist. Für diesen Fall schlagen wir Ihnen vor, auf dem Hintergrund Ihrer Analyse des Beispiels (M 41) und vielleicht auch nach Erarbeitung der etwas umfangreicheren Darstellung M 43 eine Erkundung durchzuführen. Dabei könnten Sie sozusagen „am lebenden Objekt" feststellen, welche in den Materialien angesprochenen Gesichtspunkte im Einzelfall eine Rolle spielen können.
Eine Erkundung heißt, etwas auszukundschaften, was Ihnen bis dahin unbekannt war. Sie findet außerhalb des Schulbetriebs statt und bedarf einer sorgfältigen organisatorischen und inhaltlichen Planung.

Auswahl des Unternehmens und Kontaktaufnahme: Es kommt nicht vornehmlich darauf an, ein möglichst großes internationales Unternehmen zu finden; auch „mittelständische" Unternehmen (oft Familienunternehmen) eignen sich gut, wenn sie ihre Produkte nicht nur im Ausland verkaufen, sondern auch eigene Standbeine im Ausland haben. Die meisten Unternehmen sind gern bereit, sich „erkunden" zu lassen. Der *erste Kontakt* sollte vielleicht mithilfe der Schulleitung hergestellt werden. Fachlehrer(in) und/oder Kurssprecher(in) sollten sodann in einem *Gespräch* (ggf. bei einem Besuch im Unternehmen) den Termin, den zeitlichen Rahmen, das Erkundungsinteresse, gewünschte Gesprächspartner (Unternehmensleitung, Betriebsrat) usw. absprechen.

Vorbereitung der Erkundung: Entscheidend ist, dass Sie sich darüber klar werden, was Sie bei Ihrer Erkundung gerne erfahren möchten. Folgende Informationen sind im Zusammenhang unseres Themas wichtig:

- *Grundlegende Daten* (vielleicht auch der Internetseite des Unternehmens zuvor schon zu entnehmen): Sitz, Unternehmensform, Produkte/Dienstleistungen, Zahl der Mitarbeiter im In- und Ausland, Jahresumsatz
- *Engagement im Ausland:* Länder, Städte, Formen (z. B. eigene Zweigwerke, Auslagerung bestimmter Leistungen, Kooperationen); Gründe und Motive für das Engagement im Ausland (vgl. Abb. 5 in M 43)
- *Veränderungen in den letzten Jahren* (ggf. durch das Auslandsengagement bedingt): Zahl der Mitarbeiter, Kostensituation, betriebsinterne Vereinbarungen (ggf. zu Arbeitszeit und/oder Lohnentwicklung)
- *Planung, Zielsetzung für die Zukunft:* Erfolgsbilanz des bisherigen Engagements im Ausland, kurz- und mittelfristige Vorhaben, für die weitere Strategie wichtige Entscheidungsfaktoren

Durchführung: Aufgabenverteilung: Wer ist für welche Fragenkomplexe, Interviews, Aufzeichnungen, Fotos usw. zuständig? Wer übernimmt die Dankesworte?

Auswertung und Präsentation: Sammeln und Sichten der erhaltenen Informationen, Auswahl und Schwerpunktsetzung für eine Wandzeitung, ein Unternehmensporträt (kleine Broschüre) o. Ä., ggf. Bericht in der Schülerzeitung und/oder der Lokalpresse

(Autorentext)

2. Deutsche Unternehmen im Ausland – Motive und Arbeitsplatzverlagerungen

M 43 „Going global" – Warum sich deutsche Unternehmen im Ausland engagieren

Abb. 1

Heutzutage haben die meisten Unternehmen [in Deutschland] internationale Geschäftskontakte; „**going global**" ist für viele Unternehmen das strategische Gebot der Stunde; für sehr viele Unternehmen ist das internationale Geschäft die Existenzgrundlage geworden. Märkte sichern, Kosten sparen, Kapazitäten auslasten, Renditen* sichern – das sind die Ziele. Etwas überspitzt wird schon vom großen „Weltdorf" („global village") gesprochen: Die Kundenbedürfnisse werden weltweit immer ähnlicher, die Produktstandards immer stärker harmonisiert. Unabhängig davon gibt es viele kleinere und mittlere Unternehmen, insbesondere Handwerksbetriebe, die sich nur im heimischen Binnenmarkt und dabei oft nur regional orientieren und gar kein Auslandsengagement eingehen wollen – teils aus Risikoscheu, teils weil sie nicht weiter wachsen wollen, teils aus Mangel an Informationen über die Chancen des Auslandsgeschäfts.

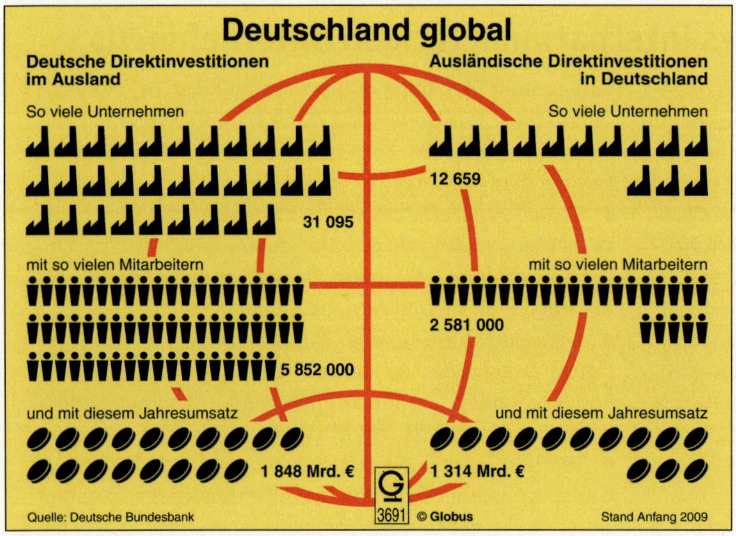

Abb. 2

● Es ist für jedes Unternehmen wichtig, seine *Strategie* zu definieren, die sich aus einer Vision ableiten sollte: Wo steht man heute, wo will man morgen stehen, und wie gelangt man dahin? [...] Einige Unternehmen verkaufen ihre Produkte nur so nebenbei ins Ausland, andere sind in hohem Maße vom Auslandsgeschäft abhängig und müssen sich daher sehr viel intensiver auf die Auslandsmärkte und die Anforderungen einstellen, die sich aus dem Auslandsgeschäft ergeben. Einige Unternehmen verkaufen oder produzieren weltweit überall, wo sich Marktchancen bieten (*global selling*), und kaufen weltweit dort ein, wo es am günstigsten ist (*global sourcing*), andere selektieren geografisch und beschränken sich auf ausgewählte Länder oder Ländergruppen. Die Absatzchancen großer neuer Märkte wie z. B. in Indien, China und anderen asiatischen Ländern sowie zunehmend in Lateinamerika sind oft verlockend. Ein Hersteller von Schuhsohlen schwärmte: „Es gibt eine Milliarde Chinesen, und jeder hat zwei Füße ....“ Das Motto *going global* bezieht sich nicht nur auf Großkonzerne und Megafusionen, sondern vor allem auf die unzähligen Unternehmen, die sich international betätigen. Die internationale Perspektive ermöglicht es einem Unternehmen, bezüglich Steuern, Arbeitskosten, Sozial- und Umweltnormen und anderen Standortkriterien nach den besten Rahmenbedingungen zu suchen und eventuell Begrenzungen des heimischen nationalen Rechts zu umgehen. [...]

● Die Frage, weshalb sich Unternehmer im Ausland engagieren, lässt sich relativ schnell beantworten: Sie wollen Geld verdienen und den Bestand des Unternehmens sichern. Das *betriebswirtschaftliche* Interesse ist eindeutig: Ohne Exportmärkte ließen sich Umsatz, Gewinne und Beschäftigung nicht sichern; ohne Importe ausländischer Güter wären viele inländische Produktionsleistungen unmöglich; ohne eigene Präsenz in ausländischen Märkten könnten viele Unternehmen ihre Positionen auch im Inland nicht halten; ohne Kooperation und oft Zusammenschluss mit ausländischen Partnern könnten viele Unternehmen nicht im internationalen Wettbewerb bestehen. Den Schlüssel zum Erfolg hat ein Unternehmer knapp formuliert: „Man braucht eine Spezialisierung, gutes Marketing* und gute Leute.“ So einfach ist das.

Die volkswirtschaftlich notwendige *Sicherung der heimischen Arbeitsplätze* allerdings – dies muss deutlich gesagt werden – steht aus betriebswirtschaftlicher Sicht als Unternehmensziel nur selten im Vordergrund. Arbeitskräfte sind notwendige Produktionsfaktoren*, die zur Verfolgung des unternehmerischen Gewinnziels benötigt werden. Unabhängig von sozialpolitischen Überlegungen, die sicherlich bei vielen Unternehmern auch eine Rolle spielen, muss gesehen werden, dass ein Unternehmen auf Dauer nur bestehen kann, wenn es eine Verzinsung des eingesetzten Kapitals erwirtschaftet (Rendite*), die deutlich über der alternativen Anlagerendite* auf dem Kapitalmarkt* liegt: Andernfalls könnte der Unternehmer sein Geld mit geringerem Risiko und eher mühelos in Wertpapieren* anlegen. Wenn die Gewinne ausbleiben, ist das Ende eines Unternehmens schnell nahe.

Abb. 3

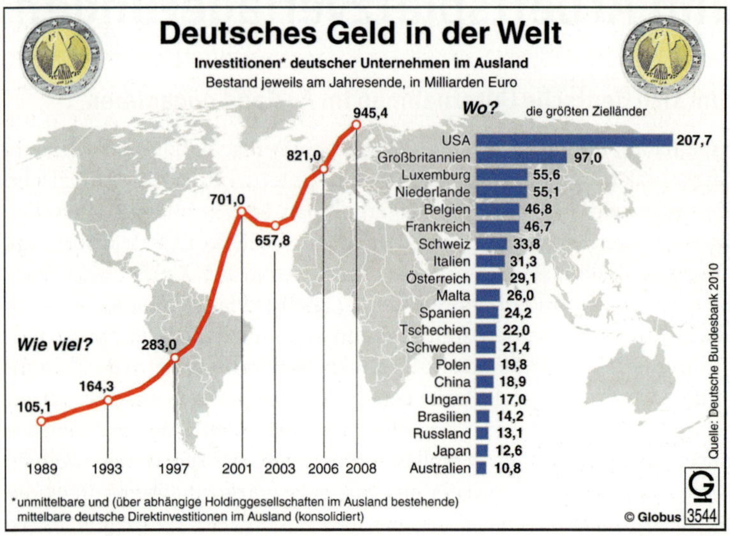

Unternehmen, die sich nicht international engagieren, verlieren leicht auch ihre inländische

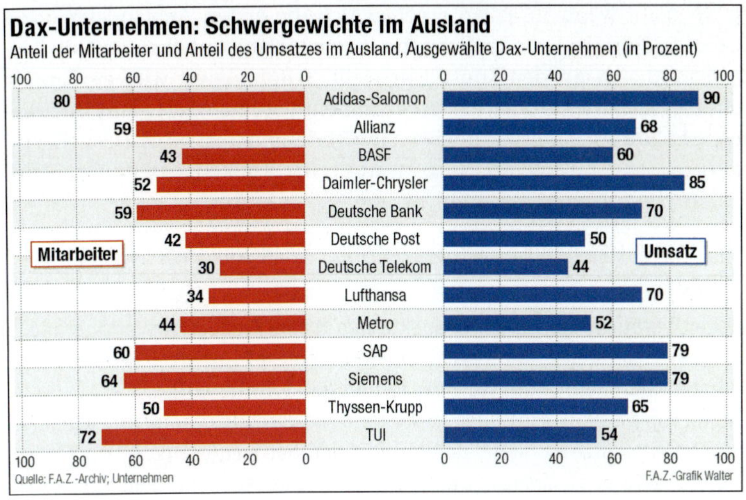

Abb. 4

ökonomische Basis: Viele retten sich vor den kostenmäßigen Nachteilen des Standortes Deutschland ins Ausland. Einige machen sich freiwillig und von sich aus auf ins Ausland, wollen expandieren oder „kundennäher" operieren, andere reagieren eher unfreiwillig, passiv und meist auch zögerlich auf externe Impulse und sehen dabei vor allem die Risiken des internationalen Wettbewerbs und ausländischer Engagements. Nicht wenige Unternehmen halten sich fälschlicherweise für zu klein für Auslandsgeschäfte. [...]

- Beim Drang ins Ausland kann man **Schub-** und **Sogfaktoren** unterscheiden (Push- und Pull-Faktoren), wobei es auf die Betrachtungsweise ankommt: Vergleichsweise hohe Lohnkosten bei gleichzeitig zunehmender (billiger) Importkonkurrenz in bestimmten Branchen drängen Unternehmen ins Ausland, umgekehrt sind niedrige Lohnkosten in Osteuropa oder Südostasien attraktive Sogfaktoren. Dann bietet sich oft eine Verlagerung von Produktionskapazitäten in **„Billiglohnländer"** an: Deutsche Nordseekrabben („Granat") werden mit Kühllastern z. B. nach Ungarn gebracht, dort „gepult" und wieder nach Deutschland zum Verkauf zurückgebracht; Stoff wird in Deutschland gewebt und daraus in Hongkong T-Shirts gefertigt; Wäsche wird von Deutschland nach Polen gebracht und dort gewaschen usw. [...] Solche *Auslagerungen von Produktionen oder Produktionsschritten* sind in der Textil-, Leder- oder Elektroindustrie und vielen anderen Branchen zu beobachten und in steigendem Maße auch bei Computersoftware, wo sich beispielsweise Indien einen Namen gemacht hat. [...]

Schubfaktoren sind sicherlich das Wegsacken von Inlandsmärkten durch Sättigung der Nachfrage oder Konkurrenz aus dem Ausland. „In Deutschland wächst nichts mehr; wir müssen in die Welt gehen", sagte unlängst ein Unternehmenschef. Daher können viele Unternehmen ihre Kapazitäten nur durch Aufträge aus dem Ausland auslasten; [...] nicht wenige Branchen – u. a. Bau-, Chemie- oder Autoindustrie, Maschinen- und Anlagenbau – sind in ihrer Existenz in starkem Maße von Auslandsaufträgen abhängig. Ein wichtiger Aspekt ist sicherlich auch das Streben nach Risikostreuung.

Als **Sogfaktor** ist auch anzusehen, wenn Zulieferer mit wichtigen Kunden mitgehen (müssen), u. a. in der Autoindustrie, wo sie den Herstellern beispielsweise in die USA oder nach Brasilien gefolgt sind, oder Unternehmen müssen ihren Konkurrenten ins Ausland folgen (*„me too!"*), um nicht „überholt" und „abgehängt" zu werden und ins Hintertreffen zu geraten, durch Ausnutzen von Kostenvorteilen und Besetzen von Marktpositionen (*outpacing*). Auch ungarische Kunden kaufen eher Konsum- oder Investitionsgüter, wenn die Firma durch Fabriken, Geschäfte oder Büros im eigenen Lande vertreten ist. Insgesamt entsteht für viele Unternehmen ein zunehmender *Zwang zur Teilnahme am internationalen Geschäft*. Auch Unternehmen, die noch vor wenigen Jahren nicht daran gedacht haben, erkennen heute eine Notwendigkeit, internationale Be-

Abb. 5: Motive für Verlagerungen ins Ausland zwischen 2001 und 2006
Unternehmen mit 100 und mehr Beschäftigten

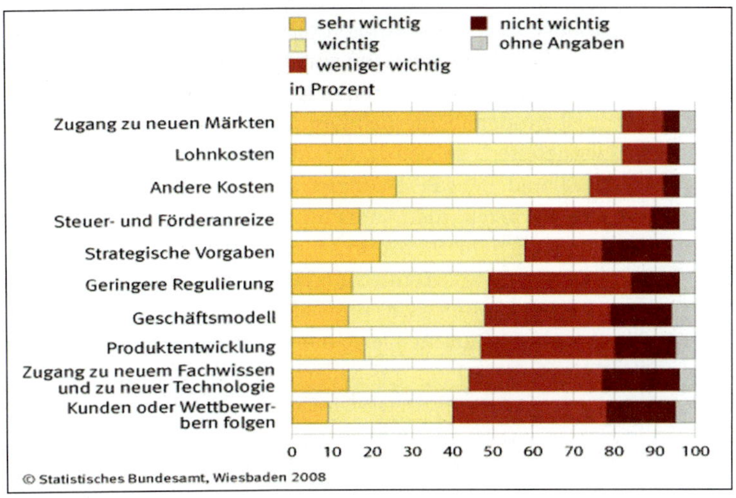

Die Darstellung beruht auf einer Untersuchung, deren Ergebnisse das Statistische Bundesamt 2009 unter dem Titel „Verflechtung deutscher Unternehmen mit dem Ausland" veröffentlicht hat. Sie steht im Internet zur Verfügung (http://www.destatis.de/jetspeed/portal/cms/Sites/destatis/Internet/DE/Presse/pk/2009/Verflechtung/begleitheft__verflechtung,property=file.pdf) und bietet Informationen zu zahlreichen Aspekten (vgl. M 44).

ziehungen aufzunehmen. In nicht wenigen Fällen ergeben sich die ersten Auslandskontakte eines Unternehmens „passiv", indem ein Exportauftrag von einem bislang unbekannten ausländischen Kunden eingeht, der von sich aus den Kontakt herstellt. Schon aktiver wird ein Unternehmen, wenn es sich auf einer Fachmesse oder – heute in zunehmendem Maße – im Internet präsentiert bzw. Kontakte sucht, um Auslandsaufträge einzuwerben.

(Jörn Altmann, Außenwirtschaft für Unternehmen, Lucius & Lucius Verlag, Stuttgart, 2. Aufl. 2001, S. 3 ff.)

1. Beschreiben Sie das gesamte Ausmaß (M 43, Abb. 2) und die regionale Verteilung (Abb. 3) deutscher Direktinvestitionen im Ausland.

2. M 43 gibt einen orientierenden Überblick über wichtige Aspekte zum Thema Produktionsverlagerung.
   - Worin besteht das „betriebswirtschaftliche" Interesse von Unternehmern? Inwiefern kann es in Widerspruch zum „volkswirtschaftlichen" Interesse eines Landes geraten? (Z. 40 ff.)
   - Inwiefern müssen die Folgen von Direktinvestitionen im Ausland (im Vergleich zur inländischen Export-Produktion) für die Arbeitsplätze im Inland differenziert gesehen werden? (Z. 67 ff.)
   - Stellen Sie stichwortartig die Faktoren zusammen, die für den „Drang ins Ausland" genannt werden. Welche Vorteile des Auslands ziehen Unternehmen an (Sogfaktoren), welche Defizite im Inland schieben sie an (Schubfaktoren)? (Z. 81 ff.)

3. Analysieren Sie das Befragungsergebnis zu den Motiven deutscher Unternehmer für ihr Engagement im Ausland (Abb. 5). Erläutern Sie näher, worin der Unterschied zwischen „Marktnähe" und „Markterschließung" liegt. Vergleichen Sie das Befragungsergebnis mit den Aussagen des Textes.

VERTIEFUNG M 44

Wie viele Arbeitsplätze kostet die Globalisierung?

Die Verlagerung wirtschaftlicher Aktivitäten deutscher Unternehmen ins Ausland ist ein Aspekt, der häufig im Zusammenhang mit der Globalisierung diskutiert wird (vgl. Abb. 1). Nach Angaben einer vom Statistischen Bundesamt veröffentlichten Erhebung, die in Deutschland bei 20 000 Unternehmen mit 100 und mehr Beschäftigten des nicht finanziellen Sektors der gewerblichen Wirtschaft durchgeführt wurde, verlagerten rund 14 Prozent der Unternehmen zwischen 2001 und 2006 Aktivitäten vom heimischen Standort ins Ausland. Vor allem bei Industrieunternehmen ist dieses Globalisierungsphänomen überdurchschnittlich stark ausgeprägt: 20 Prozent verlagerten Aktivitäten ins Ausland. In der übrigen Wirtschaft waren 7 Prozent der Unternehmen an Verlagerungen ins Ausland beteiligt.

Die beiden wichtigsten Verlagerungsmotive sind die Senkung der Lohnkosten und der Zugang zu neuen Absatzmärkten (vgl. M 43, Abb. 5). [...]

Die Ergebnisse der Erhebung zeigen weiter, dass tendenziell größere Unternehmen Verlagerungen ins Ausland vornehmen. So betrug der Anteil der Unternehmen mit 1000 und mehr Beschäftigten an allen Unternehmen lediglich 5 Prozent, der Anteil an den Auslandsverlagerungen war jedoch mit 9 Prozent beinahe doppelt so hoch. Auf der anderen Seite stammten aus der Gruppe der Unternehmen mit 100 bis unter 250 Beschäftigten, die in Bezug auf die Anzahl 67 Prozent aller Unternehmen ausmachten, lediglich 56 Prozent der auslandsverlagernden Firmen.

(http://www.bpb.de/files/3T3PVO.pdf; Verf.: Christian Hartmann)

Abb. 1:
„Exportspezialisten"

Arbeitsplätze: Qualifikation entscheidet

- Eine Verlagerung von Unternehmensfunktionen bedeutet in der Regel auch eine Abwanderung von Arbeitsplätzen. Insgesamt haben die größeren Unternehmen in den letzten Jahren durch Verlagerungen 188 600 Stellen in Deutschland abgebaut. Ebenfalls verlagerungsbedingt wurden jedoch gleichzeitig 105 500 neue Arbeitsplätze am hei-

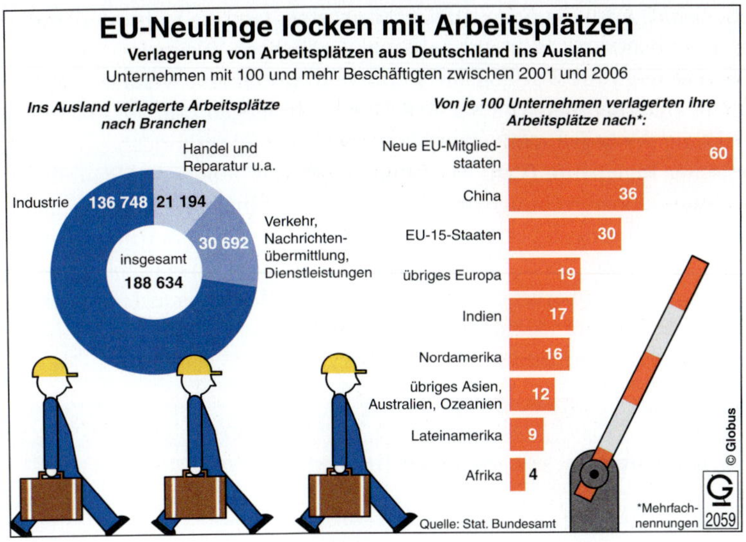

Abb. 2

mischen Standort geschaffen, also rund 56 % der verlagerten Arbeitsplätze.

- Allerdings ergeben sich große Unterschiede, wenn das *Qualifikationsniveau* der verlagerten und geschaffenen Arbeitsplätze berücksichtigt wird (vgl. Abb. 3). Erstens war die absolute Zahl der verlagerten Arbeitsplätze mit höherer Qualifikation mit 63 300 nur etwa halb so hoch wie die Zahl der verlagerten Arbeitsplätze mit geringerer Qualifikation (125 400). Zweitens wurden in den Unternehmen parallel zu der Verlagerung relativ und absolut mehr Arbeitsplätze mit höherer als mit geringerer Qualifikation geschaffen: Bei den Arbeitsplätzen mit höherer Qualifikation entsprachen die 59 300 geschaffenen Arbeitsplätze 94 Prozent der verlagerten Stellen. Die 46 200 geschaffenen Arbeitsplätze mit geringerer Qualifikation kompensierten lediglich 37 Prozent der verlagerten Stellen.

Bei den Arbeitsplätzen mit höherer Qualifikation lag die „Ersatzrate" im Hochtechnologiebereich bei 94 Prozent. Zu diesem „technologieintensiven Verarbeitenden Gewerbe" gehören unter anderem die Chemische Industrie, der Maschinenbau, die Automobilindustrie, die Elektrizitätserzeugung sowie die Feintechnologie (Büromaschinen und DV-Geräte, Rundfunk- und Nachrichtentechnik, Medizintechnik).

Im Dienstleistungsbereich wurden mehr hoch qualifizierte Arbeitsplätze neu geschaffen als verlagert – auf 100 verlagerte Arbeitsplätze entfielen 102 geschaffene. Bei den wissensintensiven Dienstleistungen lag die „Ersatzrate" sogar bei 121 Prozent. Zu diesem Bereich gehören unter anderem die Softwareentwicklung, die Rechts-, Steuer- und Unternehmensberatung, Architektur- und Ingenieurleistungen sowie Forschung und Entwicklung.

- Zusammenfassend ist festzustellen, dass erstens die Unternehmen, die in einen Unternehmensverbund mit Hauptsitz im Ausland integriert sind, den größten Anteil an den zwischen 2001 und 2006 verlagerten Arbeitsplätzen hatten. Gleichzeitig hatten diese Unternehmen auch die niedrigste „Ersatzrate", es wurden also vergleichsweise wenig verlagerungsbedingte Stellen geschaffen. Zweitens wurden bei allen Unternehmensgruppen absolut mehr Arbeitsplätze mit geringerer Qualifikation verlagert als Arbeitsplätze mit höherer Qualifikation. Dabei gilt für alle Unternehmensgruppen, dass der Anteil der Stellen, der ersatzlos wegfiel, bei den verlagerten Arbeitsplätzen mit geringerer Qualifikation deutlich höher ist als bei den verlagerten Arbeitsplätzen mit höherer Qualifikation. Bei den Arbeitsplätzen mit höherer Qualifikation ist sogar vielfach eine positive Arbeitsplatzbilanz festzustellen.

Bei der Beurteilung des Arbeitsplatzeffekts durch die Verlagerung wirtschaftlicher Aktivitäten ist generell zu beachten, dass Unternehmen, die ihre Wettbewerbsposition nicht durch Verlagerung verbessern, Marktanteile an die internationale Konkurrenz verlieren können. Auch in diesem Fall kann es zu Arbeitsplatzverlusten kommen.

(http://www.bpb.de/files/5FV2LU.pdf; Verf.: Christian Hartmann)

Abb. 3:
Arbeitsplatzeffekte durch Verlagerung von Aktivitäten ins Ausland[1]; am alten Standort neu geschaffene Arbeitsplätze in % der verlagerten Arbeitsplätze

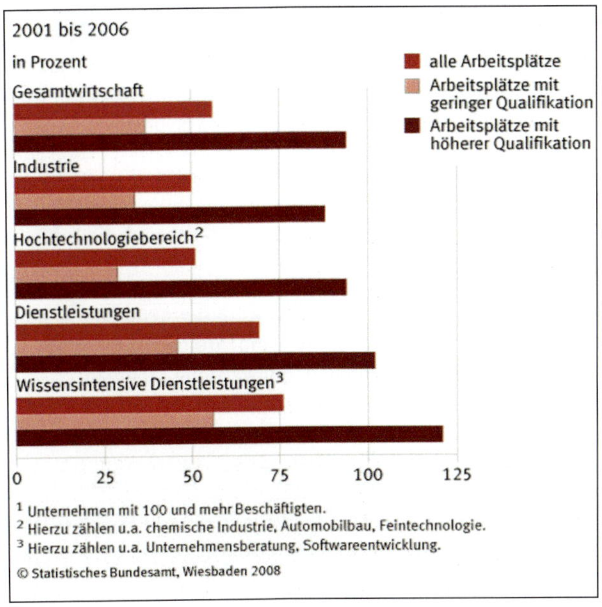

Nicht alle Erwartungen werden erfüllt

Insgesamt erfüllten sich bei mehr als der Hälfte der befragten Unternehmen die Erwartungen an ein Engagement im Ausland. Das Ziel, einen besseren Zugang zu neuen Märkten zu erhalten, erreichte laut eigenen Angaben mehr als die Hälfte aller Unternehmen. Rund zwei Drittel der Un-

ternehmen verzeichneten positive Auswirkungen auf die Lohnkosten. Und die Hälfte der Unternehmen stellte infolge einer Verlagerung auch eine Senkung der übrigen Kosten fest. Fast drei Viertel aller Unternehmen konnten ihre Position im Wettbewerb durch eine Verlagerung ins Ausland stärken. Wesentliche unternehmerische Nachteile werden hingegen kaum gesehen. Allenfalls war die Neuausrichtung der Logistik mit einem höheren Aufwand verbunden.
In einer vom Verein Deutscher Ingenieure (VDI) in Auftrag gegebenen Studie des Fraunhofer Instituts für System- und Innovationsforschung wird allerdings darauf hingewiesen, dass nicht jede Verlagerung die erhoffte Kostensenkung bringt. Dies auch deshalb, weil viele Unternehmen die Kosten für Anlaufzeiten, Betreuung, Koordination, Qualitätssicherung und betriebliche Kontrolle unterschätzen oder gar nicht erst berücksichtigen. Auch kulturelle Unterschiede können zum Beispiel durch verschiedene Kommunikationsstile oder Arbeitsweisen die Kosten erhöhen.
(http://www.bpb.de/files/3T3PVO.pdf; Verf.: Christian Hartmann)

Abb. 4

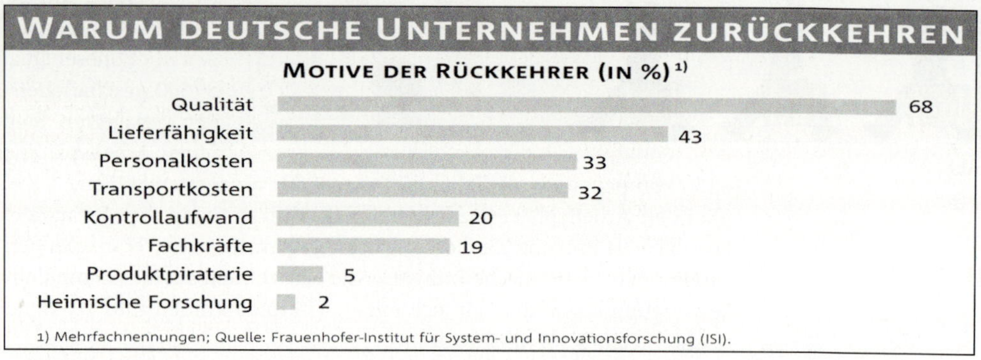

Dies wird gegenwärtig auch daran deutlich, dass die Zahl derjenigen Industriebetriebe, die Teile ihrer Produktion ins Ausland verlegen, gesunken ist, während zugleich die Zahl der Unternehmen zugenommen hat, die in die Heimat zurückkehren. So ist die Verlagerungsquote zwischen 2004/2006 und 2007/2009 um 40 Prozent gefallen. Und erstmals überhaupt gingen die Verlagerungen während einer Wirtschaftskrise zurück. [...] Inzwischen kommt auf ein verlagerndes Unternehmen ein Rückkehrer. Hauptmotiv für die Rückkehr in die Heimat sind Qualitätsmangel der im Ausland hergestellten Produkte, die auch ein Ergebnis der meist niedrigeren Qualifikation des Personals an den Produktionsstandorten sind. Lieferprobleme der ausländischen Fabriken, hohe Transportkosten sowie steigende Löhne mindern zusätzlich die Attraktivität so mancher ausländischer Standorte und machen in vielen Fällen eine Rückkehr nach Deutschland lohnenswert.
(Bundesverband deutscher Banken, SchulBank 02/2010, S. 1)

1. Die Verlagerung von Arbeitsplätzen ins Ausland ist vielleicht das am häufigsten diskutierte Problem, wenn es um die Folgen der Globalisierung geht (vgl. die Darstellung der Karikatur, Abb. 1 in M 44). Überlegen Sie: Warum ist die Frage, ob und ggf. in welchem Ausmaß das „going global" deutscher Unternehmen mehr Arbeitsplätze kostet als neue schafft, schwer zu untersuchen und zu beantworten?

2. Beschreiben Sie die Anlage der Untersuchung, über deren Ergebnisse in M 44 berichtet wird (zeitlicher Rahmen, erfasste Unternehmen, Freiwilligkeit), und fassen Sie die Untersuchungsergebnisse (Z. 22–75) in einer stichwortartigen Übersicht zusammen. Berücksichtigen Sie dabei auch die Informationen aus den zugeordneten Statistiken (Abb. 2 – 3).

3. Wie erklären Sie die Tatsache, dass von Arbeitsplatzverlagerungen und sich daraus ergebenden Arbeitsplatzverlusten vor allem gering qualifizierte Arbeitsplätze betroffen sind? Welche Folgerungen müssen daraus gezogen werden im Hinblick auf politische Maßnahmen? Hinweis: Die Arbeitslosenquote von Erwerbspersonen ohne Berufsabschluss lag 2009 in Westdeutschland bei 20 % (Ost: 34,0 %), die von Personen mit Hoch- und Fachschulabschluss bei 2 % (West; Ost: 4,2 %).

4. Beschreiben Sie auch, inwiefern sich nicht alle Erwartungen, die Unternehmen an Auslandsverlagerungen knüpfen, erfüllen und welche Entwicklung sich u. a. in dieser Hinsicht in den Jahren der Wirtschaftskrise (2007 – 2009) vollzogen hat (letzter Textabschnitt, Z. 76ff.).

5. Erläutern Sie die Gründe, die Unternehmen zur Rückkehr ins Inland veranlassen (vgl. Abb. 4).

3. „Standort Deutschland" im internationalen Vergleich

M 45 Was heißt „Standort-Qualität"?

Standorte werden von Staaten (allgemeiner von Gebietskörperschaften) angeboten und von Unternehmen als Produktionsstandorte nachgefragt. Die Staaten als Anbieter von Standorten stehen im Wettbewerb um die Ansiedlung von Unternehmen, sie stehen im Wettbewerb um den Zustrom der mobilen Produktionsfaktoren* Kapital* und technisches Wissen, weil Standorte im Prinzip reichlicher sind als ansiedlungswillige Unternehmen.

Unternehmen bieten Einkommen in Form von Löhnen, Gehältern, Mieten und Zinsen, sie bieten Steuereinnahmen und ihre Ansiedlung bietet Wachstums- und Entwicklungsimpulse für den Standort. Daher sind Unternehmensansiedlungen begehrt.

Standorte müssen für Unternehmensansiedlungen auch etwas bieten. Ihre Leistungen bestehen im Prinzip aus einem großen Bündel von sogenannten **Standortfaktoren**. Dies sind vor allem:

- Bedingungen der Beschaffung von Produktionsfaktoren*
(Kosten und Qualifikation des Faktors Arbeit, Kosten und Qualität von Grund und Boden, Energiekosten, Transportkosten, Kapitalkosten usw.);
- Bedingungen des Absatzes
(Marktgröße und Absatzpotenziale, Art und Anspruchsniveau der Nachfrage, Absatztransportkosten usw.) und
- Rahmenbedingungen staatlicher Wirtschaftspolitik
(Steuern und Subventionen, das Angebot öffentlicher Güter wie Bildung, Sicherheit, Verkehrsleistungen und die Gesamtheit der institutionellen Regelungen wie Lohnfindungsregeln, Wettbewerbsregeln, Umweltschutzvorschriften oder Systeme zur Finanzierung der sozialen Sicherheit).

Entscheidend für die Standortwahl von Unternehmen ist das Niveau der Standortqualität im Verhältnis zu ihren Kosten. Es kommt nicht darauf an, dass ein Standort wenig Steuern kostet oder eine großzügige Infrastruktur anbietet, sondern dass das Verhältnis von Kosten und Nutzen des Standortes attraktiv ist. Dafür zu sorgen ist dann die Aufgabe der staatlichen Standortpolitik. Staaten im Standortwettbewerb müssen also ein attraktives Preis-Leistungs-Verhältnis des Standortes anbieten.

Instrumente im Standortwettbewerb, die staatliche Wirtschaftspolitik gestalten kann, sind

- das Angebot an öffentlichen Gütern,
- der Umfang und die Struktur der Besteuerung einschließlich möglicher Subventionen und
- die institutionellen Regeln des Wirtschaftsprozesses.

Ursache des Standortwettbewerbs ist die Mobilität der Produktionsfaktoren*, vor allem die Mobilität des Faktors Kapital* einschließlich der Mobilität des technischen Wissens, ergänzend auch die Mobilität des Faktors Arbeit. Diese Mobilität hat im Zuge der Globalisierung der Weltwirtschaft deutlich zugenommen.

(Ulrich Baßeler/Jürgen Heinrich/Burkhard Utecht, Grundlagen und Probleme der Volkswirtschaft, Schäffer-Poeschel Verlag, Stuttgart, 19. Aufl. 2010, S. 592 f.)

1. Der „Standort Deutschland" ist seit vielen Jahren ein zentrales Thema in der gesamten wirtschaftspolitischen Diskussion zwischen Unternehmen, Gewerkschaften und Regierung. Beschreiben Sie anhand von M 45, was mit dem Begriff gemeint ist und welche „Standortfaktoren" sich unterscheiden lassen.

2. Erläutern Sie,
   - worin die Ursachen des Standortwettbewerbs (vgl. M 40) liegen,
   - woraus sich das Niveau der „Standortqualität" ergibt und
   - was mit den drei aufgeführten Maßnahmen der staatlichen Wirtschaftspolitik zur Gestaltung des Standorts konkret gemeint ist (Z. 28 ff.).

Die vorangehenden Materialien enthielten wiederholt Hinweise darauf, dass die Höhe der ***Arbeitskosten*** *zwar nicht die alleinige, aber doch eine entscheidende Rolle spielen, wenn es um die Verlagerung von Arbeitsplätzen ins Ausland geht. Wir wollen daher im Folgenden etwas genauer untersuchen,*

- *was der Begriff „Arbeitskosten“ beinhaltet (M 46 a),*
- *welche Bedeutung den „Lohnstückkosten“ zukommt und wie sich die Höhe und die Entwicklung der Lohnstückkosten in Deutschland darstellen (M 46 b) und*
- *wie insgesamt die Stellung des „Standorts Deutschland“ eingeschätzt wird (M 47).*

VERTIEFUNG **M 46 a**

Welche Rolle spielen die Arbeitskosten?

Ein Motiv für Auslandsinvestitionen ist die Ausnutzung von Standortvorteilen, insbesondere von unterschiedlichen Arbeitskosten (durchschnittlicher Stundenlohn plus Lohnzusatzkosten*). Deutschland ist seit vielen Jahren ein Hochlohnland und lag im Jahr 2006 mit Arbeitskosten von 32 Euro pro Stunde im verarbeitenden Gewerbe im europäischen Vergleich auf Rang vier. Die Arbeitskosten sind in Ostdeutschland rund 40 Prozent niedriger als in Westdeutschland. Entscheidender Faktor bei der Standortwahl von Unternehmen ist aber nicht die absolute Höhe der Arbeitskosten, sondern die Höhe der **Lohnstückkosten**, das heißt das Verhältnis von Arbeitskosten und Arbeitsproduktivität (s. Kasten). Da auch die Arbeitsproduktivität in Deutschland dank moderner Technologien, effizienter Infrastruktur* und hoch qualifizierter Arbeitskräfte internationale Spitzenwerte erreicht, kann diese bei anspruchsvollen Produkten den Nachteil hoher Arbeitskosten teilweise kompensieren. Im Falle von arbeitsintensiven Vorprodukten gelingt dieser Ausgleich häufig nicht. In diesem Fall kann die teilweise Verlagerung der Produktion ins kostengünstigere Ausland die Wettbewerbsfähigkeit auch der inländischen Standorte verbessern.

(Informationen zur politischen Bildung [= M 1], S. 18 f.)

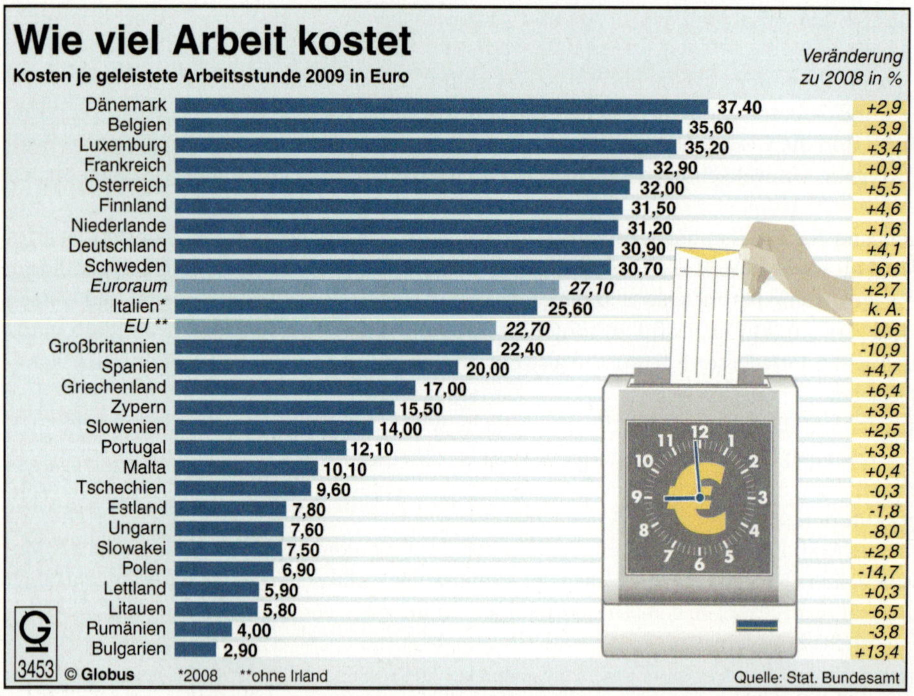

In die Arbeitskosten rechnen die Statistiker alles hinein, was ein Arbeitgeber zur Beschäftigung eines Arbeitnehmers aufwenden muss: *Bruttolöhne und -gehälter, Sozialbeiträge* sowie Kosten für berufliche Fortbildung.*

Für die Beurteilung der Wettbewerbsfähigkeit (unter dem Gesichtspunkt der Arbeitskosten) ist von zentraler Bedeutung, in welchem *Verhältnis die Lohnkosten zur Arbeitsproduktivität* stehen. Die **Arbeitsproduktivität** gibt an, wie hoch das Produktionsergebnis je Erwerbstätigen bzw. je Erwerbstätigenstunde ist (wie viele Einheiten eines bestimmten Produkts in einer Arbeitsstunde erstellt werden bzw. wie hoch die Lohnkosten je produzierter Einheit sind). Dieses Verhältnis von Lohnkosten zur Produktivität wird mit dem Indikator **Lohnstückkosten** erfasst. Die Lohnstückkosten bleiben konstant, wenn einerseits zwar die durchschnittlichen Lohnkosten steigen, andererseits aber auch die Produktivität* entsprechend zunimmt. Dann steigen Zähler und Nenner des Bruchs gleichermaßen, das Verhältnis bleibt unverändert. Steigen indessen die Lohnkosten infolge hoher Tarifabschlüsse und/oder steigender Lohnzusatzkosten schneller an als die Arbeitsproduktivität, dann erhöhen sich die Lohnstückkosten.

(Autorentext)

M 46 b Lohnstückkosten in Deutschland: günstige Entwicklung auf hohem Niveau

Seit der Jahrtausendwende sind in der *Industrie* die sogenannten Lohnstückkosten hierzulande immerhin um jahresdurchschnittlich 2 Prozent zurückgegangen (zur Entwicklung in der deutschen *Gesamtwirtschaft* s. Abb. 1). Lediglich Taiwan und Japan verzeichneten ein deutlicheres Minus.

Zu diesem erfreulichen Ergebnis haben beide Komponenten der Lohnstückkosten beigetragen:

- Die Lohnzurückhaltung sowie die dank der arbeitsmarktpolitischen Reformen zuletzt gesunkenen Sozialbeiträge* machten es möglich, dass die *Arbeitskosten je Stunde* in der hiesigen Industrie seit der Jahrtausendwende im jährlichen Schnitt um 2,2 Prozent stiegen, während sich im Ausland die Arbeitsstunde in heimischer Währung um durchschnittlich 3,6 Prozent verteuerte. Nur Taiwan und Japan traten stärker als Deutschland auf die Kostenbremse.
- Die *Produktivitätsdynamik* zwischen Rügen und Schwarzwald konnte sich sehen lassen – seit dem Jahr 2000 wurden je Arbeitsstunde jahresdurchschnittlich 4,3 Prozent mehr Güter hergestellt. Zwar schnitten in dieser Disziplin immerhin fünf Länder besser ab, im Mittel erreichte das Ausland aber nur einen Zuwachs von jährlich 3,5 Prozent.

Es gibt allerdings keinen Grund, sich auf den jüngsten Lorbeeren auszuruhen. Denn meist produziert die Konkurrenz immer noch billiger (s. Abb. 2).

(iwd – Informationsdienst des Instituts der deutschen Wirtschaft Köln, Nr. 46/2008; © Deutscher Instituts-Verlag, Köln)

Abb. 1

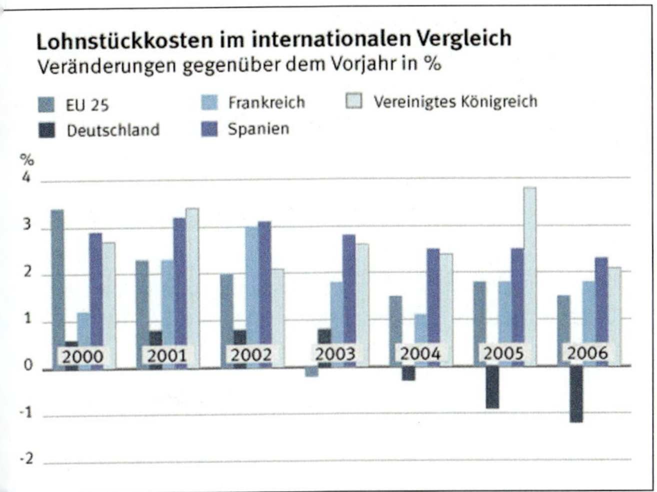

Ursache für den deutlichen **Anstieg der Lohnstückkosten 2008/2009** – nicht nur in Deutschland – ist der massive Rückgang des Bruttoinlandsproduktes im vierten Quartal 2008 und im ersten Quartal 2009. Da die Lohnstückkosten [...] das Verhältnis von Arbeitnehmerentgelten zum realen Bruttoinlandsprodukt messen, führt ein Rückgang des Bruttoinlandsproduktes, der nicht von einem entspre-

Abb. 2

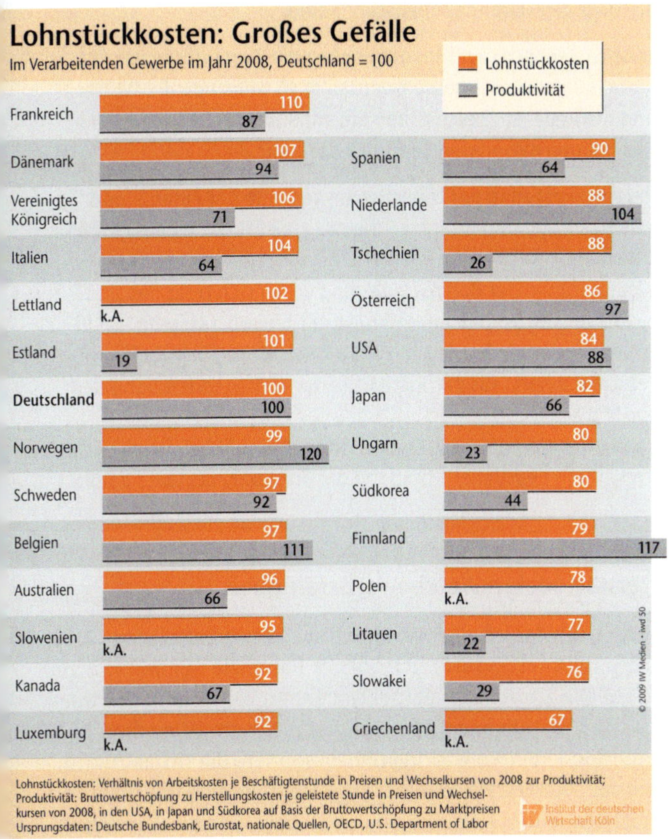

Abb. 3

Lohnstückkosten: Zuletzt meist stark gestiegen

Veränderung zwischen dem ersten Quartal 2008 und dem vierten Quartal 2009 im Verarbeitenden Gewerbe in Prozent

	Produktivität	Arbeitskosten	Lohnstückkosten
Luxemburg	-17,7	-2,3	18,8
Lettland	-17,1	-5,7	13,7
Deutschland	-16,2	-3,0	16,1
Estland	-14,0	0,9	8,2
Italien	-13,9	-2,6	13,1
Finnland	-10,5	-1,6	10,8
Tschechien	-10,1	-6,2	3,8
Frankreich	-7,5	2,9	11,4
Griechenland	-5,4	4,1	10,0
Österreich	-4,8	4,6	10,1
Niederlande	-3,8	1,5	5,5
Litauen	-3,4	-5,7	-2,8
Slowenien	-3,3	4,4	7,9
Spanien	-0,6	11,2	12,5
Slowakei	0,7	7,5	5,8
Polen	0,8	-3,4	-4,3
USA	2,9	5,8	2,9
Dänemark	4,9	4,4	-0,5

Saisonbereinigt; Produktivität: reale Bruttowertschöpfung je Erwerbstätigen; Arbeitskosten: je Arbeitnehmer; Lohnstückkosten: Verhältnis von Arbeitskosten (je Stunde beziehungsweise je Beschäftigten) und Produktivität (je Stunde beziehungsweise je Erwerbstätigen); Ursprungsdaten: Eurostat, U.S. Department of Labor

© 2010 IW Medien · iwd 27 – Institut der deutschen Wirtschaft Köln chenden Rückgang der Arbeitnehmerentgelte begleitet wird, zu einem Zuwachs dieses Verhältnisses. Der hohe Anstieg in Deutschland erklärt sich somit durch den überdurchschnittlich starken Einbruch des Wachstums bei gleichzeitig stabiler Entwicklung der Erwerbstätigkeit in den Quartalen seit der Krise. Die Arbeitnehmerentgelte für die Gesamtwirtschaft wiesen dadurch laut Eurostat seit Jahresbeginn in Deutschland insgesamt höhere Wachstumsraten auf als in Frankreich, Italien und Spanien.

Die vergleichsweise stabile Entwicklung der deutschen Erwerbstätigkeit ist vor allem dem massiven Einsatz von Instrumenten der internen Flexibilität zu verdanken, wie dem Abbau von Überstunden und Guthaben auf Arbeitszeitkonten, [...] der Nutzung von speziellen tariflichen Arbeitszeitregelungen für Krisenzeiten und der **Kurzarbeit**. Zudem wurden manche Arbeitskräfte wegen eines befürchteten Mangels an Facharbeitern gehalten.

(Institut für Makroökonomie und Konjunkturforschung [IMK] in der Hans-Böckler-Stiftung [Hg.], IMK Report Nr. 44, Düsseldorf, Dezember 2009, S. 12; http://www.boeckler.de/pdf/p_imk_report_44_2009.pdf)

1 Verschaffen Sie sich anhand von M 46a (Text und Grafik) zunächst Klarheit über die Bestandteile der Arbeitskosten. Was umfasst der Begriff „Sozialbeiträge*"?

2 Stellen Sie fest, wie sich die Position Deutschlands bzw. Westdeutschlands im internationalen Vergleich der Arbeitskosten darstellt. (M 46 a, Grafik)

3 Erklären Sie die Bedeutung des Begriffs der Arbeitsproduktivität und im Zusammenhang damit die Bedeutung der Lohnstückkosten (M 46 a, mit Kasten). Warum kommt es bei der Beurteilung des Kostenwettbewerbs letztlich auf die Lohnstückkosten an?

4 Wie sich die Lohnstückkosten in der *Gesamtwirtschaft* in Deutschland und im EU-Vergleich seit 2000 entwickelt haben, können Sie anhand der Abb. 1 in M 46 b beschreiben. Vergleichen Sie diese Entwicklung mit der in der deutschen *Industrie* („verarbeitendes Gewerbe") und stellen Sie heraus, auf welche Bestimmungsgründe das Institut der deutschen Wirtschaft die günstige Entwicklung zurückführt (M 46 b, Z. 6 ff.). Erläutern Sie dazu, was mit „Lohnzurückhaltung" gemeint ist und inwiefern die „Sozialbeiträge*" (s. M 46a) ein Teil der Arbeitskosten (Lohnnebenkosten*) sind.

5 Das Institut der deutschen Wirtschaft weist zu Recht darauf hin, dass neben der Darstellung der *Entwicklung* der Lohnstückkosten ihre *absolute Höhe* nicht vergessen werden darf, wenn von der Wettbewerbsfähigkeit des Standorts Deutschland die Rede ist. Beschreiben Sie anhand der Abb. 2, wie sich darauf bezogen die Position Deutschlands im internationalen Vergleich darstellt.

6 Beschreiben Sie die Entwicklung der Lohnstückkosten in der Industrie im Verlaufe der Finanz- und Wirtschaftskrise 2008/2009 (Abb. 3) in Deutschland und erläutern Sie dazu die Erklärung der gewerkschaftsnahen Hans-Böckler-Stiftung (Z. 21 ff.).
- Durch welche wirtschaftspolitischen Maßnahmen der Bundesregierung ergab sich trotz des „starken Einbruchs des Wachstums" eine „gleichzeitig stabile Entwicklung der Erwerbstätigkeit"? – Eine ausführliche Darstellung dazu enthält der Abschnitt „Mit Keynes aus der Krise" im Arbeitsheft „Wirtschaftspolitik in der sozialen Marktwirtschaft" für die Jgst. 11 (s. im vorliegenden Band den Glossarbegriff „Nachfrageorientierung*").
- Inwiefern ergibt sich bei einem Rückgang des Wachstums („Konjunktureinbruch") bei gleichzeitig weitgehendem Erhalt der Erwerbstätigkeit ein deutlicher Rückgang der Produktivität* und damit ein Anstieg der Lohnstückkosten?

M 47 Deutschland in der Spitze der internationalen Wettbewerbsfähigkeit

Deutschland hat 2009 sichtbar an Wettbewerbsfähigkeit gewonnen und ist zum stärksten Land der Euro-Zone geworden. Die Bundesrepublik verbesserte sich auf der Rangliste des World Economic Forum (WEF) von Platz sieben auf Platz fünf und liegt damit knapp vor Japan und Finnland, wie der jetzt veröffentlichte Global Competitiveness Report zeigt. Die vom Ausrichter des Weltwirtschaftsforums in Davos rekrutierten Experten würdigen insbesondere die Infrastruktur, den funktionierenden Wettbewerb und die Wettbewerbspolitik. Zugleich habe sich das makroökonomische Umfeld im Vergleich zu vielen anderen Industriestaaten stark verbessert. Dies spielt

offenbar auf den vergleichsweise schwachen Anstieg der Lohnstückkosten in den vergangenen Jahren an. Schwachpunkt bleibt der Arbeitsmarkt. Hier bemängelt der Bericht den starren Kündigungsschutz und die inflexible Lohnfindung. In diesem Segment landet Deutschland auf Platz 126 der 139 untersuchten Länder. Spitzenreiter in der Rangliste des WEF ist wie im Vorjahr die Schweiz, gefolgt von Schweden und Singapur. Die Schweiz glänze vor allem in der Innovationskraft und in der Geschäftskultur, schreiben die Autoren des in Genf veröffentlichten Berichts. Allerdings müsse unbedingt die Zahl der Hochschulabsolventen gesteigert werden. Die Vereinigten Staaten, die schon im Jahr zuvor vom ersten auf den zweiten Platz zurückgestuft worden waren, rutschten weiter auf Rang vier ab. Positiv schlage die Wettbewerbsfähigkeit der Unternehmen und die Qualität der Forschungsinstitute zu Buche, schreibt das Forum. Anlass zur Sorge geben hingegen die öffentliche Verschuldung, der Finanzmarkt und die volkswirtschaftliche Stabilität. Hier landete Amerika sogar nur auf Platz 87. Darüber hinaus vermerkt der Bericht das schwindende Vertrauen der Bevölkerung in die Politiker negativ.

(Frankfurter Allgemeine Zeitung v. 10.9.2010, S. 11; Verf.: Jürgen Dunsch)

	2010		2009
Land	**Rang**	**Punkte**	**Rang**
Schweiz	1	5,63	1
Schweden	2	5,56	4
Singapur	3	5,48	3
Vereinigte Staaten	4	5,43	2
Deutschland	5	5,39	7
Japan	6	5,37	8
Finnland	7	5,37	6
Niederlande	8	5,33	10
Dänemark	9	5,32	5
Kanada	10	5,30	9

(Quelle: Weltwirtschaftsforum; in: Frankfurter Allgemeine Zeitung v. 10.9.2010, S. 11)

In Deutschland sieht das Forum, das mehr als 110 ökonomische Indikatoren* misst, eine Verbesserung des gesamtwirtschaftlichen Umfeldes. Deutschland liegt vorne bei der Infrastruktur* mit Faktoren wie Verkehrswege, Telefonnetze und Stromversorgung. Auch bescheinigt der Bericht eine wirksame Wettbewerbspolitik.
Deutsche Unternehmen seien sehr professionell und übernähmen schnell technische Neuerungen zur Verbesserung der Produktivität.
Doch sei der deutsche Arbeitsmarkt wegen mangelnder Lohnflexibilität und des starken Kündigungsschutzes zu unbeweglich. Es müsse aber zugegeben werden, so der Bericht, „dass es geholfen hat, in der Krise die Arbeitslosigkeit niedrig zu halten". Zwar liegen die Deutschen immer noch einen Platz hinter den Amerikanern (s. Tabelle), doch beschreibt der Bericht einen Abwärtstrend in den USA. „Zusätzlich zu den makroökonomischen Ungleichgewichten, die sich im Laufe der Zeit gebildet haben, ist eine Schwächung der amerikanischen öffentlichen und privaten Institutionen zu verzeichnen", heißt es in dem Bericht. „Zudem sind die Sorgen in Bezug auf US-Finanzmärkte noch nicht ausgeräumt."
Bei der Studie wurden 12 Säulen der Konkurrenzfähigkeit überprüft: Institutionen, Infrastruktur, makroökonomisches Umfeld, Gesundheit und Grundschulbildung, Hochschulbildung und Ausbildung, Effizienz der Gütermärkte, Arbeitsmarkt, Entwicklungsgrad der Finanzmärkte, technologischer Entwicklungsgrad, Marktgröße, Entwicklungsgrad der Unternehmen und Innovationen. Auch wurden 13 500 Wirtschaftsführer in 139 Ländern befragt.

(dpa;http://www.tagesspiegel.de/wirtschaft/wettbewerbsfaehigkeit-deutschland-jetzt-spitze/1929628.html)

1 Beschreiben Sie auf der Grundlage der Textinformationen (M 47), auf welcher Basis (Merkmale, Indikatoren, sonstige Informationen) das Schweizer Weltwirtschaftsforum (www.weforum.org) die internationale Wettbewerbsfähigkeit in einer Indexberechnung* beurteilt und in eine „Rangordnung" bringt.

2 Erläutern Sie die Stellung Deutschlands im Hinblick auf die im Text genannten Indikatoren, die Stärken und Schwächen des „Standorts".

3 Erklären und diskutieren Sie die wirtschaftspolitische Konzeption und Einstellung, aus der heraus die Verfassung des deutschen Arbeitsmarkts beschrieben und beurteilt wird (Z. 33 ff.; vgl. dazu ggf. die Glossarbegriffe Angebotsorientierung* und Nachfrageorientierung*; eine ausführliche Darstellung zu den wirtschaftspolitischen Konzeptionen war Gegenstand des Unterrichts in der Jgst. 11: „Wirtschaftspolitik in der sozialen Marktwirtschaft").

V „Global Economic Governance" – Chancen und Probleme internationaler Organisationen und Institutionen auf dem Wege zu einer Weltwirtschaftsordnung

M 48 Was bedeutet „Global Economic Governance"?

Was ist Global Economic Governance?

- Institutionen und Prozesse der gesellschaftlichen Selbststeuerung in der Wirtschaft auf globaler Ebene
- multilaterales, regelgestütztes Management der Weltwirtschaft
- Verbindungen zwischen Markt, Staat, Verbänden, Netzwerken
- Steuerung mittels einer Mischung aus Wettbewerb, Regulierung, Verhandlungen, Kooperation

(Technische Universität Braunschweig, Hauptseminar „Ansätze zu einer Global Economic Governance", Referentin: Melanie Bley, Folie S. 22; http://www-public.tu-bs.de:8080/~gheere/Docs/HS-Entwicklungstheorie_070712_GlobEconomGov-Bley.pdf)

Die nationalen Regierungen erkennen zunehmend, dass viele Probleme international verursacht und mit nationalen Mitteln nicht mehr zu beherrschen sind. Die genannten Problemfelder erfordern internationale Regelungen, die Elemente einer Weltwirtschaftsordnung darstellen können. Am Zustandekommen dieser Regelungen ist eine Vielzahl von Akteuren beteiligt. Neben nationalen Regierungen sind es internationale Organisationen und Verträge, Nichtregierungsorganisationen und Akteure der Privatwirtschaft (Verbände und multinationale Unternehmen), die so auf den Globalisierungsprozess Einfluss nehmen. In der politikwissenschaft wird das Zusammenwirken dieser Akteure als *Global Governance* [bzw. auf den wirtschaftlichen Bereich bezogen: World Economic Governance, **WEG**] bezeichnet.

(Informationen zur politischen Bildung [= M 1], S. 58 f.)

Angela Merkel im Kanzleramt in Berlin neben (l-r) dem Generalsekretär der Internationalen Arbeitsorganisation (ILO), Juan Somavia, dem Generaldirektor der Welthandelsorganisation (WTO), Pascal Lamy, dem Generalsekretär der Organisation für wirtschaftliche Zusammenarbeit und Entwicklung (OECD), Jose Angel Gurria, Weltbank-Präsident Robert Zoellick und dem Geschäftsführenden Direktor des Internationalen Währungsfonds (IWF), Dominique Strauss-Kahn

Als die wichtigsten Akteure der WEG lassen sich – neben einer Reihe von Weltkonferenzen der Vereinten Nationen, wie z. B. der Klimakonferenz – in einer dreifachen Gliederung nennen (in Anlehnung an: Uwe Andersen, World Economic Governance; in: politische bildung 2009/3; Wochenschau Verlag, Schwalbach/Ts. 2009, S. 83 ff.):

1. Formelle internationale Regierungsorganisationen (International Governmental Organizations, IGOs):

- der Internationale Währungsfonds (**IWF**; engl.: International Monetary Fund, IMF) und die **Weltbankgruppe** (beide gegründet 1944)
- das Allgemeine Zoll- und Handelsabkommen (General Agreement on Tariffs and Trade, **GATT**; gegr. 1947), das 1995 abgelöst wurde durch die wichtige Welthandelsorganisation (Word Trade Organization, **WTO**)

- Organisation für wirtschaftliche Zusammenarbeit und Entwicklung (Organization for Economic Cooperation and Development, **OECD**; gegr. 1958)
- Konferenz der Vereinten Nationen für Handel und Entwicklung (United Nations Conference on Trade and Development, **UNCTAD**; gegr. 1964)

2. Ein internationales staatliches „Clubsystem":

- die **„G 7/8"** (d. h. die Gruppe der 7 bzw. 8 großen Industrienationen; seit 1974 bzw. 1998)
- die **„G 20"** (die Gruppe der 7/8 und weiterer Industrie- und Schwellenländer*; seit 1999)
- die **„G 77"** (Zusammenschluss von ursprünglich 77 Entwicklungsländern, die heute aus 134 Entwicklungsländern besteht; seit 1964)
- die **„G 24"** (Zusammenschluss von 24 Entwicklungsländern zur besonderen Vertretung währungs- und finanzpolitischer Interessen; seit 1971)

3. Zahlreiche **Internationale Nichtregierungsorganisationen (International Non Governmental Organizations, INGOs)**, darunter z. B.:

- **Amnesty International** (ai; gegr. 1961; Schutz der Menschenrechte; s. Abb.)
- **Greenpeace International** (seit 1979; Umweltschutz; s. Abb. S. 205 u.)
- **ATTAC** (Association pour une Taxation des Transactions financières pour l'Aide aux Citoyens, Vereinigung für eine Besteuerung von Finanztransaktionen zum Wohle der Bürger; Globalisierungskritik, Forderung einer stärkeren Regulierung der Finanzmärkte; seit 1989)
- **WSF** (Weltsozialforum, seit 2001; Globalisierungskritik, Forderung einer stärkeren Berücksichtigung sozialer Belange)

(Autorentext)

1. Beschreiben Sie, was man unter Global Economic Governance (GEG) zu verstehen hat, und erklären Sie, warum es sich nicht um eine „Weltwirtschaftsregierung" oder eine fest gefügte „Weltwirtschaftsordnung" handelt (vgl. dazu ggf. M 1 in Teil A dieses Arbeitsbuches und die Übersichten auf der Seite http://www-public.tu-bs.de:8080/~gheere/Docs/HS-Entwicklungstheorie_070712_GlobEconomGov-Bley.pdf).

2. Erläutern Sie die Kriterien, nach denen die Dreiteilung der wichtigsten Akteure der GEG erfolgt ist, und nennen Sie ggf. nähere Informationen zu Organisationen, über die Sie schon etwas gelesen oder gehört haben.

3. Stellen Sie fest, zu welcher Gruppe die Organisationen gehören, deren Chefs Bundeskanzlerin Merkel im April 2010 nach Berlin eingeladen hatte (zur ILO - International Labor Organization s. www.ilo.org/public/german/region/eurpro/bonn/verfassung/index.htm).

*Als die für unser Thema der internationalen Wirtschaftsbeziehungen wichtigsten Organisationen soll im Folgenden die Bedeutung der **WTO**, des **IWF** und der **G 20** etwas näher beschrieben und erörtert werden.*

1. Die Welthandelsorganisation – Funktionen, Prinzipien, Kritikpunkte

M 49 Regeln für den Welthandel – die Rolle der Welthandelsorganisation

Die Welthandelsorganisation (*World Trade Organisation*, WTO) ist die wichtigste internationale Institution, die sich mit den Regeln für den internationalen Handel befasst. Gegründet 1995, lag ihr Ursprung im 1948 gegründeten Allgemeinen Zoll- und Handelsabkommen (*General Agreement on Tariffs and Trade*, GATT). Die Hauptaufgabe der WTO ist, einen möglichst reibungslosen und freien Handel sicherzustellen (Liberalisierung der internationalen Wirtschaftsbeziehungen; vgl. Abb. 3). Dafür werden ihr verschiedene Funktionen zugesprochen. Sie

- verwaltet und überwacht Handelsvereinbarungen,
- ist ein Forum für die Erörterung von Problemen des internationalen Handels und den Abschluss von Handelsabkommen,
- dient als Streitschlichtungsorgan,
- überprüft nationale Handelspolitiken,
- unterstützt die Entwicklungsländer bei handelspolitischen Angelegenheiten durch technische Hilfe und Fortbildungsmaßnahmen,
- kooperiert mit anderen internationalen Organisationen.

Ein großer Erfolg, der mit der Gründung der WTO einherging, war die Herstellung einer übergreifenden Rahmenordnung für die verschiedenen *Teilordnungen* der internationalen Handelsbeziehungen.

Entsprechend umfassen die WTO-Verträge das *Handelsabkommen* (GATT), das Abkommen über den *Dienstleistungshandel* (*General Agreement on Trade in Services*, GATS) und das Abkommen über handelsrelevante Aspekte der *Rechte geistigen Eigentums* (*Agreement on Trade-Related Aspects of Intellectual Property Rights*, TRIPS) (vgl. Abb. 4, S. 191).

Der Beitritt zur WTO ist für die Mitglieder einerseits Voraussetzung, um von den Vorteilen der Handelsliberalisierung zu profitieren, bindet sie auf der anderen Seite aber auch an alle rechtlichen Verpflichtungen. Die Mitglieder sind dazu angehalten, die allgemein verbindlichen Prinzipien der WTO zu befolgen.

Die zentralen **Prinzipien**, nach denen die angestrebte *Liberalisierung des Welthandels* sich vollziehen soll, sind Nichtdiskriminierung (Meistbegünstigungsprinzip und Inländerprinzip) und Reziprozität.

Das *Meistbegünstigungsprinzip* besagt, dass kein WTO-Mitgliedsland als Handelspartner diskriminiert und schlechter gestellt werden darf. Entsprechend müssen die einem Handelspartner gewährten Vergünstigungen (zum Beispiel niedriger Zollsatz für bestimmte Industrieprodukte) auch allen anderen Mitgliedsländern unverzüglich und uneingeschränkt eingeräumt werden.

Abb. 1

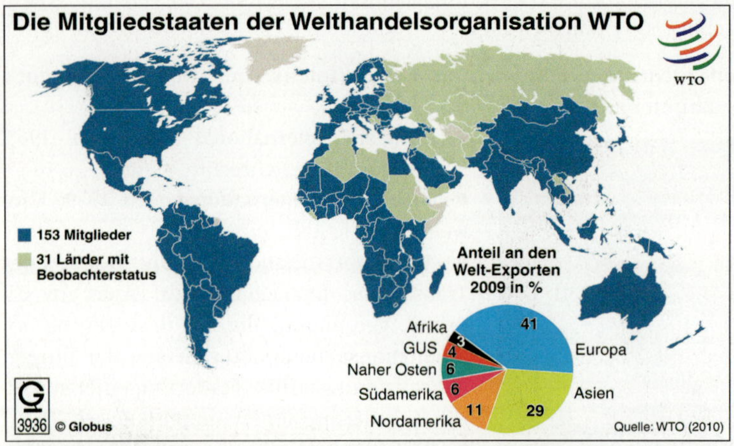

Abb. 2: Blick auf die Konferenz der WTO-Mitgliedstaaten am 27.7.2004 in Genf

Abb. 3: „Lizenz zum Schlachten"

Abb. 4

Mitgliederzahl 2010: 153

Welthandelsorganisation (WTO)
146 Mitgliedstaaten
Prinzip der Konsensentscheidungen: eine Entscheidung gilt als angenommen, wenn ihr kein Mitgliedstaat formell widerspricht

Güter- und Zollabkommen (GATT)

regelt den Warenverkehr in den Bereichen:
- Industriegüter: Zollsenkungen bis zu 100 %
- Landwirtschaft: Abbau von Subventionen
- Textilhandel: Abbau von Exportbeschränkungen

Dienstleistungsabkommen (GATS)

regelt den Handel mit Dienstleistungen.
Öffnung der Märkte, Abbau von Handelshemmnissen in den Bereichen:
- Telekommunikation
- Banken und Versicherungen
- Transport
- Tourismus

Abkommen über geistiges Eigentum (TRIPS)

regelt den Schutz des geistigen Eigentums in den Bereichen:
- Patente
- Marken
- Urheberrecht
- Industriedesign
- Computerprogramme

Streitschlichtung
Regelung bei Handelskonflikten

Prinzip der Meistbegünstigung: Handelsvorteile müssen allen Mitgliedstaaten in gleicher Weise gewährt werden
Prinzip der Nichtdiskriminierung: Keine Benachteiligung eines einzelnen Mitgliedstaates gegenüber anderen Mitgliedstaaten
Prinzip der Inländerbehandlung: Keine Begünstigung inländischer Güter und Dienstleistungen gegenüber ausländischen Produkten
Prinzip der Transparenz: Keine geheimen Abkommen, sondern gegenseitige Information über Handelsvorschriften

(http://www.politikundunterricht.de/4_03/globalisierung.pdf, S. 28; Verf.: Reinhold Weber)

Das *Inländerprinzip* verlangt, dass ausländische Waren sowie deren Anbieter nicht schlechter gestellt werden dürfen als inländische. Grundsätzlich können demnach Gebühren, Steuern und Sonderaufwendungen auch auf Importwaren erhoben und inländische Rechtsvorschriften auf Importwaren angewendet werden. Diese dürfen dabei aber nicht das Niveau der Belastungen übersteigen, denen gleiche oder gleichartige Waren aus inländischer Produktion ausgesetzt sind.

Das *Reziprozitätsprinzip* (Prinzip der Gegenseitigkeit) soll Handelsbeschränkungen durch gegenseitige Zugeständnisse beseitigen. Der Abbau von Zöllen und anderen Handelsschranken soll „auf der Grundlage der Gegenseitigkeit und zum gemeinsamen Nutzen" der beteiligten Länder erfolgen.

Von diesen Grundsätzen gibt es *Ausnahmen*:

- Die Meistbegünstigung [...] wird nicht auf *Freihandelszonen* oder *Zollunionen* (s. Grafik S. 129) angewandt. Das Wesen solcher Abkommen besteht ja gerade darin, dass die Mitglieder sich Handelsvorteile einräumen, die Drittländern nicht gewährt werden.
- Im Falle von Zahlungsbilanzproblemen können Einfuhren vorübergehend begrenzt werden, um einem Handelsbilanzdefizit* entgegenzuwirken.
- Entwicklungsländer sind vom Prinzip der Reziprozität befreit: Sie können Handelsvergünstigungen in Anspruch nehmen, ohne ihrerseits Präferenzen gewähren zu müssen.

Ein weiteres Prinzip der WTO ist das Gebot zur *Transparenz*: Die WTO-Mitglieder sind verpflichtet, sich gegenseitig über ihre Handelshemmnisse zu informieren. Zur WTO gehören zurzeit (2010) 153 Mitgliedstaaten, die über 97% des Welthandels abwickeln (seit 2001 auch China, aber noch nicht Russland, das ebenso wie ca. 30 weitere Länder über einen Beitritt verhandelt).

(Informationen zur politischen Bildung [= M 1], S. 39 f.)

Das höchste Organ der WTO, die *Ministerkonferenz* (s. Abb. 2), tritt mindestens alle zwei Jahre zusammen. Die Ministerkonferenz ist für alle Aufgaben zuständig. Zwischen den Ministerkonferenzen werden die laufenden Geschäfte vom *Allgemeinen Rat* der WTO wahrgenommen. Der Allgemeine Rat tritt zudem als Organ zur *Überprüfung der Handelspolitiken* der Mitgliedstaaten und als *Streitschlichtungsorgan* (s. Kasten in M 50) zusammen. Dem Allgemeinen Rat sind der Rat für den *Handel mit Waren*, der Rat für den *Handel mit Dienstleistungen* und der Rat für handelsbezogene Aspekte der *Rechte des geistigen Eigentums* sowie mehrere Ausschüsse und Arbeitsgruppen nachgeordnet. Dem Rat für Handel mit Waren arbeiten seinerseits zahlreiche *Ausschüsse* zu, welche sich mit den einzelnen multilateralen Handelsübereinkommen befassen.
(Autorentext)

1. Erläutern Sie mit eigenen Worten die Hauptaufgabe der WTO und ihre einzelnen Funktionen (M 49, Z. 1–21) und die Dreiteilung ihrer Aufgabenbereiche (Z. 27 ff.; vgl. Abb. 4).
2. Im Unterschied zu zwei anderen internationalen Organisationen (Internationaler Währungsfonds / IWF [s. M 53] und Weltbank*) ist die WTO nicht eigentlich ein eigenständiger Akteur in der internationalen Politik, sie stellt eher einen organisatorischen Rahmen für Verhandlungen zwischen ihren Mitgliedern dar (vgl. auch M 50, Z. 1 ff.). Vergleichen Sie dazu noch einmal die einzelnen Funktionen (Z. 10 ff.).
3. Erläutern Sie mit eigenen Worten die *Prinzipien*, nach denen die WTO ihre Aufgaben wahrnehmen will und die von allen Mitgliedern anerkannt und beachtet werden müssen (Z. 40 ff.). Welchen Sinn machen die genannten Ausnahmen für Freihandelszonen (s. Grafik in M 12, S. 129 u.) und für Entwicklungsländer?
4. Beschreiben Sie die organisatorische Struktur der WTO (letzter Textabschnitt, S. 192 o.) und stellen Sie die zentrale Rolle des „Allgemeinen Rates" heraus (auf seine Funktion als „Streitschlichtungsorgan" gehen wir in M 50 näher ein).
Weiter gehende Informationen zur WTO finden Sie ggf. unter der Internetadresse http://de.wikipedia.org/wiki/WTO

M 50 „Gerichtshof des Welthandels"

Das WTO-Gebäude in Genf am Rande des Genfer Sees

• Sie ist nicht Firma, nicht Partei, nur eine Agentur oder nicht einmal das: Sie ist ein Vertragswerk. Die World Trade Organisation, 1995 als Nachfolgerin des Allgemeinen Zoll- und Handelsabkommens (GATT) gegründet, müsste World Trade Agreement heißen. Denn es gibt die WTO als Organisation eigentlich nicht, weil sie in 153 Teile zerfällt: Die Mitglieder entscheiden alles. Der Generaldirektor (s. Abb. 2) hat kaum Befugnisse und keine Macht, nur die über sein Personal im Sekretariat. Dieses Personal soll ausschließlich bürokratisch wirken und neutral.

Die WTO-Leute sagen: „Welches Personal?" Das finden sie lustig. Denn die WTO hat verdammt wenig Personal (608 Leute, die meisten sind Übersetzer) und so gut wie kein Geld (110 Millionen Euro im Jahr), jedenfalls verglichen mit UNO, Weltbank* oder dem Internationalen Währungsfonds (s. M 53), für den 2700 Menschen arbeiten. Und die WTO ist langsam, weil die Menschen in Saal D drei Stunden darüber streiten können, ob das „sollte" auf Seite soundso nicht ein „müsste" oder doch ein „könnte" sein sollte. Oder müsste. Oder könnte? Sie ist eine Organisation, deren Gründungsvertrag 27 000 Seiten dick ist.

• Und doch, die Regeln, die aus Genf in die Welt geblasen werden, bestimmen unser Leben: Sie regeln Arbeitsmärkte, Import und Export, sie befassen sich mit Landwirtschaft, Textilien, Dienstleistungen und Patenten. Sie beeinflussen, wie hoch Steuern sein müssen und wer wie viel verdient,

Der Franzose Pascal Lamy steht seit 2005 als Generaldirektor an der Spitze der WTO-Verwaltung, des Generalsekretariats in Genf.

und von diesen Regeln hängt ab, zwischen welchen Waren wir wählen können und wie teuer sie sind.

Die WTO ist schließlich nicht nur Regierung der Weltwirtschaft, sie ist zugleich ihr *Gerichtshof*, und ihre Schlichtungsverfahren, die sogenannten Panels, sind das einzige Weltgericht, dem sich selbst die USA unterwerfen.

Darf amerikanisches Rindfleisch, „Gen-Food", wie die Europäer sagen, in die EU exportiert werden? Dürfen Chemiekonzerne der Ersten Welt ihre Patente auf eine Weise schützen, die verhindert, dass Patienten der Dritten Welt Medikamente gegen Aids erhalten? Dürfen Europäer und Amerikaner die Globalisierung vorantreiben, solange sie Nähmaschinen, Webstühle und Wissen nach China verkaufen – und ihre Grenzen schließen, sobald China im ersten Quartal dieses Jahres den Export von Stoffen und Kleidung nach Deutschland um 89 Prozent und in die USA um 79 Prozent steigert? Nun ja, sie dürfen ein bisschen schließen, weil China eine Menge Auflagen akzeptierte, um Mitglied der WTO zu werden, aber sie dürfen nicht übertreiben. „Wir spielen nach euren Regeln, und wenn wir gewinnen, wollt ihr die Regeln ändern", sagt ein Chinese in Genf, namenlos wie viele der Diplomaten hier, sobald es heikel wird.

China ist sehr heikel. China verändert die Weltwirtschaft, und China verändert die WTO, weil China laut und lauter wird und längst schon Tagesordnungen mit seinem Veto blockiert. „China nimmt seinen Platz ein, und dieser Platz ist groß", so sagt es einer der europäischen Botschafter in der Arena von Genf.

Aber auch die Kleinen spielen mit. Durften die USA Internet-Spiele aus Antigua und Barbuda verbieten? Durften sie nicht. Antigua gewann. Hat es etwas davon? Antigua könnte Handelssanktionen gegen die USA verhängen, und die Frage wäre, wen das schmerzen würde. „Dass die Gleichheit der Staaten Fiktion ist, dass die USA stark sind und Druckmittel haben, nun, das ist wohl so", sagt ein deutscher Diplomat. Und trotzdem hält dieser Mann eine WTO, in der sich die Reichen schon aus Gründen der eigenen Sicherheit um Regeln mühen, die die Armen „nicht versinken lassen", für „die Zukunftswelt". [...]

● Dies sind die Themen der WTO: Darf die EU die Herkunft von Produkten, „Thüringer" oder „Budweiser", zum geschützten Begriff erheben? Die USA klagten, es ging hin und her, „heute fühlen sich beide Seiten als Sieger", sagt Doaa Abdel-Motaal von der Handels- und Umwelt-Division. Und durfte Frankreich den Import von Asbest verhindern, wegen gesundheitlicher Bedenken, obwohl die Menschen in Québec, Kanada, vom Asbest-Export leben? Es war ein erbitterter Kampf, und in der Mitte der Schlachten saß Doaa Abdel-Motaal, Ägypterin, in Belgien geboren, in Indien, China, Japan, Sri Lanka und auf den Philippinen groß geworden und mit 23 Jahren von Talentsuchern der WTO aus Cambridge nach Genf geholt.

Frankreich gewann, Kanada widersprach, Frankreich gewann wieder, und Doaa Abdel-Motaal sagt: „Manchmal ist alles sehr zäh hier. Wenn es zum Beispiel um das Überfischen der Meere und die Subventionen* geht und wenn dann erst einmal wochenlang über die Definition des Wortes Subvention gerungen wird, und in der See schrumpfen die Artenbestände, dann wird man ungeduldig. Aber Zeiten des Disputs sind aufregende Zeiten, da zählt jedes Wort, jedes Komma und jede Nuance in den Übersetzungen."

(Klaus Brinkbäumer: „Basar der Welten", in: DER SPIEGEL Nr. 24/2005 v. 13.6.2005, S. 94ff.)

Das Streitschlichtungsgremium: Wie der Allgemeine Rat besteht das Streitschlichtungsgremium (*Dispute Settlement Body*, DSB) aus Vertretern aller Mitgliedstaaten. Seine Aufgabe ist es, Handelsstreitigkeiten zwischen den Mitgliedstaaten zu klären, wenn in bilateralen Gesprächen kein Einigung erzielt werden konnte. Als Schlichtungsinstanz wird ein *Panel* eingerichtet. Es setzt sich zusammen aus drei Rechts- bzw. Handelsexperten, deren Länder nicht direkt am Streitfall beteiligt sind. Nach neun Monaten muss von diesem Gremium ein Urteil gefällt werden. Gegen das Urteil kann bei einer zweiten Instanz, dem *Appellate Body*, Berufung eingelegt werden. Auch hier sind Rechts- und Handelsexperten vertreten.

(http://www.lexas.net/organisationen/wirtschaft/wto.asp)

Ein WTO-Schiedsgericht urteilte am 18.12.2007, dass die US-Regierung ihre **Baumwollsubventionen** bislang nicht ausreichend umstrukturiert habe, um einem früheren WTO-Urteil aus dem Jahr 2004 zu genügen. Die Entscheidung war Teil einer langjährigen Auseinandersetzung mit Brasilien. Dem südamerikanischen Land wurde damit die Möglichkeit zu Strafzöllen im Umfang von etwa 4 Mrd. US-$ gegen US-amerikanische Produkte eröffnet.

Am 8.2.2008 fällte ein WTO-Schiedsgericht auf Antrag der USA, der EU und Kanadas im Streit um chinesische Importzölle für Autoteile ein vorläufiges Urteil gegen die VR China. Damit verlor das asiatische Land erstmals einen Handelsdisput in den Gremien der Organisation.

(Der Fischer Weltalmanach 2009, © Fischer Taschenbuch Verlag in der S. Fischer Verlag GmbH, Frankfurt am Main 2008, S. 624; Verf.: Philipp Rotmann)

1 Die „Streitschlichtung" ist vielleicht die einzige Funktion, in der die WTO als Organisation verbindliche Entscheidungen zur Einhaltung der vereinbarten Regelungen zum Welthandel treffen kann. Anhand des Berichts M 50 können Sie sich einen Eindruck davon verschaffen, mit wie vielfältigen Fragen sich das „Streitschlichtungsgremium" (s. Kasten S. 193) zu befassen und welch mühevolle Kleinarbeit das „Sekretariat" in der Verwaltungsarbeit zu leisten hat. Wie kommt es, dass die Arbeit der Übersetzer so umfangreich und wichtig ist?

2 Analysieren Sie, worum es in den beiden angeführten Streitfällen (s. Kasten unten) ging.

M 51 „Undemokratisch und übermächtig"? – Die WTO in der Kritik

- Die Welthandelsorganisation (WTO) wird von den Globalisierungsgegnern immer wieder als übermächtig, undemokratisch und letztlich als ein bloßer Handlanger der einflussreichen multinationalen Großkonzerne kritisiert.

Auch wird der WTO immer wieder vorgeworfen, sie zwinge vor allem die ärmeren Länder letztlich dazu, ihre Handelsschranken niederzureißen und sich so zum Schaden der eigenen Wirtschaft der unerbittlichen Konkurrenz der multinationalen Unternehmen auszusetzen.

Immer wieder heißt es auch, sie räume wirtschaftlichen Interessen im Zweifelsfalle Vorrang ein vor Gesundheits- und Umweltschutz, und sie sei letztlich eine Kungelrunde von Geheimniskrämern. Verhandlungen fänden nur zwischen den mächtigen Ländern statt und vor allem die ärmsten Staaten blieben außen vor.

- Dabei ist die WTO alles andere als mächtig. Sie selbst hat keine eigene Rechtsetzungsfähigkeit. Alle wichtigen Entscheidungen werden von den Mitgliedstaaten getroffen, wobei das WTO-Sekretariat und der Generaldirektor nur unterstützend und vermittelnd eingreifen können.

Multinationale Unternehmen sind nicht in der WTO vertreten. Sie können allein über die nationalen Regierungen versuchen, ihre Positionen einzubringen. Eine gewisse Macht hat die WTO-Streitschlichtungsinstanz, da sie den zu Recht klagenden Staaten erlauben kann, das beklagte Land durch die Erhöhung von Zöllen auf dessen Importe zu sanktionieren. Doch das WTO-Gericht entscheidet nur auf der Grundlage der Regeln, denen die Staaten zugestimmt haben, und legt diese in Zweifelsfällen aus. Insofern ist auch seine Macht beschränkt. Die Entscheidungsfindung in der WTO ist das Gegenteil von undemokratisch. Denn jeder Staat – ob groß oder klein, reich oder arm – hat in der WTO formell das gleiche Gewicht.

- Gleichwohl: Faktisch dominieren EU, USA und Co. zweifellos die Bühne der WTO und der globalen Handelspolitik. Wenn es um niedrigere Handelsschranken und mehr Marktzugang geht, haben sie als große Wirtschaftsnationen und Importeure naturgemäß viel zu bieten und daher auch eine große Verhandlungsmacht (s. Abb. 1 und 2).

Abb. 1

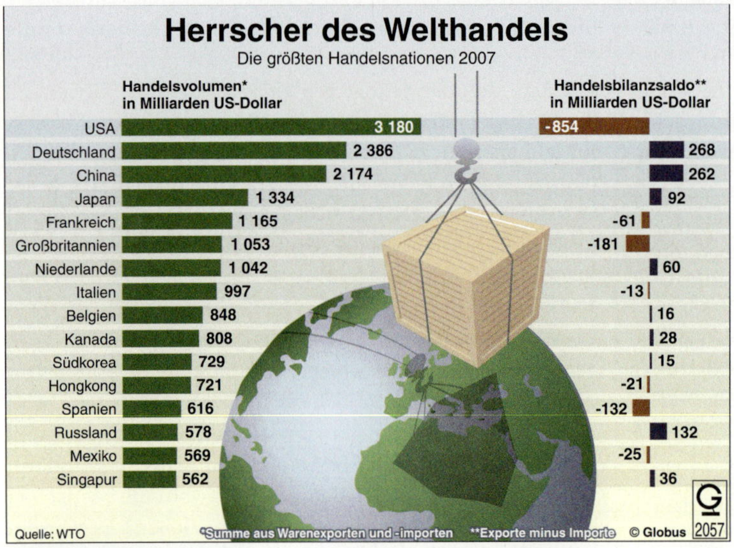

Abb. 2: Demonstration gegen die Dominanz der drei großen Handelsakteure EU, USA und Japan anlässlich der WTO-Konferenz im Dezember 2005 in Hongkong

- Doch ohne die WTO wäre die Welthandelspolitik sehr viel ungerechter. Entwicklungsländer müssten nämlich, wenn sie mehr Güter in die Industrieländer exportieren wollten, *einzeln* mit den großen Handelsnationen USA oder EU verhandeln. Hier ziehen die ärmeren Staaten erfahrungsgemäß oft den Kürzeren, weil große Länder ihre Übermacht ungezügelt ausspielen können. Zudem würden vor allem kleinere Entwicklungsländer, die wenig Marktpotenzial zu bieten haben, bei derartigen Verhandlungen ganz außen vor bleiben, weil die großen Industrienationen erst gar keine Verhandlungen mit ihnen aufnehmen würden.

(Initiative Neue Marktwirtschaft und ICC Deutschland [Hrsg.], Globalisierung verstehen, Köln 2007, S. 16 f.)

1. Die WTO spiegelt die internationalen Handelsbeziehungen, wie sie sich im Prozess der Globalisierung entwickelt haben, in besonderer Weise wider. Kein Wunder, dass sich die Kritik von Gruppen und Nicht-Regierungsorganisationen (NROs), die der Globalisierung kritisch oder ablehnend gegenüberstehen (Globalisierungskritiker, Globalisierungsgegner), vor allem auch gegen die WTO richtet. Erläutern Sie die in M 51 (Z. 1 – 12) genannten Kritikpunkte. Näheres dazu finden Sie ggf. auf der Internetseite der bekannten globalisierungskritischen Organisation „Attac" (http://www.attac.at/wto.html).
2. Welche Argumente werden im Text (Z. 13 ff.) den Kritikpunkten entgegengehalten?
3. Zu welcher (vorläufigen) Einschätzung kommen Sie selbst? Die Erarbeitung der folgenden Materialien zur konkreten Arbeit in der derzeitigen „Welthandelsrunde" wird Ihnen weitere Beurteilungsgrundlagen vermitteln können.

M 52 Die Doha-Welthandelsrunde im Streit der Interessen

Abb. 1

Knock Out in der neunten Runde?
Die Vorgeschichte der aktuellen „Doha-Runde" zur Liberalisierung der weltweiten Handelsbeziehungen

GATT/WTO (ab 1995) Verhandlungsrunden		Gegenstand der Verhandlungen	teilnehmende Länder	Durchschnittliche Zollsenkung in %
1947	–	Zölle	23	35
1949	Annecy-Runde	Zölle	13	2
1951	Torquay-Runde	Zölle	38	3
1956	Genf-Runde	Zölle	26	2
1960 – 1961	Dillon-Runde	Zölle	26	7
1964 – 1967	Kennedy-Runde	Zölle, Preisdumping	62	35
1973 – 1979	Tokio-Runde	Zölle, nicht tarifäre Handelshemmnisse*, Rahmenabkommen	102	34
1986 – 1994	Uruguay-Runde	umfassende Reformen, Gründung der WTO	123	40
seit 2001	Doha-Runde	bessere Einbindung der Entwicklungs- und Schwellenländer in den Welthandel	153	?

*z.B. Subventionen, mengenbezogene Ein- und Ausfuhrbeschränkungen
Quelle: Bundesministerium für Wirtschaft und Technologie © Globus 2261

Noch unter dem Eindruck der Anschläge auf die USA wurde im November 2001 in Doha/Katar von der WTO eine neue Handelsrunde beschlossen, die besonders die Interessen der Entwicklungsländer berücksichtigen sollte. Für die sehr komplexen Verhandlungen wurden gut drei Jahre vorgesehen und ein Abschluss bis Januar 2005 geplant (s. Abb. 1). Die Doha-Runde erwies sich aber schnell als sehr krisenträchtig, sodass das Zeitziel nicht eingehalten werden konnte.

- Die **Entwicklungsländer** sind besonders am Abbau der Handelshemmnisse bei den landwirtschaftlichen Produkten interessiert, die zwar weniger als zehn Prozent des internationalen Handels ausmachen, bei deren Erzeugung die Entwicklungsländer aber häufig besonders wettbewerbsfähig sind. Gerade im Agrarbereich sind die von den EU-Ländern und den USA errichteten Hürden jedoch besonders hoch. Der Wunsch der Industriestaaten nach Mindesteigenversorgung bei existenznotwendigen Gütern (Ernährungssicherung) wie auch der Druck ihrer Bauern spielen dabei eine ursächliche Rolle.

Das gravierendste Problem des Welthandels besteht nach wie vor im *Agrarprotektionismus* der Industrieländer. Hierzu zählen nicht nur die EU mit ihrer Gemeinsamen Agrarpolitik (GAP), sondern eine ganze Reihe weiterer Staaten wie die USA, Kanada, Norwegen und die Schweiz. Formen der Marktabschottung im Agrarbereich sind: landesinterne Produktionsbeihilfen, prohibitive Zollsätze, Importquoten, Exportsubventionen und vielfältige versteckte (nicht tarifäre) Handelshemmnisse. So belaufen sich die staatlichen Hilfen für die Landwirtschaft der OECD-Länder auf insgesamt 850 Millionen Dollar pro Tag. Nach IWF/Weltbank-Angaben erreichen die tatsächlichen Spitzenzölle für Agrarprodukte in den OECD-Staaten in Einzelfällen 350 Prozent. Im Durchschnitt sind die Zollsätze für Agrarexporte der Entwicklungsländer um mehr als das 10-Fache höher als jene, die für Agrarexporte innerhalb der OECD verlangt werden. Davon betroffen

sind vor allem Agrargüter, die in den Industrieländern selbst in Massenprodukten hergestellt werden, zum Beispiel Zucker, Weizen, Reis, Mais, Rindfleisch, Milchprodukte, Ölsaaten, Erdnüsse, Tabak und Baumwolle.
Damit trifft der Agrarprotektionismus vor allem die Erzeuger in der Dritten Welt, denen der Zugang zu den Absatzmärkten der Industrieländer versperrt wird. Das ist umso fataler, als gerade bei Agrarprodukten die eigentlichen komparativen Kostenvorteile der Entwicklungsländer liegen. Hinzu kommt, dass drei Viertel der Weltärmsten in ländlichen Gebieten leben und ganz überwiegend von der Landwirtschaft und ihren Exporten abhängig sind. Im Gegenzug haben zahlreiche Entwicklungsländer Zollmauern und andere Handelsschranken gegenüber Importen von Industriegütern aus den OECD-Staaten hochgezogen – ein wahrer Teufelskreis also (vgl. Abb. 2 und 3). Die Chancen auf eine Beendigung oder Umkehr dieser Entwicklung zu verbessern ist die zentrale Aufgabe der neunten Welthandelsrunde (Doha-Runde).

(Herbert Sperber, Wirtschaft verstehen, Schäffer-Poeschel Verlag, Stuttgart, 3. Aufl. 2009, S. 301)

Abb. 2

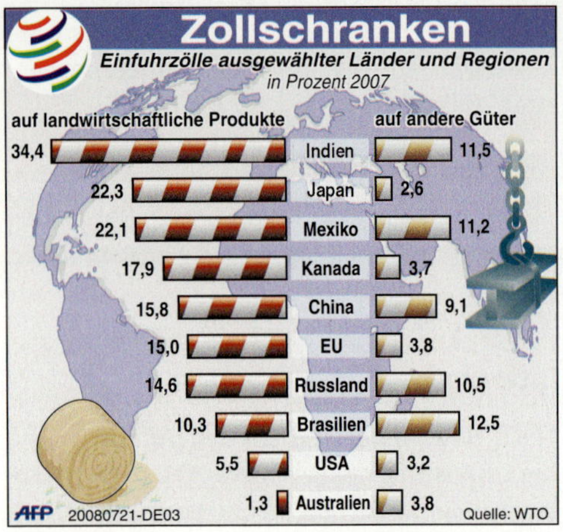

- Die **Industriestaaten** sind eher an Themen wie Handelserleichterungen (zum Beispiel Zollverfahren), Transparenz bei öffentlichen Aufträgen, Investitionsschutz und Wettbewerbsregeln interessiert, deren Einbeziehung in die Doha-Runde aber bisher auf den Widerstand der Entwicklungsländer stieß. Auch der weitere Abbau der Hemmnisse im Handel wurde vor allem von den Industrieländern verfolgt, während die Entwicklungsländer diese Maßnahmen mit Entwicklungsfragen verknüpfen wollten. [...] Sie drängen auf den zoll- und quotenfreien Zugang ihrer Produkte zu den Märkten der Industrieländer sowie auf weitere Markterleichterungen für die LDC [Least Developed Countries – die am wenigsten entwickelten Länder].
- Die Zwischenkonferenz in Cancun/Mexiko im September 2003 scheiterte spektakulär. Dabei spielte eine neue Gruppe unter Führung von Brasilien und Indien, die primär Schwellenländer* und unter anderem auch China und Südafrika umfasst (G 20; s. M 56), eine wichtige Rolle. Sie hielt die Angebote der Industrieländer – insbesondere im Agrarbereich – für völlig unzureichend und blockierte daraufhin [...] weitere Verhandlungen. Selbst wenn damit unmissverständlich klargemacht werden konnte, dass auch die Entwicklungsländer zumindest über Blockademacht verfügen, bleibt offen, zu wessen Lasten ein Scheitern gehen würde. [...]

Ein endgültiges Scheitern der Doha-Runde dürfte nicht nur das Wachstum des Welthandels und damit eine wichtige Finanzquelle der Entwicklungsländer beeinträchtigen, sondern auch die WTO schwächen.

(Informationen zur politischen Bildung Nr. 286, 1. Quartal 2005: Entwicklung und Entwicklungspolitik, Bundeszentrale für politische Bildung, Bonn 2005, S. 52; Verf.: Uwe Andersen)

Abb. 3

Nach dem Scheitern der Handelsministerkonferenz in Genf im August 2008 ist ungewiss, wann und ob die Doha-Runde erfolgreich abgeschlossen werden kann. Weder im Bereich Landwirtschaft noch bei den Industriegütern gab es bis Mitte 2009 Fortschritte. „Auf die Gefahr grober Vereinfachung hin lässt sich der Konflikt folgendermaßen zusammenfassen: Die Industriestaaten drängen in circa einem Dutzend Schwellen- und Entwicklungsländern auf besseren Marktzugang für ihre Industriegüterexporte; gleichzeitig versuchen sie, den Abbau ihrer eigenen Landwirtschaftssubventionen und Zölle zu verhindern. Umgekehrt versuchen die Entwicklungsländer, die Industriestaaten zu einer drastischen Verringerung ihrer Landwirtschaftssubventionen und Zölle zu bewegen; zu einer Öffnung der eigenen Märkte für den Welthandel sind sie allerdings kaum bereit“[1]. Die zahlreichen neu gebildeten Koalitionen, die die Vielfalt an gegensätzlichen Interessen widerspiegeln, sowie die Rolle der neuen Führungsmächte Indien, Brasilien und Südafrika bedeuten, dass auch ein gemeinsames transatlantisches Vorgehen kein Garant für Verhandlungserfolge mehr ist. [Am 26.3.2010 musste WTO-Generalsekretär Pascal Lamy eingestehen, dass die Gespräche im Rahmen der Doha-Runde in einer Sackgasse steckten.]

(Bundesverband deutscher Banken [Hrsg.], Wirtschaft. Materialien für den Unterricht. Schul/Bank, Berlin 2009, Teil 8.5, S. 48)

[1] Lagos, Ricardo/Herreros, Sebastian: Welthandel zum Mitmachen, in: Internationale Politik Juli/August 2008, S. 141

1. Stellen Sie die spezifische Zielsetzung der Doha-Welthandelsrunde, auch im Vergleich mit den vorangehenden Runden (s. Abb. 1), heraus (M 52, Z. 1 ff.).
2. Stellen Sie die unterschiedlichen Interessenlagen und Verhandlungsziele der Entwicklungsländer und der Industrieländer (vor allem EU, USA) stichwortartig gegenüber (M 52, Z. 11 – 33). Welche Rolle spielen die Zölle (auf allen Seiten) und besonders die Agrarsubventionen (der EU und der USA)?
3. Inwiefern ergab sich auf der gescheiterten Zwischenkonferenz in Cancun eine neue Konstellation in der Auseinandersetzung zwischen Industrie- und Entwicklungsländern? (M 52, Z. 34 ff.)
4. Erläutern Sie etwas konkreter (s. Kasten S. 195/196), inwiefern vom „Agrarprotektionismus" der Industrieländer vor allem die Erzeuger der Dritten Welt betroffen sind und inwiefern von einem „Teufelskreis" (ein sich gegenseitiger verstärkender Prozess schädlicher Auswirkungen, aus dem es anscheinend keinen Ausweg gibt) zwischen Industrie- und Entwicklungsländern (vgl. auch Z. 50 ff.) gesprochen werden kann.
5. Beschreiben Sie, wie sich die Situation der Doha-Runde Ende des Jahres 2010 darstellt, und erkundigen Sie sich ggf. nach einem neueren Stand.

2. Der Internationale Währungsfonds (IWF) – Stellung, Aufgaben und neue Bedeutung nach der Weltfinanzkrise 2008/2009

„Mehr Geld, mehr Einfluss, mehr Macht: Die Krise hat den Internationalen Währungsfonds zu einem Hauptdarsteller auf der Bühne der Weltwirtschaft gemacht." So lautete die Einleitung zu einem Artikel in der bekannten österreichischen Zeitung „Der Standard" Ende Januar 2010. Und in der „Süddeutschen Zeitung" hieß es schon im April 2009: „Seit dem Ausbruch der Finanzkrise ist der IWF zur unverzichtbaren Zentrale der Krisenpolitik geworden." Seitdem spielt die Diskussion über die weltwirtschaftliche Bedeutung des IWF in den Medien eine immer größere Rolle; Grund genug, sich mit diesem bedeutenden Akteur der Global Economic Governance etwas näher und systematischer zu beschäftigen.

M 53 Entstehung, Aufgaben und Praxis des IWF

Abb. 1: Juli 1944: Lord John Maynard Keynes, der weltberühmte Nationalökonom, bei einer Ansprache auf der Konferenz von Bretton Woods (New Hampshire, USA), die er zusammen mit dem Amerikaner H. D. White leitete (links neben ihm der Vertreter der UdSSR, M. S. Stepanow)

Die Ursprünge des Internationalen Währungsfonds (IMF – International Monetary Fund) gehen auf die große Depression* in den 1930er-Jahren zurück. Denn durch protektionistische Maßnahmen, Abwertungswettläufe bei den Währungen und Einschränkungen des Devisenmarkts hatte die Krise auch im Bereich des internationalen Finanz- und Währungssystems zerstörerische Konsequenzen. Der IMF entstand als Teil der Verträge der Konferenz in Bretton Woods/USA im Jahr 1944. Das wesentliche Ergebnis der Konferenz war die Schaffung eines Systems fester Wechselkurse, das nach Ende des Zweiten Weltkriegs in Kraft trat. Die festen Wechselkurse sollten gewährleisten, dass Währungen jederzeit gegeneinander getauscht werden können (Konvertibilität) und so der Handel zwischen den Staaten erleichtert wird.

Der Fonds nahm seine Tätigkeit im Mai 1946 in Washington, D.C. auf. Damals zählte er 39 Mitglieder. Bereits Ende 1965 waren mehr als 100 Staaten Mitglied, Mitte 2009 waren es 186. Als Sonderorganisation der Vereinten Nationen (UN) beschäftigt der IMF etwa 2400 Mitarbeiter.

(http://www.bpb.de/files/SDQG3V.pdf; Verf.: International Monetary Fund)

Abb. 2: Frühjahrstagung der beiden „Bretton-Woods-Organisationen“ IWF und Weltbank* Ende April 2010 in Washington. Teilnehmer sind jeweils die Finanzminister und die Notenbank-Präsidenten der einzelnen Mitgliedsländer.

Zwar brach das Bretton-Woods-System 1973 mit dem Übergang der wichtigsten Länder zu flexiblen Wechselkursen zusammen, aber seine institutionelle Hinterlassenschaft bildet auch heute noch einen wichtigen Bestandteil der internationalen Währungs- und Finanzordnung. Das IWF-Abkommen ist mit einigen Änderungen und Erweiterungen als völkerrechtlicher Vertrag nach wie vor gültig. Die Vertragsstaaten verpflichten sich mit seiner Unterzeichnung zur Einhaltung bestimmter Regeln und zur Bereitschaft, sich der Kontrolle einer internationalen Organisation zu unterziehen.

- Der IWF erfüllt heute unter anderem die **Aufgaben**, die internationale Zusammenarbeit in der Währungspolitik zu fördern, den Welthandel auszuweiten, die nationalen Geldpolitiken zu überwachen und die Mitgliedstaaten bei der Verbesserung ihrer Finanz- und Wirtschaftspolitik technisch zu unterstützen. Um diesen Verpflichtungen nachzukommen, analysiert er im Rahmen jährlicher Konsultationen mit den Mitgliedstaaten die nationalen Wirtschaftsentwicklungen und Währungspolitiken, überprüft fiskal-, wechselkurs- und geldpolitische Maßnahmen, beurteilt die Auswirkungen der Politik der Mitgliedstaaten auf deren Zahlungsbilanzen und begutachtet halbjährlich die Weltwirtschaftslage.

Eine weitere wichtige Funktion des IWF besteht darin, *Mitgliedsländern mit Zahlungsbilanzproblemen zu helfen*, diese zu überwinden. Dazu vergibt er *Devisenkredite*. Die Finanzmittel hierfür stammten ursprünglich zum größten Teil aus Beiträgen der Mitgliedsländer.
Die Höhe des zu entrichtenden Beitrages und der Umfang der Kredite, die von diesen bei Bedarf in Anspruch genommen werden können, richten sich nach einer festgelegten Quote. Diese Quote wird jedem Land entsprechend seiner wirtschaftlichen und finanziellen Leistungsfähigkeit und seinem Anteil am weltweiten Außenhandel zugewiesen.

- Aufgrund des gestiegenen internationalen Liquiditätsbedarfs* würden 1967 zusätzliche Währungsreserven in Form von *Sonderziehungsrechten (Special Drawing Rights, SDR)* geschaffen. Sie entstehen auf Beschluss der Mitgliedsländer und werden entsprechend den Quoten zugeteilt. SDR sind Anrechte, bei Bedarf eigene Währung in konvertible Währung umzutauschen und stellen heute einen wichtigen Bestandteil der internationalen Währungsreserven dar.

Seit Mitte der 1970er-Jahre wurden *weitere Kreditmöglichkeiten* geschaffen. Zum Beispiel bestehen neben den oben genannten Krediten, die jedem Mitglied entsprechend seiner Quote ohne Auflagen und Gebühren bereitgestellt werden, Vereinbarungen zur Überbrückung von Zahlungsbilanzdefiziten. [...]
Wichtigste Währungsreserve ist auch heute noch der US-Dollar (mit einem Anteil von circa 65 Prozent an der gesamten internationalen Liquidität*). Stark an Gewicht gewonnen hat in den letzten Jahren der Euro (zwischen 20 und 25 Prozent der Weltwährungsreserven).

(Informationen zur politischen Bildung [= M 1], S. 52 f.)

- Die *Finanzmittel* des Fonds werden der Zentralbank* des betreffenden Landes bereitgestellt. Es sind keine Finanzhilfen für bestimmte Zwecke oder gar Projekte. Allerdings sind die über die erste Kredittranche von 25 Prozent der Quote hinausgehenden „Ziehungen“ für die Empfängerländer an teilweise scharfe wirtschaftspolitische Auflagen geknüpft *(Konditionalität)*. Dabei wird in der Regel die Umsetzung makroökonomischer* Stabilisierungsprogramme verlangt: Rückführung des Staatsdefizits, Abbau von Subventionen*, Inflationsbekämpfung durch restriktive Geldpolitik, Liberalisierung der Finanzmärkte (Freigabe der Zinsen) und des Außenhandels, Abwertung der Währung und Ähnliches mehr.

(Herbert Sperber [= M 15], S. 301)

Die *Konditionalität bei der Kreditvergabe* hat vielfach **Anlass zur Kritik** am IMF gegeben. Dieser konzentriere sich zu wenig auf die Stabilisierung der Währungen. Stattdessen ständen Auflagen zu Strukturreformen im Mittelpunkt, die sowohl die Kompetenz des IMF überschreiten als auch der Souveränität der einzelnen Staaten entgegenstehen würden. Darüber hinaus wird kritisiert, dass die Vorgaben zu detailliert ausfallen und die betroffenen Staaten zu wenig als Partner bei der Behebung der Krise angesehen würden.

Manche Kritiker, wie zum Beispiel Mitglieder des globalisierungskritischen Netzwerks Attac (s. M 48), gehen noch weiter. Sie werfen dem IMF vor, dass die Maßnahmen sogar zur Verstärkung von Krisen beitragen und zu häufig der Schutz der von den Krisen betroffenen Gläubiger im Mittelpunkt steht.

Der IMF hat daraufhin die Wirkung der eigenen Programme überprüft und seit 2002 die Konditionalitäten bei der Kreditvergabe überarbeitet. Dabei ist das erklärte Ziel des IMF, stärker auf die politischen und ökonomischen Voraussetzungen des jeweiligen Staates einzugehen und die Kreditvergabe flexibler zu gestalten.

Zudem ist bei aller Kritik zu bedenken, dass der Fonds lediglich Mittler ist. Auch bei der Ausarbeitung einer Kreditvereinbarung mit einem Mitglied handelt der IMF nicht eigenmächtig, sondern im Auftrag der Mitgliedstaaten.

(http://www.bpb.de/files/SDQG3V.pdf; Verf.: International Monetary Fund)

1. Beschreiben Sie, aus welcher historischen Situation heraus und mit welcher Absicht der Internationale Währungsfonds (http://de.wikipedia.org/wiki/Internationaler_Währungsfonds) gegründet wurde (M 53, 1. Abschnitt und Abb. 1). – Auf die „Weltbank*“ als die zweite der beiden „Bretton-Woods-Institutionen“ können wir hier nicht näher eingehen (s. dazu den Glossarbegriff).

2. Charakterisieren Sie etwas näher die aufgeführten Funktionen, die der IWF seit 1973 (Flexibilisierung der Wechselkurse) im Wesentlichen wahrnimmt, und gehen Sie dabei vor allem auf die Aufgabe der Kreditvergabe unter den angegebenen Bedingungen ein (2. Abschnitt, Z. 28ff.).

3. Wodurch unterscheiden sich die „Sonderziehungsrechte“ von den übrigen Finanzmitteln?

4. In der über Jahre hin verbreiteten Kritik an der Praxis des IWF spielte die Ausgestaltung der sog. „Konditionalität“ die Hauptrolle. Erläutern Sie, was es damit auf sich hatte und wie der IWF inzwischen auf diese Kritik reagiert hat (Z. 64ff.). – Zur Kritik an der Machtverteilung im IWF s. M 54.

M 54 Organisation und Machtverteilung

Die wichtigsten **Organe des IWF** sind der Gouverneursrat, das Exekutivdirektorium und der Generaldirektor. Der *Gouverneursrat*, der jährlich zusammenkommt, ist das höchste Entscheidungsgremium des Fonds. Hier werden beispielsweise Entscheidungen über eine Änderung von Quoten, über die Neuaufnahme oder den Ausschluss von Mitgliedern sowie die Zuteilung von Sonderziehungsrechten (s. M 53) getroffen. In diesem Rat ist jedes Land mit seinem Gouverneur vertreten und hält Stimmrechte, die nach den oben bereits erwähnten Quoten gewichtet sind. Die Länder mit den höchsten Stimmrechtsanteilen sind die USA, Japan, Deutschland, Frankreich und Vereinigtes Königreich (s. Grafik). Da Entscheidungen im IWF (beispielsweise über eine Änderung der Quoten oder die Schaffung neuer Sonderziehungsrechte) mit einer Mehrheit von 85 Prozent beschlossen werden müssen, verfügen jeweils die EU-Staaten zusammen und die USA über eine Sperrminorität. Das *Exekutivdirektorium* ist das ständige Entscheidungsorgan. Seine 24 Mitglieder entscheiden über die Mittelvergabe. Der *Generaldirektor* ist gleichzeitig der Vorsitzende des Exekutivdirektoriums. Das Amt des Generaldirektors wird traditionell von einem Europäer bekleidet. Dieser Sachverhalt wird vor dem Hintergrund der zunehmenden Bedeutung der Schwellenländer verstärkt kritisiert.

(Informationen zur politischen Bildung [= M 1], S. 54)

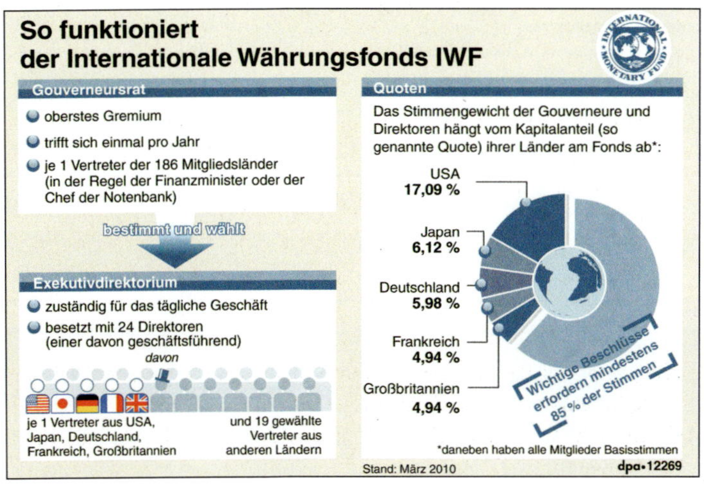

Auf dem Gipfeltreffen der Gruppe der zwanzig wichtigsten Industrie- und Schwellenländer (G 20) in Seoul (12.11.2010; vgl. M 56) haben die Chefs der G-20-Staaten einen jahrelangen Streit beigelegt. Durch eine umfassende Reform sollen die Stimmgewichte im Internationalen Währungsfonds (IWF) zugunsten der Schwellenländer verschoben werden. Die Neuordnung soll dem wachsenden Einfluss der aufstrebenden Volkswirtschaften wie China, Indien und Brasilien auf die Weltwirtschaft Rechnung tragen. IWF-Chef Dominique Strauss-Kahn sprach von einer „historischen Entscheidung“.

Kernpunkt der Reform ist ein Neuzuschnitt der IWF-Quoten (vgl. Grafik S. 199 u.). Bis 2011 sollen 6,4 Prozent der Anteile des Fonds überwiegend an Schwellenländer umverteilt werden. Die zehn größten Anteilseigner sind dann die USA, Japan, China, Deutschland, Großbritannien, Frankreich, Italien, Russland, Indien und Brasilien. (Nach: http://www.bpb.de/themen/OK84FM.html)

Die Quoten bestimmen über das Stimmgewicht einzelner Länder und ihren Kapitalbeitrag. Deutschland wird danach einen Teil seines Quotenanteils von 5,98 Prozent abgeben. China erhöht seinen Anteil auf mehr als 6 Prozent und zieht damit an Deutschland, Großbritannien und Frankreich vorbei auf Rang drei der Mitgliedstaaten, nach den Vereinigten Staaten und Japan. Bis Januar 2013 soll außerdem eine neue Quotenformel gefunden werden, um den Entwicklungs- und Schwellenländern mehr Einfluss zu geben. Schon 2008 hatten die IWF-Staaten sich darauf geeinigt, 5,4 Prozent der Quoten zu diesen Ländern umzuverteilen; diese Regel ist aber noch nicht in Kraft, weil sie bislang noch zu wenige Staaten ratifiziert haben. Die Vereinigten Staaten geben einen Teil ihrer etwa 17 Prozent ab, behalten aber ihr Vetorecht. Für wichtige Entscheidungen im IWF sind 85 Prozent der Stimmen notwendig.

(Frankfurter Allgemeine Zeitung v. 13.10.2010, S. 13; Verf.: CEAG/ Manfred Schäfers)

1. Beschreiben Sie anhand von M 54 die Organisationsstruktur des IWF, insbesondere die Regelung der Entscheidungskompetenz über die „Quoten“ (zu ihrer Bedeutung s. schon M 53).
2. Erläutern Sie die Kritik, die an der Machtverteilung im IWF geübt wurde, und beschreiben Sie die Eckpunkte der Reform, zu der die G 20 (s. M 56) den IWF in Reaktion auf diese Kritik im November 2010 veranlasst haben (Z. 23 ff.).

VERTIEFUNG M 55 Der IWF als „Krisengewinnler“

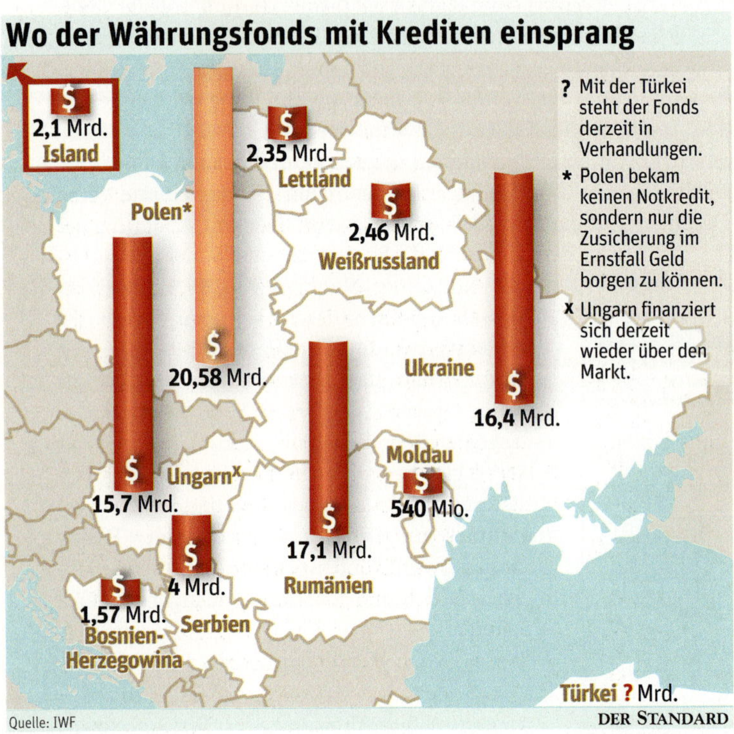

In den guten Zeiten der Weltwirtschaft bis Mitte 2007 benötigten immer weniger Staaten Kredite des IWF. Einige Beobachter stempelten den IWF schon als unbedeutend ab oder stellten gar seine Existenzberechtigung infrage. Mit dem Ausbruch und den Folgen der internationalen Finanz- und Wirtschaftskrise (s. M 39) hat sich das grundlegend geändert.

Mehr Geld, mehr Einfluss, mehr Macht: Die Krise hat den Internationalen Währungsfonds (IWF) zu einem Hauptdarsteller auf der Bühne der Weltwirtschaft gemacht.

Fast schon schien es, als versinke der Internationale Währungsfonds in der Bedeutungslosigkeit. Geschwächt durch die Kritik an den Kriseninterventionen in Südostasien in der 90er-Jahren und durch rückläufige Nachfrage nach seiner Unterstützung quer über den Globus war der Fonds in einen Dornröschenschlaf gefallen – um jäh von der Krise geweckt zu werden.

Quasi über Nacht ist der IWF zurück auf allen Podien, auf denen die **Bekämpfung der Krise** thematisiert wird. Der IWF tritt in zahlreichen Ländern zur

Stabilisierung der Volkswirtschaften ein. Allein in Zentral- und Osteuropa vergab er Kredite in Höhe von 75 Milliarden Dollar (siehe Grafik). Zum Vergleich: Die EU gab „nur“ 21 Milliarden aus. Die Mittel des IWF wurden massiv aufgestockt, die Expertise der Washingtoner Theoretiker ist überall gefragt. Top-Polit-Themen – wie Kandaren für Banken und Finanzmärkte zur Verhinderung neuer Krisen – werden maßgeblich vom IWF geprägt: Seine Studie wird beispielsweise die Entscheidung prägen, ob es international zur Einführung einer Bankensteuer kommen wird. Doch der Siegeszug des IWF ist nicht nur der Krise zuzuschreiben, sondern auch veränderten Strategien, seit der Franzose Dominique Strauss-Kahn das Kommando übernommen hat. Die früheren Schablonen-Kuren – Budgetsanierung (meist über die Kürzung von Sozialausgaben) und hohe Zinsen zur Stabilisierung der Währung – drückten in der Regel auf das Wachstum. Die makroökonomischen Ziele des Fonds seien gerade in der Asienkrise „stark auf Schrumpfung ausgerichtet“, hieß es kürzlich in einer Uno-Studie.

(Andreas Schnauder/Andras Szigetvary: Der Währungsfonds als Krisengewinnler, in: Der Standard, Ausgabe Nr. 6393 v. 1.2.2010, S. 3)

1 Erläutern Sie, in welchem Sinn, vor welchem Hintergrund und aufgrund welcher Entwicklung die Wiener Zeitung „Der Standard“ den IWF als „Krisengewinnler“ bezeichnet (M 55).

2 Recherchieren Sie, welche Rolle der IWF in der Finanz-und Verschuldungskrise Griechenlands 2009/2010 gespielt hat (http://de.wikipedia.org/wiki/Griechische_Finanzkrise_2009/10).

3. G 20: Industrie- und Schwellenländer vereint – eine neue „Weltregierung“?

M 56 Von der „G 7“ zur „G 20“

Die Welt hat zwar keine Wirtschaftsregierung, aber eine Reihe von Gremien und Institutionen, die sich um die Abstimmung der Wirtschaftspolitik kümmern. Der Gruppe der sieben führenden **Industriestaaten (G 7)** gehören Deutschland, Frankreich, Italien, Großbritannien, die USA, Japan und Kanada an. Sie wurde 1975 gegründet, als der Westen nach einer Antwort auf die Ölkrise suchte. Nach dem Fall des Eisernen Vorhangs kam **Russland** hinzu, und aus den G 7 wurden die **G 8**. Die Staats- und Regierungschefs des exklusiven Klubs treffen sich einmal jährlich im G-8-Format, bei den Treffen der Finanzminister und Notenbankchefs ist Russland nur Gast. Nach der Asienkrise wurden die **G 20** gegründet, denen auch die großen Schwellenländer angehören (s. Abb. 1 und 2). Lange trafen sich die G 20 nur auf der Ebene der Finanzminister und Notenbankchefs. 2008 tagten erstmals die Staats- und Regierungschefs. Auf dem Gipfel in Washington einigte man sich auf die Grundzüge einer neuen Weltfinanzarchitektur.

Die EU ist außer durch die aufgeführten Länder (Deutschland, Italien, Frankreich, Großbritannien) durch den EU-Ratspräsidenten als 20. Mitglied der Gruppe vertreten; er repräsentiert mit seiner Stimme die übrigen 23 der 27 EU-Länder. Teilnehmer der Treffen sind außerdem der Präsident der Europäischen Zentralbank, der Direktor des Internationalen Währungsfonds (IWF), der Präsident der Weltbank sowie

Abb. 1

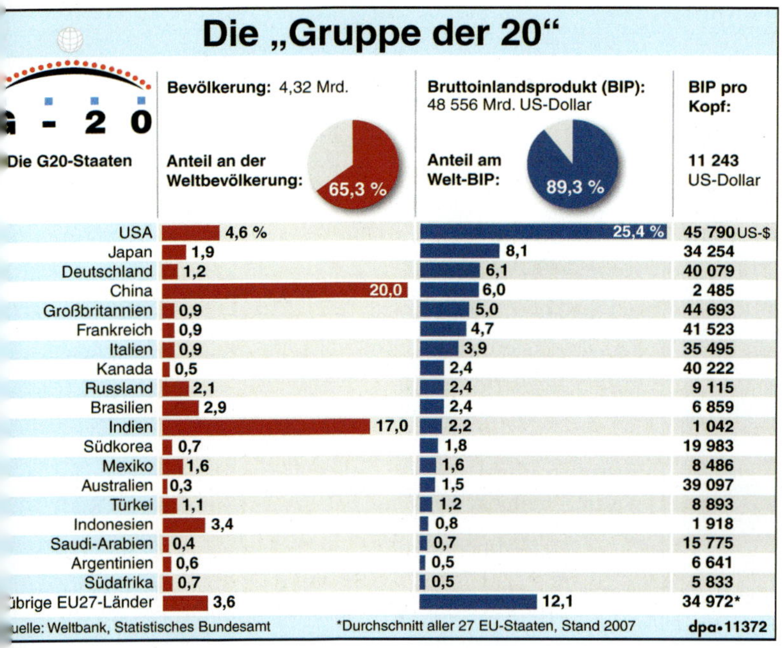

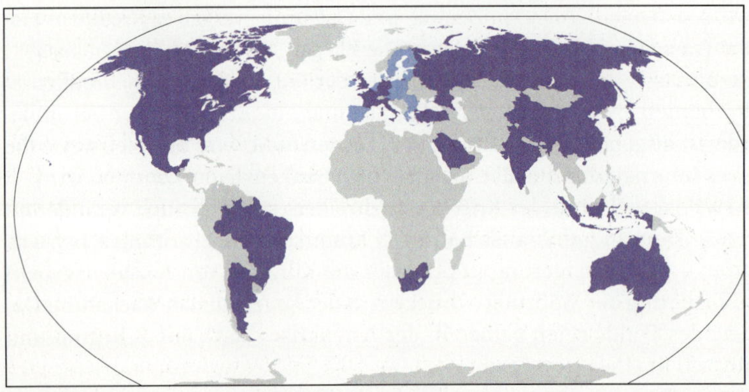

Abb. 2

die Vorsitzenden des Internationalen Währungs- und Finanzausschusses (IMFC) und des Development Committee von Weltbank und IWF.
Es gibt keine feste Organisationsstruktur; die Treffen finden zum einen auf der Ebene der Minister und Notenbankchefs, zum anderen auf der der Staats- und Regierungschefs statt. Den Vorsitz führt die jeweils gastgebende Regierung (2010: Republik Korea, 2011: Frankreich), die dafür ein temporäres Sekretariat schafft. Näheres auf der (englischen) Website der Gruppe (www.G20.org) sowie unter http://de.wikipedia.org/wiki/Gruppe_der_zwanzig_wichtigsten_Industrie-_und_Schwellenländer

(Nach: Süddeutsche Zeitung v. 19.2.2009, S. 23 [scha], und Fischer Weltalmanach 2011, © Fischer Taschenbuch Verlag in der S. Fischer Verlag GmbH, Frankfurt am Main 2010, S. 614, Verf.: Redaktion Fischer Weltalmanach)

1. Erläutern Sie die Stellung und Bedeutung der „G 20" im Rahmen der „World Economic Governance" (WEG) (M 56).
   - Was unterscheidet die Stellung der „G"-Institutionen von der der WTO (s. M 49) und des IWF (s. M 53)? Vergleichen Sie dazu die Gesamtübersicht über die Akteure der WEG in M 48.
   - Inwiefern kann es sich nicht um eine „Weltwirtschaftsregierung" handeln?
   - Was bedeutet der Hinweis auf die lockere „Organisationsstruktur"?
   - Auf welchen beiden Ebenen finden i. d. R. die jährlichen Treffen der G 20 statt?
2. Beschreiben Sie, welche grundsätzliche Bedeutung die Erweiterung der G 7(8) zur G 20 hat. Klären Sie dazu die Bedeutung der Begriffe „Industrieländer" und „Schwellenländer*" und ordnen Sie die Mitgliedsländer (s. Abb. 1 und 2) diesen beiden Gruppen zu.
3. In welcher besonderen Weise sind die EU-Länder vertreten?
4. Beschreiben Sie anhand der beiden Abbildungen in M 56 die politische und ökonomische Bedeutung der G 20. Wie erklärt sich der deutliche Unterschied zwischen ihren Anteilen an der Weltbevölkerung und an der Weltwirtschaftsleistung (Abb. 1)?
5. Erklären Sie etwas genauer die Daten für China und Indien im Vergleich zu fast allen übrigen Staaten.

M 57 Der „Gipfel von Pittsburgh" schreibt Geschichte

Hat die Politik etwas aus der Finanz- und Wirtschaftskrise gelernt? Diese Frage, häufig gestellt in diesen Tagen, hat der Weltfinanzgipfel der G-20-Staaten in Pittsburgh beantwortet. Ja, Politik ist lernfähig, und zwar mehr, als dies noch vor Kurzem möglich schien. Die Staats- und Regierungschefs der großen Industrie- und Schwellenländer legten am Freitag nicht weniger als die Grundlage für eine neue Weltwirtschaftsordnung.
Sie haben weder den Kapitalismus noch die Globalisierung abgeschafft, aber sie haben eine politische Struktur über die Globalisierung gelegt. Das ist ein riesiger, wenn auch nicht risikofreier Schritt. Der Klub der reichen Industrieländer ist endgültig aufgebrochen. Schon lange wussten alle, dass die Gruppe der G 8, zu der zwar Italien gehört, nicht aber China, mit den realen Machtverhältnissen in der Welt nur mehr wenig zu tun hat. Bisher fehlte aber die Kraft für Reformen – jetzt hat die große Krise Änderungen erzwungen.
In Pittsburgh wurde beschlossen, schrittweise die G 8 durch die G 20 als Steuerungsgremium zu ersetzen. Der verei-

nigte Klub der Industrie- und Schwellenländer wird zwar nicht zur „Weltregierung“ werden, seine Rolle aber ist trotzdem überraschend stark. Die G-20-Staaten werden zum Beispiel ihre Wirtschafts- und Finanzpolitik koordinieren, um „nachhaltiges Wachstum“ zu erreichen, wie es in der Abschlusserklärung heißt.
Das ist zwar alles nur freiwillig und unverbindlich, aber die Eigendynamik sollte nicht unterschätzt werden, wenn künftig regelmäßig öffentlich darüber diskutiert wird, wie der amerikanische Staatshaushalt in Ordnung zu bringen ist, wie China mit seiner Währung umgehen und Deutschland die Investitionsbedingungen verbessern sollte. Beim Internationalen Währungsfonds und der Weltbank, den Pfeilern der alten Ordnung, wird sich die Macht weiter von den Europäern zu China, Indien, Brasilien, Indonesien und anderen verschieben. Das Verfahren ist kompliziert und langwierig, aber alle wissen, dass es keine Alternative zu dieser Machtverschiebung gibt.
Schließlich sind die Beschlüsse des Gipfels zur Regulierung der Finanzmärkte überraschend konkret und verbindlich. Die Teilnehmer haben verabredet, wie Bankgeschäfte künftig mit Eigenkapital unterlegt werden sollen, wie weit Kreditinstitute sich verschulden dürfen und wie mit besonders riskanten Wertpapieren umzugehen ist. Deutsche und Franzosen setzten sich durch mit dem Wunsch, klare Regeln für die Bezahlung von Bankmanagern festzuschreiben. Es wird zwar – richtigerweise – keine Obergrenzen für Banker-Boni geben, wohl aber Vorkehrungen dagegen, dass derjenige auch noch belohnt wird, der das Weltfinanzsystem gefährdet.
Eins ist aber auch klar: Die neue Ordnung wird nicht unbedingt einfacher werden als die alte, im Gegenteil. Die G-8-Staaten waren ein relativ homogener Verein, die G 20 sind es nicht. Einige wichtige Teilnehmer – China und Saudi-Arabien – sind nicht einmal Demokratien. Die neue Unübersichtlichkeit mag der Grund dafür sein, dass Pittsburgh für die Klimapolitik nichts gebracht hat; einige sagen sogar: weniger als nichts, weil die Leerformeln in der Abschlusserklärung in Wirklichkeit ein Rückschritt sind. Wie es scheint, verstecken sich die USA hier nun hinter China. Barack Obama will zwar Fortschritte in der Klimapolitik, sieht sich aber im eigenen Land einer aggressiven Opposition gegenüber. Insofern dürfte ihm ein temporäres Bündnis mit dem anderen großen Klimasünder China derzeit sehr zupasskommen.
Die neuen Ordnungselemente von Pittsburgh machen aus der Erde noch keinen sichereren Planeten. Politiker und Beamte sind ebenso fehlbar wie Banker und Bankaufseher. Aber es entsteht ein institutioneller Rahmen für die Probleme der grenzenlosen Welt des 21. Jahrhunderts. Und das ist nicht wenig.

(Süddeutsche Zeitung vom 26./27.9.2009, S. 4; Verf.: Nikolaus Piper)

1 Stellen Sie aus M 57 die einzelnen Gesichtspunkte zusammen, die den Autor von M 57 dazu veranlassen, den „Gipfel von Pittsburgh“ als einen wichtigen Schritt auf dem Wege zu einer „neuen Weltwirtschaftsordnung“ zu betrachten.

2 Erläutern Sie auch die angesprochenen kritischen Gesichtspunkte.

VERTIEFUNG M 58 Interessengegensätze behindern den Fortschritt

Treffen der großen internationalen Regierungsorganisationen werden i. d. R. begleitet von Demonstrationen, die z. T. von globalisierungskritischen oder anderen Nicht-Regierungsorganisationen (vgl. M 48) veranstaltet werden. Das Foto zeigt Demonstranten im Vorfeld des G-20-Gipfels in Toronto.

Die **Finanzminister und Zentralbankgouverneure** der G 20 konnten sich bei ihrem Treffen am 22./23.4.2010 in Washington D.C. (USA) nicht darauf einigen, eine weltweite Bankenabgabe einzuführen, mit der die Banken an den Kosten der von ihnen mit verursachten Finanzkrise beteiligt werden sollten. Vor allem Länder, deren Geldhäuser ohne staatliche Rettungspakete durch die Finanzkrise gekommen sind, sprachen sich dagegen aus – neben Japan, Kanada und Australien waren dies auch Schwellenländer wie Brasilien. Deutschland, Frankreich und die USA hatten für die Einführung einer Bankenabgabe geworben. In der Abschlusserklärung forderten die G 20 den Internationalen Währungsfonds (IWF) lediglich zur Vorlage weiterer Empfehlungen auf, „wie der Finanzsektor einen fairen und substanziellen Beitrag für die Kosten staatlicher Interventionen zur Rettung des Banksystems machen könnte“.
Auf einem weiteren Treffen der **Finanzminister und Zentralbankgouverneure** der G 20 am 5.6.2010 in Busan (Rep. Korea) scheiterten die Pläne, eine Bankenabgabe auf globaler Ebene einzuführen, v. a. am Widerstand Japans, Kanadas und Brasiliens endgültig. Die Teilnehmer konnten sich auch weder auf neue Regeln für die Finanzmärkte noch auf die Prioritäten beim Weg aus der Finanzkrise einigen. Auf dem **4. Gipfeltreffen** am 26./27.6.2010 in Toronto (Kanada) vereinbarten die Staats- und Regie-

rungschefs, bis zum 5. Gipfel im November 2010 in Seoul (Rep. Korea) nationale Wachstumspläne vorzulegen (s. M 59). Bis 2013 wollen die G-20-Staaten ihre Staatsdefizite halbieren und bis 2016 ausgeglichene Haushalte vorlegen. Der gastgebende kanadische Ministerpräsident Stephen Harper zeigte sich zuversichtlich, dass die entsprechenden Zielvorgaben auch eingehalten würden, wies jedoch darauf hin, dass deren Einhaltung auf freiwilliger Basis geschehe. Ein Vorstoß der USA und europäischer Staaten, den Finanzsektor durch die Einführung nationaler Bankenabgaben und eine weltweite Sondersteuer auf Finanzmarktgeschäfte stärker an den Kosten der Finanzkrise zu beteiligen, scheiterte erneut am Widerstand großer Schwellenländer wie der VR China, Brasilien und Indonesien, aber auch an Japan, Indien und Australien. In der Abschlusserklärung heißt es dazu lediglich, die Geldinstitute sollten einen gerechten und substanziellen Beitrag für die Kosten leisten, die durch staatliches Eingreifen entstünden.

(Der Fischer Weltalmanach 2011, © Fischer Taschenbuch Verlag in der S. Fischer Verlag GmbH, Frankfurt am Main 2010, S. 614; Verf.: Redaktion Fischer Weltalmanach)

1 **Der „Gipfel von Pittsburgh" fand Ende September 2009 statt. Erstellen Sie aus M 58 eine stichwortartige Übersicht über die Themen und Ergebnisse der weiteren G-20-Treffen bis Ende 2010.**

2 **Analysieren Sie insbesondere die Ursachen und Gründe dafür, dass die Entwicklung seit „Pittsburgh" nicht gerade als eine „Erfolgsgeschichte" der G 20 betrachtet werden kann.**

3 **Die Abb. in M 58 gibt einen kurzen Hinweis auf die Stellung und die Ziele vieler der in der Übersicht in M 48 aufgeführten 3. Gruppe von Akteuren der „World Economic Governance", auf die wir nicht näher eingehen können. Welche Anliegen werden bei dieser Demonstration auf den Transparenten vertreten?**

M 59 Der „Gipfel von Seoul" findet zu Annäherungen in wichtigen Streitfragen

Im Sommer und Herbst des Jahres 2010 war es zu lebhaften Auseinandersetzungen zwischen den wirtschaftlich wichtigsten Ländern der G 20 gekommen. U. a. ging es um die z. T. großen Ungleichgewichte im Außenhandel der größten Länder; die USA forderten vor allem von China und Deutschland, ihre hohen Handelsbilanzüberschüsse (s. Abb. 2) abzubauen bzw. einer generellen Regelung zur Begrenzung solcher Überschüsse zuzustimmen. China, das sich einem flexiblen Wechselkurssystem bisher nicht angeschlossen hat, sah sich massiver Kritik ausgesetzt, seinen Wechselkurs „künstlich" niedrig zu halten, um den Export zu fördern („Währungskrieg").
Der folgende Zeitungsbericht fasst die Themen, zu denen auch die Reform des IWF und weitere Maßnahmen zur Regulierung des internationalen Bankverkehrs gehörten, und die Ergebnisse des Gipfels von Seoul (12.11.2010) zusammen.

Abb. 1: Der amerikanische Präsident Barack Obama auf dem „G-20-Gipfel" in Seoul (Südkorea)

Bundeskanzlerin Angela Merkel und Finanzminister Wolfgang Schäuble haben sich zufrieden über die Ergebnisse des G-20-Gipfels in Seoul geäußert. Merkel sagte am Freitag, die Bemühungen um Kooperation der Staatengemeinschaft bei der Förderung eines dauerhaften, nachhaltigen und ausgeglichenen Wirtschaftswachstums hätten sich durchgesetzt. Beide würdigten vor allem die Verschärfungen der Bankenregulierung und die Reform des Internationalen Währungsfonds, die von den wichtigsten Industrie- und Schwellenstaaten in der südkoreanischen Hauptstadt einhellig unterstützt worden seien.
Merkel zeigte sich befriedigt darüber, dass Vorschläge des IWF die Grundlage für weitere Verhandlungen zur Bewertung des Wachstums in

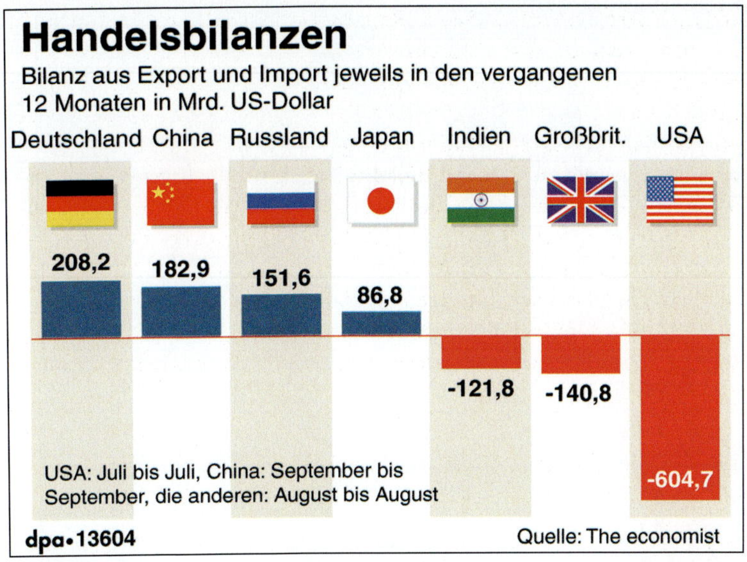

Abb. 2

den einzelnen Staaten sein sollen. Über diese Frage war es vor dem Gipfel zu Differenzen insbesondere zwischen Deutschland und den USA gekommen. Die amerikanische Regierung hatte darauf gedrängt, Höchstgrenzen für *Leistungsüberschüsse* (s. Abb. 2) einzuführen, um Ausfuhren von Ländern wie China, Japan und Deutschland zu deckeln und damit die eigene Exportwirtschaft anzukurbeln. Die Bundesregierung hatte dies vehement abgelehnt und gefordert, differenzierte Kriterien für die Beurteilung des Wachstums in einzelnen Staaten heranzuziehen. Dies ist auch die Linie des IWF. Er soll den Wirtschaftskurs der G-20-Länder künftig prüfen und früh auf Konfliktpunkte hinweisen. Anhand welcher Indikatoren die Fehlentwicklungen festgemacht werden sollen, blieb aber offen. Feststeht nur, dass ein ganzer Strauß an Merkmalen einbezogen werden soll – was genau, sollen die Finanzminister im kommenden Jahr festlegen. Merkel drängte zudem darauf, „endlich, und ich betone endlich“ die Verhandlungen über ein Freihandelsabkommen in der sogenannten *Doha-Runde* abzuschließen (vgl. M 52).

Schäuble lobte das *„Basel III-Abkommen“*, mit dem von Banken zusätzliche Kapitalpuffer gegen Verluste verlangt werden (s. Randinfo). Dass die G-20-Staaten diese Vereinbarung unterstützten, sei nach den Verhandlungen vor dem Gipfel „keine Überraschung, aber ein großer Erfolg“. Damit sei man in den Bemühungen, aus der Finanzkrise die richtigen Konsequenzen zu ziehen, „ein großes Stück weiter“. Die *IWF-Reform*, mit der den Schwellenländern über eine veränderte Quotenregelung mehr Einfluss zugestanden wird (vgl. M 54), unterstreiche die Bereitschaft der Industriestaaten, „das Gleichgewicht der Interessenvertretung in einer zunehmend globalisierten Welt“ zu stärken.

Fortschritte gelangen beim Streit über Wechselkurse. China akzeptierte, dass beim Kampf gegen Ungleichgewichte das Problem der *Wechselkurse* nicht ausgespart werden kann. Vor allem die USA hatten Druck gemacht. „Es ist wichtig, dass China schrittweise den Übergang zu einem marktbasierten Wechselkurssystem schafft“, sagte US-Präsident Barack Obama. Während der französischen G-20-Präsidentschaft soll die Reform des Währungssystems im kommenden Jahr ganz oben auf der Agenda stehen. Die Gefahr eines Währungskrieges mit verheerenden Folgen für die Weltwirtschaft gilt als gebannt.

(Süddeutsche Zeitung v. 13.11.2010; Verf.: Nico Fried)

Vor allem die höheren Anforderungen an das Eigenkapital sind es, die Basel III so bedeutend machen. Dahinter steckt der Gedanke, dass Banken, bezogen auf ihre Risiken, künftig mehr eigenes Geld vorhalten müssen. Das soll vermeiden, dass ihnen im Fall einer neuen Krise schnell wieder die Luft ausgeht und sie mit Steuergeld gerettet werden müssen. Basel III schreibt Banken deshalb in Zukunft deutlich mehr und qualitativ höherwertiges Eigenkapital vor.

(Süddeutsche Zeitung v. 15.10.2010, S. 8)

1. Erläutern Sie, auch auf dem Hintergrund Ihrer Arbeitsergebnisse zu den vorangehenden Materialien und zu Kap. II (M 16, M 19, M 26), die Probleme und Streitpunkte, über die es bei dem G-20-Gipfel in Seoul hauptsächlich ging (Einleitung und Text M 59). Ziehen Sie ggf. den Bericht unter der folgenden Internetadresse hinzu: http://www.fazfinance.net/Aktuell/Die-G-20-wollen-Ungleichgewichte-im-Aussenhandel-abbauen-2500.html.
2. Beschreiben Sie möglichst mit eigenen Worten die Ergebnisse (Beschlüsse, Regelungen, Kompromisse, Ankündigungen), zu denen es nach z. T. heftigen Debatten bei dem Gipfel kam.
3. Versetzen Sie sich in die Rolle der Länder USA, China und Deutschland: Wie würden Sie aus der jeweiligen Interessen- und Ausgangslage heraus die Ergebnisse jeweils bewerten?
4. Verfolgen Sie ggf. die weitere Entwicklung der G-20-Treffen, für die im Jahre 2011 Frankreich die „Präsidentschaft“ übernommen hat.
5. Wie schätzen Sie insgesamt die Chancen der G 20, erfolgreiche Schritte auf dem Wege zu einer „neuen Weltwirtschaftsordnung“ (s. M 57) erzielen zu können, ein?

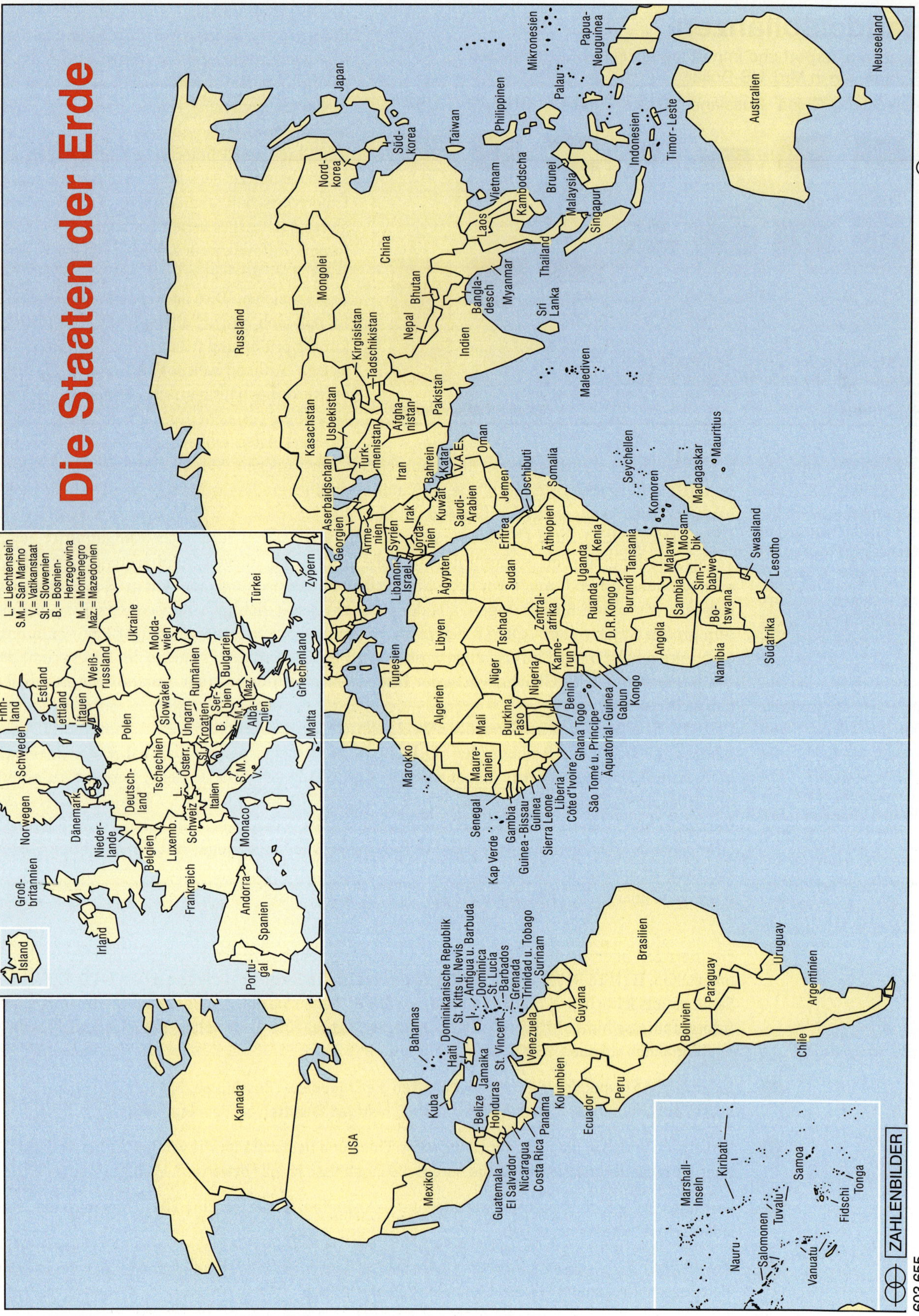
Die Staaten der Erde
L. = Liechtenstein
S.M. = San Marino
V. = Vatikanstaat
Sl. = Slowenien
B. = Bosnien-Herzegowina
M. = Montenegro
Maz. = Mazedonien
Island
Irland
Groß-britannien
Norwegen
Dänemark
Nieder-lande
Belgien
Luxemb.
Frankreich
Andorra
Spanien
Portu-gal
Monaco
Schweiz
Italien
Deutsch-land
Tschechien
Österr.
Schweden
Finn-land
Estland
Lettland
Litauen
Polen
Slowakei
Ungarn
Kroatien
Ser-bien
Weiß-russland
Ukraine
Molda-wien
Rumänien
Bulgarien
Alba-nien
Griechenland
Malta
Türkei
Zypern
Kanada
USA
Mexiko
Bahamas
Kuba
Haiti
Dominikanische Republik
St. Kitts u. Nevis
Antigua u. Barbuda
Dominica
St. Lucia
Barbados
Grenada
Trinidad u. Tobago
St. Vincent
Jamaika
Belize
Honduras
Guatemala
El Salvador
Nicaragua
Costa Rica
Panama
Venezuela
Guyana
Surinam
Kolumbien
Ecuador
Peru
Brasilien
Bolivien
Paraguay
Uruguay
Argentinien
Chile
Marokko
Algerien
Tunesien
Libyen
Ägypten
Mauretanien
Mali
Niger
Tschad
Sudan
Eritrea
Dschibuti
Äthiopien
Somalia
Senegal
Kap Verde
Gambia
Guinea-Bissau
Guinea
Sierra Leone
Liberia
Côte d'Ivoire
Burkina Faso
Ghana
Togo
Benin
Nigeria
Kame-run
Zentral-afrika
São Tomé u. Principe
Äquatorial-Guinea
Gabun
Kongo
D.R. Kongo
Uganda
Kenia
Ruanda
Burundi
Tansania
Angola
Sambia
Malawi
Mosam-bik
Sim-babwe
Namibia
Bo-tswana
Südafrika
Swasiland
Lesotho
Madagaskar
Komoren
Seychellen
Mauritius
Libanon
Israel
Syrien
Jorda-nien
Irak
Kuwait
Saudi-Arabien
Bahrein
Katar
V.A.E.
Oman
Jemen
Iran
Arme-nien
Georgien
Aserbaidschan
Kasachstan
Usbekistan
Turk-menistan
Afgha-nistan
Pakistan
Kirgisistan
Tadschikistan
Russland
Mongolei
China
Nord-korea
Süd-korea
Japan
Nepal
Bhutan
Indien
Bangla-desch
Malediven
Sri Lanka
Myanmar
Thailand
Laos
Vietnam
Kambodscha
Taiwan
Philippinen
Malaysia
Singapur
Brunei
Indonesien
Timor-Leste
Palau
Mikronesien
Papua-Neuguinea
Australien
Neuseeland
Marshall-Inseln
Kiribati
Nauru
Salomonen
Tuvalu
Samoa
Vanuatu
Fidschi
Tonga

Methodischer Anhang

Operatoren für das Fach Politik-Wirtschaft

Operatoren sind Handlungsanweisungen in Form von Verben, die zeigen, welche Tätigkeiten beim Bearbeiten von Prüfungsaufgaben erwartet werden. Sie werden in der folgenden Übersicht den drei Anforderungsbereichen zugeordnet.

Operator	Beschreibung der erwarteten Leistung
	Anforderungsbereich I (Reproduktion)
beschreiben	strukturiert und fachsprachlich angemessen Materialien vorstellen und/oder Sachverhalte darlegen
gliedern	einen Raum, eine Zeit oder einen Sachverhalt nach selbst gewählten oder vorgegebenen Kriterien systematisierend ordnen
wiedergeben	Kenntnisse (Sachverhalte, Fachbegriffe, Daten, Fakten, Modelle) und/oder (Teil-)Aussagen mit eigenen Worten sprachlich distanziert, strukturiert und damit unkommentiert darstellen
zusammenfassen	Sachverhalte auf wesentliche Aspekte reduzieren und sprachlich distanziert, strukturiert und unkommentiert wiedergeben
	Anforderungsbereich II (Reorganisation und Transfer)
analysieren	Materialien, Sachverhalte oder Räume kriterienorientiert oder aspektgeleitet erschließen und strukturiert darstellen
charakterisieren	Sachverhalte in ihren Eigenarten beschreiben, typische Merkmale kennzeichnen und diese dann gegebenenfalls unter einem oder mehreren bestimmten Gesichtspunkten zusammenführen
einordnen	begründet eine Position/Material zuordnen oder einen Sachverhalt begründet in einen Zusammenhang stellen
erklären	Sachverhalte so darstellen – gegebenenfalls mit Theorien und Modellen –, dass Bedingungen, Ursachen, Gesetzmäßigkeiten und/oder Funktionszusammenhänge verständlich werden
erläutern	Sachverhalte in ihren komplexen Beziehungen an Beispielen und/oder Theorien verdeutlichen (auf Grundlage von Kenntnissen bzw. Materialanalyse)
herausarbeiten	Materialien auf bestimmte, explizit nicht unbedingt genannte Sachverhalte hin untersuchen und Zusammenhänge zwischen den Sachverhalten herstellen
vergleichen	Gemeinsamkeiten, Ähnlichkeiten und Unterschiede von Sachverhalten kriterienorientiert darlegen
	Anforderungsbereich III (Reflexion und Problemlösung)
beurteilen	den Stellenwert von Sachverhalten oder Prozessen in einem Zusammenhang überprüfen, um kriterienorientiert zu einem begründeten Sachurteil zu gelangen
entwickeln	zu einem Sachverhalt oder zu einer Problemstellung eine Einschätzung, ein konkretes Lösungsmodell, eine Gegenposition oder ein Lösungskonzept inhaltlich weiterführend und/oder zukunftsorientiert darlegen
erörtern	zu einer vorgegebenen Problemstellung eine reflektierte, abwägende Auseinandersetzung führen und zu einem begründeten Sach- und/oder Werturteil kommen
Stellung nehmen	Beurteilung mit zusätzlicher Reflexion individueller, sachbezogener und/oder politischer Wertmaßstäbe, die Pluralität gewährleistet und zu einem begründeten eigenen Werturteil führt
überprüfen	Inhalte, Sachverhalte, Vermutungen oder Hypothesen auf der Grundlage eigener Kenntnisse oder mithilfe zusätzlicher Materialien auf ihre sachliche Richtigkeit bzw. auf ihre innere Logik hin untersuchen

(Niedersächsisches Kultusministerium, Kerncurriculum für die gymnasiale Oberstufe, Stand 29.11.2009)

Hinweise zur Analyse von Statistiken

Statistische Daten spielen im sozialwissenschaftlichen Unterricht bei der Behandlung vieler Themen eine wichtige Rolle. Das ist schon deshalb so, weil man zur Beurteilung einzelner konkreter Fälle und Fakten wissen muss, wie es „im Ganzen" oder „im Durchschnitt" aussieht. Statistiken sind in einer „Sprache" abgefasst, die sich auf wenige Begriffe, auf Zahlen und grafische Zeichen beschränkt, um auf diese Weise eine Vielzahl und eine Vielfalt von Fakten unter ganz bestimmten (vom Verfasser der Statistik ausgewählten) Gesichtspunkten zusammenzufassen, zu ordnen und überschaubar zu machen. Wenn man diese „Sprache" richtig verstehen und „übersetzen" will, muss man sie ein Stück weit erlernen. Das geht am besten, wenn man beim „Lesen" der Statistik bestimmte Regeln beachtet und sich an bestimmten Leitfragen orientiert (s. u., B.). Das ist auch deshalb wichtig, weil man nur auf diese Weise auf Unklarheiten, Mängel und Fehler aufmerksam wird, die nicht selten in Statistiken enthalten sind. Denn: Statistische Darstellungen erwecken zumeist den Anschein vollkommener Objektivität und unbezweifelbarer Richtigkeit, obwohl sie oft – absichtlich oder unabsichtlich, vermeidbar oder unvermeidbar – wesentliche Informationen verschweigen oder gar das Urteil des Lesers über die dargestellten Sachverhalte in einer bestimmten Richtung beeinflussen.

„Wie leicht doch bildet man sich eine falsche Meinung, geblendet von dem Glanz der äußeren Erscheinung."
(Molière)

A. Arten von Statistiken

Statistiken (statistische Daten) lassen sich grob unterteilen in **Tabellen** (zahlenmäßige Übersichten) und **Grafiken** (Veranschaulichung von Zahlenwerten und Größenverhältnissen mithilfe grafischer Elemente). Grafische Darstellungen gibt es in vielfältiger Form. Neben *Schaubildern*, die durch die Verwendung figürlicher Darstellungen gekennzeichnet sind, sind *Diagramme* aller Art sehr gebräuchlich. Die häufigste Form stellen aber wohl *Tabellen* dar. Deshalb sei ihr Aufbau hier kurz erläutert.

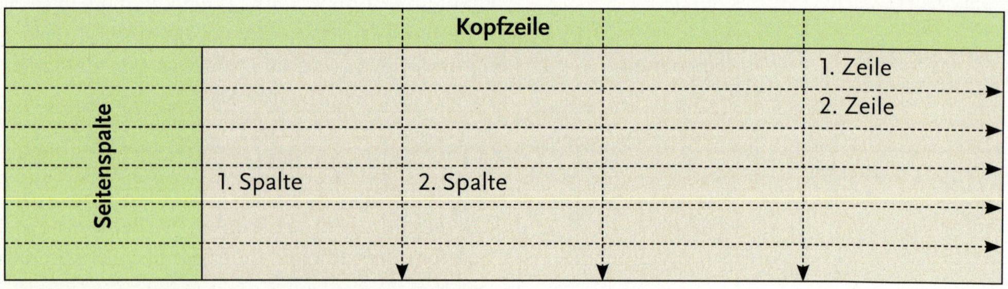

[1] Seit 1990: Bündnis 90/ Die Grünen
[2] 2005: Die Linke.PDS, 2009: Die Linke

Parteien / Wahljahr	CDU/ CSU	SPD	FDP	Die Grünen[1]	PDS[2]
1972	44,9	45,8	8,4	–	–
1976	48,6	42,6	7,9	–	–
1980	44,5	42,9	10,6	1,5	–
1983	48,8	38,2	7,0	5,6	–
1987	44,3	37,0	9,1	8,3	–
1990	43,8	33,5	11,0	5,0	2,4
1994	41,4	36,4	6,9	7,3	4,4
1998	35,2	40,9	6,2	6,7	5,1
2002	38,5	38,5	7,4	8,6	4,0
2005	35,2	34,2	9,8	8,1	8,7
2009	33,8	23,0	14,6	10,7	11,9

Die tabellarische Anordnung beruht im Allgemeinen darauf, dass *zwei Aspekte* (Kategorien) eines (in der Überschrift genannten) Sachbereichs *miteinander in Beziehung* gesetzt werden. Das geschieht in der Weise, dass der eine Aspekt im Kopf der Tabelle (*Kopfzeile*) bezeichnet wird, der andere in der *Seitenspalte* (Vorspalte). Auf diese Weise ergeben sich in einer Tabelle (horizontale) *Zeilen* und (vertikale) *Spalten*, die dann mit Zahlenwerten gefüllt werden können.

Wenn eine Tabelle etwa – um ein einfaches Beispiel zu wählen – **die Stimmenanteile der im Bundestag vertretenen Parteien** bei den Bundestagswahlen darstellen will, kann sie in der Kopfzeile die Namen dieser Parteien auflisten und in der Seitenspalte die Wahljahre. Die Stimmenanteile werden *in Prozent der abgegebenen gültigen Stimmen* angegeben (s. Abb.).

Diese Form der tabellarischen Anordnung ermöglicht es in unserem Beispiel, sozusagen „auf einen Blick" nicht nur die *Anteile* der Parteien im jeweiligen Wahljahr miteinander zu vergleichen (in den Zeilen), sondern auch die *Entwicklung* der Anteile für jede einzelne Partei über viele Jahre hin zu überblicken (in den *Spalten*).

Neben „einfachen" **Diagrammen**, in denen unterschiedliche Größen vergleichend nebeneinander gestellt werden, sind vor allem Diagramme verbreitet, die auf einem „Koordinatensystem" beruhen: Auf der (senkrechten) y-Achse (Ordinate) wird die (zahlen- oder preismäßige) Größe/Höhe einer bestimmten Einheit erfasst; auf der waagerechten x-Achse (Abszisse) wird die zeitliche Entwicklung wiedergegeben („Zeitachse"). Die Wahl der Abstände zwischen den Maßeinheiten auf beiden Achsen ist ganz entscheidend für den optischen Eindruck, den ein Diagramm (insbesondere ein Kurvendiagramm) von der dargestellten Entwicklung vermittelt.

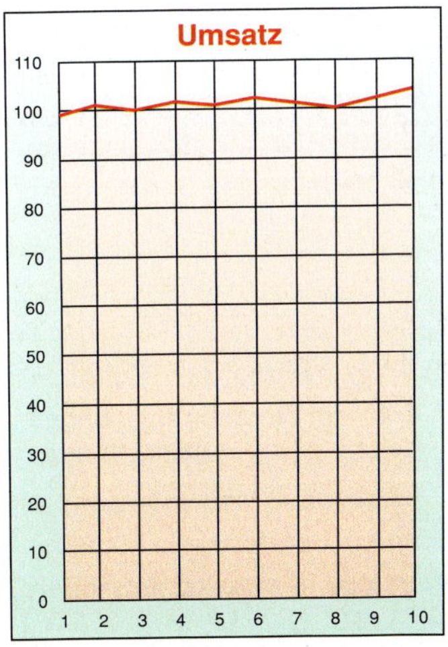

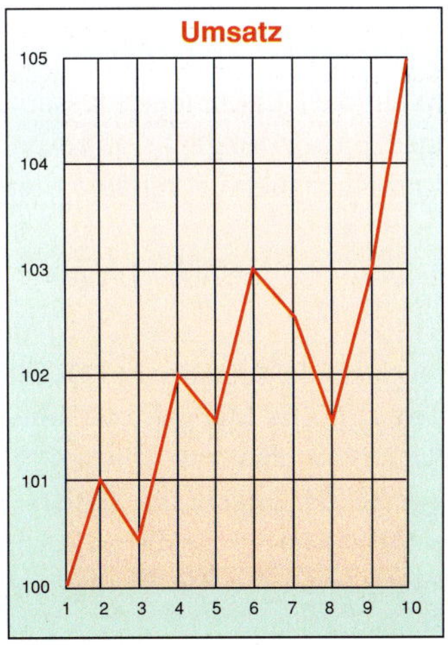

Die drei hier abgebildeten Kurvendiagramme zeigen dieselbe Umsatzentwicklung eines Unternehmens (von 100 auf 105 Mio Euro in 10 Monaten). Die beiden Säulendiagramme darunter basieren ebenfalls auf identischen Daten (Entwicklung einer Geldanlage von 10 000 auf 21 000 Euro durch Zinseinnahmen über 10 Jahre).

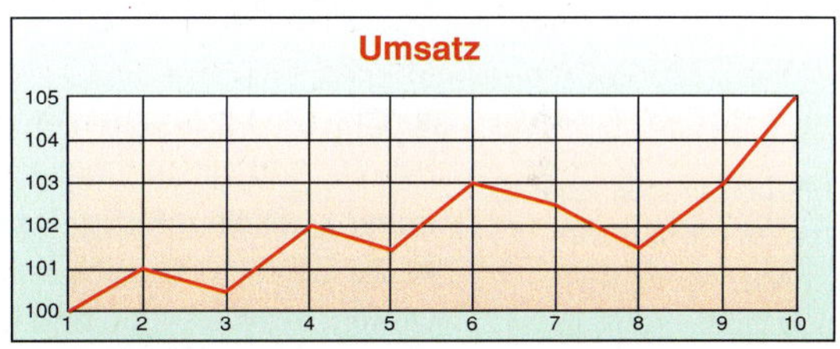

(Walter Krämer, So lügt man mit Statistik, Campus Verlag, Frankfurt/New York 1995, S. 31–34)

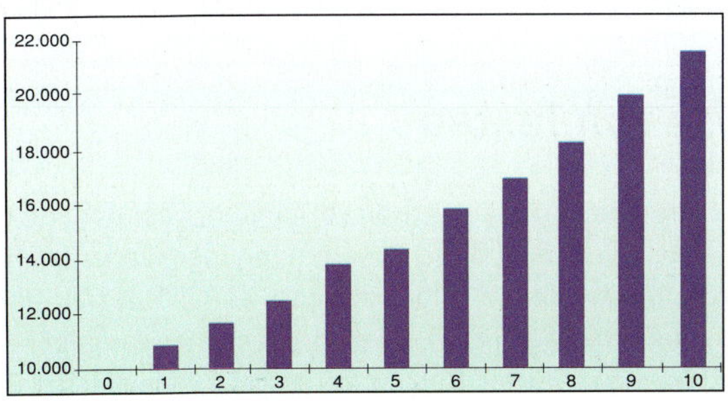

(Computer + Unterricht 16/1994, Friedrich Verlag, Seelze 1994, S. 48 f.)

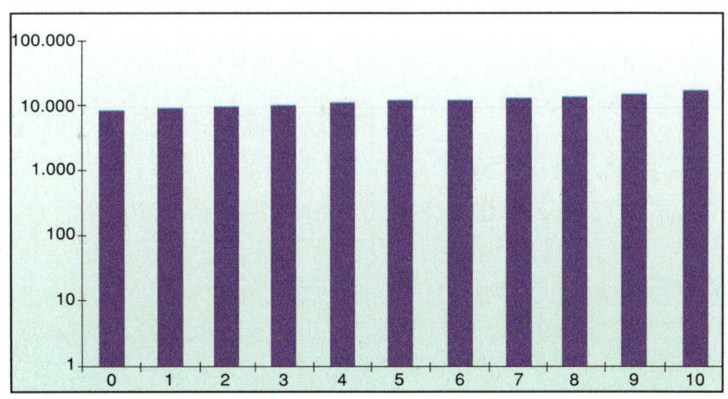

B. Arbeitsschritte bei der Analyse von Statistiken

Um eine exakte Erarbeitung zu gewährleisten, ist es notwendig, *Beschreibung* und *Interpretation* (Auswertung und kritische Beurteilung) deutlich zu trennen und dabei bestimmte **Leitfragen** zu beachten (nicht alle Fragen des folgenden Katalogs sind für jede einzelne Statistik von Bedeutung).

1. Beschreibung

a) Aussagebereich und Quelle (Überschrift und Quellenangabe)

- Wozu soll die Statistik etwas sagen? Welche Frage will sie beantworten?
- Für welche Zeit und für welchen Raum soll sie gelten?
- Wer hat die Statistik verfasst (verfassen lassen)? Auf welchen Quellen beruht sie?
- Bei Befragungsergebnissen: Auf welche Frage hatten die Befragten zu antworten? Welche Antwortmöglichkeiten hatten sie?

b) Darstellungsform, Kategorien und Zahlen

- Welche Form der Darstellung wurde gewählt?
- Welche Kategorien (Begriffe) werden miteinander in Beziehung gesetzt? (z. B. bei Tabellen: Was steht in der Kopfzeile/Tabellenkopf, was in der Seitenspalte/Vorspalte?) Was bedeuten diese Begriffe genau?

- Welche Zahlenarten (absolute Zahlen, Prozentzahlen, Index*-Zahlen) werden verwendet? Auf welche Gesamtzahl beziehen sich ggf. die Prozentzahlen?
- Welche Informationen lassen sich der Statistik entnehmen? (Was bedeutet z. B. eine bestimmte Zahl in der Tabelle, ein bestimmter Punkt auf der Kurve des Diagrammes usw.?)

Hinweis: Insbesondere bei Vergleichen zwischen **Prozentzahlen** muss man darauf achten, ob die Gesamtzahl angegeben ist. So kann z. B. der Vergleich zweier Zeitungsverlage, von denen der eine seine Auflage von 500 000 auf 1 Million (also um 100 %) gesteigert, der andere seine Auflage von 2 Millionen auf 3 Millionen (also um 50 %) erhöht hat, einen ganz unterschiedlichen Eindruck hervorrufen, je nachdem, ob man diesen Vergleich in absoluten Zahlen (500 000 im Vergleich zu 1 Million) oder in Prozentzahlen (100 % im Vergleich zu 50 %) formuliert.
Auch der Unterschied zwischen einer Veränderung in *Prozent* und in *Prozentpunkten* ist bei der Beschreibung zu beachten.

„Zehn von hundert Menschen haben Ahnung vom Prozentrechnen. Das sind über 17 Prozent."
(aus einem Zeitungskommentar)

2. Interpretation

a) Auswertung

- Welche Aussagen (Antworten auf die Fragestellung) lassen sich formulieren?
- Welche Aussagen (Beziehungen, Entwicklungen) sind besonders wichtig? Lassen sich bestimmte Schwerpunkte (Maxima, Minima), regelhafte Verläufe, besondere Verhältnisse und Entsprechungen feststellen?
- Wie lässt sich die Aussage zusammenfassend formulieren?

b) Kritik

- Gibt es Unklarheiten im Hinblick auf die Angaben zur Quelle, zur Fragestellung, zum Zeitpunkt usw.? – Enthält die Statistik offensichtliche Mängel und Fehler (z. B. in der Berechnung, Benennung, grafischen Anlage usw.)?
- Zu welchem Bereich der Fragestellung macht die Statistik keine Angaben? Was müsste man wissen, um die Daten und ihren Stellenwert im größeren Zusammenhang beurteilen zu können?
- Lässt sich ein bestimmtes Interesse an der Veröffentlichung erkennen? Könnte sie jemandem nutzen oder schaden?

(Autorentext)

„Mit der ganzen Algebra ist man oftmals nur ein Narr, wenn man nicht noch etwas anderes weiß."
(Friedrich der Große)

Hinweise zur Analyse von Texten

1. Klarstellung des inhaltlichen Zusammenhangs

In den meisten Fällen ist ein bestimmtes Vorwissen schon vorhanden, oder der Text ist ein Glied in einer Reihe schon erarbeiteter Materialien. Sich diese Zusammenhänge klarzumachen, erleichtert das Verständnis und die Einordnung der neuen Informationen; es hilft, gezielt und wirksam zu lesen. In diesen Zusammenhang gehört es auch, sich einer vorgegebenen Aufgabenstellung genau zu vergewissern. In den Arbeitshinweisen dieses Buches finden sich viele solcher Erschließungshilfen.

2. Schritte der Texterschließung

2.1 Jede Texterschließung sollte damit beginnen, die äußeren *Textmerkmale* festzustellen:

- Was ist laut der Überschrift der *Gegenstand* des Textes?
- Wer ist der *Verfasser* (z. B. Politiker/in einer bestimmten Richtung, Fachwissenschaftler/in, Vertreter/in von Interessengruppen)?
- Wer ist oder war ursprünglich der *Adressat* (z. B. eine breite Öffentlichkeit bei Zeitungsartikeln, ein bestimmtes Publikum bei einer Rede, Fachleute auf einem bestimmten Gebiet bei einem wissenschaftlichen Text)? Wird der Entstehungsanlass genannt?
- Wann und wo ist der Text ursprünglich *veröffentlicht* worden? Wie aktuell ist er?

Die Beantwortung dieser Fragen erleichtert in vielen Fällen das Verständnis des Textes und seine spätere Einschätzung.

2.2 Zunächst sollte der Text zur Orientierung überflogen werden. Für eine genaue Erschließung muss er dann sorgfältig gelesen und auf den gedanklichen Ablauf und seine Hauptaussagen hin untersucht werden. Dabei ist es eine gute Hilfe, auf zentrale Begriffe („Signalwörter") zu achten. Verbindungswörter („außerdem", „und", „denn, weil", „allerdings", „obwohl", „andererseits", „zunächst", „schließlich") helfen bei der richtigen Erfassung des Gedankenvorganges.

Zur besseren Erfassung der Textaussagen kann man sich verschiedener Techniken bedienen (s. aber den kursiv gesetzten Hinweis unten):

- *Unterstreichen* oder farbiges *Markieren* von Kernaussagen und zentralen Begriffen, bei längeren Sätzen oder Abschnitten unter Umständen auch am Rand.
- *Randvermerke* in Form von Zeichen, z. B.: ? = Verständnislücke, Unklarheit z. B. bei Fremdwörtern und Fachbegriffen, ! = (vorläufige) Zustimmung, ?! = Zweifel, (vorläufige) Kritik. In Verbindung mit solchen Zeichen, aber auch ohne sie können kurze Randbemerkungen die Zielrichtung oder Begründung der Zustimmung oder der Kritik kennzeichnen.
- Randvermerke in Form einer *Zusammenfassung* von Absätzen in kurzen, prägnanten Formulierungen, auch in der Form von Überschriften.

Auf diese Weise kann, falls der Originaltext eine solche Gliederung z. B. durch Zwischenüberschriften nicht schon enthält, auch eine *inhaltliche Gliederung* des Textes entstehen. Wichtig ist jedoch, dass eine solche Gliederung erst im Verlauf und nach einer genauen Textlektüre entstehen kann und nicht am Anfang der Texterfassung steht.

- Im Verlauf oder am Ende der Lektüre müssen unbekannte Fremdwörter und Fachbegriffe mit dafür geeigneten Hilfsmitteln (Fremdwörterlexikon, Fachwörterbuch, Internet oder mit einem Glossar wie in diesem Buch) so weit wie möglich abgeklärt werden. Kurze Erklärungen können vermerkt werden.

Alle Mittel zur Kennzeichnung des Textes müssen jedoch so sparsam verwendet werden, dass sie ihre Funktion, Wichtiges hervorzuheben, erfüllen.

Da man die beschriebene Kennzeichnung von Texten direkt in Schulbüchern (Schulbuchausleihe) nicht vornehmen kann, kann man sich z. B. mit entsprechenden Notizen in einem Heft oder auf Zetteln helfen, die man in das Buch einlegt (mit Angabe, zu welchem Text der Zettel gehört).

3. Fragen zu einer genaueren Untersuchung des sachlichen Gehaltes und der Argumentationsstruktur

- Wie kommt der Autor zu seinen Erkenntnissen? Woher bezieht er seine Informationen?
- Wie begründet der Autor seine Aussage, seine These, die Position, für die er wirbt?
- Von welchen expliziten (ausdrücklich genannten) bzw. impliziten (nicht ausdrücklich genannten) Voraussetzungen geht der Autor aus?
- Auf welche Zusammenhänge nimmt der Autor ausdrücklich oder indirekt Bezug?
- Zu welchen Ergebnissen kommt der Autor? Inwieweit sind die Argumente sachlich richtig, widerspruchsfrei, vollständig? Welche Lücken und Unklarheiten bleiben? Welche Fragen lässt der Autor offen?

4. Texterörterung und -bewertung

Bei diesem Schritt geht der Leser über die Erfassung des Textinhaltes und seine genauere Untersuchung und Kommentierung hinaus und bestimmt sein Verhältnis zum Text. Auch wenn Bewertungen bei den vorhergehenden Schritten immer schon „mitgeschwungen" sind, müssen sie am Ende der Arbeit mit einem Text genau formuliert und begründet werden. Eine gut begründete Textbewertung resultiert gedanklich aus einer Texterörterung, in der Aussagen des Textes, ausgehend von bestimmten Gesichtspunkten, abgewogen und Pro- und Kontra-Argumente entwickelt werden. Die daran anschließende *persönliche Stellungnahme* sollte sich nicht in einer pauschalen Zustimmung oder Ablehnung erschöpfen, sondern die eigene Position – wenn möglich – differenziert begründen. Wichtig ist dabei, sich der *eigenen Beurteilungskriterien und Wertmaßstäbe* bewusst zu sein und diese auch deutlich zu machen. Die Gesamtbewertung muss nicht unbedingt in einer vollständigen Zustimmung oder Ablehnung enden. Auch eine teilweise Übereinstimmung oder die Feststellung offener Fragen z. B. aufgrund fehlender Informationen kann am Ende stehen.

(Autorentext)

Hinweise zur Unterrichtsmethode der Expertenbefragung

Ein Experte/eine Expertin ist ein Sachverständiger, also eine Person, die über einen bestimmten Sachverhalt aus eigenem Erleben und/oder intensiver Beschäftigung genaue Kenntnisse hat. Ein Experte kann häufig Sachverhalte genauer und anschaulicher darstellen, als das z. B. in Texten möglich ist; er hat zudem häufig Informationen, die in Büchern (noch) nicht vorhanden sind.

Hauptzweck von Expertenvortrag und Expertenbefragung ist die *Informationsgewinnung*. Der Unterschied zu einer politischen Diskussion, in der es zentral um Meinungsbildung, Meinungsaustausch und ggf. Entscheidungsfindung geht, darf nicht verwischt werden. Das schließt nicht aus, dass eine Expertenbefragung nach einer gewissen Zeit in eine politische Diskussion übergeht. Jeder Experte hat aber neben Kenntnissen auch *Meinungen* zu den Gegenständen oder Sachverhalten, mit denen er sich beschäftigt. Wertungen und Meinungen, die sich ein Experte bei der Auseinandersetzung mit dem Gegenstand gebildet hat, können eine wertvolle Anregung für die eigene Meinungsbildung sein. Voraussetzung dafür ist jedoch, dass der Experte und seine Zuhörer zwischen Informationen und Wertungen so weit wie möglich trennen. Der Experte ist dann nicht mehr sachliche Autorität, sondern grundsätzlich gleichberechtigter Gesprächspartner.

Eine *Expertenbefragung* hat gegenüber einem Experten*vortrag* den Vorzug, dass die zu übermittelnden Informationen genau auf die Bedürfnisse der Zuhörer abgestimmt werden können und dass die Zuhörer Verlauf und Ergebnis der Veranstaltung aktiv mitgestalten können. Deshalb konzentrieren sich die folgenden Hinweise auf die Experten*befragung*. Bei der Vorbereitung und Durchführung einer solchen Befragung sollte Folgendes beachtet werden:

1. Auswahl des Themas für eine Expertenbefragung

Nicht jedes Thema eignet sich für eine Expertenbefragung. Da eine Expertenbefragung einen nicht unerheblichen *Aufwand* für den Experten und seine Zuhörer bedeutet, sollte sie nur veranstaltet werden, wenn die gewünschten Informationen nicht oder nur erheblich schlechter auf anderem Weg beschafft werden können.

2. Auswahl des Experten

Der Experte muss so ausgewählt werden, dass er für das gewählte Thema über den bisherigen Kenntnisstand der Zuhörer hinaus tatsächlich Neues vermitteln kann. Das muss vorher eventuell durch ein *Vorgespräch* mit dem Experten ermittelt werden.

3. Organisatorische und inhaltliche Vorbereitung

Ort, Zeitpunkt und Dauer der Befragung sollten frühzeitig vereinbart, Sitzordnung, Gesprächsleitung und die Form des Festhaltens der Ergebnisse (Protokollführung) vorher abgeklärt werden. Gezieltes Fragen setzt eine gewisse Kenntnis des Gegenstandes voraus. Die Zuhörer müssen also bereits in das Thema der Befragung eingearbeitet sein. Fragenbereiche und Einzelfragen sollten auf der Grundlage der bisherigen Beschäftigung mit dem Gegenstand genau *vorbereitet* sein. Im Regelfall sind auch vorherige Vereinbarungen darüber, wer welche Fragen zu welchem Zeitpunkt stellt, unumgänglich. Der Experte sollte rechtzeitig über die an ihn gerichteten Erwartungen informiert werden, damit er sich – falls notwendig – gezielt auf die Befragung vorbereiten kann.

4. Durchführung der Befragung

Eine Expertenbefragung kann nur gelingen, wenn alle Beteiligten (Experte, Frager und Zuhörer, Gesprächsleiter) sich an die am Anfang formulierten *Regeln* halten. In besonderer Weise ist dafür der Gesprächsleiter verantwortlich. Er muss z. B. darauf achten, dass die vorbereiteten Themenbereiche zur Sprache kommen, dass der Experte und die Fragenden nicht abschweifen, dass der Unterschied zu einer politischen Diskussion erhalten bleibt bzw. der Übergang zu einer solchen Diskussion deutlich markiert wird.

5. Auswertung der Befragung

Jede Expertenbefragung sollte zu einem späteren Zeitpunkt ohne den Experten *ausgewertet* werden. Der sachliche Ertrag sollte klar bestimmt werden. Dieses Ergebnis sollte daraufhin überprüft werden, welche neuen Informationen gewonnen wurden und inwieweit das Ziel der Befragung erreicht wurde. Auch Vorbereitung, Organisation und das Verfahren sollten im Hinblick auf weitere Befragungen kritisch überprüft werden.

(Autorentext)

Hinweise zur Vorbereitung eines Kurzreferates

Ein Referat ist ein mündlicher Vortrag über ein deutlich markiertes Thema. Es dient dazu, einer Zuhörerschaft neue Informationen über ein bestimmtes Thema zu vermitteln, die sie ohne erheblichen Aufwand sonst nicht bekommen würde. Für den Referenten/die Referentin gibt es die Möglichkeit, sich darin zu üben, Sachverhalte in zusammenhängender, geordneter Form vorzutragen.
Für die **Vorbereitung** ist Folgendes zu beachten:

- Das *Thema* muss klar bezeichnet und eingegrenzt werden. Eine solche klare Fragestellung hilft bei der Stofferarbeitung und erleichtert später beim Vortrag das Zuhören.
- Das in der Vorbereitung zu erarbeitende *Material* sollte – eventuell nach einer Phase der Materialsuche – genau eingegrenzt werden. Unüberschaubares Material führt zur Verzettelung und oberflächlichen Bearbeitung.
- Der Referent sollte sich bei der Vorbereitung an einen Arbeitsplan mit folgenden *Arbeitsphasen* halten:

– Materialsuche (falls nicht vorgegeben),
– Auswertung des Materials (Lesen, Unterstreichen, Notizenmachen),
– Erstellung einer Gliederung,
– Ausarbeitung des Referates in Stichworten (kein Aufsatz),
– Vorbereitung von unterstützenden Materialien für den Vortrag (evtl. Folie oder vervielfältigte Übersicht).

Für die **Durchführung** des Referates sollten folgende Grundsätze beachtet werden:

- Ein Referat sollte *klar gegliedert* sein. Nach einer Einleitung, die das Thema sowie die Materialgrundlage nennt und versucht, die Zuhörer für das Thema zu interessieren, folgt ein unter Umständen noch einmal unterteilter Hauptteil mit den Informationen und Gedanken, die der Referent vermitteln will. Am Ende steht eine knappe Zusammenfassung, in der unter Umständen auch offene Fragen und Möglichkeiten der Weiterarbeit benannt werden.
- Ein Referat soll auf die Fähigkeit der Zuhörer, konzentriert zuzuhören, ausgerichtet sein. Die *Länge* des Referates muss deshalb genau überlegt werden.
- Ein Referat sollte nach Stichworten *frei vorgetragen* und nicht abgelesen werden, da der Vortrag so lebendiger wird.
- Der Referent sollte den Zuhörern zu Beginn mitteilen, wie er sich *Rückfragen* vorstellt (Zwischenfragen während des Referates oder Fragen nach der Beendigung des Vortrags). Solche vereinbarten Regeln geben Referent und Zuhörer Sicherheit.
- In vielen Fällen ist es sinnvoll, den mündlichen Vortrag durch kurze Skizzen, Schemata und Zusammenfassungen zu unterstützen. Ihre Präsentation auf einer *Folie*, auf die der Referent laufend Bezug nimmt, konzentriert die Aufmerksamkeit der Zuhörer auf den Vortrag. Schriftliche Zusammenfassungen in vervielfältigter Form sollten deshalb im Regelfall erst am Ende des Vortrags ausgegeben werden.

Für ein aktives und wirksames *Zuhören* bei Referaten sollte Folgendes beachtet werden:

- Wichtiger als die Erfassung aller Einzelheiten ist es, den „roten Faden“ des Referenten zu verfolgen. Dabei ist es hilfreich, auf Einleitungssätze, Überleitungen und Zusammenfassungen besonders zu achten.
- Ein Versuch, möglichst viel möglichst genau mitzuschreiben, behindert eher bei der Aufnahme der Informationen. Insbesondere, wenn eine schriftliche Zusammenfassung angekündigt wird, ist es besser, sich nur die grobe Struktur des Vortrags und ggf. Stichworte zu Rückfragen oder Diskussionsbeiträgen zu notieren.

(Autorentext)

Hinweis: Eine *umfassende Übersicht* (mit Beschreibungen und Beispielen) über die Vielfalt der für den sozialwissenschaftlichen Unterricht relevanten Methoden findet sich auf der Internetseite www.sowi-online.de/methoden/methoden-ol.hml (zu Tabellen und Grafiken s. auch www.thomasgransow.de/Fachmethoden/Statistik.html).

Glossar

administrativ. Den Bereich der Administration (öffentlichen Verwaltung) betreffend (alle Behörden und Ämter, die dazu dienen, Gesetze und Beschlüsse der Parlamente auf allen Ebenen durchzusetzen und in die Praxis umzusetzen).

Aktien. Die Aktie (vom lateinischen „actio", das bedeutet so viel wie „Handlung") ist eine Urkunde. Sie bescheinigt ihrem Besitzer, dass er einen bestimmten Geldbetrag einem Unternehmen (einer Aktiengesellschaft oder kurz AG) zur Verfügung gestellt hat. Das hat er nicht aus Großzügigkeit getan, sondern weil er mit dieser Aktie bestimmte Rechte erwirbt. Zum Beispiel wird er Miteigentümer dieser AG und hat einen Anspruch auf einen Teil des Gewinns, den das Unternehmen erwirtschaftet. Wenn dieser Gewinn hoch ist, steigt auch der Wert der Aktien. Der Aktienbesitzer (Aktionär genannt) kann sie dann zu einem höheren Preis wieder verkaufen und so, besonders wenn er viele Aktien gekauft hat, eine Menge Geld verdienen. Wenn aber das Unternehmen keinen Gewinn, sondern Verluste oder gar Pleite macht, kann der Aktionär auch viel Geld verlieren. Der Aktionär hat noch weitere Rechte. So kann er in der Jahreshauptversammlung des Unternehmens, von dem er Aktien, also Anteile hat, mitbestimmen, wie es weitergeht mit der AG. Er kann zum Beispiel mitentscheiden, ob der Vorstand seine Sache gut gemacht hat oder ob er abgewählt werden soll. Aktien und andere → Wertpapiere werden an der Börse gehandelt.

Analphabeten. Unter Analphabeten im *engeren* Sinne versteht man Menschen, die weder schreiben noch lesen können. Im *weiteren* Sinne bezeichnet man auch Personen als Analphabeten, die etwas schwierigere Texte nicht lesen oder keinen Beruf ausüben können, für den Lesen- und Schreibenkönnen Voraussetzung ist. Solche Personen gibt es auch in den Industrieländern (in Europa etwa 8 % der Bevölkerung).

Anarchie. Zustand der Herrschaftslosigkeit in rechtlicher, politischer, wirtschaftlicher oder gesellschaftlicher Hinsicht.

anarchisch. → Anarchie

Anlagerendite. Der Gewinn, der sich ergibt, wenn man sein Geld in → Aktien oder anderen → Wertpapieren anlegt (statt es in sein Unternehmen zu investieren).

Arbeitsproduktivität. → Produktivität.

ASEAN. Abkürzung für „Association of South-East Asian Nations", eine 1967 gegründete Vereinigung von Staaten Südostasiens (u. a. Indonesien, Thailand, Singapur, Malaysia, Laos, Kambodscha) zur wirtschaftlichen und politischen Zusammenarbeit (Freihandelszone).

asymmetrische Bedrohung. Form eines Konfliktes, bei der sich nicht Staaten, militärische Einheiten usw. offen gegenüberstehen oder sich mit konventionellen Mitteln bekämpfen, sondern Staaten oder Gesellschaften sich einer Bedrohung durch terroristische Netzwerke, Befreiungskämpfer, Computerhacker usw. ausgesetzt sehen, die schwer zu bekämpfen sind.

autokratisch. (griech.: autos – selbst, kratein – herrschen) Bezeichnung für ein Herrschaftssystem, in dem alle wesentlichen Entscheidungsbefugnisse in der Hand eines einzigen Machtträgers (Autokraten) liegen, der sein Land „selbstherrlich" regiert.

AWACS. Ein *Airborne Early Warning and Control System* (*Abkürzung*: AWACS) ist ein Flugzeug-gestütztes Radarsystem, das zur Luftraumaufklärung und als Einsatzleitzentrale eingesetzt wird. Ein AWACS übernimmt die luftgestützte Frühwarnung, das Aufspüren von gegnerischen Lufteinheiten durch luftgestützte Radarsysteme.

Brennstoffzyklus. Unter dem Begriff Brennstoffkreislauf (Brennstoffzyklus) werden in der Kerntechnik zusammenfassend alle Arbeitsschritte und Prozesse bezeichnet, die der Versorgung und Entsorgung radioaktiver Stoffe dienen, die zur zivilen Anwendung gehören.

Bruttoinlandsprodukt (BIP). Wertmaßstab für die gesamte wirtschaftliche Leistung einer Volkswirtschaft in einem bestimmten Zeitraum (Inlandskonzept). Dabei werden alle innerhalb der geografischen Grenzen einer Volkswirtschaft in einer Periode erstellten und zu Marktpreisen bewerteten Güter und Dienstleistungen abzüglich der Vorleistungen (Güter, die in den inländischen Produktionsprozess eingehen) einbezogen. Zum zeitlichen Vergleich der wirtschaftlichen Leistungskraft einer Volkswirtschaft eignet sich besser das *reale* Bruttoinlandsprodukt, das nicht in laufenden Preisen gemessen wird, sondern in konstanten Preisen eines bestimmten Basisjahres.

Darfur-Konflikt. Der Konflikt in Darfur ist eine seit 2003 andauernde bewaffnete Auseinandersetzung zwischen den verschiedenen Volksgruppen in Darfur und der sudanesischen Regierung in Khartum. Dabei fordern aus schwarzafrikanischen Stämmen hervorgegangene Rebellenbewegungen mehr Mitbestimmung im Staat und eine Entwicklung ihrer Region. Die Regierung geht militärisch gegen die Rebellen vor und unterstützt in diesem Kampf lokale Milizen, die aus arabischen Reiter-Nomaden bestehen und unter der Bezeichnung *Dschandschawid* bekannt geworden sind.
Etwa 200 000 Menschen sind bis 2007 durch den Konflikt umgekommen, 2,5 Millionen wurden innerhalb der Region vertrieben. Sie werden als IDP („Internally displaced persons") bezeichnet. Insbesondere die Dschandschawid begehen schwere Menschenrechtsverletzungen, dazu gehören die Zerstörung von Dörfern, Massaker an der Zivilbevölkerung und Vergewaltigungen.
Der Konflikt hat sich auch auf grenznahe Gebiete Tschads ausgeweitet, einige Tausend Darfuris sind in die Zentralafrikanische Republik geflohen. Seit 1. Januar 2008 ist die Friedensmission UNAMID als weltgrößte Friedenstruppe in Darfur stationiert. Im Juli 2010 befanden sich 17 000 Soldaten und 4 600 Polizisten vor Ort. Blockierende Maßnahmen der sudanesischen Regierung, bürokratische Hürden sowie Probleme bei der Zusammenarbeit der Truppenteile erschweren die Mission bislang erheblich. (http://de.wikipedia.org/wiki/Darfur-Konflikt)

Depression. Tiefpunkt eines wirtschaftlichen Abschwungs; tiefgreifende Wirtschaftskrise mit hoher Massenarbeitslosigkeit, Einkommensverlusten der privaten Haushalte und Gewinneinbußen der Unternehmen.

Devisen. Ausländische Zahlungsmittel. Devisen kann ein Land nicht wie die eigene Währung „schöpfen", sondern muss sie verdienen, z. B. als Bezahlung für eigene, an das Ausland gelieferte Waren. Da jedes Land die Güter importieren muss, die es benötigt, aber nicht selbst herstellt, ist der Erwerb von Devisen hierfür notwendig.

Devisenbewirtschaftung. Staatliche Maßnahmen, die die für die gesamte Außenwirtschaft benötigte Devisenmenge beschränken; Ziel ist die Stabilität der Wechselkurse. In den Industrieländern findet Devisenbewirtschaftung i. d. R. nicht mehr statt.

digitale Spaltung. Dieser Begriff bezeichnet die Tatsache, dass die modernen Kommunikationstechnologien (Internet) von Bevölkerungsschichten, die über einen hohen Bildungsabschluss verfügen, deutlich stärker genutzt werden als von solchen mit einem niedrigen Bildungsabschluss. Diese „digitale Kluft" besteht auch zwischen den Bevölkerungen von Industrie- und Entwicklungsländern.

Dschihad. Die Gemeinschaft der Muslime versteht sich nicht nur als Kern des islamischen Staates, sondern auch als Vorbild der gesamten menschlichen Gesellschaft. So haben die Muslime sich dafür einzusetzen, ihren Glauben zu verkünden und sich die Oberhoheit in aller Welt zu verschaffen. Dieser Einsatz (dschihad) gilt zunächst dem Schutz der islamischen Gebiete gegen die Übergriffe und Gefahren von jeder Seite. Darüber hinaus soll der Machtbereich ausgedehnt werden, notfalls, so die klassische Lehre im Mittelalter, mit den Mitteln des bewaffneten Kampfes. Diese Pflicht obliegt der Gemeinschaft als solcher und hört erst auf, wenn alle Menschen den islamischen Glauben angenommen oder sich dem islamischen Staat unterworfen haben. Heute teilen sich die muslimischen Gelehrten in Bezug auf den *dschihad* in zwei Lager. Die einen wollen den kämpferischen Charakter dieses Einsatzes nach dem Vorbild des Mittelalters wieder lebendig machen. Die anderen legen den Akzent eher auf den Frieden als eigentlicher Zweck des Einsatzes der Muslime für die Sache des Glaubens. (Adel Theodor Khoury, Der Islam, in: Günter Kettermann, Atlas zur Geschichte des Islam, Wissenschaftliche Buchgesellschaft, Darmstadt 2001, S. 3 f.)

ETA. Abkürzung für „Euskadi ta Askatasuna" (baskisch für „Baskenland und Freiheit"), eine baskische Gewaltgruppe, die durch Terroranschläge die Unabhängigkeit (Autonomie) des Baskenlandes von Spanien erreichen will.

Finanzmärkte. Oberbegriff für alle Märkte, auf denen zwischen Gläubigern (Anbietern von Finanzierungsmitteln) und Schuldnern (Nachfragern nach Finanzierungsmitteln) Finanzierungen vereinbart und Kreditverträge abgeschlossen werden. An internationalen Finanzmärkten können die Marktteilnehmer aus verschiedenen Ländern stammen und in verschiedenen Währungen handeln. Gehandelt werden u. a. Devisen (Devisenmarkt), kurzfristige (Geldmarkt) und langfristige (→ Kapitalmarkt) → Wertpapiere. Finanzmärkte können nach genau festgelegten Regeln funktionieren,

Flexibilisierung. Auf den Arbeitsmarkt bezogen: Lockerung starrer gesetzlicher Regelungen (z. B. Kündigungsschutz, Flächentarife, Mindestlöhne) und verstärkte Arbeitszeitflexibilisierung (Teilzeitarbeit, Schichtarbeit, Gleitzeitarbeit, befristete Arbeitsverträge).

Flexibilität. Bezogen auf den Arbeitsmarkt zumeist die Bereitschaft und Fähigkeit der Arbeitnehmer, den Arbeitsort zu wechseln (regionale Flexibilität) und/oder sich beruflich umzuorientieren (berufliche Flexibilität).

Fonds. Allgemein: ein Vermögen für bestimmte Zwecke. Fonds sind insbesondere die Vermögen von Kapitalanlagegesellschaften (→ Investmentfonds). Meist bestehen sie aus → Aktien, Anleihen, Immobilien oder Geldmarktpapieren und werden von Banken oder anderen Finanzgesellschaften nach bestimmten, vorher veröffentlichten Kriterien zusammengestellt; die Fondsanteile (Investmentzertifikate) werden an private oder institutionelle Investoren, die Fondsanleger, verkauft. Die Anleger erwerben dadurch ein Miteigentum an sämtlichen Objekten des Fondsvermögens. Der Begriff kommt von französisch „fonds" (Grund, Boden, Schatz), dies von lateinisch „fundus" (Grund, Boden eines Gefäßes)

fossile Energieträger. Fossile („ausgegrabene", von lat. fossa – der Graben) Energieträger (Kohle, Erdöl, Erdgas) stammen aus Ablagerungen von Pflanzen in der Erdgeschichte.

Fundamentalismus. Allgemein das kompromisslose, dogmatische Festhalten an bestimmten, insbesondere religiösen und politischen Überzeugungen, Glaubensvorstellungen und Grundsätzen, die mitunter fanatisch und kämpferisch vertreten werden. Fundamentalistische Strömungen gibt es in Religionen, sozialen Bewegungen und politischen Parteien. [...] Gegenwärtig breitet sich im islamischen Kulturkreis ein Fundamentalismus aus, dessen Verfechter die ursprüngliche und reine islamische Religion (wörtliche Befolgung der Vorschriften des Koran) und einen islamisch geprägten Staat fordern, in dem die → Scharia bzw. islamische Pflichtenlehre mit rigorosen körperlichen Strafen gilt. (Karl-Heinz Hillmann, Wörterbuch der Soziologie, Kröner Verlag, Stuttgart 2007, S. 254 f.)

Geburtenrate (Geburtenhäufigkeit). Begriff der Bevölkerungsstatistik, der die Zahl der Lebendgeborenen je 1000 Einwohner in einem bestimmten Zeitraum angibt. Im Unterschied dazu setzt die *Fruchtbarkeitsrate* die Zahl der Lebendgeborenen ins Verhältnis zur Zahl der Frauen im Alter von 15 bis 45 Jahren (Lebendgeborene je Frau in diesem Alter). Die Fruchtbarkeitsrate beträgt für Afghanistan 5,7, für Deutschland 1,35 (Angaben nach www.weltbevoelkerung.de/pdf/dsw_datenreport_09.pdf).

Geopolitik. Wissenschaft, die versucht, Zusammenhänge zwischen politischen Ereignissen und Entwicklungen (z. B. Kriegen, Bündnissen) und dem geografischen Raum (z. B. Lage, Größe, Bodenschätze) aufzuzeigen.

Gewaltmonopol, staatliches Gewaltmonopol. Die vom modernen Staat wahrgenommene ausschließliche Befugnis, auf seinem Staatsgebiet physische Gewalt (körperliche Zwangsgewalt) einzusetzen oder ihren Einsatz zuzulassen. Das Gewaltmonopol ist ein wesentlicher Teil der inneren Souveränität eines Staates. Privatpersonen dürfen physische Gewalt nur aufgrund staatlicher Ermächtigung oder Delegation ausüben, wenn staatliche Gewalt ihre Schutzaufgabe nicht (rechtzeitig) wahrnehmen kann. Beispiele sind das Notwehrrecht und das Selbsthilferecht (§ 32 StGB, § 229 BGB). Das Gewaltmonopol ist im demokratischen Staat auch eine Konsequenz des Demokratieprinzips; nur die demokratisch legitimierte Staatsgewalt ist → legitim (Der Brockhaus Politik, Leipzig/Mannheim 2008, 5,184 f.)

Golfkrieg. Krieg zwischen dem Irak (Präsident Saddam Hussein) und alliierten Truppen unter Führung der USA (aus 26 Ländern), die aufgrund einer Ermächtigung durch die UNO eingriffen, um die irakische Eroberung Kuwaits (1990) rückgängig zu machen (17.1. – 28.2.1991).

Humankapital. Aus dem Englischen (human capital) übernommene Bezeichnung für das Wissen und die Fähigkeiten (Qualifikationen), über die Arbeitskräfte durch Ausbildung und Erfahrung verfügen; Humankapital wird als wesentlicher Bestimmungsfaktor für die Produktivität einer Volkswirtschaft angesehen.

Hypotheken-Darlehen. Bezeichnung für einen Kredit, der dem Kreditnehmer zum Kauf eines Grundstücks dient und bei dem der Gläubiger (z. B. eine Bank) sich dadurch absichert, dass sie das Grundstück mit einer Hypothek (griech.: „Unterlage") belastet, d. h., dass im Falle eines Verkaufs der Kreditnehmer die Geldsumme in Höhe des Kredits an den Gläubiger zu zahlen hat.

Index. „Anzeiger"; in der Statistik eine Messzahl, die das Verhältnis mehrerer Zahlen zueinander angibt; dabei wird die Zahl einer bestimmten Basisgröße (z. B. eines bestimmten Jahres) = 100 gesetzt und die Veränderungen der absoluten Zahlen in Prozentpunkte umgerechnet.

Indikator (von lat. indicare – anzeigen). „Anzeiger" oder „Kennziffer" für bestimmte Sachverhalte, die zahlenmäßig erfasst und gemessen werden sollen. Der Indikator ist eine Größe, bei der das Vorhandensein an sich (Schimmel im Brot) oder das Überschreiten eines bestimmten Zahlenwertes (2 % Preisniveausteigerung) das Vorhandensein eines weiter gefassten Begriffs „anzeigt" (verdorbenes Brot, Inflation). Der Indikator steht also für eine andere Sache, die unmittelbar nicht beobachtet oder gemessen werden kann, ist nicht diese selbst.

Infrastruktur. Wirtschaftlicher und organisatorischer Unterbau: Gesamtheit der Einrichtungen, die die wirtschaftliche Entwicklung eines Landes wesentlich bestimmen. Neben der „materiellen" Infrastruktur (Verkehrs-, Nachrichten- und Gesundheitswesen, Wasser- und Energieversorgung, Bildungseinrichtungen) werden z. B. auch die Rechts- und Berufsordnung und der Bestand an Arbeitskräften zur Infrastruktur gezählt.

Innovation (lat.). Neuerung, die im Unterschied zur Erfindung (Invention) praktisch durchgeführt wird. Die Erzeugung und Umsetzung von neuen, verbilligten und verbesserten Gütern und Diensten und die Anwendung neuer oder effizienterer Produktionsverfahren. Nach J. A. Schumpeter setzt die Unternehmerpersönlichkeit als Pionier den technischen Fortschritt durch.

Investmentbank. Bank mit dem Schwerpunkt Investmentgeschäft (s. → Investmentgesellschaft)

Investmentgesellschaft. Andere Bezeichnung: *Kapitalanlagegesellschaft*; eine Gesellschaft, die Aktien oder festverzinsliche → Wertpapiere kauft oder Immobilien erwirbt, dieses Vermögen zu → Fonds (Investmentfonds) zusammenfasst und Anteilsscheine (Investmentzertifikate) an diesen Fonds ausgibt. Der Käufer solcher Anteilsscheine erwirbt dann ein Miteigentum an den von der Investmentgesellschaft gehaltenen Wertpapieren oder Immobilien.
Investmentfonds. → Investmentgesellschaft
Investoren. Private Vermögensbesitzer, Unternehmen und → Investmentgesellschaften, die sich an bestehenden Unternehmen beteiligen oder neue Unternehmen gründen.

Kalter Krieg. Der Begriff bezeichnet die nach dem → Zweiten Weltkrieg entstandene Auseinandersetzung zwischen den USA und der ehemaligen → Sowjetunion und ihren Bündnissystemen. Eine direkte militärische Auseinandersetzung konnte trotz mehrerer Krisen (Berlin 1948 u. 1958, Kuba 1962), die einen „heißen Krieg" hätten herbeiführen können, vermieden werden. Während des Kalten Krieges versuchten beide Blöcke, ihre eigene Position durch Aufrüstung zu stärken bzw. zur Verhinderung eines Dritten Weltkrieges die jeweils andere Seite abzuschrecken. Noch während dieser Epoche wurde aber auch eine Entspannungspolitik entworfen und erfolgreich abgeschlossen.
Kapital. Geld- und Sachwerte (Geldkapital und Sachkapital), die eingesetzt werden, um weiteren Nutzen zu erwirtschaften (Güter herzustellen oder Zinsen zu erbringen). Als Produktionsfaktor versteht man unter Kapital alle Mittel, mit denen Güter hergestellt werden: Maschinen, Werkzeuge, Fabrikanlagen usw.
Kapitalmarkt. Markt für mittel- bis langfristige Finanzmittel (über vier Jahre); Partner sind Banken, Unternehmen, öffentliche Stellen, private Haushalte, Ausländer und die → Zentralbank; der Kapitalmarkt findet an Börsen oder freien Stellen statt (Aktienmarkt, Rentenmarkt, Hypothekenmarkt): er besorgt den Emittenten (Ausstellern, Herausgebern) von → Wertpapieren langfristige Finanzierungsmittel und ermöglicht den Kapitalgebern einen jederzeitigen Verkauf der Papiere.
Kartell [aus frz. cartel „Vertrag, Zusammenschluss", zu lat. charta]. Ein Zusammenschluss rechtlich selbstständiger Unternehmen, die einen Teil ihrer wirtschaftlichen Selbstständigkeit aufgeben, um durch koordiniertes Handeln den Wettbewerb auf einem bestimmten Markt ganz oder teilweise auszuschalten.
Kassahandel. Kauf- oder Vertragsabschlüsse an der Börse, die im Gegensatz zu Termingeschäften sofort oder kurzfristig durch Lieferung und Zahlung erfüllt werden müssen.
Koreakrieg. Krieg zwischen dem kommunistischen Nord- und dem von den USA unterstützten Südkorea, das von Nordkorea angegriffen wurde. Die UNO unterstützte mit eigenen Truppen Südkorea (1950–1951; danach Verhandlungen bis zum Waffenstillstand 1953).
Kosovo-Konflikt. Auseinandersetzung um die Provinz Kosovo (südlicher Teil Serbiens mit rd. 2 Millionen Einwohnern); die dort ansässigen muslimischen Albaner, die rd. 90% der Bevölkerung ausmachen, wurden von der serbischen Zentralregierung in vielen Bereichen diskriminiert; es kam 1999 zum Bürgerkrieg der Albanischen Befreiungsarmee des Kosovo (UCK) gegen die serbischen Regierungstruppen mit schweren Verbrechen der Serben an der muslimischen Bevölkerung, die zur Massenflucht (rd. 1,1 Millionen bis Juni 1999) der Albaner führte. Als der serbische Präsident Milosevic auf ein Ultimatum der NATO nicht reagierte, begann die NATO am 24.3.1999 mit Luftangriffen auf militärische Ziele und andere serbische Einrichtungen; die NATO begründete ihr Eingreifen (ohne Zustimmung des UN-Sicherheitsrates) mit dem Ziel, weitere schwere Menschenrechtsverletzungen im Kosovo zu verhindern. Nachdem Milosevic Anfang Juni 1999 einem Friedensplan zustimmte, beendete die NATO ihre Angriffe; eine UN-Zivilverwaltung wurde eingesetzt, die durch internationale Friedenstruppen (Kosovo Force, KFOR) unterstützt wird. In Serbien wurde Präsident Milosevic durch die Bevölkerung zum Rücktritt gezwungen und durch die neue serbische Regierung 2001 an den internationalen Gerichtshof (UN-Kriegsverbrechertribunal) in Den Haag ausgeliefert, wo ab Februar 2002 der Prozess gegen ihn stattfand und wo er 2006 in der Haft verstarb. Seit 2008 ist das Kosovo ein unabhängiger Staat.

Legitimation. Beglaubigung, Berechtigung, Begründung, Rechtfertigung. In der Politik der Vorgang oder das Ergebnis der Anerkennung einer Herrschaft durch die Bürger als rechtmäßig/wohlbegründet/anerkennungswürdig.
legitimieren. Etwas als rechtmäßig/berechtigt begründen (vgl. → Legitimation).
Legitimität. Rechtfertigung, Übereinstimmung nicht nur mit dem Wortlaut der Gesetze (Legalität), sondern auch mit der Idee der Gerechtigkeit, dem „Geist der Gesetze".
Leitzins. Der Zinssatz, den eine Notenbank (z. B. die Europäische Zentralbank) zugrunde legt, wenn Banken sich bei ihr „Zentralbankgeld" leihen wollen. Dieser Zinssatz beeinflusst den gesamten Geldmarkt. So werden bei einer Erhöhung des Leitzinssatzes die Banken für ihre Kredite an Unternehmen oder Privatleute ebenfalls einen höheren Zinssatz zugrunde legen.
Liberalisierung. Die Beseitigung von Regelungen, die den freien Austausch von Waren, Dienstleistungen und Kapital behindern, im nationalen Bereich spricht man auch von Deregulierung. Die Liberalisierung des internationalen Warenhandels führt zum Freihandel.
Liberalismus. Weltanschauung und politische Bewegung seit dem 18. Jh., die eine Kontrolle der einzelnen Person durch den Staat oder andere Institutionen zu verringern und die freie Entfaltungsmöglichkeit der Individuen zu fördern trachtet, sowohl im politischen wie im wirtschaftlichen Bereich. Der ökonomische Liberalismus setzte im Kern auf die Freiheit des Unternehmers, die sich auf privates Eigentum stützt, durch Innovationskraft und rationelles Gewinnstreben die → Produktivität steigert, den Wettbewerb fördert und zu einem freien Spiel der Kräfte im arbeitsteiligen Wirtschaftsleben beiträgt.
Liquidität. Die unmittelbare Zahlungsfähigkeit einer Person oder einer Institution. Liquide (von lat. liquidus – flüssig) Mittel sind in erster Linie Bargeld und Giroguthaben bei Banken (Liquidität 1. Grades). Aber auch Vermögen, das rasch und leicht zu Geld gemacht werden kann, zählt hierzu (Termin- und Sparguthaben, börsennotierte → Wertpapiere, Forderungen; Liquidität 2. Grades).
Lohnnebenkosten. (Arbeitsnebenkosten, Personalnebenkosten). Aufwendungen des Arbeitgebers, die aufgrund von gesetzlichen Vorschriften, Tarifverträgen sowie Betriebsvereinbarungen oder freiwillig erbracht werden: z. B. Arbeitgeberanteile zur Sozialversicherung, Weihnachtsgeld, Urlaubsgeld, vermögenswirksame Leistungen oder betriebliche Altersversorgungen und Gratifikationen. Die Lohnnebenkosten beeinflussen maßgeblich die Höhe der Arbeitskosten, die sich aus dem Lohn des Arbeitnehmers für seine geleistete Arbeit und den Lohnzusatzkosten zusammensetzt.

makroökonomisch. Bezeichnung für die Erforschung und Beschreibung des Wirtschaftsprozesses im Hinblick auf große (zu Sektoren/Aggregaten zusammengefasste) Wirtschaftseinheiten (private Wirtschaft, Staat, Import, Export usw.) und gesamtwirtschaftliche Zusammenhänge (Konjunktur, Beschäftigung, Inflation).
Marketing. Bezeichnung für alle Maßnahmen, die eine Firma ergreift, um den Verkauf ihrer Produkte zu fördern (z. B. Werbung, Gestaltung der Produkte, Gestaltung der Preise, Erforschung des Marktes). In einem Unternehmen gibt es eigene Marketingabteilungen und einzelne Marketingexperten, die besondere Pläne und Maßnahmen zur Förderung des Absatzes (Marketingstrategien) entwickeln.
Marketingstrategie. Langfristige und systematische Planung der Absatzförderung (→ Marketing).

Mobilität, soziale. Unter sozialer Mobilität versteht man Bewegungen von Menschen zwischen sozialen Positionen aller Art. Damit können Bewegungen zwischen Wohnorten, Berufen, Familienständen, Lebensstilen, religiösen Bekenntnissen, politischen Parteien, Schichten, Klassen, bestimmten Lebenslagen usw. gemeint sein.
Vertikale soziale Mobilität heißt eine Bewegung zwischen solchen Positionen, die sich als besser oder schlechter bzw. als höher oder tiefer unterscheiden lassen (z. B. Berufspositionen mit geringerem und höherem Einkommen). *Horizontale* Mobilität wird dagegen die Bewegung zwischen Positionen genannt, die sich nur nach ihrer „Art“ und nicht nach ihrem „Rang“ oder „Grad“ unterscheiden. Dies ist z. B. beim Wechsel des Wohnorts oder des Familienstands der Fall. Im Zusammenhang mit der Thematik sozialer Ungleichheit steht die vertikale und nicht die horizontale Mobilität im Vordergrund.
Mullah. Titel für einen islamischen Rechts- oder Religionslehrer
multilateral. „Vielseitig“. Begriff der internationalen Politik, der das Verhalten von drei oder mehr Staaten kennzeichnet, die auf der Basis allgemein akzeptierter Regeln und Prinzipien kooperativ und prinzipiell gleichberechtigt (unter Berücksichtigung der Interessen aller Partner) gemeinsam handeln. Im Unterschied zu diesem Prinzip des Multilateralismus steht das Prinzip des Unilateralismus, bei dem einzelne (zumeist große und mächtige) Staaten sich vorbehalten, je nach einer Interessenlage allein und wenn notwendig auch gegen andere Staaten zu handeln

OECD. *Organization for Economic Cooperation and Development.* Seit 1963 Nachfolgeorganisation der OEEC (*Organization for European Economic Cooperation*), die 1948 mit dem Ziel des Wiederaufbaus der europäischen Wirtschaft gegründet wurde. Der OECD gehören 30 Länder an (alle westlichen Industrieländer einschließlich USA, Kanada, Japan, Australien sowie die Türkei). Ziel der OECD ist die Koordinierung der Konjunktur und Währungspolitik und die Förderung der Entwicklungshilfe. Sitz: Paris.
Ölkrise. Bezeichnung für eine durch einen abrupten starken Anstieg der Ölpreise („Ölschock“) verursachte schwierige wirtschaftliche Situation (Konjunkturrückgang, steigende Arbeitslosigkeit); zumeist bezogen auf die beiden Ölkrisen von Herbst 1971 (Verknappung der Ölmenge durch die → OPEC, Anstieg der Ölpreise um über 70 %) und von 1979/80 (Revolution im Iran, Golfkrieg, Preisanstieg von 17,2 Dollar (1979) bis auf 33 Dollar 1982) pro Barrel (159 l Öl).
Ölpreisschock. → Ölkrise
OPEC. Abk. für *Organization of the Petroleum Exporting Countries*, Organisation der Erdöl exportierenden Länder, gegründet 1960; Mitglieder: Algerien, Ecuador, Gabun, Indonesien, Irak, Iran, Katar, Kuwait, Libyen, Nigeria, Saudi-Arabien, Venezuela und die Vereinigten Arabischen Emirate; Sitz: Wien. Die OPEC war zunächst eine Schutzorganisation gegen die Ölkonzerne, die vor allem zur Stabilisierung der Mitgliedsländer beitragen sollte.
Opportunitätskosten. Bei einer Entscheidung zwischen zwei Möglichkeiten (Alternative) verzichtet man zwangsläufig auf die nicht gewählte Möglichkeit. Diesen Verzicht bezeichnet man in der Ökonomie als „Opportunitätskosten“: Die Wahl der einen Möglichkeit „kostet“ den Verzicht auf die andere, nicht gewählte. Ein Unternehmer steht z. B. grundsätzlich vor der Wahl, private Geldbeträge für neue Maschinen und Ausstattung in seinen Betrieb zu investieren oder diese Beträge am Kapitalmarkt anzulegen und dafür Zinsen zu erhalten. Entscheidet er sich für die betriebliche Investition und nicht für die Anlage am Kapitalmarkt, entstehen ihm Alternativkosten in Höhe der Zinserträge für die nicht gewählte, alternative Anlage des Geldes am Kapitalmarkt.
Organisierte Kriminalität. Besondere Art gemeinschaftlicher krimineller Tätigkeit („*Organized Crime*“), die durch kaufmännisch geplantes und kontrolliertes Vorgehen gekennzeichnet ist (manchmal auch als „Verbrechensindustrie“ bezeichnet).

Ostblock. Bezeichnung für den Zusammenschluss der kommunistischen Staaten in der Zeit des → Ost-West-Konfliktes (s. → Kalter Krieg).
Ost-West-Konflikt. Bezeichnung für die nach dem → Zweiten Weltkrieg aufbrechenden Gegensätze zwischen den östlichen Staaten mit einer kommunistischen Gesellschaftsordnung und einer Zentralverwaltungswirtschaft (Ostblock) einerseits und den westlichen Staaten mit parlamentarischen Regierungssystemen und einer marktwirtschaftlich-kapitalistischen Wirtschaftsordnung andererseits. Beide Seiten standen sich in den Militärbündnissen → Warschauer Pakt und NATO gegenüber. Der Ost-West-Konflikt führte zu der weltweiten politischen Spaltung in ein westliches Lager unter der Führung der USA und ein östliches Lager unter der Vorherrschaft der → UdSSR.

Peacebuilding. Der politisch nicht verbindlich festgelegte Begriff lässt sich anhand der Aufgabenfelder konkretisieren, die sich in der Praxis als die wichtigsten ergeben haben. Neben der kurzfristigen Nothilfe und dem längerfristigen wirtschaftlichen Wiederaufbau sind das vor allem die Rückführung und Reintegration von Flüchtlingen, Entwaffnung, Demobilisierung und Reintegration der Kombattanten und anderer bewaffneter Gruppen, Aufbau ziviler Verwaltungs-, Regierungs- und Justizstrukturen auf der Basis von Rechtsstaatlichkeit, Beachtung der Menschenrechte sowie Durchführung von Wahlen und weitere, für die längerfristige Demokratisierung, Stabilität und Aussöhnung wichtige Maßnahmen.
PKK. „Kurdische Arbeiterpartei“, eine kurdische Untergrundbewegung in der Türkei, die politisch und mit Waffengewalt für die Abtrennung und Autonomie der kurdisch besiedelten Gebiete in der Türkei kämpft.
Produktionsfaktoren. Mittel, mit denen Güter hergestellt (produziert) werden. Die Volkswirtschaftslehre unterscheidet im Allgemeinen drei Produktionsfaktoren: 1. Boden bzw. Natur (Land und Wasser, mit allen darin enthaltenen Bodenschätzen und Energiequellen); 2. Arbeit (körperliche und geistige menschliche Arbeit); 3. → Kapital (außer Boden und Arbeit alle sonstigen Mittel, die für die Produktion verwendet und selber erst hergestellt werden müssen: Maschinen, Werkzeuge, Gebäude usw.).
Produktionsmittel. Alle für die Herstellung von Gütern erforderlichen Gegenstände wie Gebäude, Maschinen, Anlagen, Werkzeuge, Rohstoffe und Betriebsstoffe.
Produktivität. Verhältnis von Produktionsergebnis zum Einsatz der → Produktionsfaktoren. Die Produktivität ist gestiegen, wenn mit dem gleichen Einsatz von Produktionsfaktoren ein größeres Produktionsergebnis erzielt wurde oder bei gleichem Produktionsergebnis die Einsatzmenge der Produktionsfaktoren geringer war. Gemessen wird zumeist die Arbeitsproduktivität (Produktion je Beschäftigten oder je Beschäftigtenstunde). Gründe für steigende Arbeitsproduktivität können eine höhere Leistungsintensität der Arbeit oder eine verbesserte Arbeitsorganisation oder die Einsparung von Arbeitskräften durch den Einsatz von Maschinen (→ Rationalisierung) sein.
Protektionismus. Maßnahmen des Staates zum Schutz einzelner Branchen bzw. der heimischen Wirtschaft insgesamt vor ausländischer Konkurrenz. Protektionistische Maßnahmen werden üblicherweise ergriffen, weil eine Regierung die unmittelbaren Wirkungen der ausländischen Konkurrenz (z. B. Verlust an Arbeitsplätzen) fürchtet. Zu den Maßnahmen gehören u. a. Einfuhrverbote für bestimmte Waren, Einfuhrzölle, mengenmäßige Beschränkungen für die Einfuhr einzelner Produkte (Kontingente) oder Verwaltungsvorschriften, die die Abwicklung der Importe erheblich erschweren.
protektionistisch. → Protektionismus.

RAF. Abkürzung für „Rote Armee Fraktion“, eine terroristische Gruppe in der Bundesrepublik (seit den 1960er-Jahren bis Anfang der 1990er-Jahre), die durch Terroranschläge auf Institutionen und Ermordung bekannter Persönlichkeiten aus Politik und Wirtschaft einen revolutionären Kampf gegen das „kapitalistische System" führen wollte.

Rationalisierung. Sammelbegriff für alle technischen und organisatorischen Maßnahmen in Produktion und Verwaltung mit dem Ziel, Kosten zu sparen und die Produktivität und → Rentabilität zu erhöhen.

Rendite. In Prozent ausgedrückter, tatsächlicher jährlicher Gesamtertrag eines angelegten Kapitals (Effektivverzinsung).

Rentabilität. Das prozentuale Verhältnis zwischen dem Gewinn und dem eingesetzten Kapital (Kapitalrentabilität) bzw. dem Umsatz (Umsatzrentabilität) in einem Zeitabschnitt.

Ressourcen. Hilfsmittel, Reserven. In der Volkswirtschaft alle Mittel, die für die Produktion von Gütern und Dienstleistungen zur Verfügung stehen. Im engeren umwelt- und energiepolitischen Sinn: Gesamtheit aller natürlichen Rohstoffe und Energieträger. In der Politik: Machtmittel, Möglichkeiten, auf die man sich stützen kann. Im weiteren Sinne alle Mittel und Möglichkeiten, aus denen eine Person oder eine Gruppe schöpfen kann, um ihre Stellung in der Gesellschaft zu erhalten oder zu verbessern.

Scharia (Sharia). Im Islam die von Gott gesetzte Ordnung und das daraus abgeleitete islamistische Recht. Vordergründiger Ausdruck der islamistischen Rechtsordnung ist die Anwendung von Körperstrafen, die aber nur einen kleinen Teil des islamistischen Rechts darstellt. In vielen arabischen Staaten wurde für den weltlichen Bereich ein modernes Zivil- und Strafrecht eingeführt. In Saudi-Arabien und Iran ist die Scharia auch Grundlage des weltlichen Rechtssystems; besonders ausgeprägt war die Anwendung der Scharia in allen Bereichen des Lebens in Afghanistan zur Zeit der Herrschaft der Taliban.

Schuldverschreibungen. → Wertpapiere, in denen sich der Aussteller verpflichtet, bei Fälligkeit einen bestimmten Geldbetrag zu zahlen und nach einem festgelegten Modus Zinszahlungen zu leisten. Schuldverschreibungen dienen der Deckung eines größeren Bedarfs an Fremdmitteln. Als Emittenten (Herausgeber) können neben staatlichen Stellen (öffentliche Anleihen) Banken (Bankschuldverschreibungen, Pfandbriefe) und Industrieunternehmen (Industrieobligationen) auftreten.

Schwellenländer. Bezeichnung für Länder, die sich aufgrund ihrer wirtschaftlichen Entwicklung auf dem Wege von einem Entwicklungsland zu einem „Industrieland" befinden; auch als *Newly Industrializing Countries* (NIC) bezeichnet.

Sowjetunion. Kurzbezeichnung für die „Union der Sozialistischen Sowjetrepubliken" (UdSSR), die bis 1991 als einheitlicher Staat bestand und in 15 Teilrepubliken gegliedert war (zusammen rd. 285 Mio. Einwohner, Hauptstadt Moskau). Nach der Auflösung dieses Staatswesens durch den Zusammenbruch des kommunistischen Systems schlossen sich elf der ehemaligen Sowjetrepubliken zu einer lockeren „Gemeinschaft unabhängiger Staaten" (GUS) zusammen; mit Abstand größter der neuen Staaten ist Russland (die „Russische Föderation").

sozial. Allgemein: gesellschaftlich, gemeinschaftlich; im politischen Sinn bezeichnet „sozial" ein Denken und Handeln, das die Verantwortung gegenüber den Schwächeren in der Gesellschaft betont und sich für Hilfen zum Ausgleich großer sozialer Unterschiede einsetzt.

Sozialbeiträge. Beiträge der Unternehmen und der sozialversicherungspflichtig Beschäftigten zur Sozialversicherung.

Sozialismus. Im frühen 19. Jahrhundert entstandene Lehre und politische Bewegung, die dem Prinzip der Gleichheit den Vorrang vor dem der Freiheit gibt und die Verfügung über die Produktionsmittel in die Hand der Gesellschaft bzw. des Staates legen will (im Gegensatz zum „Kapitalismus", in dem die Produktionsmittel privaten Eigentümern gehören).

sozialistisch. Bezeichnung für eine Gesellschaft oder eine Theorie, die die Grundprinzipien des → Sozialismus (kein Privatbesitz an Produktionsmitteln, Vorrang des Prinzips der Gleichheit vor dem der Freiheit, Ausübung der Macht durch eine Einheitspartei) verwirklicht bzw. zu verwirklichen versucht.

Spekulation. Ausnutzung zeitlicher Preisunterschiede und Zufälligkeiten auf dem Markt zu Gewinnzwecken; so werden z. B. Güter oder → Devisen mit der Absicht gekauft, sie später (wenn der Preis gestiegen ist) wieder zu verkaufen; jede Spekulation enthält das Risiko, dass die Preiserwartung nicht eintritt.

Staatsanleihe. → Schuldverschreibung (Anleihe) des Staates: Urkunde (Wertpapier), die der Staat (Bund, Land, Gemeinde) als Schuldner dem Gläubiger, der ihm Geld leiht, ausstellt und sich damit verpflichtet, die geliehene Geldsumme nach Ende der Laufzeit zurückzuzahlen und während der Laufzeit Zinsen an den Gläubiger zu zahlen. Staatsanleihen sind zum Börsenhandel zugelassen.

Strukturpolitik. Zusammenfassender Begriff für alle Maßnahmen eines Staates (oder der EU), die der Verbesserung der Wirtschaftsstruktur dienen. Wenn sich die Strukturpolitik auf bestimmte („strukturschwache") Gebiete (Regionen) bezieht, spricht man auch von Regionalpolitik.

Strukturwandel. Im Gegensatz zu Saison- und Konjunkturbewegungen langfristige und grundsätzliche Änderungen, denen die Struktur der Wirtschaft und der darin eingebettete aktuelle Wirtschaftsprozess unterliegen. Die Wirtschaftsstruktur eines Landes ist u. a. gekennzeichnet durch den Aufbau der Bevölkerung (nach Alter, Geschlecht, Beruf), durch die natürliche Beschaffenheit des Wirtschaftsraumes (Bodenschätze, Flüsse, Wälder usw.), durch das Verhältnis der drei Sektoren (landwirtschaftlicher, industrieller und Dienstleistungssektor) und durch den wirtschaftlichen Entwicklungsstand (Technik, Verkehrswegenetz, Nachrichtenverkehr usw.).

Subventionen. Zuschüsse der „öffentlichen Hand" (des Staates) an förderungsbedürftige Wirtschaftszweige (z. B. Landwirtschaft, Wohnungsbau, Schifffahrt) oder an Personengruppen mit geringem Einkommen (Sparförderung, Vermögensbildung). So können Subventionen etwa zur Erhaltung von Betrieben oder ganzen Wirtschaftszweigen gewährt werden, zur Anpassung an neue Bedingungen, zur Förderung des Produktivitätsfortschritts und des Wachstums von Unternehmen oder Unternehmenszweigen. Subventionen werden als direkte Finanzhilfen oder indirekt in Form von Steuervergünstigungen gezahlt und können mit bestimmten Auflagen verbunden sein. Im allgemeinen Sprachgebrauch werden alle Arten von staatlichen Zuschüssen und Fördermitteln als Subventionen (von lat. subvenire – zu Hilfe kommen) bezeichnet.

Suezkrise. Politisch-militärischer Konflikt, der durch die Verstaatlichung der Suezkanalgesellschaft durch Ägypten (Juli 1956) ausgelöst wurde. Die Suezkrise führte zum Suezkrieg (Okt. – Nov. 1956), in dem britische und französische Truppen im Bereich von Suez und Port Said einen Luftlandeangriff gegen Ägypten unternahmen und israelische Streitkräfte die Halbinsel Sinai und den Gazastreifen besetzten. Mit dem von den USA und der → UdSSR diplomatisch erzwungenen Rückzug der französischen, britischen und israelischen Verbände aus den von ihnen besetzten Gebieten und der Entsendung einer UN-Friedenstruppe an die israelisch-ägyptische Grenze wurde die Suezkrise im März 1957 beendet.

Transaktion. Wirtschaftlicher Vorgang, bei dem ein Gut oder ein Rechtsanspruch von einem Wirtschaftssubjekt (Privatperson, Haushalt, Unternehmen, Staat) auf ein anderes übergeht (übertragen wird). So ist z. B. jeder Kauf oder Verkauf eine Transaktion.

Transaktionskosten. Allgemein alle Kosten, die im Zusammenhang mit wirtschaftlichen Transaktionen entstehen oder diese Transaktionen erst ermöglichen (z. B. Informationskosten der Verbraucher vor dem Kauf langlebiger Konsumgüter); insbesondere auch währungsbedingte Umtausch-, Absicherungs- und Informationskosten des internationalen Güterverkehrs. Beim Tausch von Währungen entstehen Kosten durch Gebühren von Banken oder Wechselbüros.

UdSSR. Union der Sozialistischen Sowjetrepubliken (→ Sowjetunion); die Auflösung der UdSSR in verschiedene selbstständige Staaten erfolgte 1991.
UNCTAD. *United Nations Conference on Trade and Development*, Konferenz der Vereinten Nationen für Handel und Entwicklung (Sitz: Genf), die sich um die Förderung der wirtschaftlichen Beziehungen zwischen Industrie- und Entwicklungsländern, insbesondere die Interessen der Entwicklungsländer, bemüht.
UNOSOM. *United Nations Operation in Somalia.* Die UN-Mission UNOSOM I war im April 1992 eingerichtet worden, um eine Waffenruhe zwischen den Kriegsherren Mohammed Farah Aidid und Ali Mahdi Mohammed zu überwachen und humanitäre Hilfe für die von der Hungersnot in Somalia Betroffenen zu koordinieren. Da jedoch die UNOSOM I nicht ermächtigt war, Gewalt für diese Ziele einzusetzen, wurde im Dezember 1992, nach einer drastischen Verschlechterung der Situation in Somalia, der multinationale Eingreifverband UNITAF unter Führung der USA vom Sicherheitsrat der Vereinten Nationen dazu ermächtigt, „mit allen erforderlichen Mitteln" eine sichere Umgebung für humanitäre Hilfsaktionen zu schaffen. Im März 1993 übernahm UNOSOM II diese Mission von der UNITAF. Zu den jetzt möglichen Zwangsmaßnahmen zur Friedensschaffung und -sicherung zählten unter anderem Überwachung von Waffenruhen, Beschlagnahme illegaler Waffen und Minenräumung. Nachdem Friedenskonferenzen unter UN-Vermittlung scheiterten und Anfang Oktober 1993 in der „Schlacht von Mogadischu" (www.de.wikipedia.org/wiki/Schlacht_von_Mogadischu) 18 US-Soldaten starben (die Fernsehbilder getöteter und durch die Straßen von Mogadischu geschleifter Soldaten erregten die amerikanische Öffentlichkeit), zogen die USA und danach auch die übrigen, an UNOSOM beteiligten Staaten bis Anfang 1995 ihre Truppen ab. Die Mission war gescheitert; der Bürgerkrieg in Somalia ging weiter.

Verbriefung. Schaffung einer spezifischen Form von Wertpapieren: Eigentumsrechte und Forderungen (Zahlungsansprüche; z. B. von Banken aus vergebenen Krediten) werden zu „Paketen" gebündelt, die dann als gewinnbringende Wertpapiere verkauft und in den internationalen Handel gebracht werden.
Vetorecht. Recht des Mitglieds eines beschließenden Organs, einen Beschluss durch Abgabe der eigenen Gegenstimme (lat. veto – ich verbiete) zu verhindern.
Völkermord, Genozid. Handlungen gegen die Mitglieder einer nationalen, ethnischen, rassischen oder religiösen Gruppe, die in der Absicht begangen werden, die Gruppe als solche ganz oder teilweise zu zerstören: Tötung von Mitgliedern der Gruppe; Verursachung von schweren körperlichen oder seelischen Schäden an ihren Mitgliedern; vorsätzliche Auferlegung von Lebensbedingungen für die Gruppe, die geeignet sind, ihre körperliche Zerstörung ganz oder teilweise herbeizuführen; Verhängung von Maßnahmen, die auf die Geburtenverhinderung innerhalb der Gruppe gerichtet sind; gewaltsame Überführung von Kindern der Gruppe in eine andere. Der Völkermord ist in der Konvention der Vereinten Nationen vom 9.12.1948 zum international geächteten Verbrechen erklärt worden. (Der Brockhaus Politik, Leipzig/Mannheim 2008, S. 475)
Völkerrecht. Gesamtheit der Rechtsvorschriften (Verträge, Gewohnheitsrecht, allgemeine Rechtsgrundsätze), die die Beziehungen von Staaten und internationalen Organisationen zueinander betreffen; seine Geltung hängt von der Anerkennung durch die einzelnen Staaten und Organisationen ab; es fehlt eine zentrale Durchsetzungsmacht.
völkerrechtlich. → Völkerrecht

Währungspolitik. Bezeichnung für alle Maßnahmen des Staates und der → Zentralbanken, die den Binnenwert (Preisniveaustabilität) und den Außenwert (z. B. des Euro gegenüber dem Dollar) im Sinne einer günstigen Wirtschaftsentwicklung beeinflussen sollen.
Warlords. „Kriegsherren"; Bezeichnung für die in manchen Staaten, in denen es keine funktionierende zentrale Staatsmacht gibt (z. B. Afghanistan, Kongo, Somalia), existierenden Befehlshaber eigener militärischer Kräfte (Banden).
Warschauer Pakt. Der Warschauer Pakt wurde am 14.5.1955 zwischen der → UdSSR, Albanien, Bulgarien, Polen, Rumänien, der CSSR und Ungarn abgeschlossen. Er war das östliche Gegenstück zur westlichen NATO. Albanien trat 1968 aus, die 1956 beigetretene DDR schied 1990 mit der Vereinigung Deutschlands aus dem Bündnis aus. 1991 löste sich der gesamte Warschauer Pakt auf.
Weltbank (amtlich: Internationale Bank für Wiederaufbau und Entwicklung, engl. *International Bank for Reconstruction and Development*). Sonderorganisation der UN (seit 25.11.1947). Ziel der Weltbank ist es, den Lebensstandard in den Entwicklungsländern durch Gewährung finanzieller und technischer Hilfe zu heben und das bei der Finanzierung von Entwicklungsprojekten auftretende Risiko auf alle Mitgliedstaaten zu verteilen. Die Hilfen dienen v. a. zur Befriedigung von Grundbedürfnissen und zur ländlichen Entwicklung unter Einbeziehung umweltpolitischer Aspekte.
Weltmarkt. Räumlich nicht zu bestimmender Markt, auf dem Unternehmen weltweit mit Waren und Dienstleistungen Handel treiben. Er bezeichnet also die Gesamtheit des Güterverkehrs zwischen allen Ländern der Welt und steht in enger Beziehung zu den Begriffen Weltwirtschaft, Welthandel, Globalisierung.
Weltwirtschaftskrise. Allgemeine Bezeichnung für eine Wirtschaftskrise, die weltweit zumindest die wichtigsten Wirtschaftsmächte erfasst; im engeren Sinne Bezeichnung für die Wirtschaftskrise, die sich nach dem New Yorker Börsenkrach („Schwarzer Freitag" des 25.10.1929) global ausweitete und auf ihrem Höhepunkt zur Arbeitslosigkeit von rd. 30 Mio. Menschen führte.
Wertpapiere. Im weitesten Sinne alle Urkunden über Vermögensrechte, Banknoten genauso wie eine → Aktie oder sogar eine Briefmarke. Wertpapiere im Sinne des Wertpapierhandelsgesetzes sind, auch wenn für sie keine Urkunden ausgestellt sind, → Aktien, Zertifikate, → Schuldverschreibungen und andere Wertpapiere, die mit Aktien oder Schuldverschreibungen vergleichbar sind, wenn sie an einem Markt gehandelt werden können. Wertpapiere sind auch Anteilscheine, die von einer → Investmentgesellschaft ausgegeben werden. Sie werden ausgegeben durch die staatlichen Institutionen (Bund, Länder, Gemeinden, Bahn, Post), durch Banken, durch die Industrie oder durch das Ausland.
Wertschöpfung. „Zufluss" an Wert durch eine Verarbeitungsstufe, also Verkaufspreis minus Preis der Vorprodukte, z. B. Verkaufspreis eines Fahrrads minus die Preise der gekauften Schaltung, Felgen, Bremsen und Reifen. „Wertschöpfungsketten" entstehen, wenn sich der Wertschöpfungsprozess (Güterproduktion) auf mehrere Unternehmen und/oder Länder verteilt.
WTO. *World Trade Organization.* Die Welthandelsorganisation mit Sitz in Genf wurde 1994 gegründet und hat 153 Mitgliedsländer. Ihr Hauptziel ist es, die Handelsbarrieren (Zölle, Einfuhrbeschränkungen usw.) zwischen den Ländern abzubauen. Die Verhandlungen werden in den letzten Jahren durch die Interessengegensätze zwischen den Entwicklungsländern und den Industrieländern erschwert.

Zentralbank. Geldpolitische Entscheidungsinstanz einer Volkswirtschaft. Als Bestandteil des Bankensystems ist die Zentralbank allein zur Ausgabe gesetzlicher Zahlungsmittel berechtigt. Über den Einsatz ihrer geldpolitischen Instrumente kann die Zentralbank die Bankenliquidität und die Geldschöpfung der Banken so steuern, dass die Ziele der Geldpolitik erreicht werden. Zu den geldpolitischen Zielen zählt vorrangig die Erreichung und Sicherung der Geldwertstabilität. Die Deutsche Bundesbank ist die nationale Zentralbank der Bundesrepublik Deutschland. In der Europäischen Wirtschafts- und Währungsunion bilden die nationalen Zentralbanken und die Europäische Zentralbank zusammen das Eurosystem, das die Geldpolitik für alle Teilnehmer einheitlich festlegt.

Zivilgesellschaft. Einzelpersonen, Gruppen, Gemeinschaften, Organisationen, Institutionen oder Parteien bestimmen das Leben in einer Gesellschaft. Freiwilliges Engagement gehört genauso dazu wie professionelles Arbeiten in Verbänden, die Nachbarschaftshilfe oder das Organisieren von globalen Netzwerken und Kampagnen zum Schutz der Umwelt oder für die Rechte der Kinder. Eine Zivilgesellschaft wird geprägt von einem Geflecht unzähliger Aktivitäten und von der Bereitschaft und Fähigkeit der Menschen, ihre Interessen zu artikulieren, sich für die Belange Schwächerer einzusetzen und Andersdenkende zu tolerieren.

Zweiter Weltkrieg. Von Deutschland unter der Herrschaft des Nationalsozialismus begonnener Krieg (1939), u. a. mit dem Ziel der Eroberung von „Lebensraum im Osten", der sich (gegen Russland, England, Frankreich, USA) über einen großen Teil Europas hin ausdehnte und mehr als 55 Mio. Tote (davon 30 Mio. unter der Zivilbevölkerung) zur Folge hatte. Nach der totalen Niederlage (1945) wurde Deutschland, dessen große Städte schwer zerstört wurden, von den Siegermächten besetzt und in vier Besatzungszonen aufgeteilt. Daraus bildeten sich Ende der 1940er-Jahre die beiden Staaten Deutsche Demokratische Republik (DDR) und Bundesrepublik Deutschland (BRD), die bis 1990 bestanden und durch den Eisernen Vorhang getrennt waren.

Zweitschlagfähigkeit. Begriff aus der Abschreckungspolitik in der Zeit des → Kalten Krieges, der die Fähigkeit eines Landes bezeichnete, auf einen atomaren Angriff sofort mit einem entsprechenden Angriff zurückzuschlagen.

Register (G = Glossar)

Bildquellenverzeichnis

Umschlag: v. l.: © dpa-Bildarchiv, v. r.: Jörg Modrow/laif; hinten: © picture-alliance/dieKLEINERT.de; S. 7: o. und u. l.: © picture-alliance/dpa; o. r.: © AP Photo/Jason DeCrow; u. r.: © Christoph Bangert/laif; S. 15: © edition suhrkamp; S. 19: o.: © TIME Magazine, u.: © Omnia Verlag; S. 21 u.: http://www.bpb.de/cache/images/S0EXD1_590x560.jpg; S. 22: Le Monde diplomatique (Hg.), Atlas der Globalisierung. Sehen und verstehen, was die Welt bewegt, Berlin (Taz Verlag) 2009; S. 24: l.: © picture-alliance/dpa-infografik, r.: © Gerhard Mester; S. 26: © Bundesregierung; S. 27: o.: © Indranil Mukherjee/AFP/Getty Images, u.: © picture-alliance/dpa; S. 29: © picture-alliance/dpa; S. 30: © picture-alliance/dpa-infografik; S. 31: © picture-alliance/dpa, Abb. 4: © Christoph Bangert/laif; S. 33: © dpa/Wolfgang Kumm; S. 34: © picture-alliance/dpa-infografik; S. 36: o. und M.: © picture-alliance/dpa, u.: stern Nr. 39 v. 17.9.2009, S. 39; © Picture Press; S. 37: Verlagsarchiv Schöningh; S. 38: o.: © Jörg Axel Fischer/VISUM, u.: FDP; S. 39: o.: SPD, M.: © picture-alliance/dpa, u.: © CARO/Thomas Ruffer; S. 40: http://www.sozialwiss.uni-hamburg.de/publish/Ipw/Akuf/publ/AKUF-Analysen-08.pdf/Franz-Josef Domke, Hannover; S. 41 und 42: © picture-alliance/dpa; S. 44 und 45: © picture-alliance/dpa; S. 49: Verlagsarchiv Schöningh; S. 52 u.: © picture-alliance/dpa; S. 53: © picture-alliance/dpa; S. 54 r.: © picture-alliance/Photoshot; S. 55: o.: © picture-alliance/dpa-infografik, M. und u.: © picture-alliance/dpa; S. 56: © picture-alliance/dpa-infografik; S. 57: o.: © picture-alliance/dpa; u.l.: Coverillustration nach Erich Follath/Alexander Jung (Hg.); Der neue Kalte Krieg. Kampf um die Rohstoffe. Ein SPIEGEL-Buch, erschienen in der Deutschen Verlags-Anstalt, München, in der Verlagsgruppe Random House; u.r.: Reiner Braun u.a. (Hg.), Kriege um Ressourcen, oekom verlag 2009; S. 59 u.: © BGR Hannover; S. 61 und 62: © picture-alliance/dpa-infografik; S. 63: © picture-alliance/dpa; S. 64: © dpa-Bildarchiv/Hubert Link; S. 65: © AP Photo/Frank Franklin II; S. 66: Abb. 1 und 4: © Erich Schmidt Verlag; Abb. 2: © dpa/Rauchwetter; Abb. 3: © Thomas Imo/photothek.net; S. 67: Abb. 5 und 7: © picture-alliance/dpa; Abb. 6: © picture-alliance/landov; S. 70, 71, 72: © picture-alliance/dpa; S. 73: http://www.unric.org/html/german/dpi1634dt.pdf; S. 74: © picture-alliance/dpa; S. 75: l.: Zeichnung: Burkhard Mohr/CCC, www.c5.net; r.: Zeichnung: Felix Mussil/CCC, www.c5.net; S. 76: o.: © picture-alliance/dpa, u.: REUTERS/Zohra Bensemra; S. 79: © picture-alliance/dpa; S. 80: Abb. 1: http://www.bpb.de/files/4KJY0N.pdf, Abb. 2: © picture-alliance/dpa; S. 81 und 82: © picture-alliance/dpa; S. 83: o.: © Erich Schmidt Verlag, u.: Aus: Karl-Heinz Lather, Alternative Konzeptionen der Verteidigung, in: Truppenpraxis 11/82, S. 788; S. 84: o.: Zeichnung: Peter Leger; Besitz: Haus der Geschichte der Bundesrepublik Deutschland, Bonn; u.: © picture-alliance/Globus Infografik; S. 85: o.: © picture-alliance/dpa, u.: Zeichnung: Gustav Peichl/IRONIMUS/Wien; S. 87: © picture-alliance/dpa-infografik; S. 88: © picture-alliance/ZB; S. 89: © picture-alliance/dpa; S. 90: © picture-alliance/dpa-infografik; S. 91: o. l.: Zeichnung: Pepsch Gottscheber/CCC, www.c5.net; o.r.: Zeichnung: Jacek Wilk/CCC, www.c5.net; u.: Zeichnung: Thomas Plaßmann/CCC, www.c5.net; S. 93: o.: © Bergmoser + Höller Verlag AG, M.: © picture-alliance/Wiktor Dabkowski, u.: © picture-alliance/dpa; S. 94: o.: http://www.bpb.de/files/KQZX3R.pdf, M.: © picture-alliance/dpa-infografik, u.: © picture-alliance/dpa; S. 95: © picture-alliance/dpa-infografik; S. 97: o.l.: DER SPIEGEL Nr. 36 v. 4.9.2006, Cover; o.M.: REUTERS/Kelly Price; o.r.: AP Photo/Ernesto Mora; u.: © picture-alliance/dpa; S. 98: © picture-alliance/Globus Infografik; S. 99: © picture-alliance/dpa; S. 100: http://www.im.nrw.de/imshop/shopdocs/neuauflage_islamismus.pdf; S. 101: o.: © picture-alliance/dpa, u.: AP Photo/John McConnico; S. 102 u.: © picture-alliance/dpa; S. 103: o.: © picture-alliance/dpa, u.: © picture-alliance/abaca; S. 104: l.: picture-alliance/dpa-infografik, r.: © picture-alliance/dpa; S. 105: o.: © picture-alliance/dpa, u.: © Verlag Piper; S. 106: © picture-alliance/dpa; S. 107: Zeichnung: Sakurai/CCC, www.c5.net; S. 109: © picture-alliance/dpa; S. 111: © picture-alliance/dpa-infografik; S. 112: o.: © picture-alliance/landov; S. 114: © picture-alliance/dpa; u. l.: © picture-alliance/chromorange; S. 115: Abb. 1: © argus/Peter Frischmuth; Abb. 2: Bundesverband deutscher Banken (Hg.): Schul/Bank, Wie ? Wirtschaft erleben 4, Berlin 2010, S. 23; S. 116: © Bergmoser + Höller Verlag AG; S. 117: © picture-alliance/dpa-infografik; S. 118: © Bergmoser + Höller Verlag AG; S. 119: o.: http://www.bpb.de/files/HYWP0G.pdf, u.: © picture-alliance/dpa-infografik; S. 120: o.: Bundesverband deutscher Banken (Hg.): Schul/Bank, Wie ? Wirtschaft erleben 4, Berlin 2010, S. 73; u.: Le Monde diplomatique (Hg.), Atlas der Globalisierung. Sehen und verstehen, was die Welt bewegt, Berlin (Taz Verlag) 2009; S. 122 und 123: © picture-alliance/akg-images; S. 125 u.: © picture-alliance/KPA/TopFoto; S. 126: Bundeszentrale für politische Bildung, Wirtschaft heute, Bonn 2009, S. 243 © Bibliographisches Institut, Mannheim; S. 129: © Erich Schmidt Verlag; S. 131: o.: © picture-alliance/dpa, u.: © picture-alliance/dpa Grafik; S. 133: Zeichnung: Horst Haitzinger/CCC, www.c5.net; S. 134: © picture-alliance/dpa-infografik; S. 137 und 138: © Bergmoser + Höller Verlag AG; S. 140: Bundesverband deutscher Banken (Hrsg.), Berlin, Schul/Bank, Informationsdienst für Schule und Lehrer 04/2010, S. 1; S. 144: © Bergmoser + Höller Verlag AG; S. 145: a: Zeichnung: Felix Mussil/CCC, www.c5.net; b: Zeichnung: Walter Hanel/CCC, www.c5.net; c: Zeichnung: Luis Murschetz/CCC, www.c5.net; d: Zeichnung: Pepsch Gottscheber/CCC, www.c5.net; S. 146: © picture-alliance/dpa-infografik; S. 147: Daniel D. Eckert, Weltkrieg der Währungen, FinanzBuch Verlag; S. 149: Ulrich Baßeler/Jürgen Heinrich/Burkhard Utecht: Grundlagen und Probleme der Volkswirtschaft. 19., überarbeitete Auflage. S. 607f. © 2010 Schäffer-Poeschel Verlag für Wirtschaft•Steuern•Recht GmbH & Co. KG in Stuttgart; S. 152: a und c: Zeichnung: Thomas Plaßmann/CCC, www.c5.net; b: Zeichnung: Walter Hanel/CCC, www.c5.net; d: Zeichnung: Klaus Stuttmann/CCC, www.c5.net; S. 153: l.: Bundesverband deutscher Banken, r.: stern Nr. 23/2007, S. 25; © Picture Press; S. 155: o.: SPIEGEL Special Nr. 7/2005: Die Neue Welt, S. 137; u.: © Miguel Nacianceno/WpN/Agentur Focus; S. 156: o.: © Toni Anzenberger/Anzenberger; M.: © Dan Lamont; u.: © Gerhard Joren/WpN/Agentur Focus; S. 158: © picture-alliance/dpa-infografik; S. 159: http://www.bpb.de/cache/images/9ZXSMR_590x460.gif; S. 160: o.: © picture-alliance/dpa-infografik; u.: © picture-alliance/chromorange; M.r.: Handelsblatt, Agenda Globalisierung 3.0, v. 23.1.2007, S. 47; S. 163: o.: © picture-alliance/dpa-infografik; u.l.: http://www.bpb.de/files/81SS68.pdf; u.r.: Wolfgang Sischke/DIE ZEIT, 1995.10.20; S. 164: u.l.: © picture-alliance/dpa, u.r.: © picture-alliance/dpa-infografik; S. 165: © Erich Schmidt Verlag; S. 166: SZ-Grafik: Adelheid Beck aus: Süddeutsche Zeitung vom 5.11.2004; S. 168: © picture-alliance/Globus Infografik; S. 169: o.: Le Monde diplomatique (Hg.), Atlas der Globalisierung. Sehen und verstehen, was die Welt bewegt, Berlin (Taz Verlag) 2009; u.: © picture-alliance/dpa; S. 170: o.: Quelle: Bundesministerium der Finanzen, M.: Zeichnung: Patrick Chapatte, The International Herald Tribune, 19.3.2008; u.: DER SPIEGEL 11/2009; S. 173: Henning Klodt, Einkommens- und Beschäftigungseffekte der Globalisierung; http://www.fes-online-akademie.de/download.php?d=henning_klodt.pdf; S. 174: Zeichnung: Klaus Pielert; S. 175: Stiebel Eltron; S. 177: Zeichnung: Jan Tomaschoff/CCC, www.c5.net; S. 178: © picture-alliance/dpa-infografik; S. 179: o.: Grafik: Walter; Quelle: Frankfurter Allgemeine Zeitung v. 29.9.2006, S. 17; u.: © Statistisches Bundesamt, Wiesbaden 2008; S. 180: Zeichnung: Thomas Plaßmann/CCC, www.c5.net; S. 181: o.: © picture-alliance/Globus Infografik, u.: © Statistisches Bundesamt, Wiesbaden 2008; S. 182: Bundesverband deutscher Banken (Hrsg.), Berlin, Schul/Bank, Informationsdienst für Schule und Lehrer 02/2010, S. 2; S. 184: © picture-alliance/dpa-infografik; S. 185: Abb. 1: © Statistisches Bundesamt Deutschland 2007; Abb. 2: iwd - Informationsdienst des Instituts der deutschen Wirtschaft Köln, 50/2009, © Institut der deutschen Wirtschaft Köln Medien GmbH; Abb. 3: iwd - Informationsdienst des Instituts der deutschen Wirtschaft Köln, 27/2010, © Institut der deutschen Wirtschaft Köln Medien GmbH; S. 187: Hg.: World Economic Forum; http://www3.weforum.org/docs/WEF_GlobalCompetitivenessReport_2010-11.pdf; S. 188 und 189: © picture-alliance/dpa; S. 190: o.: © picture-alliance/dpa-infografik; M.: © picture-alliance/dpa; u.: Heiko Sakurai/CCC,www.c5.net; S. 192 und 193: © picture-alliance/dpa; S. 194: o.: © picture-alliance/Globus Infografik, u.: © picture-alliance/dpa; S. 195: © picture-alliance/dpa-infografik; S. 196: o.: AFP Agence France-Presse GmbH, u.: Zeichnung: Gerhard Mester/CCC, www.c5.net; S. 197: © picture-alliance/akg-images; S. 198: © picture-alliance/dpa; S. 199: © picture-alliance/dpa-infografik; S. 200: aus: Der Standard, Ausgabe Nr. 6393 vom 1.2.2010, Seite 3; S. 201: © picture-alliance/dpa-infografik; S. 202: o.: http://de.wikipedia.org/wiki/Gruppe_der_zwanzig_wichtigsten_Industrie-_und_Schwellenländer; u.: © picture-alliance/abaca; S. 203 und 204: © picture-alliance/dpa; S. 205: © picture-alliance/dpa-infografik; S. 206: © Erich Schmidt Verlag

Sollte trotz aller Bemühungen um korrekte Urheberangaben ein Irrtum unterlaufen sein, bitten wir darum, sich mit dem Verlag in Verbindung zu setzen, damit eventuelle Korrekturen vorgenommen werden können.